MUTUALLY BENEFICIAL
ECONOMICS

互利经济学

陶永谊◎著

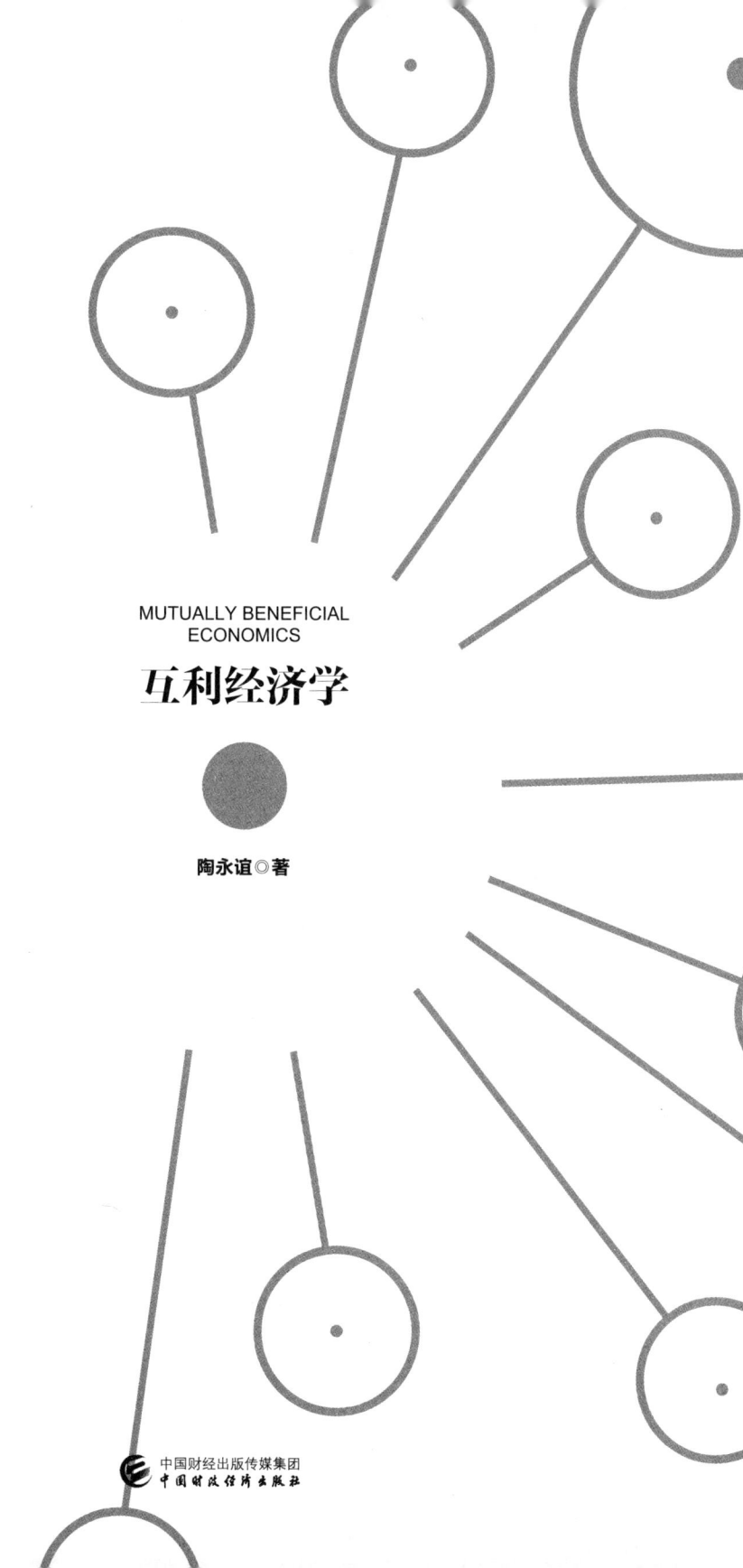

中国财经出版传媒集团
中国财政经济出版社

图书在版编目（CIP）数据

互利经济学／陶永谊著．—北京：中国财政经济出版社，2016.10

ISBN 978-7-5095-6915-3

Ⅰ.①互… Ⅱ.①陶… Ⅲ.①经济学 Ⅳ.①F0

中国版本图书馆CIP数据核字（2016）第195428号

责任编辑：张怡然　　　　责任印制：刘春年
责任校对：杨瑞琦　　　　版式设计：丁丁图文

中国财政经济出版社出版

URL: http://www.cfeph.cn
E-mail: cfeph@cfeph.cn

（版权所有　翻印必究）

社址：北京市海淀区阜成路甲28号　邮政编码：100142
营销中心电话：010-88190406　北京财经书店电话：010-64033436
北京时捷印刷有限公司印刷　各地新华书店经销
787×1092毫米　16开　23.25印张　344 000字
2016年10月第1版　2016年10月北京第1次印刷
定价：58.00元
ISBN 978-7-5095-6915-3／F·5552
（图书出现印装问题，本社负责调换）
本社质量投诉电话：010-88190744
反盗版举报热线：88190492　88190446

前言

笔者自学习西方经济学以来，始终有一个困惑难以释怀：我们学习经济学的目的究竟是什么？是学习如何发财致富吗？经济学给出的回答有点令人气馁：经济人是自私且理性的，他们天生就知道如何使自己的利益最大化。无须别人的教诲，个人只要按照自利本能的指引，就知道应该如何从事经营活动，企图通过学习经济学去赚钱，似乎是在走不必要的弯路。那么，经济学是否可以用来经世济民、富国兴邦呢？好像也不行。从亚当·斯密开始的主流经济学都义正词严地告诉我们，市场上交易当事人追逐利益最大化的行为，会自动导致市场供求趋于均衡，并使社会整体利益得以实现。政府干预市场运行只能扭曲价格信号，导致资源错配。既然如此，我们学习经济学的目的何在？难道仅仅是用来证明经济学是无用的？如果经济学只能拿来自娱自乐，学习经济学与效用最大化原则是不是自相矛盾呢？

笔者认为，一个好的经济理论，至少应该具备三项基本特征：一、良好的解释功能；二、有效的解决方法；三、平和的解脱路径。我们不无遗憾地发现，主流经济学在这三个方面均乏善可陈。

以 2007 年发生的金融危机为例。主流经济学家对危机发生原因的解释，是将其归咎于华尔街的贪婪和政府监管的缺失，抑或是美联储"错误的"低利率政策。笔者手头有一本美国人写的有关次贷危机真相的书，书名就是《贪婪、欺诈和无知》。这倒有点奇怪了，哪一本经济学教科书不是在讲，自利原则和最大化原则是经济学的核心原则？哪一位经济学家不会引用亚当·斯密有关"看不见的手"的那段名言——个人追求自身利益的行为可以自动导致社会整体利益的实现？政府监管怎么又成了市场稳定的必要条件？如果贪婪真的是次贷危机的原因，那么可以肯定的是，华尔街不是今天才变得贪婪的。至于欺诈和无知，则与经济学的理性原则和完全信息的假定相矛盾，在经济学中，理性的经济人被假定为可以根据市场信息做出正确的决定，当然也包括对政府的错误政策做出理性的预期，他们是不可能被欺骗的。如果对次贷危机这样重大的经济事件都要借助经济学以外的概念去解释，我们有理由怀疑，经济理论本身是否存在着根本的缺陷。

　　承认政府监管的缺失是导致次贷危机的原因，就等于承认，那只"看不见的手"并没有什么神奇之处。仅靠它的调节，市场并不会自动走向均衡，弄不好还会出大乱子。在危机面前，各国政府重新拾起曾经备受质疑的财政和金融手段来干预经济，而就在这个时候，人们却不幸地发现，政府本身早已债台高筑，可以动用的资源非常有限，经济体还没有从衰退的陷阱中脱身，政府却出现了债务违约的危险。一向扮演救市角色的政府，这次沦落到自身难保，也要被别人来救的地步。这又如何是好呢？

　　至于认定美联储的低利率政策为次贷危机的原因，就更加难以自圆其说了。按照理性预期学派的说法，交易当事人可以对市场的所有信息做理性预期，其中也包括对政府政策的效用预期。这种预期不仅会使政府政策失效，还会对政策引起的市场变化做出合理的调整。认定美联储的低利率政策为危机爆发的原因，岂不是对市场调节能力的自我否定？况且，危机爆发后，西方国家的救市方式，不过是一连串的 QE。用零利率甚至负利率的政策来拯救危机。如果低利率是引起次贷危机的原因，零利率和负利率又会引起什么危机呢？这就好比医生给病人病因的诊断是吸食鸦片过多，结果开出的药方却是让病人吸食更多的鸦片。还有比这更为滑稽的解释吗？

　　经济的危机其实反映的是经济理论的危机。我们用来指导经济政策的理论很可能出了问题。当"看不见的手"和"看得见的手"同时失灵，而我们现有的主流意识，对此既不能解释也不能解决的时候，有必要对我们曾经坚信不疑的理论信条进行一次重新的梳理和审视。

自亚当·斯密发表《国富论》之后200多年的时间里，主流经济学基本上是沿着一条个体本位的方法论传统演变的。这个传统的特征是：以个人作为经济分析的基本单元，以个人追求财富的动机作为经济行为的动机，并以个人收益的最大化作为经济活动的中心原则。根据几个由内省方式得出的"自明"假定，通过逻辑演绎，推导出整个市场的运行模式，如供求法则和市场均衡，等等。即便是"凯恩斯革命"，也没有从根本上颠覆这一传统。问题在于，主流经济学逻辑演绎的前提假设是否可以成立。以经济分析的基本单元为例，笔者以为，商品经济的本质是交换，中间至少要涉及两个行为主体、两种不同的商品。也就是说，商品经济最原始的单元应该是一个二元结构的交换单元，而不是主流经济学所假定的一个厂商和一种商品的一元结构。从交换的二元结构，我们还能推导出商品经济的基础是互利，而不是自利。没有利他成分的自利行为只能导致交换无法完成，或对交换形成破坏。经济学家鼓吹的自利原则其实是对商品经济的一种误导。被称为经济学中心原则的最大化原则，在广泛推演的过程中，会导致无法解释的悖论。而理性原则和完全预期原则由于缺乏现实性的基础，不仅与心理学的测试不相符合，而且也不能产生与现实相一致的预测。通过对经济学所有基本假设的重新审核，本书得出了一个结论：经济学很可能在根基上就出现了偏差。

正是由于前提假设上的问题，在主流经济学的逻辑体系中，经常会出现自相矛盾的情况。比如，主流经济学一方面承认各种投资类别在收益上的差异，如利息、利润和地租，同时又假定未来收益可以预期。我们知道，不同投资类别的不同收益率，正是基于不确定性的存在和由此产生的投资者不同的风险偏好。如果未来收益可以预期，理性经济人的正确决策肯定是进行收益最高的直接投资，而那些低收益的间接投资，如借贷及土地出租等就没有存在的必要了。不同的投资收益与未来收益可预期是两个自相矛盾的假定，它们不可能同时成立。类似的问题，在主流经济学的教科书中会重复出现，笔者在正文中对此逐一进行了分析。

对于曾经一度占据过统治地位，并且至今仍有巨大影响的凯恩斯经济学，笔者也同样持保留态度。凯恩斯主张政府干预经济的合理性，是由于市场自发调节会出现有效需求不足，而有效不足又起因于三大心理因素，即"心理上的消费倾向"、"心理上的灵活偏好"以及"心理上对资本未来收益的预期"。但凯恩斯理论无法解释为什么在普遍出现负储蓄率的情况下，依然会出现产能过剩危机。同时也无法解释为什么当政府在救助经济的同时，会出现笔者称之为"凯恩斯死结"的结果——主权债务危机。

问题的严重性在于，各国政府还在执行的经济措施完全以这些有重大缺陷的经济理论为依据，当所有的招数都已经用尽，比如实施零利率或负利率的政策，政府负担难以为继的巨额债务，经济依然无法摆脱困局，甚至引发更为严重的社会问题。目前各种极端主义在各国抬头，可以视为一个危险的信号。所以，不管从何种意义上讲，都到了对经济学进行全面梳理并重新构建的时刻了。

本书共分十五个章节，前十章涉及微观经济学的内容，后五章涉及宏观经济学的内容，每一章都针对主流经济学的一个基本定理进行论辩，并提出替代的解决方案。笔者认为，经济学应该是一门可以应用的科学，无论对于企业、个人还是政府，都是如此。人类进入 21 世纪，正面临着一个全新发展时期的前夜，中国经济学家如果以书本到书本的方式将主流经济学理论当作指导中国经济的圣经，很有可能使我们错失千载难逢的发展良机，百年之后，我们将无颜面对历史和后人。

纵观人类历史，每一个引领性大国的崛起，都伴随着新经济理论的诞生，一个站在人类社会发展前沿的大国，不可能是他人思想的模仿者和追随者，没有思想的领先，任何一个国家充其量都只能是二三流角色。时代呼唤经济学领域中国学派的诞生。创立与中华民族伟大复兴相匹配的经济理论，是中国知识精英不可推卸的历史责任。本书仅仅是为此所做的粗浅尝试，若能为这一旷世盛举添砖加瓦、略尽绵薄，也算是不辱使命，问心无愧了。

目录

第 1 章　选错地基的经济学大厦 / 001

1.1　个体本位的方法论谬误 / 003

1.2　交换的准则 / 006

1.3　群体的共生现象 / 015

1.4　互利的底线 / 019

1.5　交换比率的形成 / 022

1.6　交换模型中的制胜策略 / 027

第 2 章　我们在和谁交换 / 033

2.1　完全竞争的定价模型 / 035

2.2　垄断模式的价格曲线 / 039

2.3　寡头垄断的博弈模式 / 048

2.4　商人的加入 / 052

2.5 用货币实现的交换 / 055

2.6 政府的公共管理职能 / 058

第 3 章 需求与效用的误区 / 063

3.1 效用的冲突 / 064

3.2 效用的换算 / 070

3.3 需求的伪命题 / 076

3.4 需求的层级 / 080

第 4 章 供给的缺陷 / 087

4.1 我们忽略了什么？/ 088

4.2 要素匹配的难题 / 092

4.3 要素的跨部门转移 / 096

4.4 要素的特征 / 100

第 5 章 价格如何决定 / 109

5.1 价格决定机制 / 110

5.2 价格的波动特性 / 114

5.3 价格函数 / 117

5.4 二元交换模型中的价格决定 / 120

第 6 章　不确定性与测不准效应 / 125

- 6.1　完全预期的尴尬 / 126
- 6.2　不确定性与凯恩斯革命 / 130
- 6.3　"两个剑桥之争"的方法论分歧 / 134
- 6.4　测不准效应 / 139
- 6.5　不确定背景下的决策模型 / 144

第 7 章　最难以实现的经济理性 / 147

- 7.1　被美化的偏好 / 148
- 7.2　非理性的心理特征 / 152
- 7.3　人类选择的行为模式 / 160

第 8 章　我们应该追求哪种最大化 / 165

- 8.1　人类并非天生勤奋 / 167
- 8.2　上下求索而不可得的路径 / 171
- 8.3　活下来不是标准 / 175
- 8.4　最大化原则的悖论 / 179
- 8.5　螳螂背后的危险 / 183

第 9 章　均衡还是转折 / 187

9.1　一般均衡实现的条件 / 188
9.2　虚幻的均衡点决策：产品出清 / 193
9.3　市场崩溃的前奏 / 197
9.4　充分就业的幻想 / 203
9.5　南辕北辙的帕累托最优 / 206

第 10 章　博弈论对经济学的挑战 / 213

10.1　假定对方不会还手？/ 215
10.2　假如对方选择背叛 / 217
10.3　两种不同的均衡 / 222
10.4　合作的效率 / 225

第 11 章　增长的陷阱 / 233

11.1　总量概念之殇 / 234
11.2　增长模型的缺憾 / 238
11.3　储蓄 = 投资？/ 241
11.4　并不神奇的乘数效应 / 244
11.5　创新对传统理论的挑战 / 248

第 12 章　危机是否可以避免 / 253

12.1　有关经济周期的争议 / 255

12.2　消除危机的前提 / 261

12.3　技术更新的周期 / 269

12.4　反周期措施 / 273

第 13 章　看得见的手可以做什么 / 277

13.1　市场与政府之间的职能互补 / 278

13.2　主权债务危机与"凯恩斯死结" / 284

13.3　政府职能的国别差异 / 288

13.4　公共管理职能的历史差异 / 295

第 14 章　印钞是否能促进经济增长 / 299

14.1　货币催生的幻觉 / 300

14.2　货币是否是中性的？/ 307

14.3　都是货币惹的祸？/ 312

14.4　以纸代金的悲剧 / 316

14.5　种瓜得豆的货币政策 / 322

第 15 章 国际贸易的是与非 / 325

15.1 存在比较利益吗？/ 326

15.2 国际分工的成本 / 334

15.3 贸易保护的苦衷 / 337

15.4 汇率的奥秘 / 343

结束语 / 347

参考书目索引 / 351

后记 / 359

第 1 章
选错地基的经济学大厦

我们知道，任何一个学科在建立之初，都要首先确定基本的分析单元，比如物理学中的原子和粒子，化学中的分子，生物学中的细胞和基因，等等。那么，经济分析的基本单元是什么呢？经济学教科书的答案是：独立的个人，即单独的生产厂商和单独的消费者。

主流经济学建立之初，采用的是一种一元结构的个体本位方法论。这种方法论的特征是以个体的经济人为基本分析单元，将个人追逐私利的动机作为经济行为的原生动力。经济学从这种个人自利的行为进一步推导出整个市场的行为，比如供求法则和市场均衡。当市场条件（价格、利率、租金等）发生变化时，独立行动的个人会迅速做出反应，并采取相应的对策，以保证其收益和效用维持在最大化水平。在主流经济学的王国中，个人是经济行为的发动者，也是经济活动的决策者，个人追求收益最大化的行为，通过市场的价格传递机制，可以使社会整体利益得以实现。

自亚当·斯密开始，这种方法论传统一直延续至今。虽然其间也遭到来自国家主义经济学家（劳德戴尔、米勒、雷蒙德）和来自德国历史学派（李斯特和施莫勒）的批判，但他们的批判，仅仅是用另一种一元论，即国家本位的选择来取代个体本位的选择。在一个私人经济占主导地位的经济体内，这样的主张显然没有多少说服力。直到凯恩斯的《就业、利息和货币通论》发表以后，国家本位的方法论以总量分析的形式进入了主流经济学的殿堂，个体本位和国家本位的方法论选择以微观经济学和宏观经济学的方式实现了对接。这种对接（不论是否严密）之所以可以实现，是由于两种方法论都有着共同的一元结构，即单一的行为主体、单一的决策机制、单一的行为准则和单一的价值取向。只不过选取的单位，一个是个量，另一个是总量而已。

表面上看来，主流经济学个体本位的方法论似乎不无道理。首先，个人在生物学意义上是独立的生命单位，每一个人理论上都可以独立采取自己认为适宜的活动。而分工和私有制又使个人成为法定的责任主体。个人利益与个人行为之间直接的因果联系，使个人看上去是他自身利益的最好代表者。生产什么、生产多少、如何去生产以及如何去消费，这些事情无须借助外部因素的影响，在个体范围内就可以得到解决。因此，以个人作为经济学的基本分析单元似乎没有什么不妥。

然而，通过进一步的观察，我们就会发现，这种方法论传统会给经济分析带来多么严重的问题。

1.1 个体本位的方法论谬误

打开经济学教科书，读者经常会看到这样的图形（见图 1-1）：

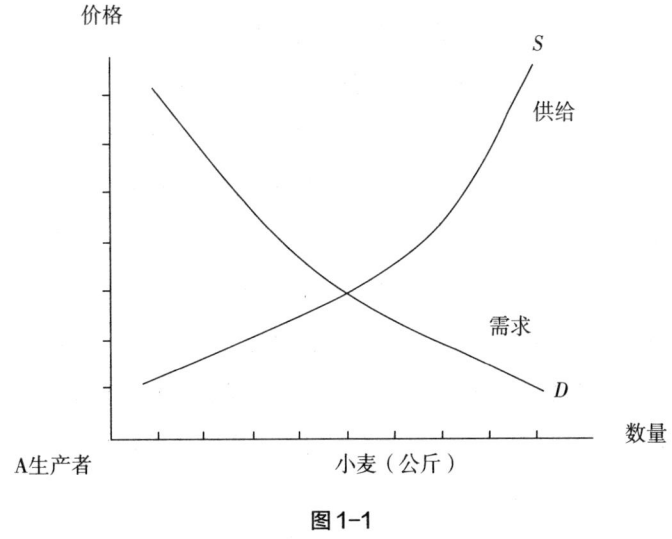

图1-1

在这种典型的个体本位分析模型中，我们看到了什么呢？我们只看到一个厂商、一种商品的生产、一种商品的价格以及一种商品的供给与需求。在这里，生产者是单纯的产品提供者，我们看不到他本身的消费诉求。生产厂商出售产品只是为了得到更多的货币，所以他并不急于出售自己的产品，具体的表现形式是：他的供给曲线是从左下方向右上方倾斜的，这意味着只有在价格升高的情况下他才会卖出得更多。可是，如果生产者本身也是消费者，也有自己的需求，情况又会如何呢？比如，图形中的 A 生产者，他卖出小麦是为了换回布匹，为家里人做过冬的衣服。可这时市场上的小麦价格很低，他是马上卖出小麦，换回自己需要的布匹，还是等到来年青黄不接的时候再卖出小麦呢？如果不考虑生产者本身的需求，答案当然是后者。如果加入了生产者本身的需求，情况就会完全不同。

主流经济学从个体本位的方法论出发，只分析一个生产者、一种商品、一种商品的供给与需求以及一种商品的价格。把两个生产者的交换简化为一个生产者的销售，把两种商品的交换割裂为一种商品的买卖，把两种商品的交换比率仅仅理解为一种商品的价格。事实上，商品经济与其他经济形态的本质区别，就在于它是一种交换经济。我们生产出来的产品主要不是为了自己的消费，而是为了从别的生产者那里换回我们所需要的东西。也就是说，我们不是在买卖商品（我们以后会看到，买卖只是一种货币幻觉），我们是在交换商品。既然是交换经济，就至少要涉及两个以上的行为主体、两种不同的商品和两种不同商品的交换比率（在以货币为交换媒介的情况下，则表现为两种不同商品的价格）。商品经济最简单、最基本的模式是一个二元结构，它至少要包含 A、B 两个生产者，其中 A 生产者生产 a 类商品，B 生产者生产 b 类商品，两者将各自的产品进行交换，形成一个闭合的系统。我们称之为 Aa—Bb 的二元交换单元。这个交换单元中的两个生产者和两种商品以及两种商品的交换比率都是商品经济不可或缺的要件。缺少任何一个元素，商品交换都无法完成。显而易见，只有一个生产者的经济体是不可能完成商品交换的，漂流到荒岛上的鲁宾逊只能自给自足，完成不了商品生产。Aa—Bb 的交换单元是商品经济的基本分子式，我们把这个分子式作为经济分析的基本单位。现代组织和行为经济学把交易（transaction）作为其基本的观测单元，但在组织和行为经济学中，交易只是作为组织内部各成员之间交流的一种方式，而不是我们所界定的这种经济分析的标准范式。

假定只有两个生产者，其中 A 生产者生产小麦，B 生产者生产布匹，两人相互交换产品。假定两种商品的需求弹性一样，两个生产者在分工以后劳动生产率的提高幅度一样，两者的消费偏好一样。假定没有货币，也没有交换成本，于是，我们有了下面的二元交换模式（见图 1-2）：

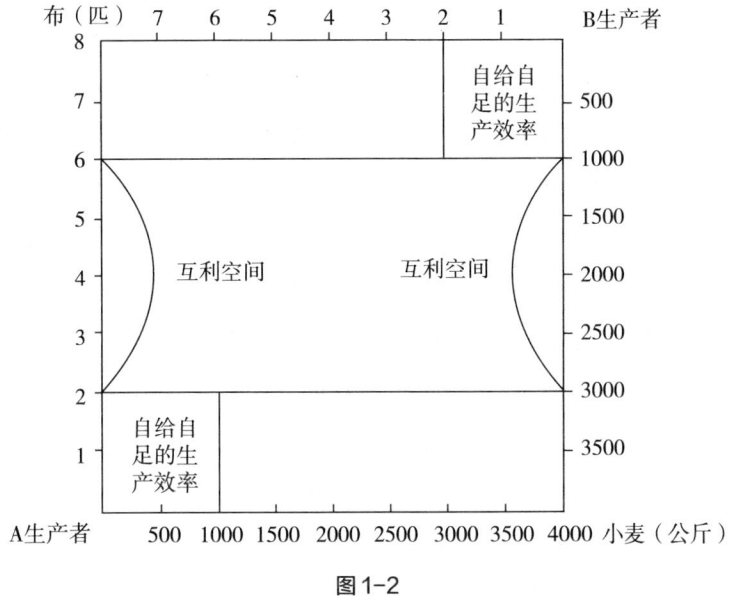

图 1-2

图中左下角和右上角的小方框是在没有分工的情况下，A 生产者和 B 生产者各自生产小麦和布匹的劳动生产率状况，即每一个家庭只生产 1000 公斤小麦和 2 匹布。分工以后，由于劳动生产率的提高，A 生产者生产了 4000 公斤小麦，B 生产者生产了 8 匹布。A 生产者只要用多生产的 3000 公斤小麦交换到 2 匹以上的布，就能分享分工带来的好处，因为，通过交换所得到的结果，要好于交换前的收益水平——1000 公斤小麦和 2 匹布。图中下边的横线表明 A 生产者交换比例的底线，即 3000 公斤小麦交换 2 匹布。反之，B 生产者如果用分工后多生产出来的 6 匹布交换到 1000 公斤以上的小麦，他也可以得到分工带来的好处。图中上边的横线表明 B 生产者交换比例的底线，即 6 匹布交换 1000 公斤小麦。这两条横线之间的区域，我们称之为互利空间。如果交换比例突破交换底线，即 A 生产者用 3000 公斤小麦换不到 2 匹以上的布，或者 B 生产者用 6 匹布换不到 1000 公斤以上的小麦，交换就会停滞，人们会重新回到自给自足的状态。因此，我们把图中的上下两条横线称为重置成本，即放弃交换，重新自己生产的成本。互利空间和重置成本的概念我们以后还会经常提到。

比较一下就可以看出，主流经济学的个体本位的一元结构与我们的二元结构有着根本的不同。在一元结构中，只有一个决策单位、一个测量标准（即个人收益的最大化），市场和价格以及其他的生产者都是决策的外部因素。而二元结构中存在着两个平行的决策点，这两个决策点不仅权利对等，而且存在着策略的互动。市场是系统的内部结构，价格是系统内的博弈结果，另一个生产者的行为是系统的内生变量。这意味着，不存在一元结构中假定其他条件不变的制胜策略。一方决策的效果，不仅取决于决策者本身的意愿，还要取决于另一个决策者的行为（这一点我们在第 10 章还要做专门的分析）。作为科学的假设，分析单位的选择，绝不是一件可以任意决定的事情。最初的分析单元如果选择错误，就好比盖高楼大厦选错了地基，楼盖得越高就越危险，终有崩塌的一天。

我们知道，商品经济起源于分工，分工意味着人们被划分为不同的商品生产者，同时也意味着，人们的消费，绝大部分要由别人生产的商品来满足。人类经济生活的主体，被分工割裂为不同的部门，只有交换才能将它们重新结合为一个完整的过程。在 Aa—Bb 的二元交换单元中，我们可以看到商品经济的原始形态，它包含了商品经济的一切基本元素和基本准则。而 Na—Nb 的自由竞争模式、Aa—Nb 的垄断模式和 Ma—Nb 的寡头垄断模式，不过是交换单元的派生方式，可以从二元交换单元中推演出来。为了论述以上的逻辑关系，我们把这些派生方式放在下一章去讨论。

1.2 交换的准则

关于经济活动的行为准则，亚当·斯密在《国民财富的性质和原因的研究》

中有一段非常著名的话，"每一个人都不断地努力为他自己所能支配的资本找到最有利的用途。固然，他所考虑的不是社会的利益，而是他自身的利益，但他对自身利益的研究自然会或者毋宁说必然会引导他选定最有利于社会的用途。"[1] 斯密认为，我们之所以能够得到生活所必需的食物和饮料，并不是出于屠户、酿酒家和面包师的恩惠或怜悯，而是出于他们对自身利益的关心。每个人对自身利益的追求，最终将促进整个社会利益的提高。但是这种促进不是以直接的方式实现的，在这里，"像在其他许多场合一样，他受着一只看不见的手的指导，去尽力达到一个并非他本意想要达到的目的。也并不因为是非出于本意，就对社会有害。他追求自己的利益，往往使他能比在真正出于本意的情况下更有效地促进社会的利益。"[2]

斯密把传统上认为互相对立的个人利益与公共利益在商品经济中统一起来，个人追求私利的行为，通过交换机制的作用，达到了促进整个社会利益的效果。在斯密的理论体系内，个人对自身利益的追求是经济发展最原始的动力，不仅个人的经济行为将由此得到解释，而且社会的发展也最终起源于这种经济的"第一推动力"。

主流经济学不仅继承了斯密这种推崇自利行为的传统，而且把它上升为一个普遍的法则——自利原则。为了强调它对于主流经济学的重要性，艾奇沃斯甚至把自利原则归结为经济学的"第一原则"。

这里，有几个问题需要澄清：

第一，个人的自利行为是否会自动导致他人和社会整体利益的实现？

第二，他人利益或社会利益是否不在商品生产者的考量范围之内？

第三，自利行为是否是商品经济运行的完备条件，或者说，仅有自利原则对于说明商品经济的运行规律是否就已经足够了？

斯密在他那近乎散文般优美的论述中，对上述问题的回答都是肯定的。只

---

[1] 亚当·斯密著，郭大力、王亚南译：《国民财富的性质和原因的研究》（下卷），商务印书馆2010年版，第25页。

[2] 同上，第27页。

可惜，我们在优美的文字背后，却感受不到科学的严谨和逻辑的缜密。

要知道，自利行为所涵盖的范围非常广泛。在商品经济中，制假贩假、以次充好、偷工减料、赖账失信、囤积居奇、哄抬物价、虚假宣传、排放污染等自利行为，只能对他人利益和公共利益造成破坏，尽管这类行为都是出于自利的目的。个人追逐私利的行为，并不能自动促进社会整体利益的实现。以华尔街为代表的精英集团追求自身利益最大化，设计出"次级贷款"这种假冒伪劣的金融产品，将全世界带入危机的深渊。工业化过程中，个体厂家追求私利的行为，造成环境破坏、大气污染，也是追求个人利益不可能自动实现社会整体利益的例证。在二元交换单元中我们看到，只有同时满足对方利益的自利行为，才会被商品经济所承认。也就是说，只有同时满足所有相关方利益的自利行为才能促进整个社会的利益。

商品经济的基础是互利，人们通过分工来提高效率，又通过交换来分享这部分效率。如果交换的一方，只从自己的私利出发，企图以极低的比例与对方交换产品，按照这样的比例交换产品，对方还不如自己去生产。这样，互利的基础就被破坏了，商品交换也无法完成。这意味着，在商品经济中，对自身利益的追求不能超越互利的范围，如果超越了互利的底线，商品交换就失去了存在的前提。而且，除了数量上的互换要比自给自足更有效率之外，在产品质量上，厂商也必须尽可能满足顾客的需求，甚至要想方设法了解顾客的潜在需求。在信息时代，人们对产品的了解空前增长，企业的成功经常取决于你能否给顾客意想不到的惊喜。互利是一种相互激励的正反馈过程，你为对方提供的产品质量精美（这需要付出额外的努力），且价格合理（经常打些折扣），你才能指望对方经常照顾你的生意。面包师提供给顾客面包，固然不是出于怜悯，也并不表明他不需要考虑顾客的利益，如果他提供给顾客的面包偷工减料、粗制滥造，也就别指望别人会照顾他的生意了。商品经济由于是交换经济，它的独特之处就在于，提供的产品和服务要满足别人的需要，这决定了你必须先考虑对方的利益，才能得到对方的回报，从而实现你个人的利益。反之，如果只考虑个人的利益而不顾他人的感受，你自己的利益也得不到保证。如果是合作式交换（比如生意合伙人、资本与劳动，等等），你必须用妥协来换取对方的参与热情，一个只知道将自己利益扩张到极致的人，只可能遭到对方的拒绝和报复。

从这个意义上讲，商品经济的理想境界是双赢，即交换双方都能够从交换中得到好处。但这种双赢的局面并不会自动实现，它需要双方做出一些额外的努力，比如精益求精制造质量优良的产品，不辞劳苦提供无微不至的售后服务，殚精竭虑发明满足顾客需求的新技术，等等。

每一个走进沃尔玛商场的顾客都会在门口看到这样一块牌子："第一条：顾客永远是正确的；第二条：如果对此有疑问，请参考第一条。"这种把顾客奉为上帝的做法，似乎与经济学所主张的自利原则有很大的出入。尽管主流经济学家会争辩说，商家提出"顾客是上帝"的口号，最终还是为了自己的利益，这没有错，但它是通过最大限度满足客户利益的方式来实现自己利益的。而且这种满足是在有意为之的情况下实现的，而不是像亚当·斯密所说的那样，社会利益是在个人追逐自身利益的过程中派生的结果。在这里，生产厂家首先要将顾客放到中心的位置，一切以客户的需要为转移，而不是以自我为中心，只考虑自己的利益满足。所以，主流经济学的逻辑顺序可能是颠倒了，不是人们追求自身的利益，社会利益就会自动实现；而是只有满足了顾客的利益和社会的需求，商家的个人利益才有可能得到满足和扩展。说到这里，笔者认为有必要对自利行为加以区分：

第一，损人利己的自利行为，如偷工减料、虚假宣传、制造污染等，这种自利行为对商品经济只能造成破坏。

第二，出于自利的动机但最终损人不利己的行为，如上市公司不顾股东利益的巨额融资，造成股价大跌，结果融资的目标无法实现，股东的资产也大幅缩水。

第三，利己也利人的自利行为。市场经济中那些优秀的企业，在为消费者提供优质产品的同时，也为自己带来了满意的收入。严格说来，唯一与商品经济契合的就是这种自利行为。

第四，利己但不损人的行为。这种行为模式通常只存在于自给自足的经济体内或个人消费领域。事实上，交换经济是商品社会，这种行为只有很小的发生概率。我们的绝大部分行为都要与他人产生交集，并发生或有利或有害的效应。

商品营销学的教材，都在讲商品销售的第一要务，是寻找并发现消费者的真实需求，为此需要研究客户的消费心理和消费动机。"以顾客为上帝"是现实商业伦理的核心价值。而我们的经济学教科书却反其道而行之，将生产者的自身利益放到了首位，并以此作为经济行为的标准。这种理论与现实的脱节，造成了经济学理论在商业活动中无法应用的困境。究其根本，问题出在主流经济学的一元本位的分析范式上，在这个范式中，只有个人利益这一个维度，没有其他利益相关方的利益考量。商品经济的共享特性，本来应该使互利共赢成为商业文明和商业文化的主流，而且在我们目光所及的范围内，成功的商人通常也是懂得运用互利原则的人。但在商品经济发展的几百年时间里，互利文化并没有成为市场经济的主流文化，这与西方社会工业化进程主要以对外扩张作为疏解出口有关，也与主流经济学宣扬的自利原则有关。这对商品经济本身和管理制度的设计都产生了误导。反过来说，二元的交换模型，由于有了对方利益的维度，满足对方利益和需求成为商品交换的必要和充分条件，从而使经济理论与商业实践实现对接，经济学才可以成为一门能够应用的科学。

实际上，斯密在论述自利原则时，本意是为商品活动中个人利益的正当性正名，同时捎带着嘲讽一下那些自我标榜为公众利益服务的政府官员，但他的维护似乎有些过火了。斯密没有设定自利行为的范围和限度，以致与他后面的一些论述自相矛盾。例如，他在论述自由贸易的合理性时，不止一次地提到"商人和制造业者的私利"会阻止英国实现自由贸易。他提出：希望贸易自由在大不列颠完全恢复，如同希望在大不列颠建立理想岛或乌托邦一样愚蠢，"不仅公众的偏见，还有更难克服的许多个人的私利（着重号是本文作者加的），是自由贸易完全恢复的不可抗拒的阻力。"[①] 在这里，个人的私利并没有自动导致自由贸易（在主流经

---

① 亚当·斯密著，郭大力、王亚南译：《国民财富的性质和原因的研究》（下卷），商务印书馆2010年版，第42页。

济学的语境中，自由贸易是社会整体利益实现的前提条件）的实现，反而成为其"不可抗拒的阻力"。显然，斯密并不认为个人追逐私利的行为在任何时候都是正当的。

就连将自利原则作为经济学第一原则的艾奇沃思，也觉得把交易当事人完全定义为自利的经济人有些不妥。他建议把个人追求的目标定义为 $P+\lambda\Pi$，其中 P 为个人的效用，λ 是有效同情的系数，Π 是他人的效用。这就是说，一个人不仅要争取自身利益的实现，还要照顾到别人的效用，只是由于同情系数的作用，对别人效用的关注小于对自己效用的关注。也有这样的时刻，个人在伦理情绪占优的情况下会把 $\Pi+UP$ 作为自己的目标，此处，U 是自我满足的系数，即这时的个人首先把别人效用的完全实现作为自己的目标，其次才考虑本身效用的部分实现。经过这种修改，当同情系数增加，使他人的效用接近自己的效用时，整个契约曲线（contract curve）接近于纯粹的功利主义。[1]

像马歇尔这样的新古典经济学的领袖人物似乎也认为，经济生活中除了自利原则之外，还应该有些什么别的东西。他说："在这个世界上，存在着许多经济骑士精神，它们应该比一开始看起来要多得多。"[2] 马歇尔提出，买卖双方相互妥协的观点特别有益，它不仅可以使垄断者的利润加权总数，而且也可以使消费者剩余达到最大化。马歇尔还讨论了使用奖励和颁发奖章对为共同利益工作进行刺激的可能性，其手段诸如骑士勋章、女工产业资金等。这些手段可能对于刺激某些非自利的行为方式有效。他评论道："无疑地，即使现在，人们也能做出利人的贡献，比他们通常所做的大得多，经济学家的最高目标就是要发现这种潜在的社会资产如何最快地得到发展，如何才能最明智地加以利用。"[3] 可惜，我们并没有发现马歇尔如何把这个"最高目标"结合进主流经济学的体系中。

事实上，一个商品生产者之所以能从他的客户那里获取收益，是因为他提

---

[1] Edgworth, *Mathematical Psychics*, 1881, reprinted 1932, pp25-26.
[2] J.K.Whitaker edited, *The eally economic writings of Alfred Marshall*, New York: Free Pr., 1975, p14.
[3] 马歇尔著，朱志泰译：《经济学原理》，商务印书馆1964年版，第30页。

供了可以满足客户需求的产品，因此，商品经济中的效用函数应该是这样一个公式：

$$U_A = \prod \lambda (1-b)$$

其中，U_A 为 A 生产者的个人效用；$\prod$ 为他人的效用；λ 为他人效用的数量转换系数，即别人的效用转换为购买数量的系数，$\prod$ 越大，λ 的转换系数就会越高；（$1-b$）为 A 生产者在互利空间中所占的比例（b 为交换对方在互利空间的比例），即 A 生产者能以什么样的交换比例来换回它所需要的产品。从这个公式中我们可以看出，个人效用的大小，在交换经济中，取决于三个因素：他人的效用、他人效用的转换系数、个人在交换的互利空间中所占的比重。这说明，个人效用与他人效用之间存在着相互依存关系。生产厂商只有提供能为对方带来更大效用的产品，才能获得更多的销售额。如果厂商只顾自己的利益，提供给对方的是一些质量低劣的产品，甚至掺假造假（如在奶粉中放入三氯氰胺）为了金钱完全不顾对方的死活，那么，他的产品一定不会得到对方的承认，他自己的利益也最终得不到保障。交换的比例取决于双方讨价还价的能力，而讨价还价的能力取决于议价资本，议价资本则由双方所拥有的资源稀缺度所决定。转换系数受制于对方的支付能力。这个效用公式展示给我们的是，商品经济既不能完全地自利，也不能完全地利他，而应该是一个互利的过程。但在实际的商品交换中，由于制度设计的缺陷，交换过程会被扭曲为零和博弈，在这种博弈中，没有互利的空间，你赢的钱就是别人输的钱。资本市场投机性的股票交易和大宗商品市场中的投机性期货、期权交易以及赌博都属于这种博弈。而且，由于人类的短视和贪婪，拥有更多议价资本的一方往往会突破互利的边界，将本来是合作共赢的博弈变成了两败俱伤的双输结局，这正是互利经济学所要解决的问题，即如何在利益冲突中寻找互利的解法，如何把握和坚守互利的底线，以及如何使人类从互害的博弈转化为互利的博弈。

论证自利原则在商品经济中不能成立，并不意味着完全利他主义的原则可以无障碍地植入商品经济中。从博弈的角度来说，完全自利的模型，如囚徒悖论，最后的结果是双输（我们在下面的章节中还会进行分析）。那么，完全利他的模型又会导致什么结果呢？说起来也很奇怪，居然也是双输。由格兰特（Grant）给出的一个模型，被称为"利他主义悖论"。

模型设定两个女学生，彼此是非常要好的朋友，即俗称的"闺蜜"或"死党"。

一天放学后，教室里只有她们两个人，老师放在桌子上的咖啡杯掉在地上摔碎了。老师询问两个女生，并规定：如果 A 同学承认，赔 10 美元，B 同学则不用赔付；如果 B 同学承认并赔 10 美元，则 A 同学不必赔付；如果双方都承认，双方各赔付 5 美元；如果双方都不承认，则罚两人都不能午休。其博弈矩阵用图 1-3 表示：

学生 B

学生 A	不承认	承认
不承认	不能午休	B 赔付 10 美元，A 不赔付
承认	A 赔付 10 美元，B 不赔付	双方各赔付 5 美元

图 1-3

因为两个人是好朋友，都会为对方着想，宁肯自己吃亏也不愿意伤害对方。两个人的博弈思路是这样的："如果我的朋友承认，我不承认，我的朋友就会单独支付 10 美元，这样会伤害我们的感情。假设我的朋友承认，我也承认，这样我们每个人负担 5 美元。假设我朋友不承认，我也应该承认，这样由我来独自承担 10 美元。"最后的结果是两个人都承认，各自负担 5 美元。这个选择要差于最好的结果，即双方都不承认，只牺牲午休的时间。[①]

在现实生活中，完全利他的行为只适用于单向赠予，如慈善和为他人利益与公共利益的自我牺牲行为，不适合本质上是交换的商品经济。从生存效率的角度讲，完全自利的模型和完全利他的模型都不会导致最佳的结果，商品经济的最大

---

① John Malcolm Dowling Yap Chin-Fang, *Modern development in behavioral economics*, Hackensack, NJ: World Scientific 2007, p149.

化收益，如果有的话，也只能是由互利的模式产生。互利的模型可以由以下几个平衡来构成：

第一个平衡是自利与对方利益的平衡。商品生产出来总是要卖给别人的，如果满足不了别人的利益，自己的利益也就无从谈起。但考虑对方的利益并不是做慈善，而是通过满足别人的利益来实现自己的利益。其平衡的表现就是你的利益与对方的利益同步增长，如果交换的结果是你的利益增长，客户的利益下降，或者是你的利益下降，客户的利益上升，如果没有后续的客户回馈，都是偏离了平衡点，是不可持续的模式，需要做出调整。如果是双方的利益都有增长，但增长的幅度不同，这种模式暂时可以维持，时间长了就会出现矛盾。至于维持时间的长度，则与双方福利增长幅度的差距有关，差距越大，维持的时间就越短。最稳定的互利模式是双方利益的同步增长。

第二个平衡是交换的收益与成本的平衡。交换固然可以带来收益的提高，但交换是有成本的（相对于自给自足而言）。如果无休止地讨价还价所造成的时间成本、寻找成本和风险成本（被对方拒绝）超过了可能的收益，交易者必须向对方做出让步。

第三个平衡是双方效率的平衡，它取决于商品经济的特性。因为交换的基础是剩余的存在，如果对方的效率太低，没有多少剩余可以用于积累，自己这一方从交换中能得到的好处也会减少。交换的本意是实现分工带来的效率，这不仅取决于自己的效率，也取决于对方的效率，当合作方的效率过低时，己方在帮助对方提高效率的同时，也会给自己带来好处。所以，商品经济的真谛是互利双赢，而不是斤斤计较于自己一方物质利益的得失。

自亚当·斯密以来，主流经济学坚持的自利原则，不仅与现实不符，而且还造成了相当大的混乱与误解。在自利原则中，我们看不到个人必须承担的社会责任，也看不到作为市场经济灵魂的企业家精神，更无视市场经济中普遍存在的合作行为和互助行为。这种自私自利的理论假设，与商品经济的互利基础相冲突，已经给我们带来了太多的误导。经济学应该用互利原则作为市场经济中的行为准则，来取代不能自圆其说的自利原则。

1.3 群体的共生现象

在非洲沙漠中，非洲蜥蜴和一种毒性很大的黑蝎子共同生活在一起，蜥蜴为黑蝎子提供栖息之所，黑蝎子则负责保卫它们共同的巢穴不受天敌的侵害。生物学家称这种生存共同体为"共生现象"。作为个体，蜥蜴和黑蝎子都有缺陷，蜥蜴缺乏良好的防卫手段，黑蝎子则不会自己筑巢，两个看似毫不相干的生物结合成一个利益共同体，可以弥补彼此的不足，产生更大的生存几率和生存空间。"共生现象"不仅是生物界的普遍事实，也是人类社会存在的基础。小到一个家庭、一个合伙制企业，大到一个党派、一个国家，都是合作共生的现实。

在主流经济学那里，个人是足够强大，也是足够完善的。他们不仅理性，而且勤奋，为追求最大化收益孜孜不倦，不知疲劳地奋斗。他们不仅准确地知道自己追求的目标是什么，而且有能力去实现这一目标。在新古典的框架里，理性的经济人几乎是无所不知和无所不能的。因此，他没有合作的必要。合作的基础是个人资源禀赋的不足，合作可以弥补这些不足，以完成个人无法单独完成的目标。要承认合作的必要，就必须承认个人在能力上是有缺陷的，而这与主流经济学的假定不符。

但不管经济学如何假定，合作共生都是经济生活的普遍现实。其中最常见的，就是多人合伙组建股份制公司的情况，组建股份制公司的最大好处就是可以把分散的个人的资源整合起来，完成单独的个人无法完成的商业项目。这种整合的效果大于单独个人分别努力的总和，这部分多出来的整合效应，就是个人之间合作的基础，也是各方可以分享的由互利互惠带来的好处。

进一步推广，凡是存在团队合作的地方，都存在合力效应，即优势互补的效应。它大于个人分别努力后效益的叠加。分工可以使效率提高，同样，合作也可以提高资源的利用效率。我们前面分析过，分工提高的效率可以通过交换来实现，这是一种效用的互补；而合作提高的效率则可以通过禀赋优势的共享来实现，这是一种功能的互补。

合作互利在一个企业内部或在上下游的企业之间发生，还比较容易理解。而生产同一种产品的企业之间，是否会发生合作共生关系呢？教科书式的回答是，不能。对于生产同一种产品的不同企业，主流经济学为我们描绘了一个大鱼吃小鱼、小鱼吃虾米的残酷竞争画面。然而事实并非如此，美国经济学家迈克尔·波特（Michael E.Porter）在 1990 年出版的一本名为《国家竞争优势》的书中，首次引入了"产业集群"（industrial cluster）的概念。产业集群是指一批生产相关产品的企业在地理上高度集中，相互之间形成了彼此关联的网络，各个企业相互协调、相互激励，共享公共资源和由知识技术外溢而形成的外部经济性。产业集群内部企业之间的互利共生，可以产生强大的竞争力。比较著名的产业集群有美国加州的硅谷、日本的丰田汽车城和筑波科学城、我国台湾的新竹工业园区以及意大利威尼斯地区布伦塔河岸的制鞋业。波特指出："集群不仅仅降低交易成本、提高效率，而且能够改进激励方式，创造出信息、专业化制度、名声等集体财富。更重要的是，集群能够改善创新条件，加速生产率的成长，也更有利于新企业的形成。"[1]

这里特别要提及的是在我国浙江地区产生的一种极具中国特色的产业集群模式——块状经济。大批彼此相互关联的中小企业在地理上高度集聚，只生产同一种产品，比如领带、打火机、袜子、皮鞋、箱包、圆珠笔等，形成一村一品、一镇一品的块状经济形态。这些中小企业分工协作，互利共赢，形成十分强大的生产能力。比如生产一次性打火机，他们将生产过程拆分成 13 道工序，每一道工序由一个或几个（视订单情况而定）家庭专业户去完成。总共 0.2 元一只的打火机，却是每道工序都有钱赚。这种灵活组织的生产形式可以避免大公司烦琐的管理层级和居高不下的管理成本，但却同时保持了大公司都无法企及的强大生产能力。

浙江诸暨市大塘镇，1988 年建镇之初，人口不到 1000。经过 20 年的时间，已经发展成具有上万家制袜企业，吸收就业人员十多万的制袜产业集群。2008 年，大塘生产各类袜子 157.4 亿双，全世界人均 2.5 双，产量占全国的 70%，全世界

---

[1] 迈克尔·波特著，李明轩、邱如美译：《国家竞争优势》，华夏出版社 2004 年版，第 3 页。

的35%。即使是在全球金融危机冲击下的2009年，大塘袜业的产量仍然达到两位数的增长，出口量的增长甚至更高。而像大塘袜业这样成功的产业集群，在浙江多得数不胜数。

完备的产业链条，极低的采购、运输和仓储成本（因为地理集中），极低的管理成本和学习成本，分工合作的灵活组织形式，信息、资源、客户和无形资产（广告效应）的共享机制，使块状经济体内的广大中小企业迸发出了巨大的生产能量和无可匹敌的成本优势。生产同类产品的企业大量积聚，不仅没有发生残酷的生存竞争，反而合作共赢，创造了产业生命力的奇观，这恐怕是主张个体本位和自利原则的主流经济学家始料不及的吧。

按照新古典的理论，当一个地区存在着众多生产同一类商品的企业时，大企业的占优策略是收购兼并其他的中小企业，或者发动价格战，将其他中小企业击垮。但我们在浙江块状经济中看到的却是另外一番景象。

在不同的块状经济中，主导企业与其他中小企业寻找到不同的共生模式。比如由一个龙头企业引领，其他中小企业模仿、跟进。由领头企业主攻核心技术部分，将部分甚至全部产品加工外包给周边跟进的中小企业，形成所谓的"雁阵式"结构。或者以一部分核心企业组成产业集群的轴心，在这个核心区的外围，是一大批小规模的生产企业及家庭生产专业户，他们依托于核心企业做贴牌生产和渠道销售，并从核心企业获得产品的外包、分包加工。在更外一层，是生产单个机件的辅助性企业，形成"轴心式"结构。第三种共生模式是"宝塔式"结构。在一个块状经济内部，存在着一个主干企业，该企业无论在资金实力、生产技术、销售网络等方面都具有统领的作用，以该企业为主干，向下派生出许多关联企业、附属企业或母子企业，再向下延伸，则是一家一户的家庭生产专业户。[1]

对于"中国制造"可以横扫全球的原因，经济学家的解释无非是低廉的劳动力和土地成本，他们完全没有看到"块状经济"这种互利共生的业态形式给"中

---

[1] 盛世录、郑燕伟著：《"浙江现象"产业集群与区域经济发展》，清华大学出版社2004年版，第259页。

国制造"带来的巨大竞争力,所以他们无法解释为什么印度的工资水平比中国低很多,但"中国制造"的同类产品价格比印度普遍低30%这样一个事实。他们同样无法解释,为什么像越南这样的国家,不论是工资水平还是土地价格都比中国便宜,但"越南制造"并没有对"中国制造"构成实质性的威胁。

要解释合作共生现象产生的原因,就必须回答人类是否存在合作互利的动机。在这方面,心理学关于公共产品的一系列实验是富有启发和饶有兴味的。由罗宾·M.道斯(Robin M. Dawes)和理查德·H.泰勒(Richard H. Thaler)组织的实验提供了合作动机的解释。他们把受试者分成不同的小组,每一个受试者都分配一定数目的货币,比如一人5美元,这笔钱可以带回家,也可以投资到被称为"组织交换"(group exchange)的公共产品中,投资到公共产品中的钱可以按系数 k 增值,这里,k 大于1,小于 n(n 为受试者的人数)。假定 $k=2$,$n=4$,如果一个受试者贡献了他(她)的全部5美元,可以增值为10美元,但他个人只能得到2.5美元的回报,剩下的7.5美元会分给其他三个受试者。按照经济学的自利假定,合理的预期是没有人会对公共产品进行投资。但在一次性博弈的实验中,受试者的平均贡献率却达到了40%~60%。在多次博弈中,由于有"搭便车"现象存在,随着实验次数的增加,对公共产品的贡献率会减少,通常在第5次重复实验中会下降到16%,但如果重新开始这个实验,受试者的贡献率又会重新回到40%以上。当允许受试者互相讨论时,所有受试的12个小组都达到了公共产品回报奖励的标准,并且有三个小组还超过了这一标准。[1]这说明,至少在博弈开始的时候,人类的合作动机和自利动机占有大致相同的比例,以后的多次博弈中,人类在搭便车的自利行为影响下,合作动机会下降,但依然以一定的比例存在。如果有制度的保证(如允许讨论和对搭便车实行惩罚),合作的概率会达到普遍的程度。

互利共生现象是经济学无法回避的问题,而互利合作所产生的巨大能量和惊人的竞争力,使我们有必要创立一门建立在互利原则基础上的经济学。

---

[1] Elias L. Khalil Edited, *The New Behavioral Economics* Volume I, Cheltenham, UK; Northampton, MA: Edward Elgar Publishing Limited 2009, pp55-63.

1.4 互利的底线

在个体本位的一元结构中，自利原则是没有节制的，若需求曲线是垂直的（即需求无弹性）生产者理论上可以将价格提到任意的高度。如果我们回到商品经济的本原——Aa—Bb 的二元交换模型中，就会发现：第一，交换是互利的（这在前面我们已有论述）；第二，交换互利的区间是可以量度的。在各种约束条件都明确的情况下，自利原则指向的是一个点（最大化），而互利原则涵盖的是一个区域。

交换互利空间的大小与可交换剩余是一致的，而可交换剩余是指个人消费以外的生产剩余。当然对于某些企业来说，例如生产大炮和生产化肥的企业，他们自己一件产品也不会留下来消费，所有产品都是需要拿去交换的，但我们可以把其中交换生资料的那一部分从总产品中剔除出来，这部分产品代表生存需求，不管按什么比例都要完成交换，剩下的部分我们仍然可以称之为可交换剩余。可交换剩余的多少，取决于劳动生产率的高低，劳动生产率越高，可交换剩余越多，交换的互利空间也就越大。

交换的比例只要是在互利空间之内，对双方就都是有利的，只是由于交换比例偏向中心线的距离可以导致某一方获利的部分多一些，另一方会少一些。当然，这个交换互利的可行性空间是在一方的产品对另一方是必需的情况下成立的，如果一方的产品对另一方是可替代的或是可放弃的，我们就有了替代成本和放弃成本的约束，这样，互利的可行性空间也会发生调整。所谓替代成本，是指用别的产品来代替对方产品所带来的损失。比如生产布匹的 B 生产者喜欢 A 生产者生产的小麦，但 A 生产者以年景不好，小麦歉收为由，要求提高小麦对布匹的交换比率。虽然交换比率还没有高到非逼迫 B 生产者自己去种小麦的程度，但 B 生产者还可以选择玉米作为食物。尽管 B 生产者对玉米的喜爱程度远不如小麦，他对玉米的效用评价只及小麦的 80%，也就是说，同样是 1000 公斤的谷物，选择玉米对于 B 生产者有 20% 的效用损失，我们把这 20% 作为 B 生产者用玉米替代小麦的成本，即替代成本。如果 A 生产者把交换比率提高到原来比率的 20% 以上，超过了 B 生产者的替代成本，B 生产者就会选择玉米。于是，我们在重置成本之上，又有了一个替代成本的约束。如果双方要完成一个互利的交换，不仅不能超越对方的重置成本，也不能超越对方的替代成本。在没有东西可以替代的情况下，比如只有两个生产者的情况下，替代成本与重置成本重叠。

放弃成本，顾名思义，是一方放弃另一方产品所遭受损失的程度。这种情况只发生在对方产品可以给另一方带来效益，但却不是生存必需品的时候。比如 B 生产者生产的一匹精美的绸缎，A 生产者看到就爱不释手，放弃它对于 A 生产者来说就像丢失了 2000 公斤小麦一样痛苦，这 2000 公斤小麦就相当于 A 生产者的放弃成本。如果交换比例在 2000 公斤小麦以内，A 生产者会欣然接受；如果超过这个比例，A 生产者只好选择放弃。当然，如果交换品是生活必需品，放弃成本就不存在了，它同样可以用重置成本来替代。

这时，我们在重置成本、替代成本之上又加了一个放弃成本，这有可能使互利的空间进一步缩小（见图 1-4）。

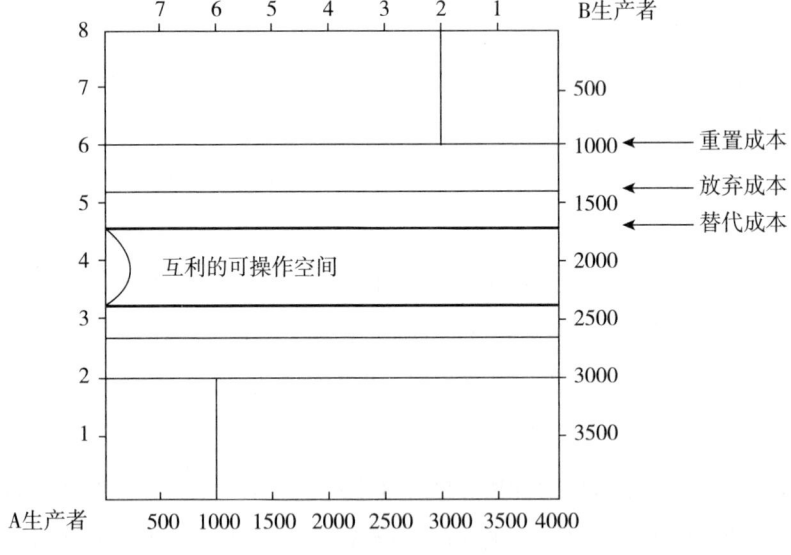

图 1-4

这个幅度说明，即使重置成本中间的区域都是互利可行性空间，但受到替代成本和放弃成本的制约，交换的互利空间被进一步压缩，形成一条偏向中轴线的较窄的区域。这个区域我们称之为互利的可操作空间。明确了这个互利的可操作空间，我们仍然不知道具体的交换比例会在哪里，因为我们还没有明确确定交换比率的行为规则是什么。

按照自利原则，交易当事人会尽可能地将交换比例向有利于自己的一方移动，直到对方所能够容忍的极限。在个体本位的一元结构中，决策单元只有一个，对方只是用一条向右下方倾斜的需求曲线来表示。这等于说，交换比例已经事先确定，A减少小麦的交换量企图换取同样多或更多的布匹时，对方会自动把交换的布匹量同比例降低。而且，当需求曲线确定之后，供给曲线与需求曲线相交的只是一个点，任何对这个点的偏离都被定义为不经济、不理性和非最大化。它没有妥协的余地，没有回旋的空间。

可是，我们在二元交换模型中看到，交换的互利空间是一个区域，而不是一个点。也就是说，在这个区域中的任何一个点上进行交换，对双方都是有利的（相对于自给自足而言）。于是这就产生了一个问题，交换比例是正好在这个区域的中间位置呢（即2000公斤小麦换4匹布），还是随机地偏向某一边？如果它偏离中轴线，同时又在互利空间之内，则意味着有一方在交换中获利会多一些，而另一方会少一些。自利原则无法解释为什么获利少的那一方会做出妥协。

事实上，在二元博弈的结构中，自利原则通常是无解的，或者说只有双输的解。假如在我们的二元交换中，A生产者出于最大化的自利原则，要求用1001公斤小麦去交换B生产者的6匹布。多出的这1公斤小麦略微好于B先生自己去种植小麦的效果，并且威胁说，不按这个比例交换就取消交易。由于自利原则是个普遍原则，B生产者也同样有理由提出类似的要求，即用2.1匹布去交换A生产者的3000公斤小麦，这多出来的1/10匹布也略微好于A生产者自己去织布的效果，并且也威胁说，如果不按照这个比例交换，就取消交易。双方同时提出这种自利的要求，并且互不相让，只能使交易泡汤。为了使交易能够完成，双方都必须做出妥协。那么，由谁先来做出妥协呢？我们从自利原则那里得不到解答。

这让笔者想起了一个中国古代的笑话，两个人在独木桥的中间相遇，谁也不肯后退，从早上一直僵持到下午，其中一位的儿子看见父亲正在独木桥上与别人较劲，就大喊一声："爹，你下来休息，我替你顶着！"

在博弈论中，这是典型的斗鸡博弈，最后的结果是两败俱伤。在我们的二元交换模型中，就是交易无法完成。A 生产者得不到衣服穿，而 B 生产者只好去喝西北风了。实际生活中这种尴尬的情况之所以没有发生（或不是普遍现象），是因为人们遵循的行为准则不同于经济学的完全自利假定。

1.5 交换比率的形成

摆在 A 生产者和 B 生产者面前的是一块互利的蛋糕，他们要怎样来分割这块蛋糕呢？通常由两个决策者来分割一个共同的利益，是博弈论中各种博弈模型所要研究的对象。按照博弈双方议价资本的不同，可以分为独裁者博弈、最后通牒式博弈和讨价还价式博弈。独裁者博弈我们可以放到垄断交换模型中加以讨论，先来看一下最后通牒式的博弈。

假定有一块蛋糕，规则规定由 A 来分割，B 不能还价，只能选择接受或是拒绝。假如接受，他只能得到 A 切给他的那一小块蛋糕；假如拒绝，这块蛋糕谁都得不到。这就是典型的最后通牒式博弈。如果是在新古典的模型中，那位自利的经济人 A 肯定会一刀砍下蛋糕尽可能边角的那一小块，而这一小块刚刚可以让 B 生产者尝到蛋糕的甜美，聊胜于什么也没有吃到。因为按照自私且理性的 A 的逻辑，应该尽可能地使自己的收益最大化，达到什么程度呢？就是 B 无法拒绝的底线，即一块仅仅大于零的蛋糕。对于同样自私且理性的 B 来说，这一小块蛋糕是不能拒绝的，一旦拒绝后他什么也得不到。在一无所获和得到一小块蛋糕之间，B 肯定会选择接受。因为在个体本位的一元结构中，别人的福利不在他的考虑范围之内，他只考虑个人的得失。大于零的蛋糕表明收益为正数，没有蛋糕意味着收益为零。B 生产者可不是傻瓜，他一定会欣然接受 A 生产者切给他的任何大于零的蛋糕。

然而，事实究竟如何呢？1982年，三位德国经济学家古思（Güth）、施密特伯格（Schmittberger）和施瓦茨（Schwarze），以下简称GSS，做了一个相似的心理学测试。他们将42名经济系的学生分成21对，每一对由一个分配者和一个接受者组成。实验要求每一个分配者将10马克（用字母C来代表）在他自己和接受者之间分配。他分配给对方的那部分马克用X来表示，如果对方接受，分配方得到C-X马克，接受方得到X马克；如果分配方的分配方案被拒绝，双方所得为零。

这个游戏的双方，和我们的A生产者和B生产者所面临的问题是一样的，如何分配这块互利的空间呢？当其中的一方（分配方）被赋予了更大的分配权力时，交换比例会向分配方倾斜多少呢？

结果是这样的，在21个分配者中有7个人选择了平均分配，所有开价者的出价中值是0.37C，即分配者分配给接受者的平均比例是3.7马克。这远远高出自利原则所预测的结果。

为了避免学生由于误解游戏规则而做出非理性的选择，在允许实验对象思考了一个星期之后，GSS再次重复同一个实验，这次只有两个人提出五五分成，平均出价略有下降，为0.32C。在所有分配者的出价中，只有一人低于1马克，接近新古典的预期，但却遭到了拒绝。另外还有3人以1马克和3马克出价也遭到了拒绝。也就是说，在21人的出价中，有5人因低于3马克的出价而遭到拒绝。

在这个游戏中，分配者和接受者的行为都不符合新古典的预期。对于分配者来说，他们没有努力使自己的利益最大化；而对于接受者来说，他们也没有把金钱的收益作为决策的唯一标准。双方除了金钱的绝对收益之外都有另一个参照系统，那就是相对收益，即自己的收益增长与别人收益增长的比较。作为被动的一方（接受者），他们可以在不占主动的情况下，允许对方的福利增长超过自己，但不允许超过一定的底线，我们把这个底线称为公平底线。而对于占主动权的一方（分配方）来说，他除了考虑自己金钱的绝对收益之外，也要考虑对方收益的变化。人们通常会满足于比别人得到的福利改进更多，但如果改进是以别人福利的减少为代价，大多数人会适可而止。这意味着占主动权的一方，也会有对方相对福利改进的参照系存在。将这个公平边界（不是己方的公平底线，而是福利扩张的外延）置于我们的互利模型中，有助于解释同情心的产生，并且可以做量化的测量。也就是说，当对方的福利增长低于己方福利增长的三分之一时，会触发大于平均值的同情心态。这为利他主义的产生提供了分析依据。

为了使实验的结果更加接近于真实，GSS 随后又进行了第二轮实验，参与者要分别接受两次测试，一次作为分配者，一次作为接受者。在两次测试中，C=7 马克。第一次测试时要求参与者作为分配者出价；第二次测试时要求他们说明作为接受者能接受的最低出价。也许是有了角色互换的考虑，在这个实验中，分配者的出价显得更加大方，平均为 0.45C。作为接受者，平均的保留需求是 2.5 马克，即 0.357C。

但 GSS 实验有一个缺陷，那就是设定了接受者拒绝的权利。这样一来，分配者可能由于惧怕过低的分配比率会遭到拒绝，从而导致自己一无所获，因此不得以而给对方较高的出价。另外一个需要得到证实的是，接受者是否出于公平的原因，而宁可放弃金钱的收益以惩罚不公平的分配者。

1986 年，由卡尼曼（Kahnman）、克莱齐（Knetsch）和泰勒（Thaler），简称 KKT，组织的另一个实验试图回答上面两个问题。实验分为两部分，在第一部分实验中，分配者要求与自己班里另一名匿名的同学共同分配 20 加元，分配方案只有两种：只给对方 2 加元，自己留下 18 加元；或者双方各得 10 加元。与 GSS 实验不同的是，分配者所给的出价接受者不能拒绝。这样做，排除了分配者因为惧怕对方拒绝而使自己分文不得的担忧。在 161 个受试者当中，有 122 个（占参与者的 76%）选择了平均分配。这说明，即使在对方无法因不公平的分配而实施报复的情况下，掌握主动权的一方仍然会受公平观念的影响，给出公平的出价。

在第二部分实验中，受试者被告知，他们将和参加过第一轮游戏的另外两个同学搭对，其中一人进行了不公平的分配，自己拿了 18 加元（不公平者，简称 U）；另一人进行了公平分配，只拿了 10 加元（公平者，简称 E）。然后，要求受试者在下面的两个方案中进行选择：自己拿 6 加元，给 U6 加元；或者是自己拿 5 加元，给 E5 加元。这个实验的有趣之处在于，可以检验出人们是否愿意为公平做出牺牲，以及是否会为惩罚不公而放弃金钱。结果显示，大多数人（占74%）为了和E分享，选择了较少的报酬。看到这个结果，笔者感到一丝欣慰：毕竟我们还有人类的良知可以寄怀。如果这个世界到处都充斥着像自利的经济人那样唯利是图的家伙，这个世界不知会变得多么阴冷和灰暗。

在这以后，许多科学家还做了许多相似内容的多阶段博弈实验，如尼林（Neelin）、索南夏因（Sonnenschein）和斯皮佩（Spiepel）在1987年做的实验，以及欧奇斯（Ochs）和罗斯（Roth）在1988年做的实验，这些实验设计的程序都十分复杂，但实验结果与GSS和KKT的实验结果都非常接近。真实出价与自利假设的理论值出现普遍的偏差；接受者通常会拒绝大于0但不公平的出价。而特别具有讽刺意义的是，在欧奇斯和罗斯设置的8个实验小组中，4个平均要价相对偏高，即相对自利的小组，却是平均收入最低的小组。[1] 这似乎暗示着，那些企图按教科书中的自利原则去行事的家伙，有可能在现实的商业活动中输得很惨。

约瑟夫·亨里希（Joseph Henrich）和罗伯特·博伊德（Robert Boyd）等一批经济学家，在秘鲁、坦桑尼亚、玻利维亚、厄瓜多尔、蒙古、智利、津巴布韦、肯尼亚、巴拉圭、印尼等国，进行了17个组别的最后通牒式的博弈测验。结果表明，不同文化背景和不同市场化背景的组别，表现出了较大的差异。分配者的平均出价，从0.26到0.58不等，但所有组别的平均出价都高于收入最大化的出价。[2] 这说明，不管是在发达国家还是在发展中国家，完全自利的假定都没有现实的依据。

三位瑞士经济学家阿明·福尔克（Armin Falk）、厄恩斯特·费尔（Ernst Fehr）、尤斯·菲施巴彻（Urs Fischbacher）所做的实验证实：对于接受者来说，他们拒绝不公平的开价不仅有动机上的原因，也有对结果的考虑。在其中的一组实验中，出价者可以在5∶5和8∶2之间做出选择，接受者对5∶5的开价没有一

---

[1] 理查德·什·泰勒著，陈宁铎、曲亮译：《赢者的诅咒》，中国人民大学出版社2007年版，第27~28页。

[2] Enrrica Carbone and Chris Starmer Edited, *New developments in experimental economics* Volume Ⅰ Volume Ⅱ, Cheltenham, UK; Northampton, Mass: Edward Elgar Publishing Limited 2007, pp398-401.

例拒绝；而对 8∶2 的开价拒绝率达到 44.4%。这说明，当分配者可以选择公平的开价时，却做了不公平的选择，他将受到较高比例的拒绝。在这里，不公平的动机是导致成交失败的重要原因。在另一组实验中，分配者没有选择，只能 8∶2 开价，拒绝率仍然达到 18%。在排除了动机因素之后，18% 的拒绝率表明：结果是否公平也是人们决策时考虑的因素之一。[①]

上述心理实验证实，在对利益的分配问题上，人们除了对金钱绝对收益的衡量标准以外，还有一个相对收益的衡量标准，如果金钱的绝对收益不能抵消相对收益的下降幅度，人们就宁可放弃这部分物质利益。而相对收益涉及的是公平问题。单纯从接受方来讲，当他们处在被动地位时，他们能够接受的最低保留价格是在总体利益的 1/4 左右，而从中间的位置来看正好是 50%，即他们可以接受的底线是相对收益下降幅度与绝对收益增加幅度正好相等的那一个点。于是，在重置成本、替代成本和放弃成本之上，我们又有了一条公平底线，这条底线就在重置成本与中心线之间 1/2 的位置上。而对于分配者一方，他们的平均出价是在总体收益的 2/3 位置上，有意思的是，这个位置从接受者的角度来看，会高于他们的公平底线。

明确了这一点之后，我们就知道了接受者的公平底线是距离中心线与重置成本之间 1/2，总互利空间 1/4 的位置（见图 1-5）。

图中两条细线就是双方作为接受者时的退让底线，而开价者的公平边界大概在总互利空间的 2/3，由图中的两条粗线标出。我们欣喜地发现，双方的公平边界都没有超越对方的公平底线，中间存在一个交叠的区间，这也是商品交换得以实现的前提。可以想象，商品交换的比率应该大多发生在这个区域（当然，这里不包括由产能过剩而导致的赔本出售）。

那么，当双方的议价资本相当，每一方都具备开价权和拒绝权的时候，交换的比率究竟确定在哪一点呢？这是讨价还价模式所要回答的问题。博弈论的实验

[①] Enrrica Carbone and Chris Starmer Edited, *New developments in experimental economics* Volume Ⅰ Volume Ⅱ, Cheltenham, UK; Northampton, Mass: Edward Elgar Publishing Limited 2007, pp404-409.

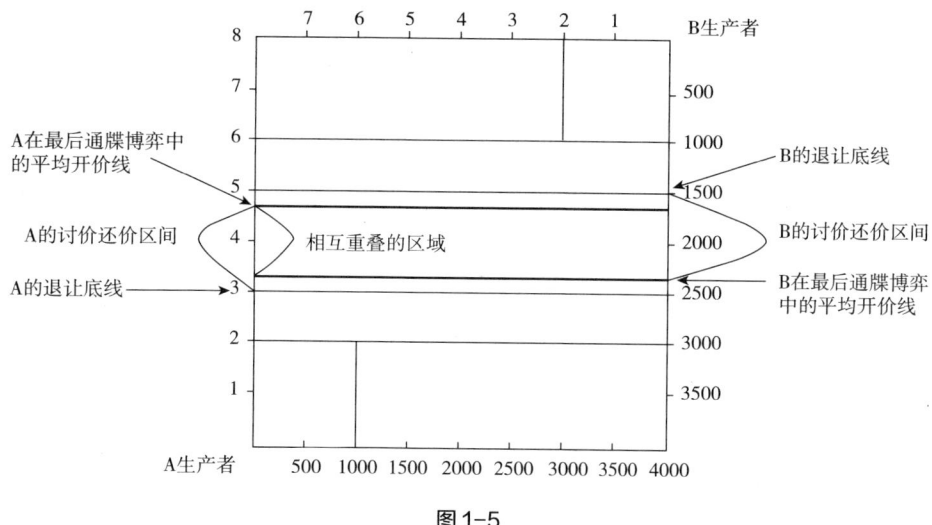

图1-5

表明，如果是 A 生产者先出价，而博弈的次数是奇数时，博弈结果对 A 生产者有利；如果博弈的次数是偶数时，则对 B 生产者有利。总之，交换的比例最可能会落在双方公平底线和公平边界相互包容的区域内，或者双方一致提出平分互利的好处，除非一方提出了过分的要求而遭到拒绝。在大多数场合，实现交换的分配比例会在中心线附近呈现随机波动。

1.6 交换模型中的制胜策略

将交易当事人（可以是个人，也可以是企业或者政府）置入二元交换模型中，什么样的行为策略可以获得成功呢？主流经济学的结论是将个人利益扩张到极致，但是在二元（即同时存在两个以上的平行决策主体）结构中，这种扩张个人利益边界的方式，会引起对方合作意愿的下降，甚至对合作的拒绝，造成合作的失败，行为学实验的结果表明，这种策略的生存效率是最低的。那么，以交换为主要特征的商品经济，交易当事人的制胜策略究竟是什么呢？我们总结如下：

一、将交换方的利益放在首位

在二元交换模型中,己方产品是否能够完成交换,获得收益,取决于顾客对产品价值的认可,因而生产者的决策维度必须包含对方利益的考量。因为只有最大限度地满足客户的需求,才能够得到对方的回报,进而实现自身的利益。苹果手机在所有同类手机产品中的售价是最高的,但每一次新品发布,都会有大量的果粉彻夜排队购买,原因无他,正是苹果公司在手机上花费了巨大的精力和投入,开发出满足客户需求的种种新奇功能,有些功能甚至满足了客户本身都没有发现的潜在需求,给了顾客消费体验上的惊喜,顾客愿意花高价购买。苹果公司在满足客户需求的同时,自身也取得了高额的利润。一个企业如果只考虑自身的利益,没有将客户的利益放到中心位置,最后的命运只能是失败。

二、与交易方共同成长

主流经济学的一元本位方法论,完全不顾交易方的状况,理论上只要对方的议价资本不足,就可以将利益扩张到对方忍耐的极限。下雪的日子将雪铲卖出高价,粮食歉收就囤积居奇,哄抬粮价,都可以任性为之,不受良心的谴责。但二元交换模型告诉我们,我们的经营状况往往也取决于对方的经营状况,在这方面,中国的华为公司做出了最好的诠释。像所有的电信设备供应商一样,华为面对客户的不同需求,会有多种解决方案可供选择。由于通信技术的特性,一个电信商通常要用到3种技术标准,要采购3套不同的机台与之相匹配,这样一来,不同机台分别安装以及分别维护的费用,甚至高过机台本身。从制造商的角度,一般都会希望客户买多套产品,从而赚取更多的服务费,但华为的管理层却反其道而行之,他们站在电信商的角度考虑问题,主动研发一种新的产品,将3套标准整合到一个机台上,帮客户省下了50%的费用,自己的服务费却随之减少。华为的理念是与客户一起成长,帮客户省下的钱,可以让客户投资更多的项目赚更多的钱,再和华为合作。华为的一位高管说出了这样一个互利的商业逻辑:"当他只能赚一块钱的时候,肯定无法分给你一块五,他若能赚五块钱,你才有机会分到两块甚至三块。"事实证明,华为的这种与客户一同成长的策略是成功的,华为用了短短 20 年的时间，实现了多级超越，如今已经站到了电信设备供应商的世界前列。

三、提高产品价值的唯一方式是改善客户的体验

二元交换模型说明，交换得以实现的前提，不仅取决于交换比例是否符合互利的原则，还取决于产品的功能和质量是否可以给交换方带来足够高的满意度。这是己方产品得以售出的前提。斯堪的纳维亚航空公司的简·卡尔森说："在我们的资产负债表上，你可以看到资产方面有多少架飞机，价值多少亿。然而，这错了，我们是在自己欺骗自己。我们在资产方面应该填的内容是去年我们的班机共有多少愉悦的乘客。因为这才是我们最重要的资产——对于我们的服务感到高兴并会再来买票的顾客。"[1] 这位企业高管说出了一个被人们忽略的事实：产品的价值来自客户的体验，而成功的产品创新就是改进客户的体验。一个有着愉悦体验的客户肯定是一个忠诚的客户，他会购买更多公司的产品，并且忽略价格因素和竞争性产品，并会对公司的发展提出善意的忠告和建议。当企业的经营状况陷入困境时，最根本的原因一定是我们的产品给客户的体验大不如前了，要么是产品的功能已经陈旧，要么是产品的可替代性过高（有太多的竞争者），没有给消费者带来独特的感受。突破的路径只有一个，那就是通过产品创新，重塑客户的体验。除此之外，没有别的路径。

四、不要吝啬你的同情心、怜悯心和爱心

与亚当·斯密所言不同，经济行为并不排斥同情心、怜悯心和爱心。而且这些利他的情感，并不是单方面的付出。"赠人玫瑰，手有余香。"就像行为学实验所证明的那样，当一个人福利的相对改善超过总福利的 2/3 的情况时，就会引起普遍的同情。由于交换是双方的事情，对他人的同情也会带来对方的回报。当对方陷入困境的时候，自利原则不排斥落井下石、趁火打劫的行为。但在互利的观念里，这是一种十分短视的做法。互利原则鼓励在对方陷入困境的时候，施以援手，这样一来，对方会成为你的忠实客户，会在他们境遇改善后做出报答。以

---

[1] 梅清豪编著：《市场营销学原理》（第二版），电子工业出版社 2014 年版，第 14 页。

最小的买入成本，获得最高的卖出收入，只是经济学家一厢情愿的想法。商品经济的交换本质，决定了我们的收入不仅取决于我们自己的努力，还取决于对方合作的态度，将要素价格压低到极限，只能带来对方合作意愿的降低。将原材料价格压得过低，你很可能获得的是偷工减料、假冒伪劣的产品。付给劳务的费用过低，换来的只能是消极怠工、不负责任的工作态度。结果是更加得不偿失。你给员工的高工资，表面看来是成本的提高，但如果能换来员工更加积极的工作态度，依然比给予低工资收获更高的效益。这根源于商品交换的特性，它并非像传统经济理论所述，是一种"等价交换"。商品交换本质上是不等价的，因为双方交换的是各自的禀赋优势，这种优势并不能用统一的劳动时间来衡量。在很多情况下，我们买来的商品和服务，自己就是花上再多的时间和努力，也不可能生产出来。而对对方来说可能只是举手之劳，不费吹灰之力。这正是我们要把自己消费的产品转交给他人生产的秘密所在，即双方对交换都感到物超所值。在亚当·斯密那里，经济学与伦理学似乎陷入了一种自相矛盾的状态。《国富论》认为，面包师和酿酒师为公众提供食品并不是出于怜悯，而是出于自利的动机。但在他的另一部据说更为重要的（斯密自己认为）著作《道德情操论》中，斯密却又不厌其烦地大谈人类的伙伴精神，他指出："不管人们被假定得多么自私，在其本性中明显地存在着某种原则，使他关心别人的命运，并使别人的幸福对他而言是必要的。尽管除了看到别人幸福的快感以外，他从中得不到任何东西，这就是同情或怜悯的形式。"[1] 斯密甚至认为，这种悲天悯人的情怀，并不是少数道德高尚的人所独有，它存在于每一个人的心中。面对斯密在两部著作中完全不同的表述，经济学界在19世纪后期就提出了所谓的"斯密问题"，这个问题直到今天也没有得到解决。但在互利经济学的分析框架内，我们可以找到自利与同情心相互包容的标准和各自的边界，并且可以在一个模式中将它们统一起来。互利的分析范式可以建立与商品经济完全一致的伦理规范，在经济行为中做到"知行合一"，不再纠缠于利益与伦理的冲突。主流经济学一直强调的所谓经济学的"价值中立"事实上是不存在的，对自由市场的崇拜本身就包含着明确的价值取向。

---

[1] Adam Smith, *The theory of moral sentiments*, London: G.Bell & Sons, 1880, p3.

互利经济学并不回避"善"、"恶"、"正义"这样的伦理判断，互利经济学承认"共同正义"，即商品交换中的公平理念，也承认经济生活中存在着善与恶的区分。在公平底线内的交换，因为分配比例对所有的交易当事人都有利，大家彼此之间释放的是善意。当交换比率超越一方的公平底线，交换由互利的博弈转换为零和博弈，超越公平底线的部分，即是一方所得，亦是另一方所失，这时一方的"善"就是另一方的"恶"，出现了伦理上的对立；当交换比率突破了重置成本，零和博弈转变为互害博弈时，双方都恶意相向，必欲置对方于死地而后快，这时的伦理判断就会陷入非理性状态，出现将对方妖魔化的倾向，无论对方提出任何协议，都会被打上邪恶的标签。这种两败俱伤的格局，正是互利经济学所要极力避免的结果。

五、格局决定事业的大小

主流经济学宣扬的个人主义价值观，其格局狭窄，容纳不下社会责任感和企业家的担当精神。从个人物质财富满足的角度，企业家在做到一定程度之后，就会失去前行的动力。现实生活中许多人在物质财富积累到一定程度之后，找不到人生价值的支撑，迷失了努力的方向，在寻求各种感官刺激之后，是更加沉重的失落和自我价值的否定，幸福感反而不如艰苦奋斗时期。一些人出现精神障碍，另一些人则走向堕落。通过炫富来寻求自我价值的认同，效果极为有限，因为总有人会比你更加富有。事实证明，支持企业家在达到财务自由之后还会继续前行的动力，绝不是极端的个人主义，而是有社会担当的企业家精神，是那种超越自我的事业追求。互利经济学可以为企业家提供一个更加丰满的人生坐标：在最大限度满足他人和社会需求的同时，实现自我价值的认定。我们不再需要从经济学之外去寻找心灵困境的解脱方式，经济学本身就会告诉你什么才是可以托付终身的奋斗目标。

二元交换的分析范式，可以为个人、企业和政府管理部门提供一套实用的策略，这就是按照互利的原则去思考和解决问题。这世间的许多矛盾和冲突，如果按照互利的思路去寻找解决的办法，都会迎刃而解。我们以往通过一方压制另一方的做法（不管是用强制手段还是用投票表决方式）之所以效果不佳，是因为我们没有将各个利益相关方的诉求放到一个统一的方案中加以考量，找到各方的互利空间、相互包容的区域，进而找到各方合作积极性最大的互利解。在缓解了一方的资源紧缺时，却引起其他方更大的资源紧缺，当我们找到了使蛋糕做大，且各方的相对份额也相应增大的解决方案的时候，就可以避免许多不必要的冲突。在世界已经连成一体，任何一个局部都不可能独立存在的时代，自利只能导致无休止的冲突，互利才是走出当前困局的唯一出路。现在，已经到了可以和主流经济学的自利原则说"再见"的时候了。

第 2 章

我们在和谁交换

在第 1 章中我们论证了商品经济的原始形态是一个有两个生产者、两种商品，并且彼此交换的二元结构。当然，实际情况要复杂得多。我们可以用这个原始形态做基础，推演出商品交换的其他扩展形态。如果我们把小麦生产者和布匹生产者分别增加到无数个（用 N 来代表，$N=1$，2，3……），就会得到一个二元结构的完全竞争模型。以此类推，我们可以只增加一个产品比如布匹生产者的数量，小麦保持一个生产者不变，就得出一个二元结构的垄断模型。同样，将小麦的生产者增加至 N 个，将布匹的生产者增加至有限的个数，我们可以得到一个二元结构的寡头垄断模型。需要提醒读者注意的是，这种二元结构与主流经济学一元结构的不同之处在于：主流经济学定义的完全竞争模型，只描述了一种商品，比如小麦，有无数的生产者，但却没有定义这群小麦生产者在和谁交换（是和一个布匹生产者，还是和两个，抑或是一群布匹生产者交换）。同样，主流经济学的垄断模型也只定义了一种商品，比如小麦只有一个生产者的情况，它没有定义这个小麦生产者是和另一个布匹生产者交换，还是和一群布匹生产者交换。在没有确定交换对象构成的情况下，主流经济学却规定完全竞争市场有水平的需求曲线，垄断市场有向右下方倾斜的需求曲线，好像需求曲线与需求方没有关系，只和生产方有关，这在逻辑上是说不通的。假定无数的布匹生产者与一个唯一的小麦生产者进行交换，这个市场模型应该定义成完全竞争模型还是垄断模型？如果小麦垄断者对众多的布匹生产者说，谁的售价低就和谁交换货物，完全竞争的布匹生产者还会面临一条水平的需求曲线吗？再进一步说，如果垄断的小麦生产者只把货物卖给出价最高的布匹生产者，垄断企业还会面临一条向右下方倾斜的需求曲线吗？需求曲线是否水平，不仅取决于生产者的情况，还取决于交换方的竞争格局，不同时确定交换双方的构成，定价模式就无法确立。

在新古典的理论框架中，没有独立的商业形态，生产者好像都是直接进行交换的。如果在众多的布匹生产者和垄断的小麦生产者中间，夹着一个垄断销售渠道的商人（如沃尔玛），这时，价格确定的机制又是什么呢？

同样，新古典的理论没有定义独立的货币资本形态，却定义了人们一开始就用货币做买卖。在忽略货币供给变动对交换比率影响的情况下，来谈供求规律和均衡法则，只能造成更多的误解。

2.1 完全竞争的定价模型

当我们把单独的小麦生产者和单独的布匹生产者分别增加至无穷多时，就有了二元结构的完全竞争模型，用 $Na—Nb$ 表示（为了不使读者厌烦，我们尽量不使用符号）。假定没有专业的商人，生产者同时也是交换者，没有货币。这种情景有点像物物交换的集市，每个生产者将自己的货物拿到集市上，换回自己需要的物品。与原来只有一个交换对象的原始形态不同，完全竞争模式有了替换成本和交换成本的概念，即现在的小麦生产者和布匹生产者，都有了改变交换者的选择。

假定你是一位农民，辛苦一年之后，把你生产出来的 4000 公斤小麦的一半（2000 公斤小麦）拉到集市上去卖，你会怎么做呢？你肯定不会与第一个上来和你搭讪的布贩子成交。你可能和张三（B_1）商谈的交换比例是 2000 公斤小麦换 4 匹布，与李四（B_2）谈的比例是 1900 公斤换 4 匹布，与王二麻子（B_3）谈的比例是 1800 公斤小麦换 4 匹布。那么你会和谁交换？当然是和王二麻子。因为你与王二麻子交换分别会比与张三和李四节省 200 公斤和 100 公斤小麦。这 200 公斤小麦和 100 公斤小麦就是你与王二麻子交换的替代成本，在目前的情况下，这个替代成本很高，你不会放弃与王二麻子的交换。如果情况反过来，你本来准备和张三成交，但发现和王二麻子的成交更合算，那么，你与张三成交和与王二麻子成交的替代成本就是 –200 公斤小麦，所以你要放弃与张三的成交。

替代成本的出现是由于在二元完全竞争模型中的小麦生产者和布匹生产者不

仅要和交换对方进行博弈，而且要在生产同类商品的生产者之间进行博弈，即小麦生产者还要考虑其他生产者的供给量和出价情况。如果你是新古典经济学所假定的最大化追求者，你会与每一个布匹生产者逐一询价，并且抢到其他小麦生产者之前，找到最佳的交换比例吗？这个问题之所以必须回答，是因为它涉及完全竞争模型的定价方式。新古典经济学定义完全竞争模型有水平的价格曲线，是因为它假定所有的交易当事人都可以找到最佳的交换比率。

假定你还是那位农民，你会不惜工本去追寻这个最佳比率吗？要知道，这意味着你必须询问每一个布贩子，并和他们逐一进行讨价还价的心理战，与此同时，你还要防止其他小麦生产者抢先和最高出价者成交。这要花费多少时间和精力，没有人可以计算出来。就算你精力过人，不知疲倦为何物，那多出来的仓储费和差旅费以及为此失掉的其他机会也是不得不考虑的因素。这些因素综合起来就是市场参与者的交换成本，交换成本包括信息成本、时间成本（也含仓储成本）和决策成本，等等。假定有一个最佳的交换比率，比如，2000公斤小麦交换6匹布，但你为找到这个比率却多支付了2000公斤小麦，你还会去寻找它吗？有了交换成本的概念，所谓的最佳交换比率就没有意义了。

真实的情况可能是，你来到市场，随机性地找了3位布匹生产者（所谓的货比三家）询问了交换意向，并顺便观察了一下其他小麦生产者的出价动向。当你对市场情况有了一个大致的了解之后，你会与一个你认为交换比率相对有利的布匹生产者讨价还价，并用诸如一次性交换的大数额（等于降低对方的等待成本）来换取对方在交换比例上的让步。如果交换比例不是太离谱，你通常会完成这次交换（毕竟，晚上有可能下雨，如果今天完不成交易，还要多支付住宿费，等等）。况且，谁又知道这不是最佳的交换比率呢？那要等所有交换完成之后，去问所有其他的小麦生产者才能知道。你只要认为这一比例高于自己的重置成本，即比自己织布划算，并且这个交换比例不是太差就可以了。既然每一次交换都不太可能是最佳的交换比率（而且，对你是最佳的，对你的交换对象就是最差的），价格就有了波动的空间和可能。

在新古典的完全竞争市场模型中，市场价格是一条水平的直线。新古典经济学家给出的解释是，由于市场参与者众多，任何一个单一的生产者都无法对价格产生影响。这首先是一个逻辑上的混乱，每一个生产者都无法影响价格（在我们的二元结构中是指交换比率）与价格是一条水平的直线之间并不存在因果的联系。决定价格是否水平的是交换双方产量和需求量的此消彼长，以及双方的同业竞争状况。猪肉、大蒜、绿豆、生姜、白糖都应该是经典意义上的完全竞争市场，符合新古典关于完全竞争的全部要件：参与的人足够多，每一个生产者都无法影响产品的价格。但最近几年，这些产品的价格却像过山车般疯狂。坊间流传的"算（蒜）你狠"，"逗（豆）你玩"，"将（姜）你军"，"唐（糖）高宗"的说法，应该不是民众对水平价格曲线的描述吧。与我们的二元结构市场模型最贴近的是外汇交易市场，这里每一个交易者是拿一种货币与另一种货币交换，它涉及的是两种特殊商品的交换比率。参与人也是多得不可胜计。但我们什么时候看到外汇市场的价格是一条水平的直线了？每一个生产者都不能影响市场价格，并不能得出价格趋向水平的结论。新古典经济学假定个人的理性行为，并且假定了行为人追求最大收益的动机。那么，面对同样的价格信号，交易当事人的反应应该是一致的，只要这个价格对交易当事人是有利可图的，他们都会不约而同地采取同样的行动。也就是说，他们会像同一个人一样行动。那么，千百万生产者的共同行动还会对价格没有影响吗？

在交换双方都是自由竞争的状态下，其定价模式可用图2-1说明：

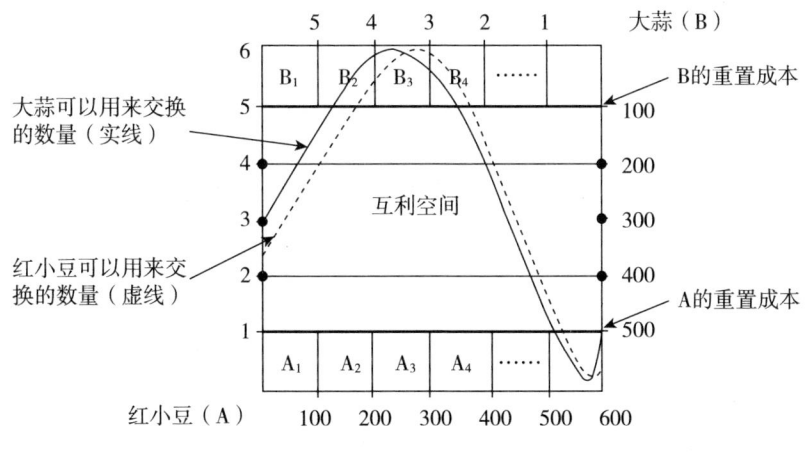

图2-1

当交易双方都没有定价权的情况下，交换比率（表现为两种商品价格的比率）取决于双方可以交换的商品量比。当出现自然灾害等突发因素时，由于农产品的生产周期过长，在产品发生短缺到新产品投放市场前，有一个空档期，交换比率的失衡状态不可能迅速改变。加上投机性需求的炒作，交换比率会突破公平底线甚至重置成本，导致要素的无序转移，使要素流入部门累积大量过剩产能，出现资源错配。

在规定了想当然的价格曲线后，新古典经济学又假定生产者会以这个固定的价格为边际收益，如果价格高于生产者的成本，理性且追求最大化的生产者就会加大生产，直到边际成本等于边际收益，才会停止生产，因为这时，他已经实现了收益的最大化。没有办过实业的读者看到这里可能有点摸不着头脑，这到底说的是什么意思啊！我们不妨把它还原成真实的生产情况。假定你还是那个种麦子的农民，你在给麦子浇水的时候，知道明年麦子和布匹的交换比率是什么（价格不变），如果你用布匹支付劳动工资（唯一的要素支出），你也知道你的边际成本是多少，在浇水的过程中，你计算机般地计算出每增加一个单位的浇水量和麦子的产出量之间的关系，当增加浇水量的成本与增加麦子产量的收益相等时，你就会停止浇水。因为，这时，你的收益是最大的。但如果明年麦收时节，别的小麦产区突然连降暴雨，小麦歉收，价格暴涨，回过头来看，你当时停止浇水的决定肯定是错了，因为如果那时多浇点水，多打点小麦，可以多赚很多钱。可是，你能预见到天气的异常变化吗？如果不能，就意味着你在生产的时候，并不知道边际收益是多少，从而也不知道你的边际成本是多少（因为交换比率不确定）。而且严格说来，你也不知道浇一吨水能增加多少麦子的产量，你只知道一个交换比率变动的大致区间，在这个区间内，你用小麦去交换布匹比你自己织布合算。所以，你并不知道什么时候应该停止浇水，你只是尽可能多地生产，并祈祷明年能卖一个好价钱。

所以，你每年生产的小麦不太可能正好在利润最大化的点上，有时候多一些，价格降到成本也卖不出去；有时又少一些，价格还在上涨，但手中的余粮已经卖光。反映两种商品交换比率的价格也会随机波动。如果你有幸或不幸种过小麦，你一定知道，经济学家说过的完全竞争市场会有水平的价格曲线缺乏事实的依据。

2.2 垄断模式的价格曲线

新古典经济学的垄断模型只定义了一种商品只有一个生产者的情况，至于这个生产者是与另一个垄断者交换，还是和另一群竞争者交换，没有任何交代。可是，谁又能够否认，这两种模式的博弈规则和博弈结果是完全不同的呢？

新古典理论定义垄断企业面对的需求曲线是向右下方倾斜的。也就是说，当垄断企业试图提高产品价格时，市场对该产品的需求量就会减少。当垄断企业增加产量时，该产品的价格就会降低。那么，这条曲线向右下方倾斜的斜率是多少呢？新古典经济学避而不答，好像无关紧要。其实，需求曲线的斜率与垄断行为大有关联。

我们现在分别来看一下垄断企业所面临的三种不同需求曲线斜率的情况：第一种情况是沿 45° 角向右下方倾斜的需求曲线（见图 2-2）。

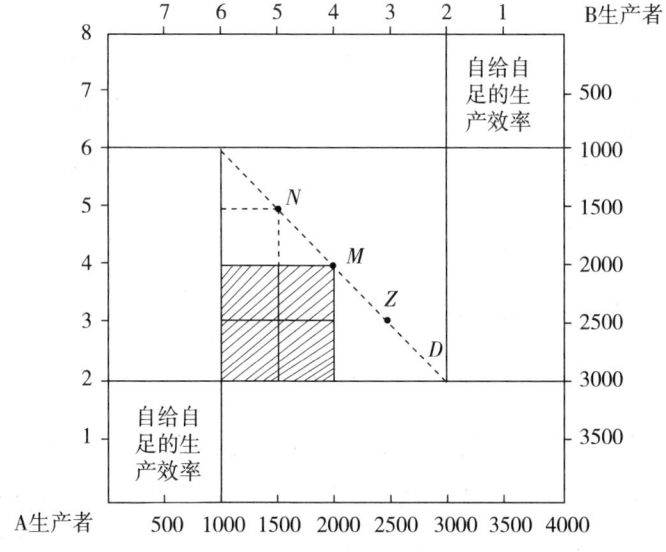

图 2-2

假定 A 生产者是垄断企业，他所面临的 B 生产者是无数的竞争者，对方的需求曲线是一条向右下方倾斜的 45°斜线。这意味着，A 商品的市场需求弹性为 1，即随着交换比率的变化，A 商品的需求量同比例地变化。如果 A 生产者追求的是收益最大化，即所占互利空间的最大化，他应该把交换比率定在该曲线中间的位置，即图中的 M 点。因为，在这个位置上，A 商品生产者所占的互利空间最大（见图中 4 匹布与 2000 公斤小麦所对应的带阴影的矩形空间）。图中的 N 点和 Z 点，对应的获利空间都小于 M 点（3∶4）。这意味着，垄断企业不可能通过提高价格来获得超额垄断利润。垄断与不垄断没有区别。

第二种情况是垄断企业面临一条向右下方倾斜的角度小于 45°的需求曲线（见图 2-3）。

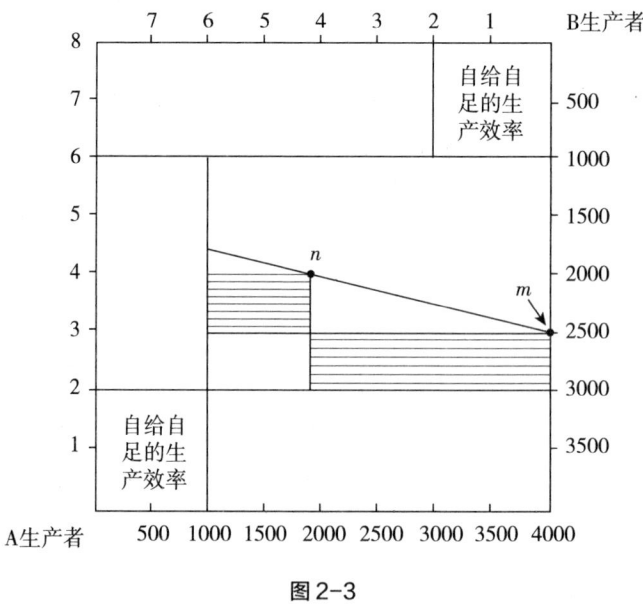

图 2-3

这时，垄断企业提高价格的行为，并不能使他的收益增加，因为当他把价格每提高一个单位，销售数量就减少四个单位，这样，垄断者随着价格的提高，收入反而减少。损失的数额是右下侧阴影的部分减去左上侧阴影部分的差额。在这种情况下，垄断失去了存在的意义。

第三种情况是需求曲线向右下方倾斜角度大于45°的情况，这说明该产品的需求弹性很低，对价格变化不敏感（见图2-4）。

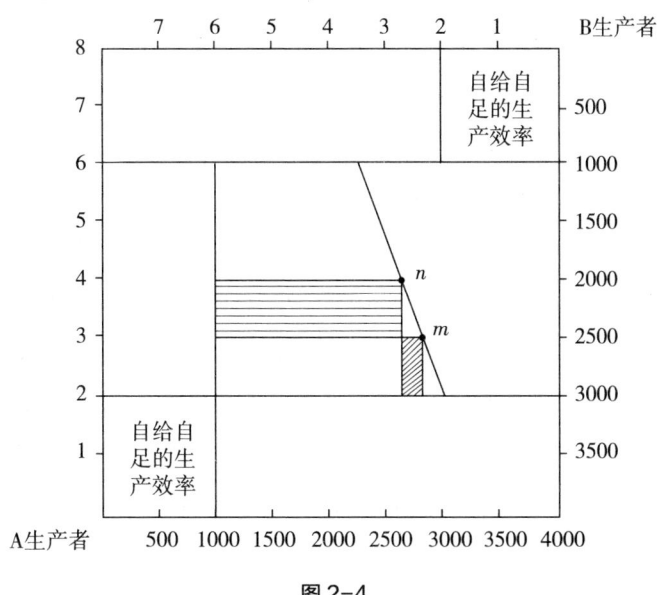

图2-4

当垄断企业提高产品价格时，对产品的需求量下降的幅度大大低于价格上涨的幅度，图中两个矩形的阴影，上面那一个是垄断企业提高价格后增加的收入，下面那一个是提高价格后减少的收入，且上面的阴影明显大于下面的阴影，多出的部分就是垄断企业提高价格后的超额收入。从这个意义上说，垄断企业只会对需求弹性较小的产品感兴趣。

新古典经济学论证垄断会引起低效率时，是假设垄断企业面对向右下倾斜的需求曲线，增加产量会导致边际收益曲线以更高的斜率向下倾斜，并在较低的产量时就与上升的边际成本相交，在 $MC=MR$ 点上，垄断企业的利润实现最大化。[1]由于需求曲线向下倾斜，边际成本会在低于价格的地方与边际收益相交。这不同于完全竞争状态，在完全竞争模型中，由于价格保持水平，当边际成本等于价格

---

[1] 萨缪尔森著，萧琛等译：《经济学》（第16版），华夏出版社2003年版，第135页。

（即完全竞争时的边际收益）时，厂商才达到利润的最大化。因此，垄断者会将产量减少到低于完全竞争状态下的产量水平。在这里我们看到，主流经济学论证垄断的低效率完全是建立在这样一个基础上：垄断企业具有向右下倾斜的需求曲线，而完全竞争的企业面对的是一条水平的需求曲线。我们在前面的分析中已经指出，完全竞争的企业如果按照同样的行为准则行事，也会影响价格的变动，那么，他们有时也会面临一条向右下倾斜的需求曲线，如此一来，垄断企业与完全竞争的企业在生产效率上还有什么区别呢？

真实的情况恰恰相反，垄断企业的价格才最有可能是水平的。垄断行业与完全竞争的根本区别是设有市场准入的门槛，尽管该产业的产品价格很高，但由于没有竞争者加入，价格仍可以维持在高位。而竞争型企业则不同，如果价格有利可图，就会有源源不断的新的产业资本加入，从而使供给增加，产品价格不断下降。由于有产品的需求弹性和可替代性，竞争性企业才会面临向右下倾斜的需求曲线。中国的铁路部门是典型的垄断行业，飞机票价还有涨有跌，火车票价基本不变，要变也是向上变化，还从来没有听说过火车票价可以打折出售或降价促销。高铁票价倒是可以打折，但这不是因为垄断企业的行为模式有了变化，而是因为高铁的票价已经进入到航空票价的区间，出现了与航空票价的竞争，消费者有了可替代选择，高铁票价才会出现打折现象。

说垄断者可以影响价格，应该是指垄断者在产量不变的情况下提高价格，而不是像教科书中所说的那样，垄断者提高产量而使价格降低。垄断者提高产量等同于垄断者放开行业准入，使新的产业资本加入，这是垄断者绝对不会做的事情。垄断者只有在确保价格不变甚至上升时，才会提高产量。说垄断者会增加产量从而使价格下跌，这等于是否定了垄断，在逻辑上是自相矛盾的。垄断的机制在于，通过设置行业准入的门槛，阻止其他产业资本进入该领域，从而使该行业产品的重置成本提高，而该行业的产品通常又是需求弹性很小的产品，强烈的需求刚性，会使价格提得很高需求量也难以减少。这样，垄断企业就可以把价格长期维持在一个不合理的水平。从而使资源的分配偏向于垄断企业。在很大程度上，垄断企业已经破坏了商品交换的互利基础，在自由竞争的市场状态下，当交换比例突破了重置成本时，会引起产业资本的转移。但在垄断的情况下，市场准入的高门槛导致的过高重置成本，使不合理的价格可以长期维持，这才是垄断造成低效率的原因。

垄断者的定价模式可以用图2-5来说明：

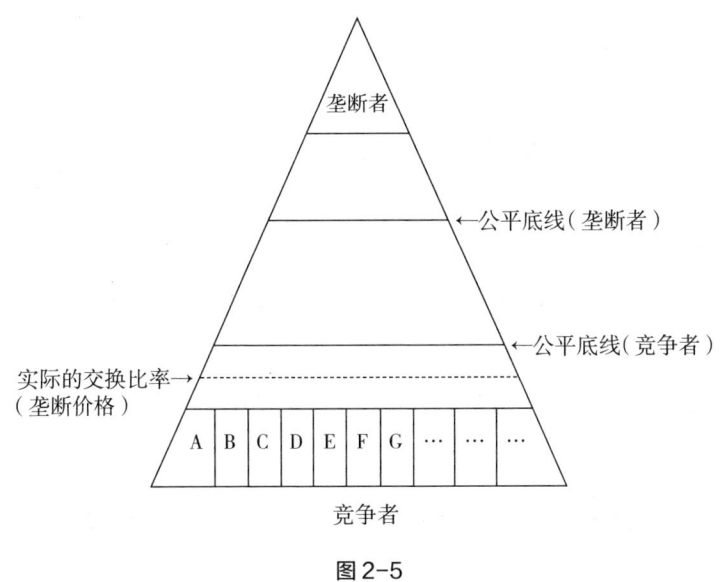

图2-5

从图中我们可以看出，垄断企业的产品由于设置了行业准入的门槛，其产品具有不可替代性。垄断企业因而在交换比率的定价上拥有绝对的议价资本。交换比率（图中虚线）通常会超越公平底线，将交易对方置于十分不利的境地。在沃尔玛垄断销售渠道的年代，生产商基本上没有讨价还价的余地，不仅要上交高昂的"入场费"，还要接受沃尔玛极其苛刻的定价水平，基本上无利可图。

垄断型的定价模式在某些方面符合独裁者博弈的特征。当一方具有完全的决定权，包括开价权与定价权，另一方不仅没有还价的权利，也没有拒绝的权利，只能选择服从，通常我们称之为独裁者博弈。假定独裁者和被支配者在合作完成一个生产活动后，产生了一个大于各自单干时的增量收益，也就是我们所说的互利空间，独裁者会如何分配这个做大的蛋糕呢？假定这个蛋糕为X，独裁者分配给被接受者的利益为s，独裁者的所得就为X-s。按照传统经济学的理论假设所建立的标准预测模型，答案应该是 s=0，即公共利益空间被独裁者一个人享用。根据个体本位的利益最大化假设，当接受者不能对分配者施加任何不利影响的时候，独裁者一定是独吞所有的共同利益，但是行为经济学的实验却给出了不同的回答。在福赛斯（Forsythe）等人的实验中，仅仅有 20% 的受试者选择独吞所有利益（s=0），大多数受试者（60%）的选择在大于 0 小于 0.5 之间（0<s<0.5），而有大约 20% 的受试者选择对半分（s=0.5）。这个实验结果并不具有权威性。由安德烈奥尼（Andreoni）和米勒（Miller）所做的研究中，大约 40% 的受试者选择 s=0，20% 的被试者选择 0<s<0.5，而有大约 40% 的受试者选择 s=0.5。[1] 史密斯（Smith）2000 年在美国爱荷华大学所做的实验显示，绝大多数的受试者选择的分配在 0 到 0.5 之间，相当一部分独裁者会分配 10%~25% 的份额给接受者。伯克斯（Burks）在 2002 年对堪萨斯工人所做的实验表明，独裁者博弈和最后通牒博弈的分配份额几乎是相同的。[2] 表 2-1 是在不同社会进行独裁者博弈的实验结果：

表 2-1[3]

时间	实验者	平均开价	众数开价	社会（实验地点）	人数
2003 年	卡梅若（Camerer）	0.31~0.5	0.15~0.25	典型的西方社会	NA
2004 年	恩斯明格（Ensminaer）	0.31	0.5	奥玛（肯尼亚）	43
2004 年	马洛（Marlow）	0.2	0.1	哈德扎	43
2009 年	韦斯内（Weissner）	0.2	0.11	Ju/hoan 布什曼	53

从表中可以看出，独裁者实验的平均开价在不同的实验地点，并没有太大的

---

[1] 恩斯特·费尔和克劳斯·M.施密特著："一个有关公平、竞争和合作的理论"，载于科林·F.凯莫勒等编，贺京同等译：《行为经济学的新发展》，中国人民大学出版社 2010 年版，第 340 页。
[2] 韦倩："纳入公平偏好的经济学研究"，载于《经济研究》2010 年 9 月，第 138 页。
[3] Carl Wesley Mccabe, *Human Behavioral Ecology and the Individual in Sosiety*, ProQuest LLC 2009, p20.

区别，但众数开价（即最多的开价数）通常都不太稳定，往往随设计条件及实验环境的变化而发生改变。在一方完全不受对方制约的情况下，分配的比例很大程度上取决于个体和文化的差异。

加利福尼亚大学的一个研究小组在中国早市所做的独裁者博弈实验，证明了这种文化差异的存在。"独裁者"的平均开价达 0.4（30 元人民币中的 12 元），高于上表中 0.2~0.31 的平均开价。众数开价为 0.5，与奥玛、肯尼亚的情况相同。在 45 个受试者中，只有 7 人的开价为 0，少于 1/6，低于发达国家 20% 的平均数。[1] 由于独裁者博弈的接受者没有拒绝的权利，人们无法观察到接受者对最低可接受分配的态度，研究小组通过问卷调查的方式来得到人们的真实想法。调查显示，如果平均开价低于 10%，一些接受者会感到难以接受。超过 60% 的人表示可以接受任何开价，甚至零开价。[2] 这是一个非常不幸的结果，它表明在独裁者博弈的格局中，接受者的公平底线要比最后通牒博弈（平均拒绝的比率为 0.25）要低很多。在人们没有任何讨价还价的权利时，其公平标准也会下降到一个很低的水平。上述实验告诉我们，即使在独裁的博弈格局中，博弈双方之间也存在着关于分配比率的包容性区间（独裁者 15%~25% 的平均开价，与接受者 10% 的心理拒绝底线之间存在着互不冲突的区间），只是这个标准，远远偏离中值区域（见图 2-6）。

民众可以容忍独裁者享受分配上的一定特权，但不能低于 10% 的标准，低于这个标准就会引起不满和反抗。有趣的是，独裁者 15%~25% 的平均开价高于民众的底线，如果将分配比例维持在独裁者平均开价（15%~20%）和民众所能接受的公平底线（10%）之间，应该就是独裁模式中的所谓"太平盛世"了。

上面我们讲的是由垄断者出价时的市场价格状况。垄断模式的另一种定价方式是让竞争的买家（或卖家）出价，由出价最高的买家完成交换。我们在土地拍卖、艺术品拍卖和工程招投标中经常会看到这种情形。在这种竞价方式中，竞标的投资者通常会面临一个相当尴尬的局面：出价合理，标的永远和你无关；如果

---

[1] Carl Wesley Mccabe, *Human Behavioral Ecology and the Individual in Sosiety*, ProQuest LLC 2009, pp33-36.
[2] 同上，第 39 页。

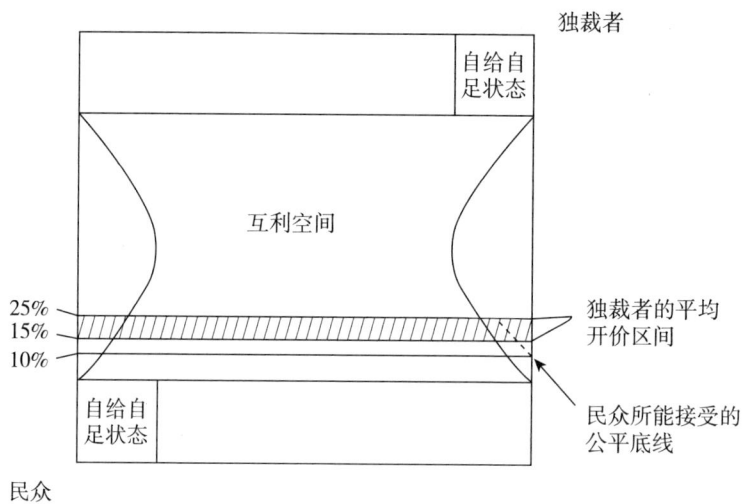

图 2-6

竞价者志在必得,一旦竞标成功就会发现,所得之物大大低于中标者的预期,出现所谓"赢者诅咒"的现象。

当只有一个卖家,而有众多的竞标者时,"赢者诅咒"就会发生。而且,参与竞标的人数越多,出价的非理性程度也就越高,赢者受到的"诅咒"程度也就越深。这已经被许多心理学测试所证明。[1]

现实中最典型的"赢者诅咒"的案例,就是在房地产销售最火爆的时期,中国土地拍卖中频频出现的"地王"现象。这些以天价拍卖的土地,其地面价格已经高出周边地区的楼市价格,出现"面粉贵过面包"的反常现象。而且,这些地王在拍卖之后,绝大多数都被闲置,无法进行营利性的操作。

出现"赢者诅咒"现象,首先是因为这是一种卖方垄断。没有可替代选择,竞买的方式使本来买卖双方讨价还价的博弈变成了买家之间的自相残杀。"出价最高者获标的物"的游戏规则,导致了一个结果,即只有对物品的估值最乐观(或最不理性)的人,才有可能买到竞标品。在这个游戏中,唯一的赢家是垄断的卖

---

[1] 理查德·什·泰勒著,陈宁铎、曲亮译:《赢者的诅咒》,中国人民大学出版社 2007 年版,第 47~59 页。

方，所有的买家，要么是永远的看客，要么是中标的倒霉蛋。如果说由垄断企业定价还会受到公平底线制约的话，由竞标者竞相开价的方式则连这种制约都会丧失殆尽。令人啼笑皆非的是，打破公平底线的，竟然是竞买者自己。

我们知道，人们对于一件物品的估值，尽管存在着不同的差异，但大体呈现一种正态分布，即大多数人的估值是比较接近的，持有极度悲观的估值和极度乐观的估值的人数较少。但在 10 个竞标者中，出现一个乐观估值的概率已经很高了。如果竞标者是 50 个人，则不仅肯定会出现极端的乐观估值，而且很可能还不止一个。两个以上的极端乐观者竞争起来会是什么样，相信只有参加过这类拍卖的人才会知道。而且，竞买者的相互竞争，还会加强彼此的乐观预期。对方更高的出价，不仅证实了乐观的竞标者对该物品的估值，而且还会提供一种心理上的暗示：标的物的价值可能被低估。于是竞标者原有的估值迅速膨胀，价码越加越高，最后的结果就可想而知了。正如卡彭（Capen，最早研究赢者诅咒的工程师）等人所述："如果一个人赢了其他两三个人而获得一块地，他会对自己的好运感觉良好。但是如果他赢了其他 50 个人呢？那就糟了。""如果谁对他认为值得的一块地进行投标，从长期来看，他总会输得精光。"[①]

不管是荷兰式拍卖（从高向低喊价，第一个应价即为成交价），还是英国式拍卖（从低向高喊价，由叫价最高者赢得标的），抑或是密封投标拍卖，都无法避免"赢者诅咒"的现象。特别是英国式拍卖，由于每一个参与人都可以看到其他参与人的出价，随着价格的节节升高，参与人会受到现场气氛的影响，更加不理智地出价。出现所谓的"公共价值效应"，"赢者诅咒"会表现得更加明显。以诺贝尔奖获得者维克里教授命名的维克里拍卖[②]，据说是可以实现有效率拍卖的一种方式，但维克里拍卖设置的初衷，是为了避免信息不对称背景下，竞拍者"说谎"，即少数"知情者"隐瞒自己的真实估价，以较低的价格获得拍卖品的情况。说到底，维克里拍卖所实现的还是卖者的效率。由约翰·卡盖尔（John H.Kagel）和丹·莱文（Dan Levin）在 2001 年主持的拍卖实验证实，在告知受试者不要以高

---

① 理查德·什·泰勒著，陈宁铎、曲亮译：《赢者的诅咒》，中国人民大学出版社 2007 年版，第 58 页。
② 维克里拍卖是密封拍卖的一种变形，它规定：最高出价者赢得标的，但他只需按第二高的出价支付。

于估值的价格竞拍,否则不但得不到竞拍品,还会损失金钱的情况下,如果只有一个单位的竞拍品,大多数的报价仍然会高于估值。但如果有一个以上单位的竞拍品,就会出现需求减少的现象。①这说明,避免"赢者诅咒"的最好办法就是引进可替代选择。

事实上,垄断企业的低效率是由于没有竞争的压力,垄断企业失去了革新的动机,不再谋求改进产品、降低成本,而是更多地依赖价格上涨来提高收入,或者是通过价格上涨来摊销不断上升的成本。当价格上涨受到公平底线的制约而没有多少余地时,即使拥有定价权,垄断企业依然可能进入亏损状态。北美驯鹿由于没有了天敌(狼群)的威胁,种群开始退化,精神萎靡不振,罹患各种疾病,甚至体型都变得日趋矮小。垄断企业就是失去了天敌的动物,它们会自我退化,占有大量资源产出却相对有限。这也是我们对垄断给予较低评价的理由。

我们二元结构的垄断模型包含三个子形态,即一个垄断者与另一个垄断者的交换(演变成两个交易者的讨价还价模型);一个垄断者与几个寡头垄断者交换(拍卖模型);一个垄断者与一群生产者交换(火车票定价模型)。它们的定价规律各有不同,不过,有一点可以肯定,这些模型与经济学教科书所描述的定价模式都是完全不同的。

2.3 寡头垄断的博弈模式

相信本书的读者大都有过乘坐飞机的经历,如果你乘坐一架航空公司的飞机,晚点了3个小时,飞机上的服务十分恶劣,饭食质量很差……于是,你发誓下次再也不乘坐这家航空公司的飞机,而换乘另外一家航空公司的飞机。这种情况表明,你面对的是一个寡头垄断的市场格局。主流经济学通常用四企业产业集中度或八企业产业集中度来定义寡头垄断的状况,若上述企业产业集中度超过

---

① Enrrica Carbone and Chris Starmer Edited, *New developments in experimental economics* Volume Ⅰ Volume Ⅱ, Cheltenham, UK; Northampton, Mass: Edward Elgar Publishing Limited 2007, pp549–589.

60%，则被认为属于寡头垄断的状态。我们用 Ma—Nb 来代表二元的寡头垄断结构（其中 M=2，3，…，10）。

至于寡头垄断企业面临的是什么价格曲线，主流经济学则没有给出正面的回答。经济学家只是说，如果寡头垄断企业决定相互勾结，它们的市场价格和产量将接近于垄断所产生的价格和数量；如果寡头垄断的数量增加，产业的价格和产量将趋向于完全竞争市场的产出情况。所以，主流经济学家给出的结论是："在多数情况下，不存在寡头的稳定均衡。"[①] 在寡头垄断成为普遍状态的今天，经济学家居然给不出符合寡头垄断特征的定价模型，好像有点说不过去。在寡头垄断的模式中，几个大企业占据了市场的大部分份额，每一寡头的行为都有可能影响市场的价格，同时，每一方都没有完全的把握吃掉对方。垄断寡头的定价方式是通过博弈实现的，博弈的方式与主流经济学的一元决策主体的方法论完全不同，它至少要假定两个以上的决策主体，其中一方的选择，必须要考虑对方可能的反措施，在非合作博弈中，它实现的是纳什均衡，即两个或更多的参与者共同占优策略的集合。这种由纳什均衡实现的均衡价格，对于任何一方都不是收益最大化，而只是一个次优或次劣的结果（进一步的分析请看第 10 章），用边际成本等于边际收益的分析范式无法进行解释。

在我们的二元交换结构中，寡头垄断与完全垄断的最大区别，是在寡头垄断模式中，其对应的交换方有了可替代成本。假如 M 代表几家大的航空公司，消费者从 M_1 公司中得到的是同样高的票价但却恶劣的服务，消费者在下次乘机时，就会选择 M_2 或 M_3 公司。M_2 和 M_3 的票价和服务就是他相对于 M_1 的可替代成本。消费者的这种可替代选择，迫使任何一家 M 企业都不敢采取过于激进或过于保守的策略。当 M 内部的结构是几个势均力敌的竞争者时，最可能出现的情况就是服务和价格的趋同。几个势均力敌的竞争者在没有条件打垮对手的情况下，会自动选择向消费者最低的替代成本看齐，直至消费者的可替代成本为零。即消费者选择任何一家公司与其他的公司都没有差别，或差别很小。这时垄断竞争的企业之间会达到一种均衡，它们之间的价格和服务水平会趋向一致，其中任何一个企业

[①] 萨缪尔森著，萧琛等译：《经济学》（第 16 版），华夏出版社 2003 年版，第 144 页。

打破这种均衡，其他企业就会选择跟进，出现恶性价格竞争。这样，对于任何企业都没有好处。所以，保持对消费者的零可替代成本就成为势均力敌的寡头垄断企业之间的潜规则了。这时形成的价格，通常是大家都过得去的价格，而不是任何一家可以实现利润最大化的价格。即使是技术创新的进度，彼此之间也会保持大体的一致。如果有一家企业采取激进的革新措施，其他公司自然不会坐以待毙，也会奋起直追，这样的结果，可能是大家白忙活一场，谁也没有取得绝对优势，还弄得局势十分紧张，与其如此，还不如给彼此都留个活路，大家相安无事。

用交换模型可以比较直观地说明垄断寡头的定价模式（见图2-7）。

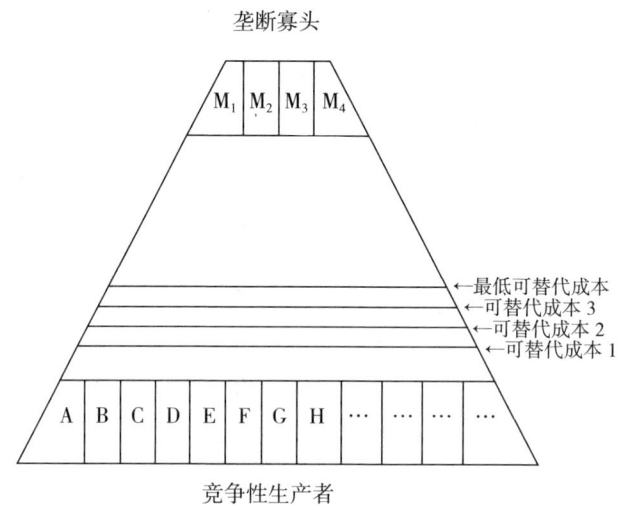

图2-7

由于垄断寡头彼此之间有可替代性，众多与之交换的交易当事人可以有选择的余地。最有竞争力的垄断寡头会提出一个自己满意且不将对手逼入死角的价格水平，最后博弈的结果，是所有垄断寡头的定价向这个垄断寡头的出价看齐。

1985年，可口可乐为了应对百事可乐的口味挑战，宣布修改配方，生产新可乐，这种企图压倒对方的激进改革措施引起了一场营销灾难，被美国《纽约时报》称为美国商界一百年来最重大的失误之一。消费者甚至把修改可口可乐的配方与修改宪法和修改圣经等同起来。当可口可乐纠正错误并恢复原有配方时，百事可乐的市场份额已经有了大幅增长。从此以后，可口可乐与百事可乐基本维持各自的势力范围，双方产品在价格和服务方面几乎完全一样，就连产品的细分结构也大致相同。目前，可口可乐在美国和中国的市场占有率在43%左右，而百事可乐则占到31%~32%，这两大巨头坐拥各自的半壁江山，已经多年相安无事了。

对于寡头结盟的模式，经济学教科书中只能给你一些不着边际的说法。以笔者的观点，垄断寡头最可能结盟的地方是在资源领域，如石油输出国组织和铁矿石价格联盟。价格同盟在制造业出现的概率较低且不稳定，是因为制造业中各个寡头的产能有迅速扩大的潜力，限制产量的结盟条件很容易被破坏，而且破坏者很可能从背叛行为中获利。在资源领域则不同，资源的有限性决定了单方面提高产量没有任何意义，很容易遭到其他寡头的反击，最后谁也得不到好处。这可以解释为什么国际间的资源联盟比较容易达成且持续时间较长，内部也比较稳定。不过这种情况会随着技术的进步而有所变化，新能源、新材料技术的迅猛发展，使得不可再生资源的可替代性提高，资源部门的结盟也会发生不稳定状况。结盟与产业集中度没有关系，例如在微处理器行业，英特尔和AMD公司占据了整个市场99%的份额，2010年1月，英特尔的市场占有率达到80%，AMD达到19%，但两家企业却很难结盟。因为它们在利益上有冲突，AMD要想过上好日子，只有把英特尔从老大的位置上掀翻，自己坐上去。而这是英特尔最害怕的事情，它只有在确认可以压制住AMD时，才敢睡个安稳觉。

我们的二元寡头垄断结构有一个变形，即几个垄断寡头的生产者与几个寡头垄断的需求方组成的博弈格局，用Ma—Mb表示。比如三家大的铁矿石生产商（淡水河谷、必和必拓和力拓）结成的价格联盟垄断了全世界70%的铁矿石产量，需求方主要是中国、欧洲和日本的钢铁企业。按理说，需求方的寡头应该联合起来抗衡资源方的垄断，但因为制造业巨头之间的利益分歧，大家各怀心事，互不配合，结果，在铁矿石价格谈判中一直处于被动的地位。这些年随着网络的发展，分散的消费者开始组织起来，以"团购"的方式，向竞争性的垄断企业施压，以争取更大的产品折扣。网络给他们提供了一个低成本联盟的平台，而M结构中的可替换选择空间，则为他们提供了集体讨价还价的机会。在寡头垄断的博弈格局中，结盟是一种减少对方可替代选择的有效方式，并且是提高己方议价资本的不二法门。

2.4 商人的加入

迄今为止我们所讨论的二元结构的交换都是在两个或两部分生产者之间直接进行的，生产者直接见面，货物转手也在同一地点、同一时间完成，即所谓的物物交换。这是最原始状态的交换形式。在上面的分析中，出于简化的考虑，没有加入产品的交换成本。但交换肯定是有成本的，而且在物物交换的情况下，这个成本还非常高。设想一下，两个相距遥远的部落，一方经过长途跋涉，带去的货物对方却并不需要，而自己需要的东西，对方也不一定拥有。即使拥有，也会因为己方没有可供交换的货物而拿不到手。可以想象，这是一件多么令人扫兴的事情。而且不同物品的收获季节不同，一个冬天狩猎的民族，要等到第二年夏天才能换到自己所需要的粮食，也会带来巨大的不便。正是由于生产者直接交换的高成本，才会在生产者之间派生出一个中间环节——商人和商业。

商人和商业的出现，也是分工的结果。它是继生产者的分工而派生出的一种服务的分工。商人和商业产生的基础，在于商人和商业可以提高交换的效率。假如 A 商品生产者自己在市场上和 B 生产者交换，可以用 500 公斤小麦换回 1 匹布。在有交换成本的情况下，A 生产者只能用 2500 公斤小麦换回 3 匹布，因为要用 1000 公斤小麦去支付运输、差旅、损耗和寻找交换对象等方面的开支，这 1000 公斤小麦就是 A 生产者的交换成本。如果 A 生产者不去市场直接交换，而是将 2500 公斤小麦交给 C 商人，C 商人给 A 生产者的布匹只要不低于 3 匹布，A 生产者让 C 商人去代理自己交换就是合算的。假定 A 生产者用 2500 公斤小麦从 C 商人那里换回了 4 匹布，比自己去交换多换回了一匹布，或者说换回 3 匹布节省了 500 公斤小麦。那么，A 生产者与 C 商人交换就比自己去交换要划算。1000 公斤小麦代表 A 生产者的交换成本，用 A_c 表示，500 公斤小麦代表支付给 C 商人的代理费用，用 C_c 表示，只要 $A_c - C_c \geq 0$，对于 A 生产者来说就没有必要自己去进行交换了。Ac 是 A 生产者委托 C 商人代理交换的重置成本，如果 Cc>Ac，A 生产者就会自己去交换，商人和商业就没有存在的必要。

专门从事交换活动的商人和商业的产生，使交换的效率大大提高，避免了物物交换中，两个物品经常无法匹配的现象。同时使生产者能更加专注于生产活动，有助于生产效率的提高。这是交换经济互利性的进一步延伸。

商业的加入，使二元交换模型演变为三元交换（见图 2-8）。

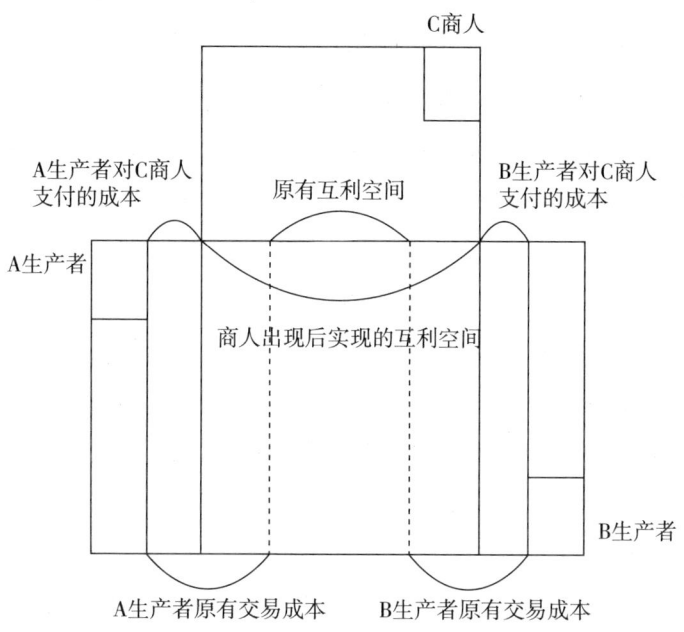

图 2-8

在商人加入之前，A、B 生产者自己完成交换的成本很高，见图 2-8 下方"原有交易成本"所标示的区间。专业的商人加入后，使交易成本降低，A、B 两个生产者支付给 C 商人的交易成本低于自己交易的成本，实现了三方的互利共赢。

商业活动与生产活动的最大不同在于：生产活动追求的是产出的增长，而商业活动追求的是商品在不同时间和空间上的交换比率的变化。在商业资本的运作过程中，不会发生商品数量的增加（如果算上损耗的话，应该经常会减少），只会发生同样数量的商品在交换比率上的差异。我们的商人 C 先生在 A 地用 4 匹布交换了 2500 公斤小麦，又在 B 地与 B 生产者用 2000 公斤小麦交换了 5 匹布（如果 B 生产者自己直接与 A 生产者进行交换，只能用 5 匹布换回 1500 公斤小麦，因为其中的 2 匹要用来支付交换成本，用 5 匹布交换 2000 公斤小麦对 B 生产者也是划算的）。这样，C 商人在这个交换过程中获得了 500 公斤小麦和 1 匹布的差价。这个差价就是 C 商人的商业收入，扣除各项成本之后的剩余就是 C 商人的商业利润。这是 C 商人做的空间上的套利。同时，C 商人还可以在时间上套取差价。比如，利用季节性因素或生产周期性因素，在小麦收获的季节或小麦丰收的年份，用其他商品换入小麦，再在青黄不接的季节或粮食歉收的年份，当小麦的交换比率较高的时候，用小麦去交换其他的物品。这是一种时间上的套利。

明确商业交换的套利特征，对于我们理解商品交换的规律具有非常重要的意义。商人和商业的存在，表明同一商品的价格存在着空间和时间的差异，这意味着生产者并不能像新古典理论所假定的那样，可以对价格做出及时和准确的反应，他们也没有能力对产量和收益做最大化的处理，因为如果他们能做到这一点的话，商人和商业就没有生存的空间了。实际的情况是，生产者与商人的分工，是实干家与活动家的分工，生产者要求的是脚踏实地的务实精神，商人要求的是反应敏捷的市场洞察力，两种行当的人具备的是不同的素质，具有不同素质的人形成分工是一个自然的过程，大家发挥各自的优势，可以形成优势互补。

在新古典经济学的理论框架里，我们看不到对商业形态的独立分析，生产者好像是直接与消费者进行交换的，中间没有商业环节。但如果在生产者的交换中加了一个商业环节，交换就具有了套利的特征，与生产者的直接交换完全不同。商人的套利活动会利用生产周期的间隔打时间差，而不会与生产周期保持同步。比如，前几年普洱茶的热炒，真正的茶农却没有得到多少收益。当价格涨起来时，茶农手里已经没多少茶叶可卖，茶叶早被商人在价格上涨之前囤积，等到新茶上市时，一轮套利行为已经结束，价格可能一夜之间又回到"解放前"。独立的商业活动会给交换比率带来巨大变化，抛开商业活动去谈供求法则，许多现象都无法找出合理的解释。

商业的套利模式，提供了所有经济投机行为的基础，但它本身还不是纯粹意义上的投机，商业的两端联系的毕竟是真实的需求。我们下面会看到，随着货币的产生，一种完全不同的虚假式需求——投机性需求出现了。理解投机性需求，是我们对市场经济活动规律进行分析的一个关键。

2.5 用货币实现的交换

货币的产生对于商品交换的历史，是一个具有划时代意义的事件。货币作为一种通用的交换媒介，大大提高了商品交换的效率，并使商品交换有了不断扩大的可能。货币的加入，产生了专营货币业务的金融机构，从而使交换模型更加复杂（见图2-9）。

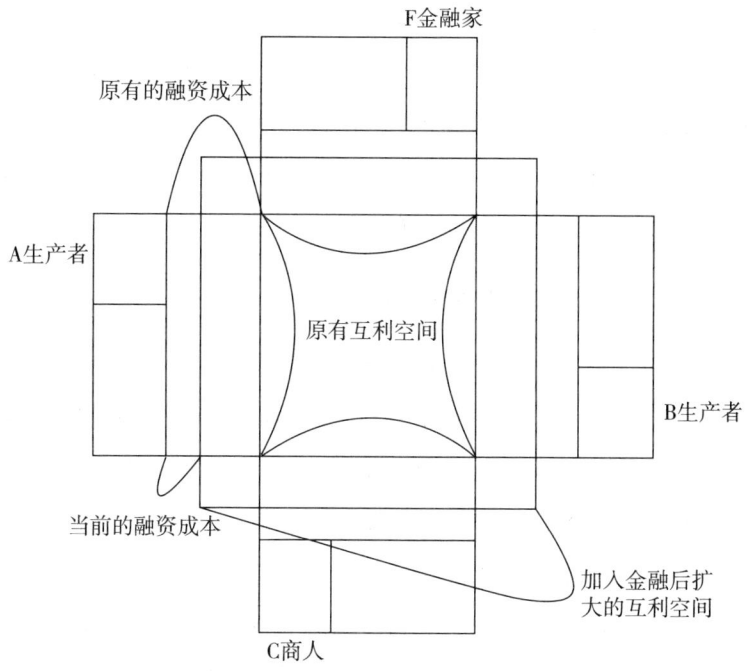

图2-9

交换通过货币作为媒介后，由于货币本身便于携带，便于计量的特性，交换各方有了统一的价值量度标准，避免了物物交换的种种麻烦，将交易成本进一步降低。在图中我们看到，没有货币加入时，原有的交易成本十分巨大，加入货币后，极大地方便了商品交换的过程，使交易各方都可以从货币的使用中获得更多好处。现在我们感兴趣的问题是，当货币产生以后，给商品交换带来了哪些不一样的变化。

变化之一：货币掩盖了商品交换的本质

货币的出现，彻底分割了商品交换在时空上的联系。在物物交换中，商品交换是同时发生的，如2000公斤小麦交换4匹布，两种商品必须同时同地完成交换。但货币的出现，把商品的交换分割成单独的买入行为和单独的卖出行为，并且在时间和地点上也不是同时发生的，从而使交换的本质被货币所掩盖，看起来好像是每一个生产者都在卖出自己的商品去换回货币，而不是用自己的商品去换回其他的商品。如果说存在着"货币幻觉"的话，这应该是第一种货币幻觉。而整个主流经济学的分析体系，就建立在这种幻觉的基础之上，主流经济学将不同商品的交换简化为一种商品的买卖，并以这种交换过程的不完整片段作为经济学分析的起点，这实在是一种不幸的选择。

变化之二：货币模糊了商品交换的比率

在物物交换的时代，A生产者用2000公斤小麦与B生产者的4匹布进行交换，其交换比率一目了然，这不仅对A生产者是如此，对B生产者也是如此。他们都以对方产品的数量作为自己产品交换比率的参照。但在货币出现的时代，A生产者在小麦市场上卖出了2000公斤小麦后，他还要到布匹市场才能买到布匹，而且，他很可能想再等一等，到气候转冷的季节再买。此时A生产者所卖掉的2000公斤小麦究竟能换回多少匹布，还是一个未知数，而且A生产者可能还要用这2000公斤小麦换来的货币去购买一些其他的物品，再加上从卖出小麦到买入布匹的过程中，随着时间的流逝，货币本身的价值也会发生变化，或升值或贬值，以致 A 生产者可能根本就弄不清自己的 2000 公斤小麦究竟可以换回多少布匹。

变化之三：货币幻化了商品之间的结构矛盾，把它演绎为供需矛盾

在物物交换的情况下，当一种商品对另一种商品的交换比率提高时，意味着两种商品的配比结构发生了变化。用布匹所表示的小麦的价格上升，同时意味着布匹的价格降低了，商品之间这种交换比例的变化反映的是两种商品数量上的彼此消长。但货币的出现，却使这种匹配结构的矛盾被掩盖了，我们只是看到一种商品的价格升高了或降低了，从而把注意力集中在了一种商品的供求平衡上。而两种商品的结构矛盾却由于货币对交换的割裂作用，使我们很难察觉到。货币使原本意义上不同生产部门资源配置的问题，变成了一种产品的供需矛盾，在宏观经济领域则变成了总供给与总需求的矛盾。在这种货币错觉基础上实施的宏观经济政策，很可能是文不对题，把资源浪费在刺激产能过剩部门的需求，而真正短缺的产品还是没有生产出来。

变化之四：货币作为一般等价物而产生的另一个货币幻觉，就是货币被作为财富的象征

它由交换的媒介演变成交换的目的，人们的所有生产活动似乎只是为了取得更多的货币。再加上货币有易于收藏的特点，在贵金属货币时代，人们会将良币逐步从流通领域分离出来，作为财富贮藏。这会导致货币流通量不足，解决的办法通常有两种：一是由政府不断发行新的减值货币作为补充；二是让金融机构发行具有替代作用的准货币，但这又造成了通货膨胀和通货紧缩等一系列新的问题。

变化之五：货币的借贷会对实体经济提供杠杆推力

不管是生产者还是商人，都会时常面临资金短缺的困难。如果由他们自己解决，不仅费时费力，还可能因为不能及时筹措到足够的金额，而不得不放弃原本有很好收益预期的生意。个人筹措资金的高昂成本促成了专门的金融机构的产生，这些机构专门负责资金的存贷业务，并收取和支付利息。存款和贷款的利差是这些金融机构的收入。利息是资金使用权出租的价格，它应由资金供求关系来决定。问题在于，金融机构的信贷工具具有杠杆效应，当产品确实出现短缺时，信贷的杠杆作用可以迅速弥补需求的缺口，但当价格信号出现误导时，金融机构贷款会将产能过剩的问题扩大并累积起来，当债务累积越过资本供给的极限，就会爆发危机。甚至可以这样说，迄今为止，所有的经济危机都是由债务危机所引发的，而所有债务危机的背后，都有金融机构的推波助澜。货币资本的加入，使商品生产的扩张规模更迅速，而且也使商品价格的波动频率加快，波动幅度加大。需要特别强调的是，货币资本的出现给商品交换增添了一种新的需求——投机性需求。这种需求追求的目标不是最终消费，而是商品价格和资产价格在时空上的差异。货币资本的买入是为了在更高的价格上卖出。货币资本卖出时，并不是真的有货物交给买方，而是为了在价格下降以后再做对冲，以赚取价格下跌的差价。在这种买空卖空的过程中，货币资本实现自身的升值。随着货币资本实力的增强，这种投机的力量越来越强大。关于投机性需求，我们将在下一章中进行专门的分析。

2.6 政府的公共管理职能

当我们把商业和金融机构放入经济的运行框架中，商品交换的一切条件似乎都已经具备，市场将发挥那只"看不见的手"的调节作用，协调各个独立单元的行为，最终促进社会整体利益的实现。但是且慢，这中间似乎还缺少点什么。想象一下，我们的C商人驾船出海，从事国际贸易，不幸在亚丁湾遭遇索马里海盗，对方动辄要求几百万美元的赎金，C商人应该如何应对呢？他通常面临两种选择：一个是自己建立一支护航舰队，海盗来了直接搞定，缺点是维护成本太高，靠贸易赚的钱够不够维持这支军队还真不好说。另一个选择是向政府纳税，由政府部门建立护航舰队来提供保护。哪一个方式更好呢？

我们再来看一下A、B生产者的情况：如果种小麦的A生产者为了减少虫害、提高产量,使用了高毒农药,我们的 B 生产者吃了十年以后,视力下降,以致最后完全失明。B 生产者如何去惩罚 A 生产者呢?不买 A 生产者的小麦,这可能是 B 生产者用市场手段所能使出来的最厉害的杀手锏了。但这样做的惩罚力度显然不够,且不说十年期间,A 生产者已经赚得盆满钵满。即使毒小麦受到抵制,并不妨碍 A 生产者再去生产含有三氯氰胺的牛奶。况且 B 生产者的损失——双目失明,并没有得到赔偿。对于造假、欺诈这类破坏市场规则的行为,市场本身的调节力度十分有限,只能寻求其他的解决途径。

另外,还有一件麻烦事,这就是货币的发行。这种交换的媒介和价值的尺度究竟应该由民间机构来发行,还是由具有公信力的政府来发行?如果完全由民间机构发行,那就糟糕了,这一点历史给我们提供了最好的例证。中国历史上第一次出现的恶性通货膨胀,是在西汉初年(公元前 206 年)。那时,王朝初建,国力贫弱,秦钱重而不便使用,遂允许民间私铸,结果恶钱泛滥,物价飞涨,米一石高达万钱,马一匹价值百金。①在此后的中国历史中,凡是中央政府出于种种原因,放弃货币发行权力时,都会导致严重的通货膨胀和经济混乱。

也就是说,对于市场经济最低限度的正常运作,政府的公共服务功能都是必不可少的条件,以往我们对政府职能的解构,主要有两大流派:一是契约论的观点,即政府的产生,是利益相关方达成契约的结果;二是统治论或剥削论的观点,即将国家机器看成是阶级统治和阶级压迫的工具。这两种观点都具有片面性。从社会演化的意义上说,政府也是社会分工的产物,它担负公共管理职能,与民众形成一种特殊的合作关系,政府提供公共产品和公共服务,民众则通过上交税负来完成交换。在政府和民众之间,也存在着互利空间,即政府提供的公共产品和服务所带来的管理效率的提高,不能小于民众支付的对价——民众为维持一个政府所承担的费用。当政府行为出现职能错位,超越了与民众之间互利的公平底线,民众的合作意愿就会大幅降低。如果维持一个政府的开支大于政府管理所带来的效率,意味着分配比例超越了政府存在的重置成本,即维持这个政府的费用超越了无政府的成本,就会产生权力的更迭。历史上出现的政府与民众的冲

---

① 郭彦岗著:《中国历代货币》,商务印书馆 2007 年版,第 23 页。

突，大多数都是由于政府偏离了公共职能所致。

政府与民众的交换关系可以通过图 2-10 来表示出来：

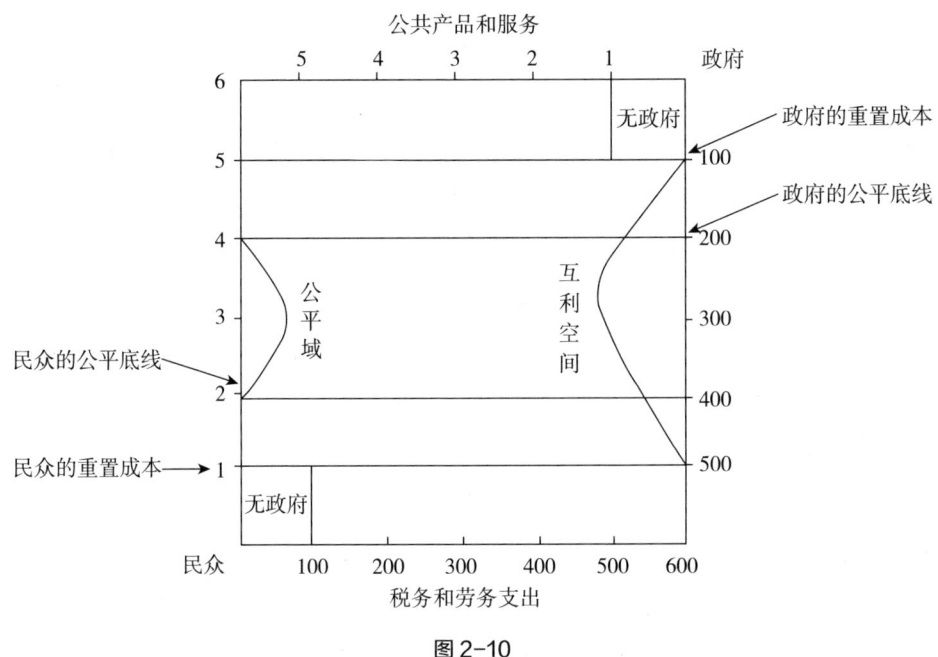

图 2-10

图中左下角和右上角是无政府状态下的经济效率。政府通过提供公共产品（包括维护社会秩序、兴建公共工程、处理个体和群体之间的纠纷、防范外族入侵……），降低群体的生存成本，从而间接扩大国家范围内的互利空间。一个好的制度设计，就是能够让政府的行为不偏离公共管理职能，或者是发生偏离后，能够立刻给予纠正。

一个被现代社会忽略的问题是，在政府与民众的关系中，民众的诉求并不是天然合理的，也有公平的边界。超过了这个边界，同样会造成生存效率的下降。最典型的就是现代社会民众对福利的诉求，如果福利增长的速度超越了财富积累的速度，就会出现福利缺口（见图 2-11）。

当民众要求的公共产品和服务大于他们提供的交换对价时，会出现权利的诉

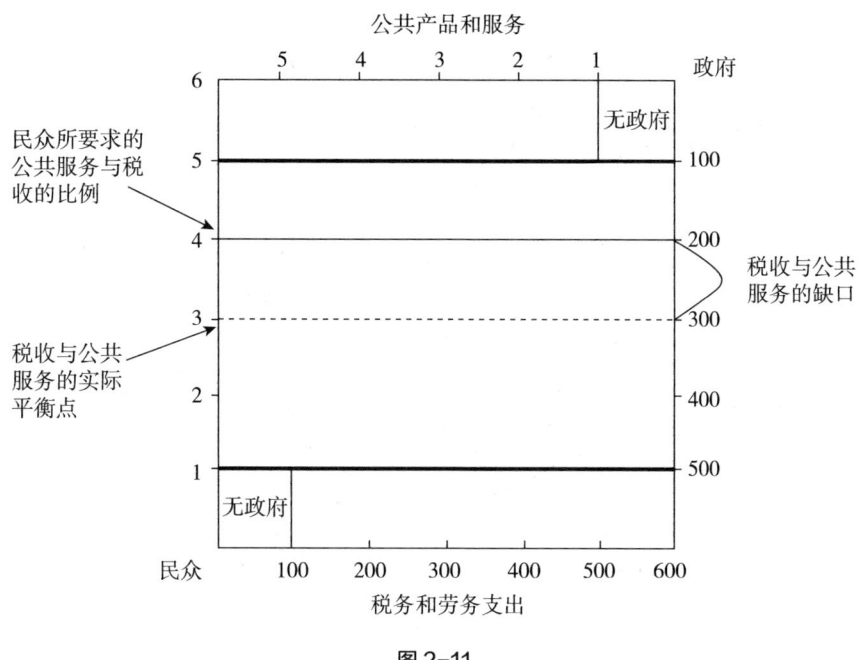

图 2-11

求大于义务的承担,福利的增加大于税收的增加,这样一来,就会在福利支出(公共产品)和税收(义务)之间形成一个缺口,上面图中用虚线和实线之间的距离来表示。弥补这个缺口的方法,无非是两种:一是对外扩张,通过外部资源的输入来弥补福利的不足;当这条路走不通时,就只能通过借债的方式,用明天的钱来堵今天的窟窿,但这样做有一个极限,即我们图中显示的重置成本(民众中越来越多的人不再提供公民义务,只要求权利),超过了这个极限,就会出现国家层面的债务危机。当然,这是另一个话题,我们在后面还会谈到。

政府的加入,为我们的交换模型又增加了一个维度,整个经济体的互利空间成为一个多维向量组成的区域(见图 2-12)。

在无政府状态下,各方支付的调节和治理成本过高,原有的互利空间被压缩到很小的区域,见图中心的小圆。专业化的政府机构加入之后,使治理成本和调节成本降低,从而形成了更大的互利空间,见图中从中心点数第二个同心圆。第二个同心圆与第三个同心圆之间的区域,是各方支付给政府的税负成本。如果这

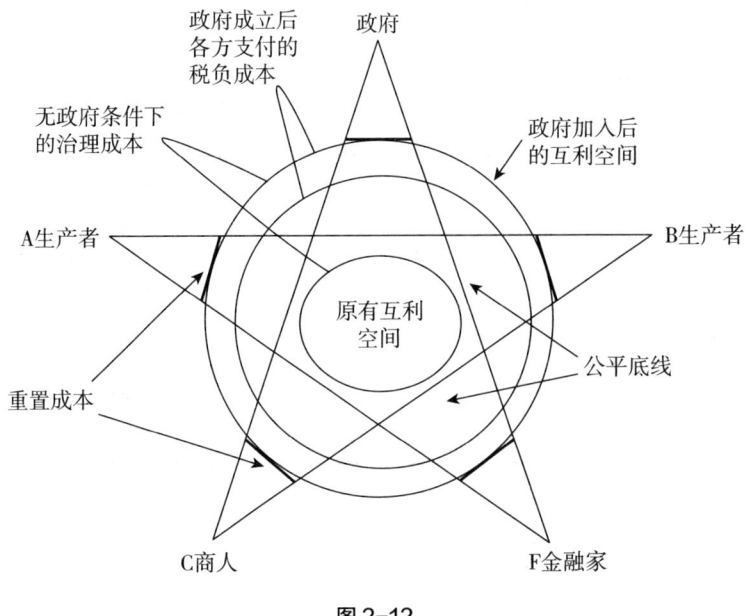

图 2-12

个成本过高,将有政府的互利空间压缩到无政府的互利空间之内,政府与民众的合作基础将不复存在。

政府的责任是履行公共管理职能,但在这样讲时,必须要明确一点,政府在缺乏约束的情况下,经常会偏离自己的职能。出现政府职能的缺位、越位、出位和错位。而这些偏离的出现,与我们对政府职能的认知偏差也不无关系,时至今日,政府究竟应该做什么,不应该做什么,公共管理的边界在哪里,政府干预的方式和切入点是什么,依然是争论不休的话题,以致我们在任何一个涉及政府职能的问题上都找不到统一的标准。在后面阐述宏观经济的章节内,笔者准备对此做一些独立的分析。

在加入了各种不同的构成要素之后,现在我们有了交换经济的基本框架,下面我们再进一步考察交换经济是按什么规则来运行的。

第 3 章

需求与效用的误区

有了交换的框架，紧接着的问题就是，不同生产者之间交换的推动力是什么？我们知道，将自己生产的商品卖给别人，实现的是需求的转换，没有相互的需求，交换自然就不会发生，这一点似乎不存在什么争议。但需求的数量受什么条件约束，说法就不那么统一了。新古典经济学给出了两个约束条件：第一个约束条件是，人们的需求数量受预算条件（钱包）的限制，当支付能力不足时，需求数量就难以增加；第二个约束条件是，人们的消费数量受边际效用的制约，当边际效用下降到零以下时，需求就会停止。澄清问题的关键点在于：人们对某一种商品的需求是不是无限的？如果"不差钱"，消费需求会不会一直延续下去；如果有一个限度，这个限度在哪里？

3.1 效用的冲突

要回答交换和消费的数量问题，就必须涉及效用与需求的概念。新古典经济学关于效用与需求的定义往往含混不清，两者没有明确的区别，它们都具有向右下方倾斜的曲线，只是效用曲线有可能是负数，而需求曲线永远不会为负。为了不造成进一步的误解和混乱，我们分别理清这两个概念的含义。

首先，效用指的是什么呢？从经济学的教科书中，我们找不到明确的定义。不过，我们可以通过经济学家如何描述边际效用递减，来理解他们是如何解构效用的。比如，笔者手边的这部微观经济学教材上所列举的是喝啤酒的例子。在炎炎的夏日，消费者喝的第一杯冰啤酒，效用是最高的，第二杯就差一点，第三杯的感觉就没那么美妙了，一直喝到第五杯时，效用有可能变成负值，因为消费者已经醉了。其他教科书上的例子有咖啡、苹果，萨缪尔森的《经济学》中所举的例子是冰淇淋。但不管是什么，他们对效用的描述都是一样的，即人们在一次性消费时的主观感受。

把效用与消费的主观感受等同是主流经济学效用理论的第一个误解。许多物品的消费是谈不上什么主观感受的，比如吃药，有时甚至很痛苦，许多中药汤剂是非常苦的，不论是第一口还是最后一口，都毫无享受可言，但它确实有效用。而且，如果以治愈疾病为效用的标准，最大的效用究竟是第一剂药，还是最后那一剂药，恐怕是谁也说不清楚的问题。

而且，人们的主观感受与消费品的实际效用之间经常存在矛盾，比如油炸食品和可口可乐，消费者的主观感受倒是不错，但对人的身体却没有多少好处。可卡因对人的主观感受应该很强烈，否则也不会有那么多人沉迷于此，可谁又能否认毒品对人体会造成巨大的伤害呢？那么，我们究竟应该以主观感受作为效用的标准，还是以身体状况作为效用的标准呢？

如果一定要说人们的主观感受也是效用的话，那也只能算是主观效用。它与物品的实际效用，我们称之为客观效用，有时候一致，有时候不一致。一个坚持吸烟的人，我们可以称他为主观效用的信奉者；而一个戒烟的人，我们可以称他为客观效用的信奉者。那么，人们的消费究竟是受哪一种效用的支配呢？事实上，应该是总效用，即客观效用与主观效用之和。如果主观效用与客观效用冲突，那么消费者会在两者之间权衡，是主观效用更大，还是客观效用更大。如果主观效用和客观效用抵消后，还有主观效用剩余，人们会继续消费，但消费的量会有所限制；如果有客观效用剩余，人们会放弃消费；如果两者相等，消费者会犹豫不决，行动摇摆不定。就像一个吸烟者一会儿戒烟一会儿复吸一样，因为主观效用的评价和客观效用的评价大体相同，没有哪一项占据优势，消费者的行为就会在这两个标准之间摇摆。

另外，主观效用与客观效用的最大不同在于，客观效用可以量化。比如，食品中所含卡路里、维生素等对维持人体健康的作用是可以精确计量的；一盒烟所含的尼古丁对人体的危害也是可以计量的。但主观效用则不同，同样的物品对于不同人的主观感受是不一样的，像辣椒这种食品，就会有人喜爱，而有人厌恶。即使是对于同一个人的不同时期，同一种物品的主观感受也是不一样的。我们可以知道一盒烟尼古丁含量是多少，但我们却无法弄清楚一盒烟给消费者带来的主观效用是多少；我们可以根据饮酒者身体内的酒精含量来定义他醉酒的程度，但却不能判定他的主观感受。一次性消费的主观效用难以计量的特性带来了主流经济学理论的另一个误解——边际效用递减规律。边际效用递减是指随着对某一物品消费量的增加，消费者感受到的效用在递减（见图3-1）。

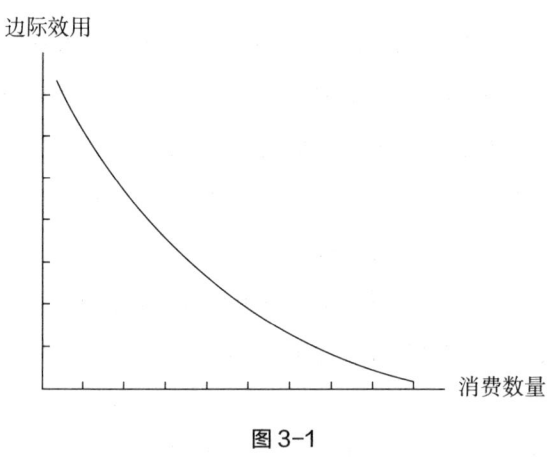

图3-1

边际效用递减规律是主流经济学的一个重要假定，它是新古典消费者行为理论的基石。并且这一假定的原理被扩展到生产领域，如边际报酬递减和边际成本递增等，都是它的衍生产品，所以我们有必要对其进行重点讨论。

在边际效用的图示中我们看到，纵坐标所显示的是边际效用的量度，由于主流经济学是用消费者的主观感受作为效用的标准，所以我们观察不到它的准确计量单位。而对于横坐标上的消费单位，也同样是语焉不详。以面包消费为例，是以一整块面包为消费单位还是以一小块面包作为消费单位？笔者相信对于大多数人而言，可能一整块面包还没有消费完，其主观效用已经是负的了。那么，消费单位多大才是适宜的呢？1/2，1/4，还是1/8块面包？谁能给它定一个统一的标准？既然测量边际效用的纵坐标和横坐标的单位都模糊不清，边际效用以什么方式递减也就无从确定了。我们知道，曲线斜率的公式为 $K=(Y_2-Y_1)/(X_2-X_1)$，但如果 Y 的单位和 X 的单位都无法确定，边际效用的下降斜率自然也就无从谈起。

为了定义增加的消费量对边际效用的影响，我们除了要定义消费的单位以外，还要定义消费的周期。比如第二瓶啤酒是第一瓶啤酒消费后多长时间才进入消费的，是一分钟、一个小时，还是 24 个小时？如果一个人每隔 24 小时喝一瓶啤酒，他就是一辈子喝下去，大概也不会出现边际效用递减。可是应该间隔多长时间喝一瓶啤酒，有权威的规定吗？如果没有，边际效用递减岂不是一句空话。

一个被科学界普遍认同的观点是：理论的假设至少应该满足以下四个条件，才能成为科学的假设。第一是可观察性；第二是可测量性；第三是可重复性；第四是可检验性或叫可证伪性。我们遗憾地发现，对于上述条件，边际效用递减律一条都不能满足。

用一次性消费的主观感受来作为消费者行为决策的依据，是完全不能成立的。一个消费者一次喝了十瓶啤酒，第十瓶啤酒对他的主观效用已经是负值了，但他在为第十瓶酒付费时，一分钱也不能少。反过来说，他为自己的第一瓶啤酒支付的费用，一分钱也不会多，尽管他的主观感受值很高。也就是说，一次性消费的主观感受与消费者消费的数量和支付的金钱之间没有对应的关系。与消费者行为相对应的，是在一个收入周期内（比如一个月）受预算条件约束的人们的实际需求量。经济学应该研究的是，在一个收入周期内，各种物品对人们需求的满足程度，以及人们根据自己的收入水平如何平衡这些满足。以一次性消费的主观感受作为消费者选择的依据，可能会引起一系列的误解。因为人们不是根据一次性消费时的主观感受来评价物品的价值，并为此付费的。一个人一顿饭吃得很饱，不会导致他对食物的整体评价降低，也不会影响他为下一周的生活准备食物的数量和准备付出的金钱。

那么，效用究竟是什么呢？根据我们的理论，效用应该定义为一定时期内，特定消费品对人们需求的满足度。它不是一个从左上方向右下方倾斜的曲线，而是一条钟形的曲线（见图 3-2）。

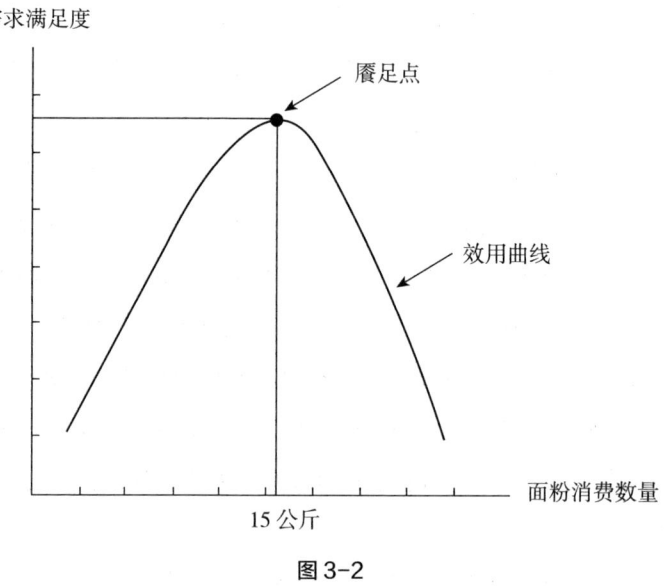

图 3-2

假定一个消费者在一个月内对于面粉的比较满意的消费是 15 公斤，低于这个数，他会感到不满足，而高于这个数量也会引起不适。每月 15 公斤面粉对于这位消费者来说，效用的峰值最高，低于这个数量和高于这个数量，都会引起效用的降低。

钟形的需求满意度曲线至少可以得出两条与新古典的假定完全不同的结论。第一，人们对某一物品的需求，在数量上是有限的，它与价格的高低无关。我们把钟形曲线最高的一点称为餍足点，超过这个点，人们的消费行为就会逐步减弱，而不会随价格的下跌而继续同步增长。第二，在一定时期内（不是一次性消费），人们消费数量的边际效用一开始是上升的，比如一个月是 10 公斤小麦，消费者的满意度很低，随着 11 公斤、12 公斤……15 公斤，小麦的效用在不断上升，达到餍足点之后，又会随着消费量的进一步增长，边际效用逐步递减。请注意，我们这里指的是消费者一个月平均消费的感受，而不是一次性消费的感受。只有这种与消费周期相对应的、一定时期的平均消费满意度，才可能与预算约束一起来决定人们的消费行为。这才是经济学应该研究的效用概念。新古典以个人一次性消费的主观感受来定义的效用，及由此推出的边际效用递减规律，没有实际应用的意义。

弄清了效用的概念，需求的概念就比较容易理解了。在新古典经济学那里，需求是价格的函数，只要价格足够低，人类对任何产品的需求都可以无限增长。也就是说，在新古典经济学家的眼里，需求只受预算条件的约束，它本身没有满足的限度。不过，这种假定与现实情况不符。一个人对面粉的消费量，不可能随着收入的增长或面粉价格的降低而同步增长，在达到需求饱和点以后，面粉的消费量就会对价格和收入不再敏感。人类对某一种商品的需求是否是有限度的，不是一个随意的假定。新古典经济学正是从需求的无限膨胀中得出一般均衡的结论。假定具体的需求是有限度的，如果生产者乐观过头，干劲十足地把产量提高上去，超过了需求的餍足点，即使降低价格到亏损水平，仍然找不到销路，均衡又如何实现呢？我们的观点是，任何一个具体的需求都是有限度的，但人类的总需求不会有限度，当一种需求被满足后，会产生新的需求，这涉及需求的层次性，我们放在本章第 3 节讨论。

现在，我们可以把消费、需求和效用的关系做一个重新的界定。就发生的领域而言，效用是在消费之中产生的，而需求是在消费之前就已经存在了。一个穷人的孩子可能从来没有吃过哈根达斯冰激凌，这种食品对他的效用当然无从谈起，但不等于说他没有对这种食品的需求。效用可以定义为对在一个收入周期内消费量对需求的满足程度，在达到需求餍足点之后，效用会随着消费的增加而减少。需求则是人类欲望的表达方式，具体的需求虽然不会随着满足度的提高而消失，但它在达到餍足点以后就会逐步衰减，直至不再增加。人类欲望的扩张特性会导致新的需求产生，而不是在原有的需求上无限增长。明确这一点对于生产者来说非常重要，因为，你不能指望仅仅通过降低价格去寻找过剩产能的出路，那样做的结果只能走进死胡同，生产者保持持续盈利的唯一途径是不断开发出能够满足消费者更高层次需求的产品。细心的读者应该不难看出我们的理论与新古典经济学的区别，而这种区别在以后的分析中，会逐步体现出它的重要性。

3.2 效用的换算

主观效用函数无法圆满回答的另一个问题是，不同性质的感受之间，比如听觉和味觉之间很难找到一个可以通约的单位。吃一顿法式大餐的主观效用和听一场音乐会的听觉享受之间，二者可以进行比较吗？如果可以比较，怎样才可以把它们转换成同一个效用单位呢？

新古典经济学家通过两种方式来解决这个难题。一个是通过建立无差异曲线，在两种不同的商品之间建立效用的比较关系。另一个是用等边际准则，即用消费者对两种商品所支付的不同费用，来显示其效用的比例关系。

我们先来看第一种方式。无差异曲线是由两种消费品的效用形成的曲线，它们是凸向原点的（见图3-3）。

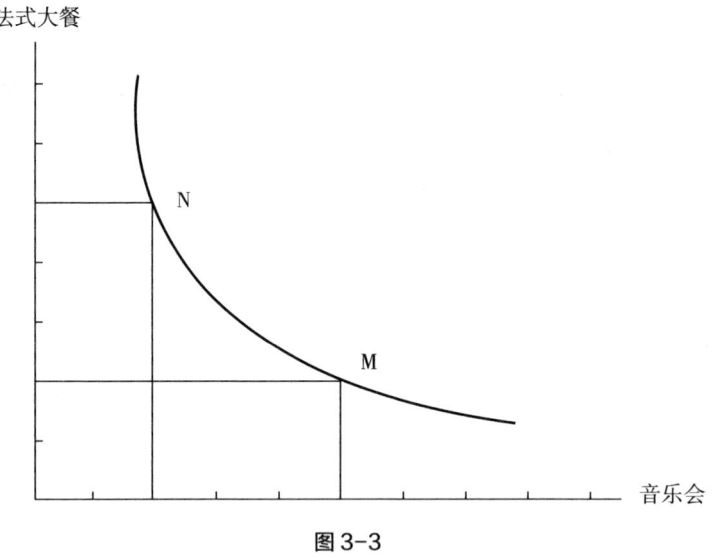

图3-3

在无差异曲线上我们可以看到两种商品的不同组合，比如5顿法式大餐和2场音乐会，或者反过来，5场音乐会对2顿法式大餐，或是3顿法式大餐对3场音乐会，等等。我们现在要弄清楚的是，无差异曲线指的是两种消费品各自提供的边际效用无差异，还是指两种消费组合的边际效用总和无差异。经济学教科书在讲到这里时，总是顾左右而言他，没有给出明确的答案。如果指的是前者，则无差异曲线与边际效用递减相矛盾，因为一个月 5 顿法国大餐与 2 顿法国大餐的边际效用肯定是不同的。不可能出现效用无差异。如果指的是后者，在没有通约单位的情况下（我们又回到了问题的起点），总效用是一个无法测量的单位，我们又如何检验它们是否无差异呢？建立无差异曲线的初衷是为了解决不同效用的通约问题，但证明无差异曲线的成立却要以建立通约单位为前提，这是典型的循环论证，没有任何意义。

如果两种不同的消费品可以任意地改变它们的消费比例，还能用一条边际效用的无差异曲线将它们连接起来的话，只有一种情况可以适用，那就是两种消费品的效用都为零。

按照笔者的效用观点，每种商品的效用曲线都应该是一个钟型曲线，只是具有不同需求弹性的消费品，效用曲线的斜率会不同。比如食品的效用曲线，就应该是一个很陡峭的形态。而且，消费不足（在钟型曲线的左侧）的效用曲线的上升斜率会比消费过度（在钟型曲线的右侧）的效用曲线的下降斜率更为陡峭，因而食品的效用曲线不是呈正态分布的（见图 3-4）。

假定一个消费者月均看 4 场电影可以达到他的消费满足度，同时每月消费 15 公斤面粉也能达到他的食品消费满足度，那么，这两种商品的效用关系是怎样的呢？我们看图 3-5。

在月均看 4 场电影和月均消费 15 公斤面粉这个比例上，消费者获得了最大的效用。如果改变它们的比例，比如将面粉消费降到 10 公斤，电影消费增加 1 场，假定 1 场电影的票价正好等于 5 公斤面粉，这时我们看到，消费者的效用在面粉上下降了 3 个单位，而在电影上下降了 1 个单位（因为需求弹性不同）总效用下降了 4 个单位，而且两种不同的消费品下降的幅度完全不同。也就是说，当消费比例变化时，即使是边际效用下降，其幅度也不可能一样。

两种不同消费品的消费比例的变化，必然会引起需求满足度的变化，也就是效用的变化，既使用主流经济学的边际效用递减律来解释，也是同样的结果。

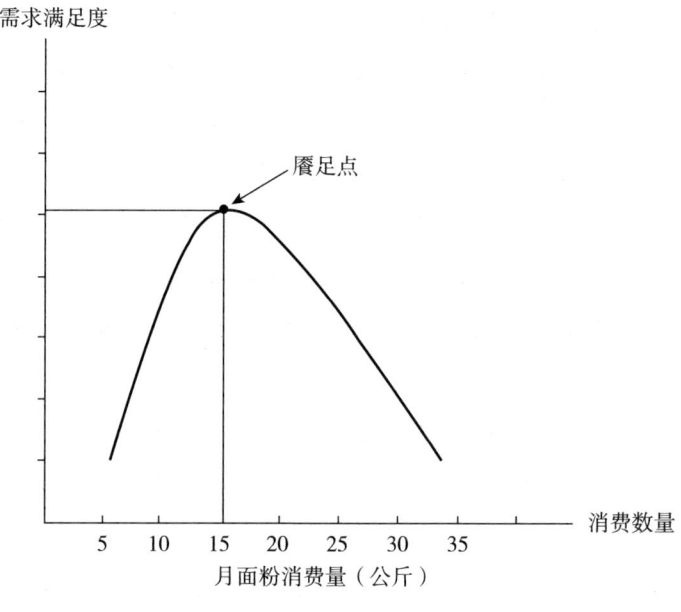

图 3-4

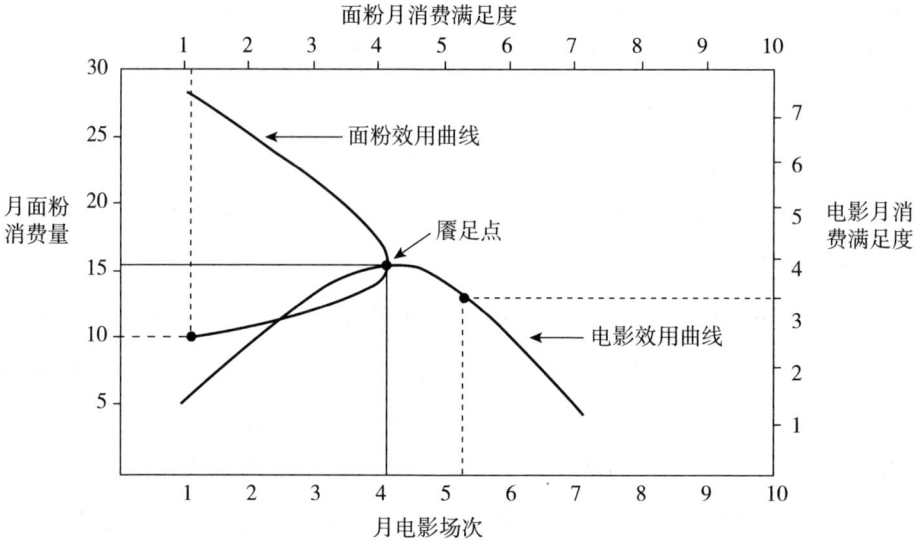

图 3-5

效用增加还是减少,取决于在原来的比例中每种消费品的消费量是处在效用曲线的哪一侧,变动后,是更接近餍足点,还是更远离它。所以,在变换两种不同商品的消费比例的同时,又要保持在任何一个比例上两者的边际效用相等,这是完全不可能的事情。

无差异曲线是主流经济学家企图在不同消费品的不同效用之间建立通约机制的一种努力,但这种努力并没有使我们更接近效用的真相,反而离它更远了。

也许是觉得用无差异曲线作为两种不同效用的转换方式有点勉强,主流经济学家又用等边际准则这种方式来表示两种不同效用之间的关系。等边际准则是指消费者花在每种物品上的每一块钱的边际效用是相等的。消费者之所以要这样做,是因为只有使每一块钱的边际效用相等,他的效用才会达到最大化。用公式表示如下:

$$MU_{物品1}/P_1=MU_{物品2}/P_2=MU_{物品3}/P_3=\cdots=YMU$$

用上式表示,还可以进一步得出消费者均衡的条件:

$$MU_1/MU_2=P_1/P_2$$

等边际准则的意思是说,虽然我们无法知道消费者对不同商品的边际效用是多少,比如我们不知道 5 公斤面粉与 1 场电影之间的效用究竟如何比较,但我们可以通过消费者花在这两项消费上的金钱来看出消费者对它们的效用评价,这等于是为不同的效用找到了一个共同的测量单位——货币量。在边际效用无法确定的情况下,我们可以用货币单位来表示它。两种商品之间的价格比例就是两者之间的效用比例。

等边际准则如果使用价格的比例来反推边际效用的比例,那是一种同义反复,因为不管消费比例如何变化,只要有价格比例,我们就有了边际效用的关系,即价格=边际效用。那么,不管价格关系怎么变,我们都可以说它们的边际效用是相等的。但如果我们反过来推导,假如边际效用已定,能推出边际效用等于价格吗?不能!因为商品的价格不取决于单个消费者的边际效用。举例来说,假定消费者一次性消费了 10 瓶啤酒,每瓶 5 元,喝到第 10 瓶啤酒时的边际效用已经是负的了,假定是 –5。这时,消费者又要了一只热狗,价格 10 元,其边际效用为 +2,消费者为第十瓶啤酒付费是 5 元,为热狗的付费是 10 元,按照新古典经济学的说法,两者的效用比应该是 5/10=1/2,将 –5 和 +2 的边际效用代入消费者均衡的公式：

$$MU_1/MU_2=-5/+2=P_1/P_2=5/10=1/2$$

这个等式显然是不能成立的，因为 $-5/2 \neq 1/2$。

主流经济学如此论证之后似乎还有些意犹未尽，又推出了显示偏好理论。这里已经不是两种不同商品的效用比较了，而是不同的消费组合之间的效用比较。显示偏好理论是说，给出两组不同的消费束（X_1，X_2）和（Y_1，Y_2），如果 $P_1X_1+P_2X_2 \geq P_1Y_1+P_2Y_2$，则（$X_1$，$X_2$）被直接显示偏好于（$Y_1$，$Y_2$）。用符号表示为：（$X_1$，$X_2$）>（$Y_1$，$Y_2$）如图3-6所示：

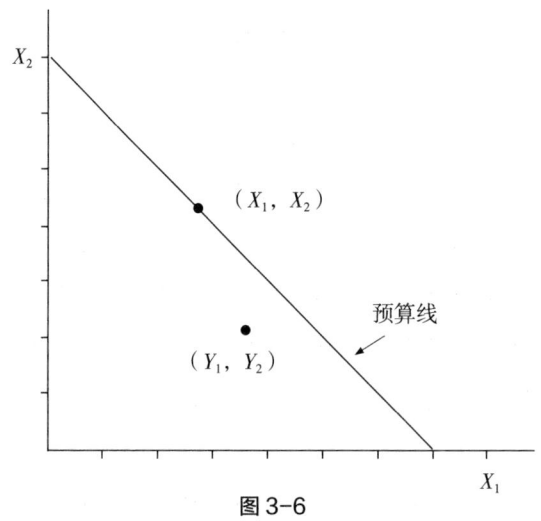

图3-6

请注意，这里的（Y_1，Y_2）并不是指另外两种商品的组合，而是 X_1 与 X_2 的另一种比例的组合。很多经济学教科书用了大量的篇幅和烦琐的数学推理，不过是想说明消费者对于不同的消费组合有一个偏好排序，有了这个排序，消费者的理性选择才会有依据。

从显示偏好的定义中我们看出，这种排序的依据是在同样的价格下，（X_1，X_2）可以比（Y_1，Y_2）提供更多的消费品。如果我们把 $PX_1 \times PX_2$ 得出的矩形面积作为（X_1，X_2）消费所提供的效用，那么，$PX_1 \times PX_2$ 肯定大于 $PY_1 \times PY_2$。也就是说，显示偏好理论是用不同消费组合所提供的消费量来作为排序的依据。一个消费组合所提供的消费量越多，它就越可以显示偏好于其他的消费束。在这里，边际效用递减律又不适用了，商品消费是多多益善。我们再一次遇到了悖论式的选择，要么是边际效用递减律错了，要么是显示偏好理论不成立。

按照我们的效用需求理论，人们特定需求的饱和点是一个相对稳定的数值，如图 3-7 所示。

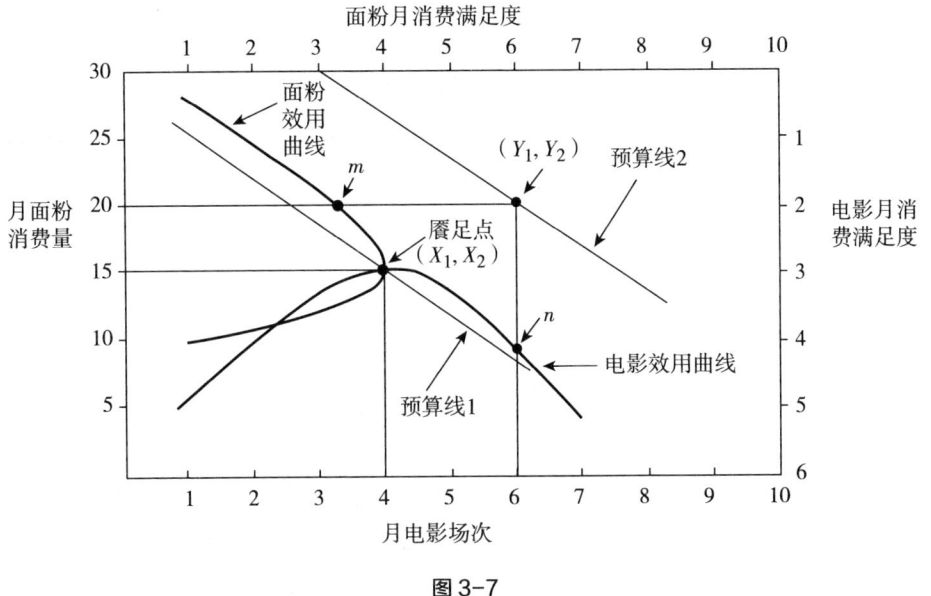

图 3-7

在图中，15 公斤面粉和 4 场电影的消费组合（X_1, X_2）达到了最佳的消费饱和点，提供了最大的效用。在收入提高后（用预算线 2 表示），他们可以选择（Y_1, Y_2）的消费组合，比如 20 公斤面粉和 6 场电影，但他们不会那样去做，因为虽然（Y_1, Y_2）提供了更多的消费，但是由于消费过度，效用反而下降（见 Y_1, Y_2 对应的效用曲线上的位置，m 点和 n 点）。在达到消费餍足点之后，人们并不会因为收入增加而同比例增加电影和面粉的消费数量，他们通常的选择是去追求更高层次的需求满足。以数量取胜的显示偏好理论并不能为消费者的选择找到科学的解答。

3.3 需求的伪命题

前面我们讲了主流经济学的关于效用的理论错误，下面我们再来看一下经济学教科书中关于需求的定义。在笔者看来，主流经济学需求理论有两个误区，其一是将需求与消费等同（见萨缪尔森《经济学》第16版，第5章），有些教科书直接把需求函数定义为在价格和收入约束下的最优消费数量（见哈尔·R.范里安《微观经济学：现代观点》第6章）。

事实上，消费仅仅是需求的满足过程，而不是需求本身。有的需求与消费没有关系，如我们上面提到过的投机性需求，它不以最终消费为目的，仅仅追求自身的升值，买入是为了卖出。这部分需求在房地产和许多大宗商品的买卖中占了绝大多数的比重，离开了对投机性需求的研究，根本解释不了这些领域价格变化的规律。

消费只能解释真实需求是否被满足以及满足的程度，它无法解释投机性需求这类虚假需求是如何被满足的。因此，需求量、购买量和消费量是三个完全不同的概念。

需求量是独立的变量，任何人都会有需求，即使他（她）身无分文，需求也是存在的。购买量是在预算条件约束下实现的需求量，而消费量则是通过购买量实现的需求满足量。明确这些区分对于我们进一步分析需求的规律是十分必要的。需求本身不受收入和价格的约束，但实现需求的购买量受收入和价格水平的约束。而且在需求量未被满足时，收入的增长或价格的降低才会引起相应的购买量的增长。因此，就某个特定的商品而言，存在着两种生产过剩：一种是相对过剩，即相对于收入水平的过剩；另一种是绝对过剩，即相对于需求饱和点的过剩。

主流经济学需求理论的第二个误区是把需求的满足，仅仅看成是消费数量的增长。在经济学教科书中，随着收入的增长，需求曲线会向外侧移动（见图3-8）。

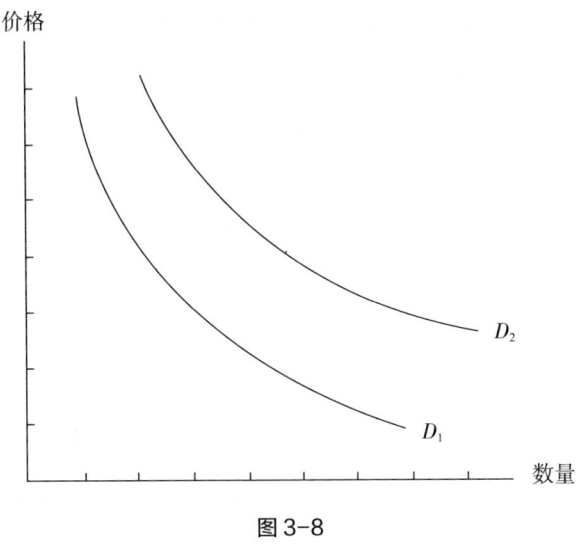

图 3-8

图中 D_2 是收入增加后的需求曲线，D_1 是收入增加前的需求曲线。主流经济学认为，随着收入的增加，消费者会增加所有"正常商品"的消费数量，只有某些"非正常商品"才会随着收入的增加而减少，经济学家把这些产品定义为像米粥、红肠、棚屋这样的低质量商品。[1] "正常"商品，比如咖啡，当收入增加时，对咖啡的需求曲线就会向右侧移动，即人们会增加咖啡的消费数量。[2] 但真实情况如何呢？咖啡的品牌笔者不太熟悉，我们可以举一个类似的例子，如茶叶的消费。一个中国人在收入只有 2000 元时，他可能一个月消费一斤茶叶，花费 100 元钱。当他的收入达到 4000 元时，他一个月还是消费一斤茶叶，但每斤价格达到了 200 元，或者他认为 150 元一斤的茶叶已经够好了，他会把多出来的钱用于其他的消费。如果他的月收入达到 10000 元，他可能会买 1000 元一斤的茶叶，而不是由原来的一个月消费 100 元一斤的茶叶提高到一个月消费 3 斤同样的茶叶。从一个穷光蛋到亿万富翁，改变最少的可能就是这个人的茶叶消费量了。收入增加导致原有消费数量增加的情况只有一种，就是原有的消费还没有到达基本的满

---

[1] 哈尔·R.范里安著，费方诚等译：《微观经济学：现代观点》，上海三联出版社 2006 年版，第 77~78 页。
[2] 萨缪尔森著，萧琛等译：《经济学》（第 16 版），华夏出版社 2003 年版，第 67 页。

足度。比如一个人在月收入 1000 元时，经常吃不饱肚子，收入达到 4000 元时，他的面粉消费量倒是有可能增加。不过把这样的状况当作经济学的普遍规律则十分欠妥。

如果经济发展仅仅是增加原有商品的数量，我们会遇到什么问题呢？让我们再回到商品交换的最原始状态 Aa—Bb 结构中（见图 3-9）：

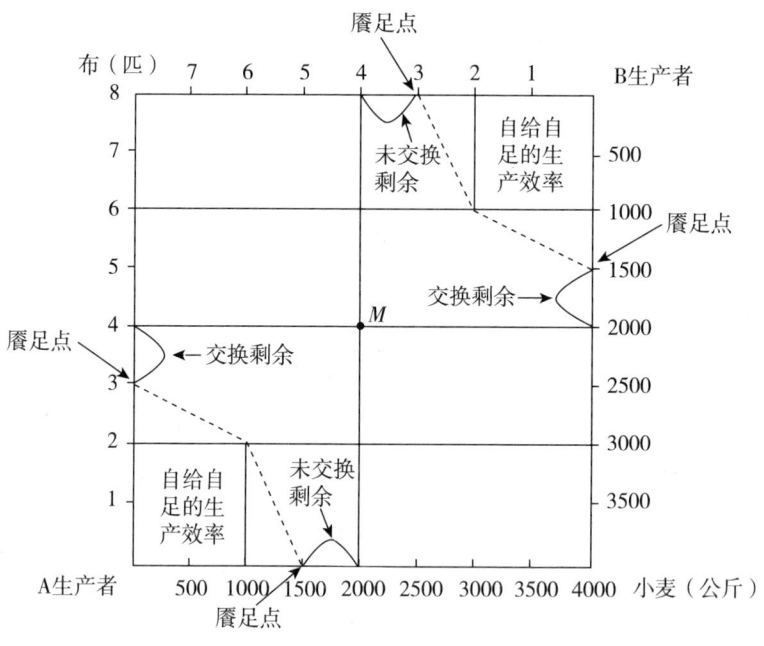

图 3-9

还是我们的 A 生产者和 B 生产者，他们分工各自生产自己的产品，并且各自提高了生产效率。随着产出的增加，A 生产者增加了对小麦的消费，从 1000 公斤增加到 1500 公斤；对布匹的消费从 2 匹布增加到 3 匹布。同样，B 生产者也增加了对自己的产品（布匹）的消费，从一年 2 匹布增加到了 3 匹布，对小麦的消费也从 1000 公斤增加到 1500 公斤。这时，他们对布匹和小麦的消费都达到了餍足点。假定交换比例定在对双方都完全公平的 M 点，即 2000 公斤小麦换 4 匹布。此时我们看发生了什么：对 A 生产者和 B 生产者来说，他们在交换之后，都出现了一部分未交换剩余和交换剩余。未交换剩余是指产品中除了自己消费以外未销售出去的部分。交换剩余是指换回的产品超出了消费的餍足点。我们看到，收入效应，即随着产出的增加和交换数量的增加而增加的消费数量，只有在消费未达到需求餍足点之前才会发生，一旦达到餍足点，超出的部分就会形成剩余，而且劳动生产率提高得越多，这部分剩余就会越大。如果不在需求上取得突破，生产过剩就难以避免。新古典经济学是通过无限量增加需求的方式来解决这一矛盾的，但这与人们的消费行为不符，同时也与他们自己假定的边际效用递减律相矛盾。不管边际效用有多么的不严谨，它的本意是说，随着消费量的增加，这部分商品所提供的效用会下降，直到消失或成为负数，也就是说，对某一物品的需求不可能无限增长。面对理论上可以无限增长的劳动生产率和终究会成为负数的效用，生产过剩可以避免吗？

如果人类的需求会在某一个地方止步，这将给生产者带来极大的困惑。所幸，人类的需求还有以下的特性：

第一，当一个需求满足时，马上会产生另一个更高层次的需求。当A生产者拥有了一辆自行车后，他会梦想有一天能驾驶着摩托车奔跑；而当他拥有了摩托车后，他又会做他的汽车梦；当圆了这个汽车梦后，驾驶私人游艇去海上游弋又成了他新的憧憬……正是这种无休止的追求，构成了人类社会不断发展的动力。如果捕食能力的提高只是增加了食物的摄取量，人类的命运恐怕不会比恐龙好到哪儿去。

第二，需求会影响需求。一件漂亮的裙子，会连带出对新帽子、新鞋子甚至新手提包的需求；一件貂皮大衣则会降低对低档汽车的需求；一栋别墅会增加高档家具和高档装饰材料的需求……当一个新需求成为社会大多数人的追逐目标时，它会对其他的需求产生或正面或负面的连带影响，即会产生正的或负的辐射效应。

第三，需求会不断地细化。人们可能永远不用担心需求会枯竭，人类是天生追求新奇的动物，在旧的需求由于达到餍足点而失去刺激性时，尽管更高档次的需求一时还无法实现，新的花样也会被发明出来，比如音乐会听多了，可以去看看电影。

很显然，人类需求的扩展不是采取新古典单纯增加消费数量的方式，而是通过提高需求的层级和扩大需求范围来实现的。一个人不会因为收入的提高，将每天吃三碗米饭，变成每天吃十碗。如果哪一天祖坟上冒青烟，中了彩票大奖，人们也不会将家里摆满电视机。

提高需求的档次，是指在不改变原有消费数量的基础上，用高档消费品来取代低档消费品，比如将夏利汽车换成本田或宝马，而不是买三辆夏利。

扩大需求的范围，是指增加新型的消费，比如原来收入低时仅和朋友在酒吧里玩玩台球的 A 生产者，发财之后可能会附庸风雅地去打一回高尔夫，或驾私人游艇在海上兜风，这在过去是 A 生产者绝对不敢想象的。

许多商品，拥有一件就足以满足人们的基本需求了，比如一架钢琴、一部手机、一辆汽车，等等。即使那些同时拥有几辆汽车的人，也是由于这几辆汽车能提供不同的功能，同样型号的汽车没有必要重复购置。所以，用降低价格来增加消费数量以达到供需平衡的方式，只有在同类产品的需求未达到餍足点时才有作用。新古典经济学仅仅用单纯数量的增加来解构需求变化的规律，使他们偏离了需求的本质和社会进步的本质，并且导致了一系列难以令人满意的分析结论。

3.4 需求的层级

就自身的特点而言，需求是按层级划分的，大的层级可以分为生存性需求、舒适性需求、享乐性需求、炫耀性需求（或叫奢侈性需求）及投资和投机性需求。不同层次的需求对价格变动的反应具有不同的弹性。生存需求属于刚性需求，对价格变动的弹性较低。舒适性需求和享乐性需求对价格的变动比较敏感，在未被完全满足时，会对价格变动表现出较大的弹性。炫耀性需求与价格是反向运动，价格越高才越有炫耀的效果。比如手机刚刚出现时，一部动辄几万元的手机会产生炫耀性需求，当时拥有手机是成功人士的标志。而当手机价格普遍下降，连扫大街的都人手一部时，在手机上的炫耀性需求就减弱了。投资和投机性需求对价格本身不敏感，但对价格的预期敏感。在大宗商品市场上，一种商品（比如石油）

从 30 美元上升到 100 美元，并不意味着需求量会减少（像主流经济学的需求曲线所预测的那样），如果市场普遍预期石油价格会涨到 200 美元，需求量不仅不会减少，反而会增加。反之，当石油价格从 149 美元跌到 100 美元时，如果市场普遍预期价格还会下降，这时的投机性需求不会像需求曲线所假定的那样逐步增加，而是会进一步减少。不同层次的需求对应着不同的需求曲线和不同的行为特性，必须分别加以研究。

生存需求是一切需求的基础，当生存需求都无法满足时，其他一切需求都无从谈起。这不仅是对个人而言，而且对于整个社会来说，也是如此。如果一个社会的多数成员基本的生存需求都没有满足，这个社会就会处于极度不稳定状态。

生存需求对应的是基本生存资料，它主要包括食品、衣物和最低限度的栖身之所。这一部分的需求弹性很小，不能指望通过价格变动来调节它的数量。很多社会是用最低生活保障来满足这一部分需求的，在没有实行最低生活保障的社会，政府通常采用非市场手段来保证这部分基本生活资料的价格稳定。生存性需求会受到大的自然灾害、严重的经济危机和战争等极端情况的威胁，在这种情况下，如果任由市场自发调节，很容易给不法奸商囤积居奇、哄抬物价提供机会。使本来就十分严重的生存资料的供需矛盾，变得更加尖锐。

生存性需求的刚性特征，以及需求曲线几乎是垂直的特性，使人们对这部分需求进行价格调节失去了任何意义，如果有哪位经济学家主张生存性需求会因价格的提高而减少，从而建议提高价格以达到抑制需求的效果，他要么是没有良知，要么是缺乏常识。

舒适性需求与享乐性需求是指在生存需求之上、满足消费者各种身心享受的需求。就发生的领域而言，舒适性需求和享乐性需求与生存性需求之间有重叠的部分。比如食物，吃饱是生存性需求，吃得有营养和吃得美味，是舒适性需求和享乐性需求；衣物能遮风避雨是生存性需求，但要穿得美丽、时尚，则是舒适性需求和享乐性需求。当然，舒适性需求和享乐性需求更多地发生在与生存性需求无关的领域，比如看电影、听音乐会、出国旅游，等等，它不是生存需求的简单叠加，而是更高档次和更宽领域的消费选择。

舒适性和享乐性产品的需求对价格变动比较敏感，因为这些产品不是必需品，需求弹性较大。另外，由于选择范围比较宽泛，它的可替代性会比较强，比如音乐会的票价比较贵，人们可能会选择去看电影或 KTV。舒适性和享乐性需求的第三个特点是比较个性化，原因在于享乐性需求受个人偏好支配，它的分布特征很难用理性来解释。舒适性和享乐性需求的第四个特点是示范效应，即某一个舒适性或享乐性需求会在一个短时期内形成潮流。多数人会追随这种潮流，形成一段时间的消费热潮。

炫耀性需求是消费者显示自己与众不同的需求，它对应的是奢侈品。这部分消费主要满足的不是消费者的感官刺激，而是提供心理上的满足，即显示自己的财富与地位。这部分商品的消费者更在乎奢侈品的社会意义，比如带花园和游泳池的豪宅、豪华汽车、私人游艇和私人飞机等，拥有这些产品等于佩戴了一个成功人士或上流社会的徽章。价格高昂是这些产品的特征。价格的调节，对这些需求的作用微小。如果价格降得过低，该产品反而会退出炫耀性需求的行列。价格高不可攀正是这些产品成为炫耀性需求选择对象的理由。炫耀性需求对整个社会的消费有引领作用，今天的奢侈品，可能会是明天的普及品。比如汽车和手机都曾经是炫耀性产品，但在今天，它们已经成为大众消费品了。由奢侈品转变为舒适型和享乐型产品。

投资性需求也可以理解为发展性需求，这是人们为了取得更高收入而产生的需求，它的标的不是生活资料，而是生产资料和投资品，如股票、债券等。在某种意义上说，对教育和培训的投入也属于投资性需求。

投机性需求在经济学教科书上是一个空白，凯恩斯在他的《就业、利息和货币通论》中，曾经提到过"投机动机"。不过，这只是他用来解释流动性偏好之所以会出现的一个原因。并没有说明在商品价格上，投机性需求会发挥什么作用。[1] 弗里德曼的货币模型也有投机性需求的变量，但它主要用来解释对货币的需求，没有解释投机对商品需求的影响。

---

[1] 约翰·梅纳德·凯恩斯著，高鸿业译：《就业、利息和货币通论》，商务印书馆 1999 年版，第 202~203 页。

在当今社会，投机性需求已经占到了许多商品交易的大部分，有些甚至是绝大部分的交易量。无视投机性需求的存在，就无法解释现代社会商品价格运行的规律，也无法解释经济周期的巨大波动特性。历史上著名的"郁金香事件"、"南海泡沫"、"密西西比公司"、1929~1930年的大萧条、20世纪末的亚洲金融危机以及美国次贷危机，都能看到投机性炒作的背景。

投机性需求的第一个特点是与消费无关，这是为卖而买的需求和为买而卖的需求，即我们通常所说的买空卖空。所以，新古典经济学将消费与需求视为等同的理论无法解释它的运行规律。

投机性需求的第二个特点是，它不对价格做出反应，而只对价格的预期做出反应。不管价格涨到多高，只要投机资金认为还能上涨，对投机标的需求就不会下降，反而会上升。同样的道理，不管价格降到多低，只要市场预期价格还会再低，投机性卖出就不会停止，而投机性需求也不会因为绝对价格下降，就增加买入。这与新古典经济学所描述的供求规律完全不同。新古典经济学家把需求作为价格的函数，价格降低需求量会相应增加，价格升高需求量就会降低，因而需求曲线是一条从左上向右下倾斜的曲线；供给的情况正好相反，价格上升供给量增加，价格下降，则供给量减少。

可是，我们在大宗商品市场和资本市场中看到的情形却完全不是如此。当大宗商品或资本市场价格跌到最低时，成交量也会降到极低的水平，而每当市场创出历史新高时，成交量也会成倍地提高。所以有"地量地价，天量天价"的说法。这主要是由于投机性需求追随的是价格的预期，而不是价格本身。即使价格比最高价格跌去2/3，如果投机者认为价格还要下跌，他就不会买入。反之，即使价格上升了200%，但如果投机者认为价格还会再上升50%，他仍然会继续买入。供给的情况也是如此，当价格上升形成上涨的预期时，供给方会惜售，而不是增加供给，如果价格下跌引起进一步下跌的预期，即使价格跌去了2/3，人们还是会加大卖出。所以，新古典经济学关于需求与供给是价格的函数这一说法，完全不适合投机性需求。对于消费性需求，只适合于舒适性和享乐性需求未满足的阶段。因为投机性需求不会进入最终消费，所以它不受需求饱和度的制约，也不受效用的约束，只受资本存量的制约。它所反映的需求是一种虚假需求。新古典经济学的一般均衡理论认为，价格对供给和需求的调节，可以导致市场自动趋向于供需的均衡。这个论断显然是没有考虑到投机性需求的特点，目前价格的高低对投机性需求不会有影响，而未来价格的高低才会对它有影响。由于预期有不确定性，预期的发展有一个自我加强的过程，当一个上涨的预期被确定时，就会吸引更多的投机性买盘进入，从而推动价格进一步上涨，进一步上涨的价格又会带来更强烈的上涨预期，从而使价格上升得更加猛烈。上升的预期与上升本身会形成一个正反馈回路，使上升势头由弱变强，直到疯狂，把价格推到一个匪夷所思的水平。一旦价格趋势改变，所有原来的投机性需求会变成投机性供给，使供求关系发生180°逆转。而价格下跌的预期又会形成一个相反的自我实现的过程，下跌的预期会造成价格的进一步下跌。

投机性需求造成的价格大起大落，会使消费需求也带上投机的色彩，在预期价格下跌时，消费者会把消费维持在即时消费的最低水平，以防止在价格较高的水平上买入并不急需的商品。而在形成价格上涨预期时，则加大超过正常需求的买入量，以抵消未来价格上涨的风险，这种行为，会进一步加大价格波动的幅度。

我们在大宗商品交易的市场上看到，期货合约中到期未平仓合约占合约总数不到2%，这是真实需求——套期保值合约所占的比重。而98%以上的合约都是投机性合约。资本市场中也有这种情况，中国资本市场的年均换手率平均在800%以上，真正进行长期投资的人可以说是凤毛麟角。如此大比重的投机性需求，会给商品价格带来多么大的波动是可想而知的。然而，这种由投机性需求放大的价格信号却是不真实的。它把真实的需求放大了数倍甚至数十倍，这部分投机性需求推高的价格很容易给产业资本发出错误的信号，使资源大量涌入被投机性炒作抬高价格的生产领域，一旦趋势逆转，这部分投机性需求就会出现反方向的运动，导致商品价格大幅回落。

投机性需求不仅仅局限于大宗商品和资本市场，它可以瞄准任何产品，只要它预期某种商品会出现短缺，就会伺机而动。中国人耳熟能详的就有兰花、宠物狗、普洱茶、绿豆、大蒜、玉石、邮票、红木、古玩等，几乎无所不包。投机性需求追求的是波动，波动幅度越大，对投机性需求的吸引力就越大。如果没有波动，它们就会去创造波动。全部问题在于，新古典理论假设价格会对需求产生决定性的影响，当综合性需求更多地受价格预期的影响时，市场行为就会完全不同。因为这时市场追求的不是供需平衡，而是追求供需的不平衡。无视投机性需求的存在，使主流经济学在解释大宗商品的价格运动和资本市场的运行规律上，显得十分苍白无力。

现在我们有了市场中几种不同层次的需求，这些需求对应着不同的商品层级，满足这些需求的行为具有不同的特征。它们共同构成了人类需求的层级结构，并且对生产行为产生着重大影响。当某一层次的需求满足后，就会产生需求层次的升级。我们用图 3-10 来表示需求提升与经济发展之间的关系。

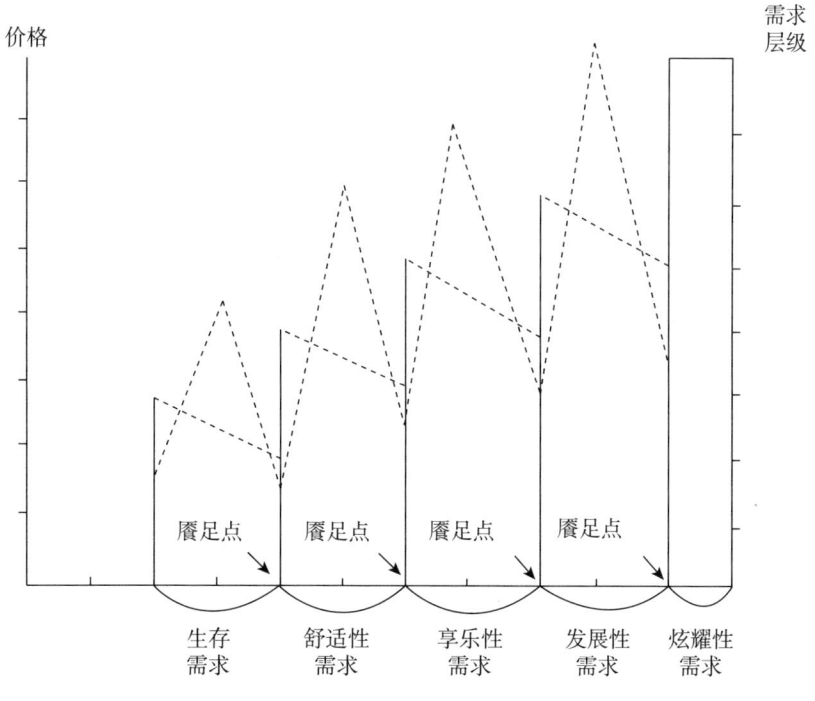

图 3-10

图中左侧最低的那个不规则梯形，表示的是生存必需品的需求及满足点，在未达到满足点之前，梯形的上沿是向下倾斜的，代表需求是随价格的下降而增加。人类经济发展的结果，不是新古典所描述的那种单纯数量的增加，而是人类需求不断向更高层次发展的过程。人类好像是在一个欲望的阶梯上攀登，不断从一个需求层级迈向一个更高的需求层级。

图中的虚线是投机性需求引起的价格震荡的假想图形。在需求升级的过程中，如果各个部门的交换出现了不协调的状况，有些产品出现了产能过剩，而另一些产品则出现了短缺，投机性需求就会兴风作浪，使价格出现大幅震荡。

在主流需求饱和时，要求有新的需求和新的产业升级来取而代之，如果新的产业革新没有及时跟上，形不成新的增长点，传统行业的生产过剩就不可避免。当新旧需求转换完成时，经济体就会进入新一轮增长。由于这个话题已经进入了宏观经济学的范畴，我们把它放到第12章去讨论。

第 4 章

供给的缺陷

我们刚刚讲了需求的话题，作为对应，现在要讲供给的话题，因为需求要由供给来满足。在自给自足经济中，一个人是自己需求的供给者。在交换经济中，生产者很少使用自己生产的产品，但这并没有改变他既是消费者同时又是生产者的事实，只不过他是在为别人生产，并消费别人生产的产品而已。在交换的不同阶段，他不断地变换着自己的身份。在经济学中，供给则被解构为生产要素构成，即土地、资本和劳动。从经济学建立之初到今天的 200 多年时间里，这一要素构成始终保持不变。其间甚至没有哪位经济学家劳神向读者解释一下，为什么只有土地、资本和劳动就足以构成生产过程的充分必要条件，其他因素出于何种原因可以忽略不计。以笔者的看法，把生产要素仅仅归结为土地、资本和劳动是过于简化了，而且这种简化的程度已经大大超出了科学研究所能允许的范围。此外，资本、劳动和土地背后都是具有自我意识的个人，不可能像非生命体那样任由他人摆布，他们彼此的关系是不同决策主体的博弈过程，生产要素的组合比起主流经济学所假定的方式要复杂得多。因此，有必要对供给的要素做一个重新的考察。

4.1 我们忽略了什么？

在新古典经济学的微观生产函数 $y=f(k, l)$ 中，经济学家干脆连土地都作为常量给省略掉了，只剩下资本和劳动两个要素。这似乎是说，一切生产活动只要"有人出钱、有人出力"就足够了。但是，从生产过程必不可少的条件这一点出发，生产要素的构成应该远没有经济学教科书规定得那么简单。

首先，生产活动离不开自然环境，古典和新古典经济学涉及自然环境因素的，只有土地这一项，而且还作为不变因素经常被忽略。即使用土地来代表自然资源禀赋，也不够充分。与人类生产活动相联系的自然环境因素，有矿产资源、水力资源、森林资源、气候条件、地理位置等。在今天，甚至日照时间、风速、潮汐，都与人类的生产活动有关。另外，占全球 2/3 面积的是海洋，海洋的鱼类资源、矿产资源，甚至海水本身的开发利用（最古老的利用是制盐），都与人类的生产活动息息相关。这些都不是用土地这一要素所能概括的。

自然资源禀赋的不同，是分工的基础，同时也与生产效率有关。人类的生产活动，本质上是人类将自然资源转换为生存资料的过程，自然环境的差异，会导致转换效率的差异。用同样的投入，在沙漠地区种水稻和在水资源丰富的地区种水稻，收获完全不同。同样的道理，在深海里开采石油和在波斯湾的陆地开采石油，成本相差极大。

无数的事实告诉我们，生产活动如果不与自然环境相适应，甚至以自然资源的破坏为代价，它不仅是无效率的，而且是不可持续的和有害的。所以，把自然资源禀赋作为首要的生产要素是完全必要的。

用资本和劳动作为生产要素不会有什么异议，只是新古典经济学的资本和劳动仅是由一些空洞的数字来代表，它们没有任何具体的内容，可以任意地拆分和组合。就像琼·罗宾逊夫人所批判的那样，新古典经济学家把资本视同"油面"。这些"油面"可以捏合成任意的形态，并随时与劳动实现无缝对接。然而，资本并不是"油面"，劳动也不是可以和资本任意结合的零件。资本作为生产资料，有它的特定物质形态和相应的技术含量，也有其所有权的代表者，不同的出资人对其资本的使用具有不同的要求；劳动作为人力资源，有不同的素质和技术专长，并且具有自我意识，它与资本之间不可能任意组合（这一点我们将在后面做进一步的分析）。

古典经济学把劳动作为一切价值的源泉，在今天看来，这种看法过于片面了。财富的形成是一个多种因素综合的过程，劳动只是其中的一个因素。而且随着生产技术的不断改进，人类借用自然力在生产过程中发挥作用的比重在日益增加，而人们的劳动时间却呈现不可逆转的缩短趋势，表现为法定劳动时间越来越短，劳动支出在产品形成过程中的作用也在逐步缩小。

主流经济学的最大失误就是没有把科学技术作为生产要素来考虑。在微观经济学的生产函数中，只有资本和劳动两个变量。在宏观经济学的柯布－道格拉斯生产函数中，技术水平也只是作为常量来考虑的，变量仍然是资本和劳动。下面的公式是柯布－道格拉斯生产函数的原型：

$$Y = A \cdot F(K, L)$$

公式中的 A 为技术水平，这个公式的数学含义是：在一定的技术条件下（技术水平已定），考察资本和劳动的变动对产出的影响。由索洛等主流经济学家提出的"全要素综合生产率"（TFP）概念，第一次将技术进步纳入到经济增长的综合考量中，但由于没有摆脱新古典范式的束缚，依然将技术进步与资本和劳动孤立考察，依然假定资本和劳动可以完全替代，且边际生产率恒定（这是对技术进步的最大误解），这只是对新古典的模型做了一个补充，却没有发现，引入技术因素后，对新古典的基本假定，如边际报酬率递减和边际成本递增率，将会发生什么样的影响，因此，通过全要素综合生产率公式计算出来的结果，明显缺乏解释效力。

也许是觉得完全忽视技术对产出的影响实在是说不过去，主流经济学家通过假定资本和劳动不变，来考察技术水平变动对产出的影响程度。但这种方法显然是不科学的。我们知道，所有的技术进步，无非是资本节约型、劳动节约型和资源节约型这三种形式。也就是说，技术进步，对于固定的产出要么是引起资本节约的变动，要么是引起劳动节约的变动，或者是资源节约的变化。如果三者都不节约，也就没有革新的意义了。所以，假定资本和劳动不变，单纯考察技术变动对产出的影响，是不成立的，因为技术的变动肯定会引起资本和劳动的变动。从发生作用的主次关系上来说，科学技术应该是独立变量，资本和劳动属于相关变量，其中技术因素的变化，会引起其他要素的改变。

在涉及生产过程时，主流经济学有两条重要定律：一条是边际收益递减律；另一条是边际成本递增律。这两条定律的意思是说：随着生产要素投入的增加（或者是资本，或者是劳动，但至少有一个保持不变），每增加一个单位的投入，其产出会逐步下降，而成本会逐步上升。先不管实际生产过程中这种情况是否会发生（我们在下一节中还会分析），在这里我们想要说明的是，如果把技术作为生产要素，这两条定律都不能成立。从技术是资本、劳动和资源节约的角度讲，每增加一个单位的技术投入所带来的产出，肯定大于单纯增加一个单位资本的投入和单纯增加一个单位劳动的投入所带来的产出。技术进步的本质是提高劳动生产率，这与单纯增加资本和劳动的意义是不同的。技术进步在增加产出的同时，还会降低成本。在电脑领域（这个领域的特征是技术进步日新月异）有一个著名的摩尔定律，即每隔18个月，电脑的运算速度提高一倍，价格下降一半。与此相类似的还有数码相机、手机、电视、电冰箱等产品。都是功能在不断地提升，但价格却在绝对下降。这说明，技术进步的速率可以超越通货膨胀率。如果技术进步在资源节约方面取得革命性创新（新能源、新材料和生物科技方面的重大突破），则人类有可能打破资源瓶颈的制约，在提高产能的同时又不引起物价的上涨。改变经济增长总是伴随通货膨胀的循环规律。技术作为生产要素的特征是，它的边际收益是逐步提高的，而它的边际成本却又是不断降低的。例如风能，产能每提高一倍，成本就下降15%。而且这种下降趋势是确定性的，不像传统的资本密集型产业，如钢铁业，增加的资本投入如果引起铁矿石价格和煤炭价格的上涨，成本有可能不降反升。技术作为生产要素，会使新古典的投资报酬递减律和边际成本递增律无立足之地。只要技术进步带来的产出高于技术本身的投入，就会打破这些所谓的"定律"。

技术的进步在提高产出数量降低成本的同时，还可以提高产出的质量和提供全新的产品。正是技术进步，给我们带来了那些日新月异的产品，如汽车、飞机、电脑、彩电、空调、洗衣机……把技术作为生产要素，无论从哪一个角度讲都是必须的。

另一个被新古典经济学忽略的生产要素是管理。资本和劳动是要人组织起来才能进行生产的，我们前面说过，资本与劳动背后都是活生生的人。资本与劳动的结合，不是没有生命的零件的组合，而是不同决策主体的互动过程，需要不同的激励和约束机制。这使得人力资源管理成为决定生产效率的一个重要因素。此外，信息的采集、分析，做出决策，并组织实施，这些都是管理的内容，而且也是生产活动必不可少的环节。管理的功能是独立的，与劳动不同，它表现为对劳动的组织和对资源的合理配置。管理的好坏，直接关系到产出的效率，甚至关系到企业的成败。现代社会所有权与管理权的分离，使管理的职能更加凸显。可是在经济学的教科书中，却没有任何一个章节是讲解管理的。在理论经济学的王国中，企业好像不需要管理，理性的经济人会自动使收益最大化，决策与组织也是零成本运行的。但在现实生活中，人们又不得不设立经济管理学院来教授人们如何管理企业，这至少说明，经济人不可能自动实现收益最大化，管理作为生产要素不可省略。

与生产过程相联系的另外一个外部环境，是社会环境，或人们通常所说的投资环境。它涉及一系列指标，如公共配套设施、法律制度、商业文化的传统以及政府部门的工作效率和清廉状况。社会环境和自然资源禀赋一样可以用一个综合评估的系数来表示，它可以是一个从 0 到 2 的系数，表示环境友好的程度。以系数 1 表示社会环境对经济作用为零，大于 1 表示环境对生产有助力，小于 1 则表示环境对企业家的努力有减弱的作用。例如，用同样的投入，在法制健全、政府清廉、社会治安良好、基础设施完备的社会，比在社会动荡、政治腐败、基础设施落后的社会环境中，投资效率要高得多。以 ϕ 和 σ 来表示自然资源禀赋和社会环境。我们有下列重设的微观生产函数：

$$y = \phi \sigma f[a(k, l, m)]$$

其中，ϕ 为自然资源禀赋；σ 为社会环境系数；a 为技术水平；k 为包含特定技术含量的资本；l 为具有不同技术素质的劳动；m 为企业的管理。

在这个公式中，自然资源禀赋和社会环境系数由于不是单独企业可以改变的因素，我们假定它们为背景常数。同时，我们把技术水平设定为独立变量，资本、劳动和管理设定为与技术水平相联系的相关变量，技术水平的变化会给其他三个因素带来相应的变化。

4.2 要素匹配的难题

明确了生产要素的构成之后，下面的问题就是如何在生产过程中将这些要素组合起来，各生产要素的组合比例是由什么决定的？以及组合比例的变化对生产效率的影响有多大？

新古典经济学对这些问题的回答是：生产要素（在他们那里只有土地、资本和劳动）可以以任意的比例组合。那么，如何确定哪一种组合对经营者最为有利呢？新古典的解决方法是，假定其他要素不变，单独考察某一生产要素变化对产出和成本的影响，比如假定土地和劳动不变，单纯增加投资的数量，随着投资数量单位的增加，它的边际收益会呈逐步下降的趋势。对于资本与劳动的配置比例，也可以用同样的方法。假定资本量不变，单纯增加劳动的投入，当劳动量增加到一定程度之后，它带来的边际收益会下降，同时边际成本也会上升，在边际收益等于边际成本的那一点上，可以实现利润的最大化。

按照同样的思路，新古典经济学用要素比例来解决成本最小化问题。假定有两个生产要素，x_1 和 x_2，它们的价格分别是 w_1 和 w_2。假定对于固定的产出 y 来说，可以用 x_1 和 x_2 的任意组合构成一条等产量线，用 $y=f(x_1, x_2)$ 来表示。成本最小化的问题就是在确保 $y=f(x_1, x_2)$ 的前提下，总成本最低。两种要素组合的不同比例可以形成一条等成本线，其斜率为 $-w_1/w_2$，等产量线与等成本线相切的那一点为成本最小化的点（见图 4–1）。

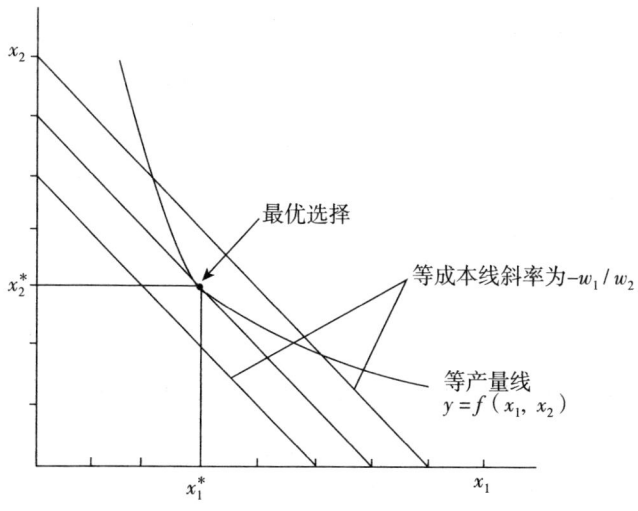

图 4–1

新古典经济学把要素组合问题演变为利润最大化和成本最小化的解决途径，在这里，忽略技术要素的弊端开始暴露出来。技术要素制约着其他各种要素的组合比例，资本与劳动任意组合的等产量线其实是不存在的，如果没有一定技术含量的资本投入，再多的劳动量也生产不出人造卫星和空客380飞机。同样，有一位好的科技人员，却只有三流的技术设备，也难免会出现"英雄无用武之地"的尴尬。对于确定的产出 y 来说，x_1 和 x_2 的各种组合之间存在着技术屏障，不可能有平滑的等成本线。也就是说，x_1 和 x_2 之间的技术替代率是不成立的。由于有技术屏障，存在着要素之间的不可替代性。

以纺织业为例，在手工织布时代，一台织布机配置一名工人是最佳比例；到了蒸汽动力时代，一个工人可以同时看管三台机器；而今发展到电脑控制的自动织布机时代，一个工人可以看管几十台机器。不同的生产技术水平，工人与生产设备之间的关系是固定的，不可能任意地调配。比如现在，一个工人可以看管10台机器，你让他同时看管20台，只能是顾此失彼；两个人看管10台机器产出也不会有任何的增加，只会造成劳动力的浪费。

不同生产要素之间的特定比例，反映的是不同的技术水平和劳动生产率水平，它们之间的优劣一目了然，甚至不需要专业知识就足以分辨。如果用任意的要素组合都可以产生同样的生产效率，技术进步还有什么意义？如果有哪一位纺织业老板看了经济学的教科书之后，将他的工厂倒退回手工织布机时代，会出现什么结果呢？首先，工人可能根本就不具备操作手工织布机的技术，结果是一件产品也生产不出来（工人也受技术水平的制约，不可能和任意的资本形态相结合）；其次，即便是生产出来等量的产品，其质量也无法与现代织布机相比，可能根本就卖不出去；成本就更不用说了，一定高得吓人。经济学家在图表上任意摆弄的数字，回到现实社会就是一个天大的笑话。

即使技术条件的约束没有那么严格，劳动与资本的匹配也不会是任意的，我们索性用经济学教科书最常举的例子来说明要素匹配是如何发生的。

经济学教科书经常用咖啡馆的用工数来作为边际收益递减的案例。假定一家咖啡馆的营业面积为200平方米，内设30张桌子。新古典经济学家会从第一个服务生算起，然后考察每增加一个服务生，产出的变化是多少，当增加的服务生的成本与增加的产出相等时，就达到要素的最佳配置比例。用经济学的经典语言表示就是：边际成本与边际收益相等。其实，这种表述明显缺乏经验的基础。我们知道，在营业面积一定的情况下，咖啡店老板决定是否增加员工的动机，只取决于一个因素，那就是上座率，没有上座率，空谈什么增加或减少员工带来的产出变化，没有任何意义。如果没有顾客，即使增加到10名员工，其产出也是0。如果我们假定上座率为100%，员工与咖啡桌的配备就是一个固定的比率，对于任何开过餐馆或有类似经营的老板这只是一个常识，比如一个服务生可以同时照看3台桌子。配备的服务生就是10个，少了忙不过来；多了只会添乱。即使顾客在店外排起长队，这个配置比例也没有必要改变。如果上座率只有60%，那么用6个服务生就足以应付。6个服务生配30张桌子，表面看来是服务生与餐桌的比例变为1∶5，但对于每个服务生来说，有两张桌子是闲置的，他们不必去打理。

主流经济学个体本位的方法论，将经济学家的视野局限在个体的范围之内，收益最大化的计算中没有客户端的考量。问题是，客户不买账的产品哪里来的利润最大化呢？其实，凡是开过咖啡馆或饭馆，以及诸如此类的服务行业的人，都知道这样一个简单的事实：咖啡馆老板的利润最大化的根本因素是如何能够吸引特定的消费群，为此，咖啡馆老板要在室内装潢、风格定位、产品特色、服务品质、上网便利等方面下功夫。而不是去摆弄什么服务员与咖啡桌的比例。没有上座率，哪来的产出率？而上座率绝不是由要素比例决定的。而是由咖啡馆的经营策略决定的。经济学教科书寻找成本最小化的方式，本身就是误导。咖啡馆的产出与顾客满意度相关联，而上座率需要咖啡馆老板对客户需求的了解并为此做出相应的投入。也就是说，投入成本与上座率之间的关系才是咖啡馆老板应该关心的问题，这涉及投入的效率。至于咖啡桌与服务员的比例，根本就不是成本最小化的关键所在。主流经济学的"定律"明显是由一些完全没有干过实业的人凭空想象出来的。

进入生产过程的资本大多数是以实物形式出现的，这些作为实物的生产资料都有特定的技术含量，它对劳动不仅有数量的要求，也有质量的要求。劳动也是由具备不同技术水平、不同受教育程度的人员构成的。劳动与资本的匹配，不仅受设备技术条件的约束,也受劳动技术素质的制约。当产业资本向新兴工业领域大规模转移后,传统行业中转行下来的劳动能否适应新兴产业的要求就出现了问题。新兴产业的用工要求与劳动的技术水平不匹配,就会产生结构性失业,很多工人找不到工作,而很多企业又找不到合适的员工。结构性失业的存在,说明资本与劳动的结合比例不是没有条件的。

各个生产要素的匹配,说到底是一个技术问题,而使利润最大化或成本最小化,则是一个管理问题。而且后者决不是改变要素比例那么简单。新古典经济学忽略了技术和管理在生产要素中的地位,忽略了交换的互利性质,所以才会提出如此不伦不类的解决办法。

4.3　要素的跨部门转移

在上一节中,我们讨论了生产要素在一个企业或一个部门中的配置比例问题。下面我们要讨论的是生产要素的跨部门转移问题。

经济学教科书告诉我们,生产要素可以平滑地从一个部门转移到另外一个部门,随着生产要素转移而形成的两个部门之间不同比例的产出,构成了一条生产可能性边界(见图4-2)。

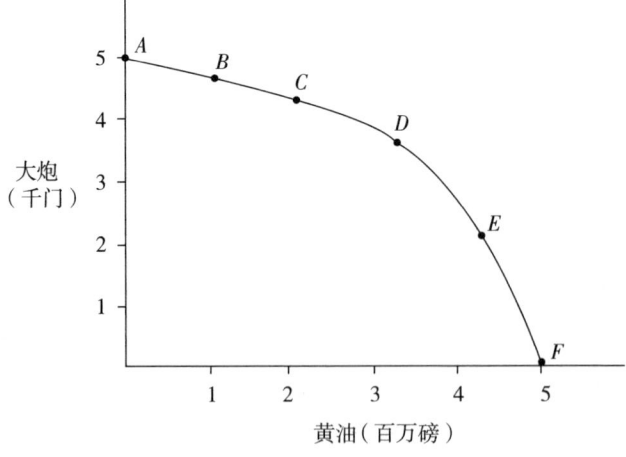

图4-2

这是一条把人引入误区的思路。在这张图中，我们看不到生产要素的禀赋优势；看不到生产要素转移的条件；更看不到生产要素转移的成本。

第一，不同生产部门的生产要素之间不具有同质性，至少存在一定程度的不可转移性。生产黄油所需要的生产要素是水草丰盛的牧场、良种的奶牛和熟练的牧民与挤奶工。而生产大炮的生产要素是地处交通便利地段的厂房、炼钢、铸造和机械制造设备，机械与化学工程师及熟练工人。如果把生产黄油的生产要素全部转移去生产大炮，地理位置偏远、交通不便的牧场对生产大炮是没有用的，挤奶工也当不了工程师，奶牛也不会在机床上干活。反过来也一样，在工业中心的兵工厂，用来放牛的土地成本太高，生产大炮的机器对养牛也没有任何作用，让工程师去挤奶，相信效率一定很低。由于生产要素的这种不可转移性，任何偏离禀赋优势切分点上的生产组合，都会有一部分生产要素被滞留下来，偏离的程度越大，滞留的比例就越高。在极端点上（图中的 A 点和 F 点），全部资源只生产一种产品，必然会导致很大一个比重的生产要素未被利用，或低效率的利用。所以，生产可能性边界上除了其中的一点以外，不可能再有有效率的组合。明确这一点很重要，生产要素的跨部门转移并不一定是资源的有效配置，而可能是劣质要素（相对于转移部门而言）的转移，这种转移的效果是无效投入的积累。

第二，如果一定要把生产要素从一个部门转移到另一个部门，并且也实现了这种转移，转移过程不可能没有效率损失，我们称之为要素转移的成本。把生产大炮的机械转移去生产奶牛，只能是先把它当作废铁卖了，换回钱来再去投资买奶牛。这与把奶牛杀了卖肉，再去买机器是一个道理，这中间的成本高得惊人。生产组合越接近极端点 A 和 F，则付出的转移成本就越高。

也就是说，当生产要素的比例从最佳点向一侧偏移时，总的生产要素的数量会减少，所以，生产要素的转移本身就会带来生产要素的递减，它体现在产出上的变化，也是一个逐步递减的过程。

第三，由于存在着生产要素在转移过程中的损失，所以，生产要素转移就必须是有条件的，即转移后的收益要大于转移中再加上不转移的收益。满足这个条件，生产要素的跨部门转移才是有利的。那么，什么情况下这个条件会得到满足呢？只有一种情况，这就是新兴产业的崛起和传统行业的衰落。在工业革命时期，农业部门的生产要素开始向工业部门转移，农业的大量土地被工业占用。大片农田被开辟成牧场，为纺织业提供羊毛。农民进入城市，成为产业工人。伴随着这种转移的，是大工业时代的来临。在今天的信息时代，则是生产要素从传统制造业向高新科技领域转移。除此之外，生产要素的跨部门转移，是在部门间产品的交换比例发生严重扭曲时，某一部门的产品价格高于它的重置成本。这样，放弃交换，转而投入高价格的生产部门就成为要素转移的经常性路径。但这种转移的无序性，往往带来过剩产能的积累。

如果交换比例没有发生剧烈的变化，而是在交换的互利空间内进行，原有的分工格局就会保持不变。因为生产者选择交换对方的产品比选择自己去生产还是要经济的，他的主要目标应该放在如何使交换比例变得对自己更有利，而不是忙着改行做别的生意。就好像我们不会因为下雪，菜价上涨了几天就去当菜农一样。

我们看到，生产要素的跨部门转移不会无缘无故地发生，它的背后一定有强烈的利益动机。理解生产要素跨部门转移的条件，对于我们了解经济体系内的结构调整、各部门之间的均衡发展，有着重要的意义。我们可以把要素转移的条件定义为：

$$Tr > Tc + NTr$$

其中，Tr 为转移收益；Tc 为转移成本；NTr 为转移前的收益。

生产要素的跨部门转移，如果是以转型的方式，从传统行业向新兴工业部门转移，则可以加快产业升级的步伐。但如果是被投机性需求所引导，导致劣质要素的跨部门转移，只能导致不平衡加剧。为了便于说明，我们举一个简单的例子：大蒜的生产。

在中国，大蒜是普通民众餐桌上的调味品，属于小宗商品，一年的消费量也就在1040吨左右。但大蒜的价格最近几年的表现，可以用波澜壮阔来形容。这中间，最终产品与生产要素之间的联动关系很有代表意义。2006年，大蒜价格突然像打了鸡血一般地迅速上涨，价格的飙升给蒜农带来许多美好的憧憬。谁不想挣钱呀，那就多种大蒜呗。于是扩大种植面积、增加资金和人力的投入，到 2007 年，大蒜产量倒是增加了不少，但当满怀憧憬的蒜农把增产的大蒜投放到市场时，大蒜价格却像霜打的茄子，怎么也支楞不起来。到了 2008 年 3 月，大蒜价格下跌到每公斤不足 0.2 元，价格的暴跌又使蒜农产生了悲观的预期，2008 年，大蒜主产区种植面积减少了 30%~40%，非主产区减少了 40%~60%，全国种植面积下降了 45% 左右，产量下降到接近 2007 年产量的一半。2010 年年初的低温和"倒春寒"，引发了大蒜价格的再次暴涨。这次上涨的幅度远超 2006 年，几个月内价格上涨了几十倍。

从这个案例中，我们可以看出最终产品与生产要素需求变化的联动关系。其他产业的情况也基本如此。如果最终产品是社会上的主流消费品，则其价格波动引发的生产要素的跨部门转移，就会引起经济周期的波动。最直接的案例就是美国的次贷危机，穷人炒房客（次级贷款人）的投机性需求推动房价上涨，华尔街发明的金融衍生品则进一步将泡沫吹大，生产要素快速向房地产领域转移，当美丽的梦想随泡沫破灭时，大量资源滞留在房地产领域，沉淀为投资人手中的负资产和银行坏账。几乎所有的危机都在重复这个大体相同的模式。

所以，对于要素的部门之间转移要区别对待。对于前一种转移，政府应该通过财政、金融和产业政策予以鼓励。并由政府出资建立劳务培训中心，使传统行业的工人能快速适应产业结构调整的需要。对于后一种转移，政府应该设置转移的门槛，使投机性需求难以进入泡沫滋生的部门，从而阻止虚假价格信号对产业资本的错误指引。

产业分工的基础是自然禀赋优势，分工的形成有点儿像自然界的自然选择过程，适者生存，物竞天择。就像我们不会让一个五短身材的人去当篮球运动员，不会让身体肥硕的人去练跳高一样。生产黄油和大炮的分工也是同样的道理，适宜生产黄油的生产要素，不一定适宜生产大炮，反之亦然。每一个行业都有它的领军人物，他们集该行业的所有优势于一身，别人很难与他们竞争，美国 NBA 的篮球明星都是些篮球天赋极高的人，即使所有的人都进入这个行业与他们竞争，最后也只能面临被淘汰的命运。但如果让他们去做别的行当，就未必同样出类拔萃了。也就是说，一个部门的优质要素，转移到另一个部门就有可能变成劣质要素。所以，仅仅从禀赋优势的角度来说，生产要素的跨部门转移也不都是资源的有效配置。

另外，产业资本的重新组合有一个过程，这是由生产要素市场的派生属性决定的，对生产要素的需求，是从对最终产品的需求派生出来的。这种派生性，使生产要素的跨部门流动会滞后于最终产品价格的变动，并且对小波动不敏感。因为，从各种生产要素的组合到最终产品下线，需要有一个周期，农产品的产出还要受季节因素影响。厂商在决定是否要转行做其他生意的时候，不仅要考虑目前最终产品的价格水平，还要考虑价格的变化趋势。如果工厂建成之后，产品价格出现意料之外的大幅下跌，这个投资就有可能血本无归。当一个最终消费品的需求和价格变化被判断为是一个随机的变动时，厂商只会在原有的产能基础上作临时的调整。比如在价格上涨或订单增加时，加班加点生产，而不增加要素投入。在订单减少或价格下降时，采取部分停工的方式，而不是变卖设备，转行去做别的生意。厂商做出增加还是减少生产要素投入的决策，通常是在对最终产品的需求形成趋势判断之后，而正是这种滞后性，会助推产品价格的周期性波动。生产性需求对消费性需求反映的滞后性，给投机性需求提供了腾挪的空间，而投机性需求又会给生产性需求释放出虚假的信号，使生产商对生产要素的需求产生错误的判断。生产要素的价格，则综合了生产者和投机者对最终产品未来趋势预期的变化。

生产要素不可能像新古典经济学所假定的那样，可以在部门间平滑地移动，这个前提的缺失，使新古典的另外一个假定——通过生产资本的自由流动完成部门间供求关系的均衡——也不复成立。这个话题我们将在宏观经济的章节中加以讨论。

4.4 要素的特征

每一种生产要素都有其不同的特性，它们的交易方式也因此而不同，需要分别加以论述。

首先看资本。在所有生产要素中，资本对价格的变化是最为敏感的，且流动性最强。其他要素的变动虽然有一定的独立性，但基本上是顺着资本运动的方向变化。资本的价格分为租赁价格和买卖价格。租赁价格如利息和租金，反映的是资本间接投资的供需对比。资本的买卖价格，如实业投资和股权投资则反映的是资本直接投资的供需对比。人们在资本市场上，通过利息、租金和资本的转让价格，交换着对未来的不同预期和对风险的不同偏好。资本的租赁市场（也可以说成是间接投资市场或固定收益市场）和买卖市场（也可以说成是直接投资市场或风险投资市场）之间存在着相互转换的机制，且这种转换会引发资本市场的巨大波动。假定固定收益市场和风险投资市场是两个资金池，两个池子里的资金由于变现的便捷性，可以相互快速流动，至于实体经济的资金池，由于变现的滞后性，通常都是在交换比率超越重置成本之后才会向其他两个资金池转移。那么，固定收益市场和风险投资市场的资金转化的机制是什么，会带来什么后果呢？我们以图4-3来表示两个资金池保持平衡的状态。

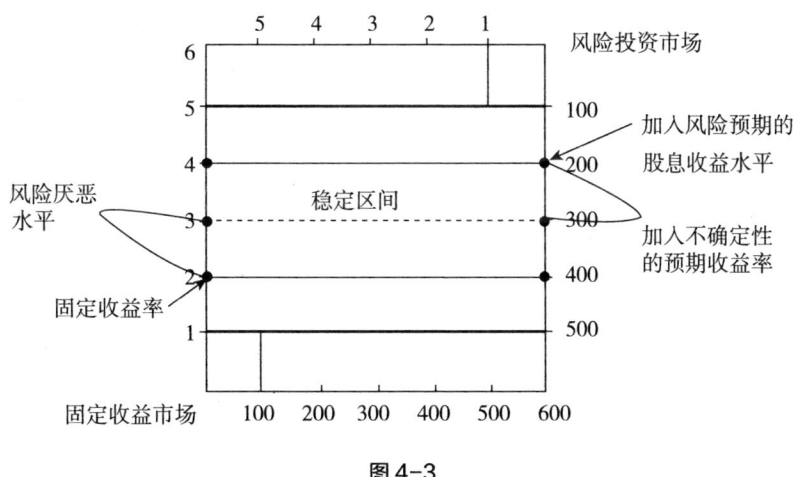

图4-3

如图4-3所示，在加入风险因素的股息收入和固定收益率水平的基础上，资本市场的预期收益率水平与固定收益投资人的风险厌恶水平相当时，两个资本池的资金保持稳定状态，不会发生大的资金流动。当制约因素发生变化（比如降息或资本预期收益率提高），就会打破平衡，出现固定收益池的溢出效应，如图 4-4 所示：

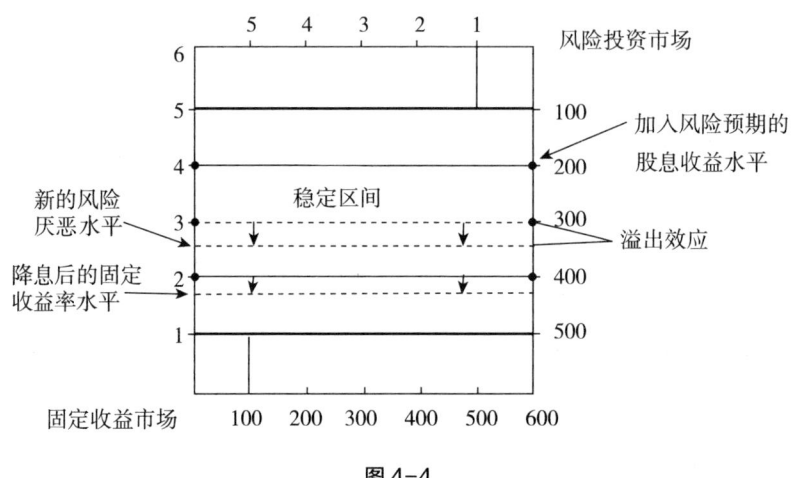

图 4-4

但溢出效应还不足以形成趋势变动。与二元交换模型一样，当这个比率突破公平底线时，资本流动还会出现虹吸效应，固定收益里的资金会持续地流入风险投资池，通过自我强化机制形成资本市场的牛市，直到固定收益资金池的资金耗尽为止，这时会出现两个资金流向逆转的信号：一是流动滞后的实体经济领域的资金大量进入风险投资市场，二是同业拆借市场利率会达到 15% 以上，甚至达到 20%，这是转向的先兆。一旦达到资本存量的极限，一个反方向的资金流动开始，这时，即使降低利率，由于过高的资本价格使资本的预期收益率比利率水平更低，在反向的自我强化机制下，资本资金池会出现漏斗效应，风险投资资金向固定收益资金池转移，最后阶段，则是向实业经济领域转移，直到投机性资金流动枯竭，资本市场才会见底（见图 4-5）。

图中平衡区域的边界，就是公平底线，当资本市场的预期收益率与固定收益基础上的风险厌恶水平之比超越了公平底线时，其标志是资本市场的预期收益与风险系数的乘积高于贷款利率。就会形成金融不稳定局面，导致间接投资向直接投资的持续性转变，当超越重置成本时，将推动最保守投资人进入风险投资市

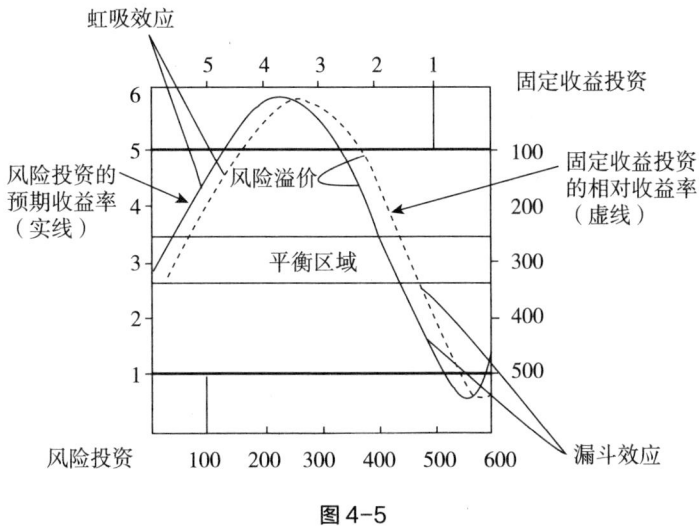

图 4-5

场，股市进入疯狂状态，当劣质要素（从未炒过股票的投资人）大量进入股市时，离资本市场的崩溃已经为期不远了。

在互联网时代，资本的募集方式出现了新的改变。在以往，投资者与消费者之间有着明确的分工，"众筹"方式打破了投资者和消费者之间的界限，投资者本身就是消费者，众筹资金数目有时也是产品的售卖价格。众筹方式最大的意义在于，它打通了生产与消费的渠道，使消费与生产融为一体，以往困扰商品经济的产能与消费不相匹配的矛盾有了新的解决之道。

在所有的生产要素中，只有技术有买入价格而没有租赁价格，这是由技术的信息属性决定的，在以往的经济发展阶段，由于技术发明的成本很高，而技术传输的成本却很低，租赁会导致技术发明流失，而发明创造者本人却得不到应有的收益。技术容易流失的特点，有可能减弱技术创新的积极性。所以，需要政府建立有效的专利制度，保护知识产权。进入到互联网时代，信息传播以前所未有的速度提高，技术发明相互激励的作用日益凸显。出现了以共享为特征的创客群体，全世界有共同爱好的发明者在互联网平台上，互相交流自己的理念，实现创意共享、资源共享、信息共享等，给技术进步带来了前所未有的加速发展。技术创新不再以年度来计算，而是以月甚至以天为计量单位。在这样一个技术进步日新月异的时代，专利保护制度开始变得陈旧。经常是一个技术专利的保护还未到期，就已经成为过时的东西。创意共享这种更为直接的互利方式，会对技术进步产生难以估量的推动作用。尤其是对应用技术而言，就更是如此。对于基础科学的研究，特别是在引领性的科学领域的重大突破，由于投入较大，且发明者难以取得直接的经济效益，就需要政府的扶植和引导。目前人类正处于一个新工业革命（工业4.0）的前夜，哪一个国家率先取得突破，就有可能成为下一轮经济增长的领跑者。有远见的政府应该加大对相关基础科学研究的投入，重奖有重大发明的科学家，保证他们的发明物有所值，以弥补技术市场的先天缺陷。

劳动作为交换的对象，只有两种形态：一种是对劳动力的租赁，另一种是连同生产者本身的买卖。在人身依附的时代，才会出现后者。但劳动作为交换的对象，既不像主流经济学所说的是劳动的买卖，也不像马克思所说的是劳动力的买卖，因为不管是劳动还是劳动力都不能通过买卖来转换所有权，通过交换转移的劳动只能是使用权。工资应该是劳动的租赁价格，而不是买卖价格。所以在资本使用劳动的时候，并不能像使用其他所有商品那样任意处置，"损坏"了还要赔偿（如工伤补偿、因工致死的抚恤金，等等）。明确这一点十分重要，它可以帮助我们理解管理的重要性，因为劳动力的租赁，不同于机器租赁的地方在于，人是有自主意识的个体，如果他认为受到不公平待遇，就会消极怠工，甚至拒绝"被使用"。同时，人又是有惰性的个体，在没有足够的外部刺激和生存压力的情况下，会出现懒散、松懈的状态。因此，劳动力的使用是一门专门的学问，如何激发劳动的合作热情，促成资本与劳动的互利效应，是解开这一难题的关键所在。顺便说一下，资本与劳动的结合，也是一个合作的模式，彼此的交换存在着互利的空间。只不过在工业革命的初期，劳动缺乏议价资本（劳动力无限供给），劳动与资本的分配比例超越了公平底线，导致"阶级斗争"出现。从而使互利合作的关系变成了你死我活的阶级对立，这给我们的意识形态带来了极大的困扰。事实证明，劳动与资本是彼此依存的关系，消灭了任何一方，另一方也会同时受损，在互利的范围内调节彼此福利分配以达到互利空间的最大化，才是唯一的出路。劳动只有租赁价格的好处是，劳资双方都有选择的灵活性。随之而来的问题是，就业状态不稳定。如果劳动力转移的摩擦系数过大，就业状态的不稳定就会产生较多的非自愿失业人口。事实上，失业人口中的很大一个比重表现为资本与劳动不匹配的结构性失业。在技术进步日新月异的今天，这种不匹配呈逐步扩大之势。表现为劳动力市场与产业市场的不平衡状态。就人类社会的发展趋势而言，劳动，特别是简单的体力支出，是一个不断被自然力和机械力取代的过程。劳动的租赁市场几乎从一开始，就受到机器的威胁。所谓"刘易斯拐点"，其实是一种表象式的描述。这个"拐点"的到来，伴随着发达国家对外扩张造成的人力短缺以及劳动技术含量提升给工人带来的议价资本的提高。如今，随着机器人技术的快速发展，甚至复杂的劳动都有被机器取代的可能，在不远的将来，劳动的可替代性会越来越高。这意味着大量非创造性劳动将失去就业的机会。如何加强劳动培训，增加再就业的平滑度，是每一个国家和企业即将面临的重大挑战。如果"数字化鸿沟"将社会底层民众彻底边缘化，极端主义就有可能成为世界的持久威胁，整个社会很难处于稳定状态，但遗憾的是，迄今为止，不管是政府还是企业都没有将足够的注意力投放到这个领域，对于劳动的培训，不论在人力、物力，还是财力的投入上都明显不足。

管理在我们的生产函数里是生产要素的重要构成。管理从一开始就不同于劳动，它的职能是对劳动进行指挥和领导。随着所有权和管理权的分离，现代工业社会游离出一个特殊的阶层：经理人阶层。按照通常的理解，职业经理人受资产所有人的委托，负责资本的经营，他们要对资产所有人负责，并尽其所能地实现资产所有人的利益最大化。他们的报酬及地位取决于经营业绩的好坏，在经营成功时可以获得丰厚的回报，经营失败也要承担相应的责任。大股东组成的董事会通过任免权和经营决策的最终裁定权，对职业经理人进行控制和制约。这套程序看起来完美无缺，最初的运行似乎也顺风顺水，但近年来，随着股权的高度分散化和管理技能的专业化，资本持有者、劳动者甚至政府，对职业管理阶层的约束逐步丧失，而管理层本身的议价资本却迅速膨胀起来。这种膨胀的最明显标志，就是企业高管的年薪迅速蹿升，据美国劳联－产联2012年公布的数据，2011年标普500成份股公司CEO的平均薪酬为1294万美元，较2010年增长14%，与美国普通工人之间的收入比率从 2010 年的 340 倍扩大至 380 倍。到 2012 年，这一差距有所下降，但仍为 354 倍。而在 1980 年，大公司 CEO 的平均收入只有普通员工的大约 42 倍。[1] 不仅如此，企业高管利用自身的议价优势，还享有许多特权，比如在企业出现巨额亏损时还可以领取巨额奖金，甚至因决策失误，导致企业破产清算时，仍然可以拿到上亿的退休金（所谓"金色降落伞计划"）。职业经理人之所以会取得越来越大的议价资本，在一定程度上是由于管理技能在今天的企业经营中，成为至关重要的因素，少数管理精英的专长，具有一定程度的不可替代性。在其他利益集团没有找到制衡的方法时，经理人阶层就会享有更多的特权。目前我国体制改革的讨论中，有一种主流意见，把所有制的改革放到决定性的地位，似乎只要解决了所有制，一切问题就都可以迎刃而解了。殊不知在当今世界，资本所有者的影响力正在迅速下降，即使是全面私有化，在没有找到制衡管理层的方法之前，由议价资本的不平衡带来的管理阶层一枝独大的问题，可能会引起更大的麻烦。

自然禀赋作为生产要素的组成部分不可低估。因为，环境与技术发展水平的结合，产生的是不同的生存模式。根据笔者的研究，每一个民族所处的地理位置、气候条件、土地及其附着物状况、资源相对于人口的丰腴度（或者称之为人均资源占有率），将对一个国家的经济发展模式、政治治理模式，以及文化伦理和宗教信仰，都会产生重大影响。这是另一部专著的课题，无法在这里用简要的方式展开。但需要说明的是，经济学不能忽略一个国家的生存条件对于一个国家经济发展的重要作用。

政府提供的经营环境对经济发展的促进作用，可能是主流经济学的盲区。特别是政府本身作为管理者对经济生活的积极介入，会对经济产生什么样的促进作用，是一个需要重新认识的课题。这方面中国提供了一个非常好的案例。根据世界银行的排名，中国在 189 个国家中，企业经营环境排在第 158 位，这么靠后的排名，按照制度决定论的观点来看，中国的经济发展速度应该排在 100 名开外才

---

[1] 美国劳联－产联报告，转引自新浪财经，"美国：大公司 CEO 去年薪酬与普通工人相差 354 倍"，2013 年 4 月 17 日。

顺理成章。但是，中国却在长达30多年的时间里，取得了前无古人的发展速度。而中国既没有令人羡慕的自然资源，也未拥有独特的地理优势，更没有领先的技术，究竟是什么因素导致中国经济快速发展，我们在主流经济学的理论框架中找不到合理的解释。这是另一个"李约瑟之谜"。按照互利经济学的观点，在宏观经济领域，由于存在着各个利益集团相互冲突的诉求，比如劳资双方的薪酬争议；开发商与当地居民在拆迁问题上的矛盾；知识阶层的自由诉求与底层民众的安全诉求之间的差异……政府作为公共职能的承担者，在寻找各个利益集团之间互利的解法上，具有天然的优势，所有的问题仅仅在于，如何发挥这种优势以及如何避免政府偏离公共职能的边界。

明确了这些要素的特征，如何将这些要素以互利的方式结合起来，或者在要素的代表者之间出现利益冲突时，如何以互利的方式加以化解，就有了明确的思路。

第 5 章
价格如何决定

前面我们分别讨论了需求与供给，这章我们讨论需求与供给的相互作用，即价格决定的问题。在当今的商品社会，我们每一天都会和价格打交道。蔬菜的价格几乎天天都在变化；你所喜爱的炸薯片昨天还在打折促销，今天就涨价 10%；两个月前花 20 万元买的一辆汽车，今天去看，降到了 18 万；五年前买的房子，如今已经涨了 2 倍……如果你是生产厂商，价格的变动对你来说就更是一个命运攸关的大事，任何一个出乎意料的波动都会让你寝食难安、辗转反侧。那么，价格究竟是什么？它是如何形成的？当价格发生变动时，人们通常会如何反应和应对？这是本章要讨论的内容。但在讨论之前，我们有必要回顾一下新古典关于供需与价格决定之间的假设。

5.1 价格决定机制

新古典的供求法则，一方面假定供给和需求都是价格的函数，即价格是自变量，而供给和需求是因变量。"人们购买一种商品的数量取决于它的价格。在相同条件下，一种商品的价格越高，人们愿意购买的数量就越少；而市场价格越低，人们购买的数量就越多。"[①]供给则相反，价格越高，生产者愿意提供的商品数量就越多；价格越低，愿意提供的商品数量就越少。那么，价格作为自变量，又是由什么决定的呢？

萨缪尔森在他的《经济学》里这样写道："供给与需求的力量相互作用，从

---

① 萨缪尔森著，萧琛等译：《经济学》第 16 版，华夏出版社 2003 年版，第 34 页。

而产生了均衡价格和均衡数量。"① 在这里，价格又成了供给与需求相互作用的结果，即供给与需求变成了自变量，价格又成了因变量。价格决定需求与供给的假定又变成了供给与需求共同决定价格，这种自相矛盾的论证究竟能说明什么呢？

问题出在主流经济学的个体本位的方法论上。他们只分析一个厂商、一种商品的供求，生产者只是单纯的供给者，没有自身的需求以及需求的紧迫性。需求者只是单纯的买入者，没有可以用来交换的商品供应，也不受需求餍足点的影响。这样一来，生产者供给曲线就想当然地被认定为从左下方向右上方倾斜，消费者的需求曲线也同样想当然地从左上方向右下方倾斜，但这与商品经济的实际情况不符。在大宗商品市场和资本市场，我们看到的情景完全不同。供给曲线和需求曲线与价格的关系并不呈现正向或反向的单调性，而是呈现出波动性的特征。在价格下降的过程中，需求量并没有同步增加，反而是同步减少，在最低点时，需求量通常也比较接近最低点。反之，价格上升时，需求量也会同步放大，在价格最高点时，需求量即使不在最高点，也处于较高水平。供给有时会与价格呈同步趋势，有时也会出现相反的变化，如价格上涨预期强烈，供给在价格上涨时，反而会减少，出现价升量减的现象；同样，下降预期强烈时，价格下跌会引出恐慌性抛盘，出现价格下跌，供给反而增加的情况。

为什么会出现这种现象呢？用二元交换模型来分析，就可以看出，在交换过程中，每一个交易当事人都具有双重身份，供给者同时也是需求者，而需求者同时也是供给者。即使是分析一个商品的价格决定，如果加入生产者本身的需求和消费者本身的供给，供给曲线与需求曲线就不会像经济学教科书所假定的那样运行了。比如，当生产者急需资金解决不可延迟的生存需要，或者有更高回报的其他投资项目，或者认为价格还会再继续下跌，当前价格尽管相对较低，供给者也还是会卖出自己的存货；同样，消费者除了不可延迟的需求以外，是否买入一个商品，还要考虑该商品未来价格是上涨还是下跌；如果买入的商品属于生产要素，则需求者的供给价格预期就显得更加重要，如果需求者认为自己供给的产品有更高的预期收益率，则作为生产要素的买入价格尽管在高位，只要投入产出比

---

① 萨缪尔森著，萧琛等译：《经济学》第16版，华夏出版社2003年版，第40页。

合适，需求者依然会买入。这样一来，一个商品的供给与需求曲线就不会像教科书所描述的那样相对而行，而是经常同向而行。

我们以资本市场的价格决定为例。之所以选择资本市场，是因为在这个市场中，投资者的双重身份体现得十分明显。而且，需求与供给的标的都是同样的。投资者在这个市场上交换的是预期。投资者之所以在资本市场上买入，是因为预期未来的供给价格（卖出价格）会更高，而之所以卖出股票，是因为预期未来的需求价格会更低。我们知道，在固定收益与风险投资市场大体处于平衡状态时，市场上的预期在人群中呈现正态分布。如果相对于固定收益投资，资本市场出现了更高或更低的收益预期，这种平衡就被打破，市场会走出上升或下跌的趋势。这时候，人们的心理预期可能会出现普阿松分布，即持同一种预期的人数会超过持相反预期的人数。而且，由于行为者与行为目标之间的相互作用，预期会产生自我实现与自我强化的趋势。乐观的预期，会带来更多的需求，从而推动价格进一步上涨。而悲观的预期，使卖出者增加，买入者减少，从而导致价格进一步下跌。在实体经济中，通过投资乘数和信贷杠杆的作用，预期的自我实现和自我强化表现得更为明显。繁荣期，乐观的预期会带来投资和消费的增长，而投资和消费的增长又会带来相关产业的繁荣，从而再度推高产品价格，直到资本存量用尽，借贷成本急剧提高，相反的过程才会开始。进入衰退期，悲观的预期导致投资和消费普遍低迷，投资和消费的减少会造成需求的进一步萎缩，那些在繁荣期积累的过剩产能，被迫以清盘的方式退出，从而使产品价格在社会平均成本线下方还会持续下跌。

这时候，供给曲线和需求曲线并不会相向而动，而是呈现复杂的正向波动关系。在价格下降的过程中，需求量和供给量同步减少，但只要供给量超过需求量，价格还会下行。反之，价格上升时，供给量和需求量一般会同步放大，在价格最高点时，供给与需求的数量通常也会达到最大。

新古典的价格理论不能解释这些"反常规"现象，是由于它把价格与供求的因果关系颠倒了。价格并不能决定供给和需求，恰恰相反，是供给和需求的比率决定了价格。而供给和需求又是由不可延迟的需求量和供给量（不可延迟的供给量,从供给者也是需求者的角度就可以理解了,一个急需交房屋按揭贷款的投资者,当然会有不可延迟的供给量)以及对价格的预期所决定。由于不可延迟的供给量与不可延迟的消费量大体相同,相互抵消,我们就以预期作为供给和需求变动的主要原因。我们在前面的分析中已经指出:在同样的市场环境中,人们对价格的预期是不同的,而且还经常发生变化。因此,价格的上涨还是下跌,取决于在某一时点上,预期价格上涨的人多,还是预期下跌的人多,如果预期上涨的人多,买盘超过卖盘,价格就会上涨;反之,价格就会下跌。由于人们的心理和预期处于不断的变动中,乐观与悲观的情绪在人群中的分布也呈现着戏剧性变化,表现在价格上,就是随机性的波动。供求相等的情况也经常会见到,不过,这不是新古典经济学所津津乐道的均衡点,而是一个趋势转变为另一个趋势的转折点,它只是在一瞬间出现,随后就转变为另一种不平衡的趋势(见图5-1)。

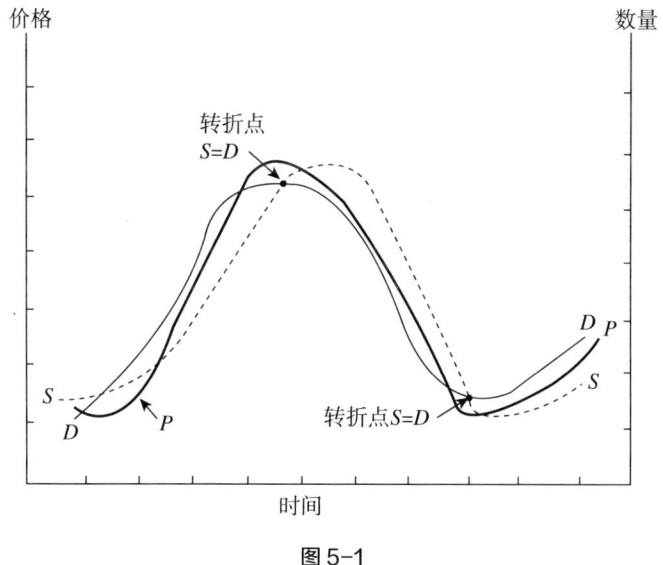

图5-1

图中虚线表示供给,实线表示需求,黑粗线表示价格。不管总的成交量有多大,只要需求量超过供给量,价格就会上升;而当供给量超过需求量时,价格就会下跌。供给与需求相等的那一点,通常是转折点,而不是均衡点。由于价格由供给与需求的比例决定，而供给与需求的比例又由未来价格预期决定，价格变动并不是像教科书所描述的那样，趋向于波动的收敛，而是恰恰相反。

5.2 价格的波动特性

根据上面的分析，价格变动由供给和需求的比例决定，而供给与需求的比例又取决于人们持有预期的分布，这样一来，价格变动就具有以下几个无法更改的特征：

第一，不稳定性

由于价格取决于人们的预期，而影响人们预期的因素又是多种多样的，经常是一个突发事件，就会使交易当事人的预期发生戏剧性的变化。而且，面对同样的信息，人们由于信息的不对称和交易位置（持仓情况）的影响，判断又会有所不同。这会影响到乐观和悲观预期的人数发生急剧的改变，从而带来价格的跌宕起伏。所以，价格并不会像主流经济学所预言的那样，趋向于波动的收敛，而总是处于剧烈震荡之中。

第二，敏感性

价格作为交换的比率，其变化必然影响到交换双方的收益和成本。因而价格具有敏感性特征。任何影响人们预期的信息，都会引起价格的变化。俄罗斯因农业歉收禁止小麦出口，会引起世界市场的粮食价格上升；美国威胁要向伊朗开战的消息，会引起石油价格的暴涨；公司财务状况丑闻，会造成该公司股价急剧下跌……任何消息，只要改变人们的预期，都会引起价格的波动。波动的大小，取决于消息对人们的心理及预期改变的程度。在某些心理因素（如贪婪和恐惧）的放大作用下，价格波动经常表现出快速和夸张的特性。

第三，随机性

从第一和第二个特征，派生出价格变动的第三个特征，就是波动的随机性。

迄今为止，人类用尽了所有努力，企图找到价格变动的规律，却始终无法建立起价格变动的因果关系模型。目前人类所能得到的，只是一些并不可靠的统计规律，投资者根据价格变动做出的决策，通常是靠不住的，如果不同时制定纠错的标准和退出的方案，在风云变幻的市场中会输得很惨。这也是在市场经济中，成功者总是少数的原因。尤金·法马的有效市场理论，认为价格可以折现为资产未来收益的现金流，显然不是以现实的价格变动作为考察对象，资本市场的常态不是涨过头就是跌过头，有效市场理论属于闭门造车的产物，不足为凭。

第四，极端性

价格趋势一旦形成，就会在自我强化的作用下走向极端。在价格上涨伊始，成交低迷，买卖清淡，但买入量刚好超过卖出量，价格开始上升，价格的最初上涨会削弱供给方的恐怖情绪，从而放慢卖出的节奏，减少卖出的数量，使供求对比发生有利于上升的变化，买入方逐步加大试探性买入的数量，从而使价格又会获得进一步上涨的动力。价格的上涨，特别是突破了某些重要的位置时，大量投机性买盘就会源源不断地涌入，有些实力雄厚的投机买家可能以寻求买断供货的方式来进一步加大供求不平衡。强烈的上涨预期导致只买不卖的操作模式，投机性买断供给的方式使供求关系出现了巨大的缺口，而产品的供给受制于生产周期，不可能迅速增加，价格会一再突破人们的心理极限，走上一个令人不可思议的高度。在资本市场，这种自我强化的机制会通过另一种形式表现出来，当资产价格上涨时，上市公司的交叉持股也会升值，表现为投资收益的改善，一些本身就有投资功能的上市公司，如保险、证券、投行等，也会随着股价的上升而得到业绩改善；股价的持续上涨给投资者带来投资收益的同时，也会促进投资者的消费，从而带来消费类上市公司业绩的改善。这个上涨过程在没有达到投机的阈值（我们将在第9章给出分析）时，就不会结束。价格逆转似乎是在人们开始相信神话的时候突然出现的。价格的崩溃经常不需要理由。投机性买盘开始兑现他们的收益，供给方也不再惜售，如果再加上卖空机制，还会有投机性卖盘出现，那些被价格高涨吸引来的资本面对瀑布般的下跌走势，只能是欲哭无泪。原来那些推动上涨的自我实现因素，如今成为相反过程的催化剂，上市公司的投资收益开始恶化，投资者紧缩开支的结果也会影响到消费类上市公司的业绩。价格开始了漫漫的回归之路，在上涨后期追高买入的投机性买盘，随着价格持续下跌的过程，恐惧心理日益加剧，会在损失扩大到一定比例时引起心理崩溃，触动绝望性的杀跌行为，从而导致价格的非理性下滑。这个过程一定要等到供给枯竭、不可延后的即时性需求足以止住价格下跌时，才会终止。而这时的价格已经跌到惨不忍睹的程度了。

在归纳出价格的种种特征之后，一个无法回避的问题出现了：价格的作用到底是什么？弗里德曼在他的《自由选择》一书中，把价格的作用归结为三点：第一，传递信息；第二，提供激励；第三，决定收入分配。[①] 应该承认，弗里德曼提出的这三条作用，价格都具备，但他并没有说明这三者之间的关系。实际上，第二条和第三条都取决于第一条，即价格可以传递信息，但传递的是什么信息呢？传说，在大海上航行的船只，有时会听到海妖的歌声，海员们会不知不觉地追随这个歌声，走上不归之路。在笔者看来，价格变动所代表的交换比率变动，只有在互利的公平域内，才能起到资源配置的引导作用。当这一交换比率突破了互利空间的公平底线和重置成本时，它就会变成错误的信号，就好比大海中海妖的歌声，诱惑着人们一步步走向深渊。从价格的极端性我们看到，价格传递的信息经常是虚假的，价格高企，并不是由于真实需求有那么高，而是投机性炒作的结果；价格低迷，已经跌到了成本线以下，却由于投机性卖盘而一跌再跌。如果按照这样的信号去安排生产，等待投资者的只有失败。一旦价格提供的信息虚假，它所提供的激励和造成的收入分配结果也会发生扭曲。估计弗里德曼先生既没办过实业也没炒过股票，否则也不会举出铅笔生产那么业余的例子。在现实生活中，价格的变动经常把人们引导到一个错误的方向上去。如果价格调节真有古典和新古典经济学家说的那么神奇，就不会有经济的大起大落，也不会爆发经济危机了。

市场价格所传递的信息是非常复杂的，价格并不能告诉你怎样做是对的，成

---

① 米尔顿·弗里德曼著，张琦译：《自由选择》，机械工业出版社 2008 年版，第 14 页。

功的秘诀在于读懂价格背后的奥秘，在价格变动之前行动。如果铅笔生产厂家看到铅笔价格上涨以后才决定扩大生产，等他生产出铅笔时，价格恐怕早已跌得惨不忍睹了。看到价格变动再采取行动，就如同新股民在股票市场上追涨杀跌一样，基本上会赔得只剩个裤衩。这个世界能够在价格变动之初就采取行动的人是少之又少的（这样的人通常也是为数不多的成功者），更多的人是在极端价格变动的诱惑和误导下，从一个陷阱跳入另一个陷阱。

5.3 价格函数

在图 5-1 中，我们揭示了价格是如何由供给量与需求量的变化比例所决定的，它表示的是当供给量和需求量向同一个方向变化时，需求量与供给量变动对价格走势的影响。这是比较标准的变化图。

有时，供给量与需求量会出现反方向的变化，如图 5-2、图 5-3 所示。

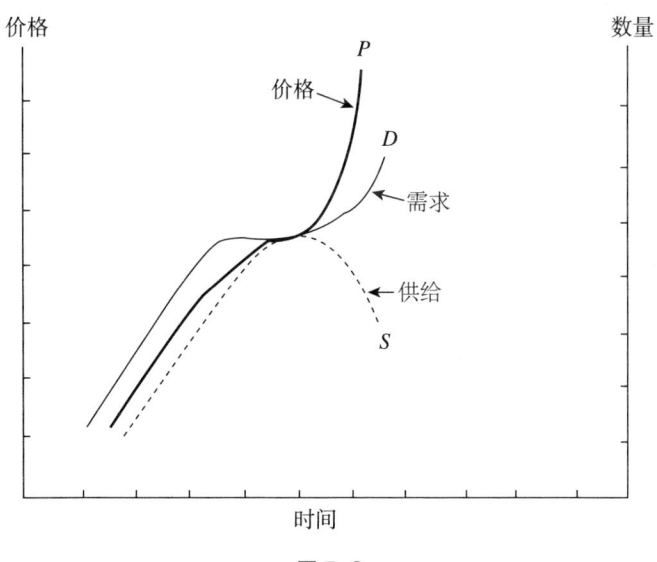

图 5-2

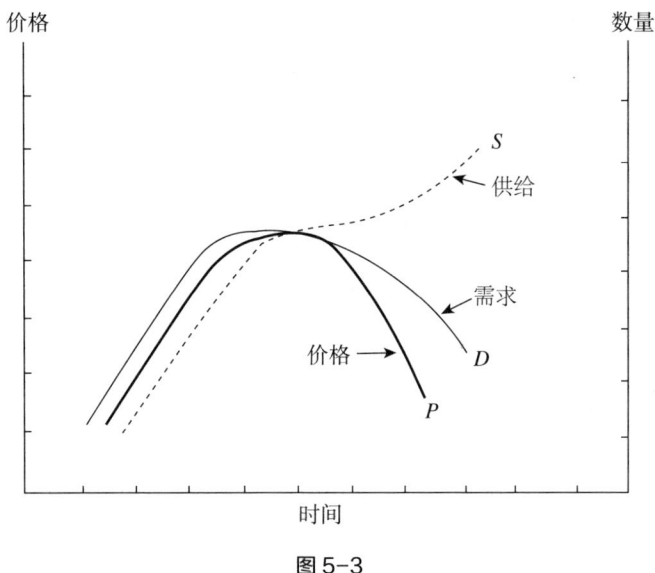

图 5-3

图 5-2 表示当价格上涨时,由于形成强烈的上涨预期,供给方出现惜售,供给量减少;而需求方同样由于上涨预期强烈,需求量大增,这时的价格表现为缩量上升。

图 5-3 是指在下跌过程中,供给方的恐慌性杀跌盘涌出,而需求方接盘意愿下降,形成缩量下跌的局面。

图 5-4、图 5-5 是转折点出现的另外一种情况。

图 5-4 是一个供求转折图形,虽然是价格由升转跌,但这时的需求仍然没有减少,只是供给突然大幅增加,这时的价格应该是在转折点之后出现放量下跌。

图 5-5 是一种极端的情况,价格在下跌时,供给开始增加,但需求增加的幅度更大,出现在低位放量上涨的局面。

在明确了供求比例与价格的关系之后,我们就可以建立起自己的价格函数了。笔者提出的价格函数用下列公式来表示:

$$P_j = (D_{(j-i)} - S_{(j-i)}) U/q + P_i$$

其中:$j=1, 2, 3, \cdots, n$;

$i=0, 1, 2, 3, \cdots, m$;

P_j 为在 j 时点上的价格水平;

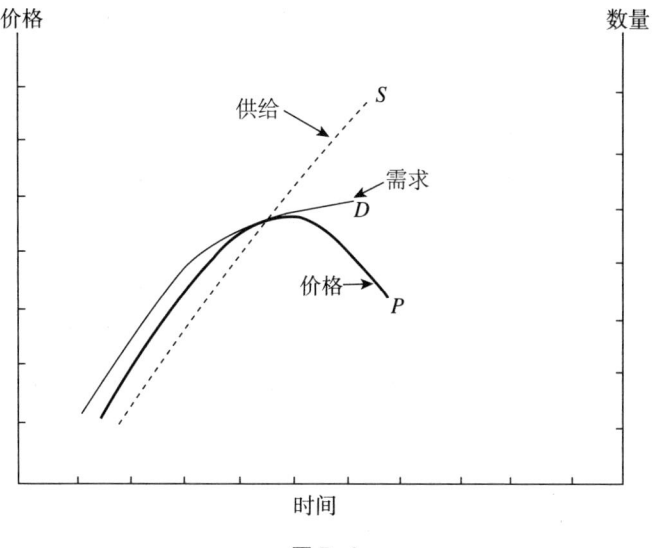

图 5-4

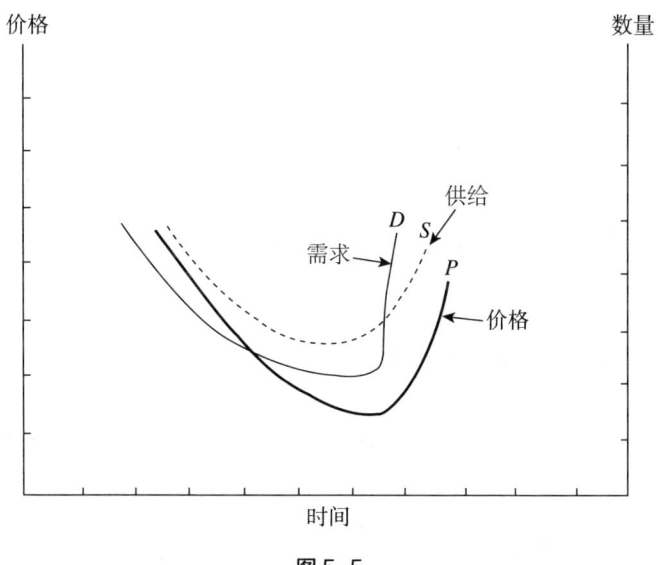

图 5-5

$D_{(j-i)}$ 为在 $(j-i)$ 时段上的需求量；

$S_{(j-i)}$ 为在 $(j-i)$ 时段上的供给量；

$(j-i)$ 为最小时间变动单位；

U 为最小价格变动单位，q 为最小价格变动单位的平均成交量，U/q 为价格和成交量的转换系数；

P_i 为在 i 时点上的价格水平。

这个公式的含义表明：在时间 $(j-i)$ 时段上，需求是大于供给还是小于供给，如果是大于供给，则 $(D_{(j-i)}-S_{(j-i)})$ 就为正的差额，乘以量价转换系数 U/q，再加上时点 i 上的价格水平，就得出时点 j 价格上升的水平了。如果需求小于供给，则 $(D_{(j-i)}-S_{(j-i)})$ 就为负数，其负的差额乘以 U/q，就得出在时间 j 点上，价格下跌的幅度。如果 $(D_{(j-i)}-S_{(j-i)})=0$，则价格不变。对这个公式连加，我们可以得出一条价格变动曲线。

用这个公式，我们可以很好地描述大宗商品市场、资本市场以及拍卖市场的价格变动。以拍卖市场为例，如果在一个拍卖价格上存在着两个以上的竞拍者，而拍卖品只有一件，这就是说 $D_{(j-i)}>S_{(j-i)}$，价格就会依据竞标差额的多少上浮不同的竞价单位，直到 $D_{(j-i)}=S_{(j-i)}$，即一个拍卖品只有一个竞拍者时，价格才会停止变动，拍卖成交。

价格公式的方法论含义是：价格是由供给与需求来决定的，而不是像新古典经济学所假定的那样，需求与供给由价格决定。决定一个时期需求量与供给量的不是价格，而是对价格的预期（将不可延迟的需求与供给抵消之后）。

5.4 二元交换模型中的价格决定

以上是对单项商品价格决定的分析，按照二元交换模型：价格其实只是商品交换比率的单项表达式。完整的交换比率应该至少有两个单项表达式，即两种商品的价格才能形成。其中一位生产者将他自己生产的商品卖出，又从别人那里买回他所需要的商品。这两种商品的价格才构成一个完整的交换比率。单纯讲一种商品的价格，并不能说明商品交换的效率。

让我们再回到二元结构的交换过程中，只不过现在的交换不再是物物交换，而是通过货币媒介的交换。假定 A 生产者用 2000 公斤小麦卖了 4000 元，他这笔交易是否合算呢？我们并不知道，因为这取决于 A 生产者从 B 生产者那里用这 4000 元能买回多少匹布，如果 A 生产者用这 4000 元从 B 生产者那里买回了 4 匹布，那么交换比率就是 2000 公斤小麦交换 4 匹布，4/2000=1/500 等于 500 公斤小麦换 1 匹布。如果 A 生产者用 4000 元只买回了 3 匹布，这个比率就变成了 3/2000=1/660，即用 660 公斤小麦换回 1 匹布。到目前为止，A 生产者的交换比率仍处在互利的空间内，也就是说，A 生产者按 660∶1 的比例交换布匹仍然比他自己生产划算，交换比例仍然高于它的重置成本 3000∶2=1500∶1；即用 1500 公斤小麦换 1 匹布（见图 5-6）。

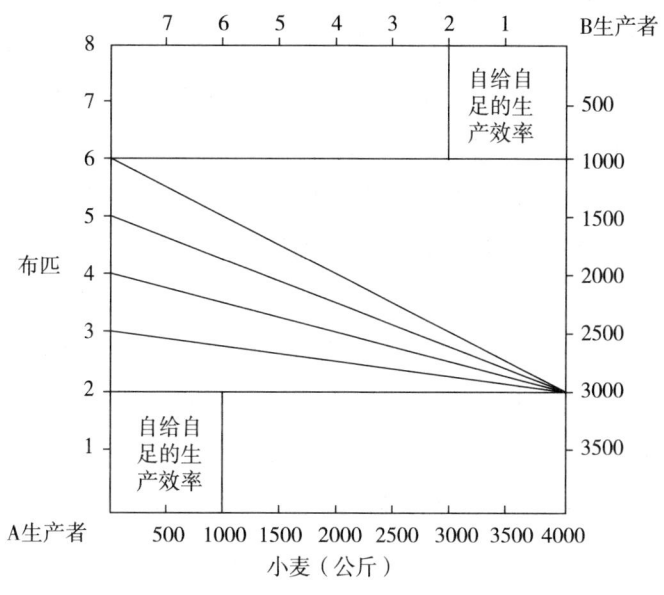

图 5-6

图 5-6 中 2 匹布换 3000 公斤小麦是 A 生产者的重置成本，即按照这个比率交换，A 生产者用小麦来交换布匹与自己生产布匹没有区别。假定 A 生产者除了自己消费的 1000 公斤小麦之外，剩下的 3000 公斤小麦全部卖出，得到 6000 元，他用这 6000 元买回的布，只要多于 2 匹，他就有利可图，如果低于 2 匹布，他这笔买卖就是亏损的。所以，单从 A 生产者用 3000 公斤小麦卖出 6000 元这样一

个事实，并不能说明他的生意是否盈利，还要看他用这6000元钱可以买回多少匹布。

反过来，从B生产者的角度来考虑，假如B生产者用6000元买回了3000公斤小麦，这个买卖对他是否划算呢？这要取决于B生产者要卖出多少匹布才能换回这6000元。图5-6中上边的横线——6匹布换1000公斤小麦是B生产者的交换底线，折合成货币就是6匹布要卖到2000元之上，如果B生产者6匹布只卖了1800元，他要卖出20匹布才能换回6000元，这笔交易就是亏本的买卖。

由此可知，不能从一种商品的买卖中来解释交易当事人的行为。比如A生产者花了100万元买了一处100平方米的房产，买入以后房价下跌了10%，A生产者会卖掉房产吗？单纯从一次性买卖中我们找不到解答。用新古典的供需平衡原则来衡量，答案是否定的。因为A生产者在这个价格上不会卖出，反而会买进。但是，如果A生产者发现可以用卖房子的钱买入一处矿产，它能带来20%以上的年收益，A生产者会卖掉房产吗？答案应该是肯定的。如果仅仅从一种商品的供求上，我们无法解释A生产者卖掉房产的行为，只有从交换比率的角度，才能得到解释。

我们再来看一下对外贸易的情况。我们知道，中国在改革开放前，人民币与美元的汇率定得很高，差不多是二点几的人民币兑换一美元，从出口的角度讲几乎没有一单生意是盈利的，都是低于成本出售。按照主流经济学的观点，这样的生意不可能完成。萨缪尔森告诉我们，当售价低于成本时，厂商就会放弃交易。但这只是讲了交易的一个方面，从另一方面，中国出口所换回的外汇却可以买到国内急需的很便宜的货物，按照国内价格出售可以有很高的利润，两相抵消后，很可能还是一桩合算的买卖。

我们来举一个外贸商人的例子。假定人民币兑美元的比率是1∶7，这位商人花1亿人民币买来的货物却只卖了1000万美元，单从这个交易来看，这位商人亏损了3000万人民币，但是他用这1000万美元买回的货物在国内卖出了1.3亿人民币，两相抵消，他还赚了3000万人民币。

一种商品的价格，不仅取决于该种商品买卖双方的供求比例，而且也受另一种商品或另一组商品的价格影响，因为另一种（组）商品的价格决定了这一种商品中供给方的成本。我们还是以小麦和布匹为例，如果布匹的价格已定，比如 4 匹布卖 4000 元，那么在小麦的市场上，A 生产者的成本底线为 3000 公斤小麦卖 1000 元，即每吨小麦的价格不能低于 333.3 元，高于这个价格，A 生产者才会有交换剩余。

而对于 B 生产者来说，4000 元钱卖出 4 匹布，相当于他的收入已定，剩下的问题是如何使买入的小麦成本不要超过收入。B 生产者的成本底线是每匹布换 1000 公斤小麦，按 4000 元钱卖出 4 匹布计算，每匹布的价格是 1000 元，折合成人民币价格则是每吨小麦 6000 元，即对于 B 生产者而言，只要每吨小麦的价格不超过 6000 元，他的交易都存在交换价值。

在布匹价格已定的情况下，小麦的交易可能性区间在 333.3 元 1 吨到 6000 元 1 吨之间。在第 1 章中我们知道，因为有公平底线的存在，交易不可能从 333.3 元/吨或 6000 元/吨开始做起。而是从中间点一侧各 2/3 的位置开始讨价还价。因为超过公平底线，生意很可能做不成。最终价格确定在哪一个水平上，取决于双方博弈的技巧，如果是最后通牒式的一次性博弈，开价方可能会选择中间线稍微偏向自己一侧的价位出价。让接受方在放弃交易和互利份额稍微有些减少之间做出选择，也不排除比较公平的开价者直接选择中间线的可能。

请注意，如果双方博弈的是小麦的单价，而不附带数量要求时，交易就不是一个点，而是一条直线，即按照双方商定的价格，交易任意可能的数量。真正的市场出清点应该是 A 生产者用 6000 元买入 B 生产者的全部生产剩余——6 匹布，然后 B 生产者又用 6000 元买入 A 生产者的全部生产剩余——3000 公斤小麦。

概括说来，一个卖出的价格和一个买入的价格，构成了一个完整的交换比率。买入的价格和数量构成了交换的成本线，卖出的价格和数量构成了交换的收益线，两者之间的区域为交换盈余。单独一种产品的买卖，只完成了交易的一半，它不能说明交易的全部意义，对它的准确定义，还要借助于另一半交易的完成过程。一个商品交换的效率，在有货币作为中介的情况下，涉及两种商品的价格以及两个价格的比率。当一种商品的价格未变，而另一种商品的价格上升或下降时，它所表明的不是一种商品价格稳定，另一种商品价格波动，而是两种商品的交换比率发生了改变，它反映的是两种产品的数量和产业结构资源配比的变化。只有把两种商品的价格比率放到一个完整的交换系统考察，才能理解供求关系的本质。经济学所要追求的是所有商品交换比率的平衡，而不是某一个商品买卖的平衡。

既然价格受供求比例的影响，供求比例又受价格预期的影响，那么，未来是否可以准确预期，预期是否面对着不确定性，如果存在不确定性，它又如何影响人们的决策，这是我们下一章要讨论的话题。

第 6 章

不确定性与测不准效应

既然一个商品的价格是由该商品的供给和需求的数量来决定的，而供给与需求的数量又主要取决于人们的预期，那么，市场的均衡，即供给与需求是否相等，就取决于人们的预期能否与未来的变化一致。如果你是位企业家，你能够预测到新建的工厂在建成投产时，产品能卖到什么价格吗？如果你属于工薪阶层，你准备用辛辛苦苦积攒下来的钱付新房的首付，你能预见到房价不会再下跌了吗？如果你是一个最大化收益的追求者，你会在股价最低的时候买入，在股价最高的时候卖出吗？如果预期与实际情况不符又会出现什么结果呢？我们先看一下新古典经济学如何解答这个问题。

6.1 完全预期的尴尬

我们知道，就生产过程而言，在生产者最初的生产要素投入与最终产品的产出之间，需要花费一定的时间，在这段时间内，市场情况也许会发生变化，即出现不同于生产要素投入时的情况。如果生产者所做的决策与这种变化不一致，新古典经济学的许多核心假定，如效用最大化和一般均衡就都无法实现。

对于这个问题，新古典经济学家一般采用两种方法，一种是忽略时间的因素，假定人们的效用函数、生产函数以及资本的最初持有量等背景条件已定，单纯考虑供给、需求和价格等市场交易相互决定所实现的均衡，也就是所谓"静态均衡"的方法。这种处理方式实际上是假定时间变动对未来的情况不发生影响，用时间静止或时空等价的方式来回避预期误差的尴尬。

但这种做法似乎缺乏说服力，我们毕竟不是生活在时空静止的世界里。如果引入时间因素，就要引入未来的变化，如何保证现在的预期与未来的变化相一致呢？新古典经济学第二种解决办法是引入一个期望函数。假定生产者投入生产要素的形式与数量取决于生产者对未来的需求与价格的预期。那么，这种预期是根据什么做出的呢？经济学家告诉我们，是根据过去的销售与价格。新古典经济学称这种使期望事件与过去事件相联系的函数为生产者的期望函数。这种假定的方法论意义是：所有的变化都可以从过去的事件中推导出来，未来仅仅是历史的延续。

把完全预期假定放到新古典的均衡模型中加以考察，这个假定不得不演变成一种无所不知的能力，即交易当事人可以掌握市场的全部信息，不仅对过去的事件和现在正在发生的事件有完全的了解，而且对于未来的变化也有准确无误的预见。每一个交易当事人都会根据市场上的价格信号，通过自己的效用函数，确定各种商品的供给量和需求量。不如此假定，一般均衡实现的条件就无法满足。新古典经济学假定：在长期的生产者均衡中，生产者的预期函数将保持不变。这种预期函数的恒定意味着，生产者实现期望销售额和产出额的方法也会保持不变。如果在需求中的变化是有规律的，而不是偶然的，就有可能通过经验得知并推论出一个"制胜的规则"，它能保证产出者在期望的价格上售出。

按照这种假定，厂商对投入的目前需求是期望的未来销售的函数。消费者的需求可以看成是他们在目前阶段期望找到的收入的函数。所有的期望都得到满足，预期的销售等于实际的销售，供给等于需求，均衡就可以实现。如果人们对未来的预期落空，预期的销售与实际的销售不相等，均衡实现的条件就将被破坏。由此可见，预期与未来变化的一致性是一般均衡理论的基本前提。

尽管新古典经济学用简化未来的方式，来保证预期与未来的一致性。但要实现完全预期，新古典经济学家似乎还忽略了一些要素。

第一是信息成本问题。完全预期的前提是完全信息，而信息作为一种资源是有获取成本的，预期的准确性越高，所需信息的准确度也就越高，因而成本也就越大。如果预期的成本大于预期收入，准确预期反而是一个不划算的事情，还不如在行动中不断纠正偏差更为经济。在新古典经济学的模式中，预期是无成本的，交易当事人不仅可以免费获得它所需要的任何信息，而且还可以免费地对这些信息进行处理。显然，这个假定不能成立。在商业社会里，信息通常作为一种商品来进行交易，受制于支付能力的差异，不同的交易当事人获取的信息量是不同的，这就出现了信息不对称的情况。获取的信息量不同，得出的预期也就会不同。而且，出于商业利益的考虑，有些信息可能是虚假的，这些信息获取越多，做出误判的可能性就越大。无法获得决策所需要的全部信息，可以等同于信息成本无限大。不考虑信息成本和预测成本，就无法解释交易当事人为什么会放弃预测，而采用赌博的方式对待未来的选择，把命运交给运气来决定。即使未来可以预测，人们也要在预期收益与预期成本之间进行比较，如果预期的成本超过预期的收益，人们只能选择放弃完全预期的追求。

新古典经济学完全预期要面临的第二个问题：这种完全预期的能力是个别人所拥有的，还是所有交易当事人共同拥有的？新古典经济学的回答显然是后者，果真如此，具有完全预期能力的所有交易当事人就会形成一致的预期。这时，市场会出现一种什么状况，新古典经济学家可能没有想象或者不愿意去想象。依照笔者近20年的市场经验来看，那将是一个没有交易的市场。设想一下，如果所有交易者都预期未来价格上涨，每一个交易当事人都想去买入，而没有人卖出（因为在一个未来预期要上涨的市场上卖出，这个人肯定不是在追求收益的最大化）。没有人卖出，就不会有交易出现。反过来说，所有的人都预期价格下跌，市场只有卖出者而无买入者，也不会有交易发生。大宗商品市场和资本市场之所以在任何时间和任何情况下都有买入和卖出的成交，是由于人们的预期不同，卖出者可能认为价格会下跌，而买入者可能认为价格会上涨，交易者交换的是不同的预期。

假定一位厂商预期未来一年的时间内，销售量和销售价格所实现的投资回报率是20%。这个回报率是在5%的年利息和5%的年租金基础上预期的，但如果所有的交易人都得出同样的预期，还有人会以5%的年利率借贷给他吗？资金拥有者难道不会自己去赚这20%，而只满足于5%的回报？土地所有者难道不会以参股的方式或者卖掉土地的方式进行直接投资，而只收取5%的租金？如果这位厂商不能以5%的年利率借到资金和租到场地，他预期收入20%的前提条件还存在吗？这是完全预期假定的一个悖论，即如果交易者的预期不一致，完全预期的假定就不成立，因为至少有一部分市场交易者的预期是错的。如果所有交易者的预期完全一致，则预期目标与预期本身会因为相互作用而出现偏离。事实上，各种不同的生产要素之所以能组合在一起，其前提是由于人们的预期不同。满足于出租土地、拆借资本的人之所以满足于不太高的现金贴现率，而让别人去挣更多的钱，是由于他们面对未来的不确定性，具有较高的风险厌恶程度。

新古典经济学完全预期假定面临的第三个问题：如果未来具有不确定性，完全预期的假定是否能够成立？在分析这个问题之前，我们首先要弄清不确定性的含义。

在经济学史上，第一次把不确定性作为一个独立的范畴来进行研究的是弗兰克·海尼曼·奈特（Frank Hyneman Knight）。他在1921年出版的一本名为《风险、不确定性和利润》的书中，对风险与不确定性作了区分。在奈特看来，"风险"具有可以测量的特征，而"不确定性"则是不可测量的，这两者完全不同。奈特把不确定性限制在非数量的形态中，并且指出："正是这种真正的不确定性，而不是风险……构成了有效利润理论的基础。"[1]

奈特对不确定性的分析，主要目的是为了说明利润的来源，他指出，对于竞争这种抽象的分析，其基础前提是竞争体系中的每个成员对各种分析情况无所不知的能力。"如果一切变化都按照不变的和普遍的已知法则发生的话，那么，人们就会在它们之前的一个无限期的时间预见到它们，也就不会在从可分配的个人中打破产品价值的完善比例，而利润（或亏损）也就不会发生。由于我们对于未来的不完善认识，变化的结果并不是像这样发生的。"[2] 奈特认为，我们生活在一个变化的和不确定的世界里，并且仅靠对未来的很少一点知识生活着，对于未来，我们所获得的并不是完全的无知，但也不是完全的信息，而是部分的知识。

在奈特看来，未来的不确定性是由于世界上各种事物的种类和行为方式过于繁杂，要完全把握它们非要有无限的智力不可。而人们可以获取的关于未来的部

---

[1] Knight Frank H., *Risk uncertainty and profits*, Boston: Houghton Nifflin Company 1921, p20.
[2] 同上，第198页。

分知识，则是由于这样一个事实：人们只能用现在的行为去推导将来的行为。

奈特把可以用概率计算出来的不确定性定义为可计算的不确定性，即风险。在大多数情况下，人们依靠估计和直觉来行动，这种估计的概率无法定量化，是真正的不确定性。人们只能用判断失误的比率来证明它的存在，而用来计算判断失误的例证又是唯一的，无法重复的，不能将它们进行分类比较，因而也无法对它们进行测量。

现代经济学家对风险和不确定性做了进一步的划分，如杰斯珀·杰斯珀森（Jesper Jespersen）认为：风险经常被定义为一种可以用保险来应对的不确定性。它应该满足下列条件：

1. 所有可能的结果是已知的；
2. 结果发生的概率是已知和恒定的；
3. 在行为与结果之间存在独立性。[1]

而纯粹的不确定性则表现为结果分布区域是未知的，即人们在不确定的情况下，无法知道会发生什么，也无法知道发生的概率是多少，并且人们的行为还会与结果发生相互作用。

如果这种无法测量的不确定性存在的话，则意味着用过去推导未来的做法是靠不住的。从过去事件得出的生产者期望函数很可能落空。考虑到未来发生事件的概率无法界定，加之人们的行为与目标之间还会产生相互作用，那么，在这个不确定的世界里（我们不幸正好生活于其中），应该没有完全预期假定的立足之地。下面我们还会看到，不确定性的存在会给新古典经济学带来多大的困扰。

6.2　不确定性与凯恩斯革命

凯恩斯在他的《就业、利息和货币通论》中，对自由竞争的市场经济将自动趋向充分就业的均衡这一传统观念进行了批判，他首先否认的是完全预期的假

---

[1] Jesper Jesperson, *Macroeconomic methodology*, Northampton, NA: Edward Elgar Publishing Limited 2009, p113.

定。在凯恩斯看来，市场上各交易当事人的行为，并不是根据完全信息和精密计算所做出的准确无误的决策，而是出于三个非理性的心理因素，即"心理上的消费倾向"、"心理上的灵活偏好"以及"心理上对资本未来的预期"。这三大心理因素发挥作用的基础是未来的不确定性。不难理解，如果未来可以准确地预见，人们无须为牺牲目前的消费而保留一部分可能根本用不着的收入以防不测；也不会让手头留有大量自己也不知道何时会派上用场的货币，而白白丢失利用它们盈利或享乐的机会；更不会对未来的资本收益率做出过于悲观的估计，而放弃掉投资的大好时机。可以这样来理解，凯恩斯所说的这三大心理动机，实际上是人们面对未来的不确定性所做出的预防性心理反应。

"心理上的消费倾向"使消费的增长低于收入的增长，从而引起消费需求不足。"心理上的灵活偏好"和"心理上对资本未来收益的预期"则使预期的利润率有偏低的趋势而与利息率下降不相匹配，因此引起投资需求不足，造成充分就业的均衡状况无法实现。

凯恩斯主张，未来是很难预见的，人们充其量只能做出若干预期。凯恩斯把预期分为短期预期和长期预期两种。短期预期是指生产者用现有生产要素生产商品，待商品制成时，其售价如何的预期；而长期预期是指在现有投资品使用寿命的时间内，对市场行情可能发生什么变化的预期。凯恩斯认为，无论是短期预期还是长期预期，人们都很少有什么把握，因为"我们对未来收益进行估计时所依据的知识是极端靠不住的。我们通常对决定投资项目在几年后的收益的各种因素了解很少，并且往往根本缺乏了解。坦率地说，我们必须承认：对投资项目，如铁路、铜矿、纺织工厂、有专利药品的信誉、远洋船舶、城市建筑物等，我们所具有的赖之于估计它们在10年以后的收益的知识充其量也是很少，有时候则根本没有，甚至对投资在5年以后的收益也是如此"[①]。

既然人们关于未来的知识如此贫乏，那么他们又是根据什么做出预期的呢？凯恩斯指出，一个是遵守一定的成规，即假定现有状况将无限期地继续下去；另一个是凭借一股"热心"和"乐观的情绪"或"一时的心血来潮"。在凯恩斯看

---

① 约翰·梅纳德·凯恩斯著，高鸿业译：《就业、利息和货币通论》，商务印书馆2009年版，第125页。

来，企业家似乎是在玩一种既靠本领又靠运气的游戏，参加者对于终局无法预先得知，大家凭着精明、灵活和碰运气的冲动投入其中。如果不是这样，而是依靠冷静的计算和准确的预期，可能很少有人会去投资，因为成功的概率实在是太低了。①

然而，个人对一定成规的盲目遵从，其基础异常薄弱，常规判断很容易发生突然和剧烈的变化。同时，人们对于未来投资收益的信心也很难长期持续，这种信心常会因为突然的变故而崩溃。所以，新古典经济学理论所预言的那种自动趋向均衡的过程将不会出现。人们必须引入适当的宏观经济调控政策对经济衰退进行干预，改变人们的心理预期，刺激有效需求和投资热情，推动经济稳定发展。

在这里我们看到，不确定性是"凯恩斯革命"的基础。在《就业、利息和货币通论》出版后发生的争论中，凯恩斯重申了他自认为是经济分析进行革新的要点。他指出，新古典学派仍然坚持着一个体系，在这个体系中，所使用的生产要素是既定的，其他有关的事实大体是确定的。虽然这并不意味着它们是在坚持一个排除掉变动的体系，或坚持一个甚至排除掉预期落空的体系。在任何特定的时间，他们假定事实和预期是在确定、可靠的形式下给定的，虽然他们承认风险，却不十分注意它，以为它是能够精确地从风险统计中计算出来的。他们把概率的演算放在隐蔽的地位，却又认为它能把不确定性归结到同确定性本身一样可靠的地步。②凯恩斯显然认为正是这种完全预期的假定，导致了新古典理论的逻辑错误。

不可否认，凯恩斯对不确定性的论述确实有一定的道理。但他把人们对不确定性的反应仅仅归结为三大心理因素，充其量只说对了一半。就心理因素而言，过度悲观固然会造成低于充分就业的均衡，但过度的乐观也会造成泡沫和虚假繁荣的产生。与边际消费倾向下降相对应的是超前消费和过度透支，次贷危机爆发后的2008年3月，美国的居民储蓄率为 -1.7%，这种状况恐怕不能说是边际消费倾向下降了吧，但美国还是爆发了金融危机。与流动性偏好相对应的是高负债经营，次贷危机爆发前，美国人均负债高达5万美元，我们从这种近乎疯狂的借债

---

① 约翰·梅纳德·凯恩斯著，高鸿业译：《就业、利息和货币通论》，商务印书馆2009年版，第128页。
② J.M.Keyens, General employment theory, *Economics Quarterly*, February, 1957.

行为中，实在看不出有什么随收入下降的"消费倾向"。在那些用房产升值部分再抵押来支付房贷利息和日常消费的人们身上，哪有任何流动性偏好的影子？与谨慎的投资预期相对应的是狂妄的投资冒险。投资次贷的人肯定是对美国房地产业的发展前景有着过度乐观的预期，而正是这种过度乐观的预期，引发了房地产的泡沫，并最终导致金融危机爆发。

事实上，过度的悲观在某种程度上是过度乐观的结果，人们疯狂的逐利行为，吹大了市场的泡沫，随着泡沫的破裂，过度投资所带来的产能过剩，必然导致价格崩溃，这时市场又会产生过度悲观的情绪。在凯恩斯那里，好像悲观的情绪是一种市场常态，天空总是布满了阴霾。所以在他眼里，经济会经常处于非充分就业的均衡状况之中，需要政府不断地出手挽救。也许是1929~1933年的大萧条给他那个时代的人造成的影响太深刻了，凯恩斯如果生活在今天，看到美国人民的负储蓄率和高负债的生活方式，同样避免不了经济衰退的困境，不知又该做何感想了。

应该看到，过度的悲观和过度的乐观都会造成经济结构的失衡。过度的悲观会造成应该投入的领域投资不足，过度的乐观则会使已经产能过剩的部门出现进一步的过度投资。这两种情绪的交替出现，首先引发产业结构的失衡，随后引起产品结构的失衡，表现在商品交换比率上，就是价格水平的大幅波动。

有一点凯恩斯也许没有注意，虽然每个人都会有悲观和乐观的情绪，但人们的心理倾向是有差异的。从极端的悲观主义者到极端的乐观主义者，人们对未来预期的乐观程度应该呈现一种正态分布。面对同样的价格信号和经济形势，不同心理倾向的人会得出不同甚至完全相反的结论。也就是说，面对同样的信息环境，人们会得出不同的心理预期。只是经济形势好的时候，乐观的预期会多一些；经济形势差的时候，悲观的预期会多一些。在相同的信息环境下做出不同的预期，除了由于人们的不同心理倾向以外，还由于在面对不确定性的未来时，人们找不到可以得出准确判断的理性根据。

不同的心理预期会导致不同的经济行为，不同的经济行为会导致不同的收益结果。在零和博弈中，某些人成功，就一定意味着某些人失败。在大宗商品市场和资本市场上，同样的市场状况，有人预期价格上升，有人预期价格下降，两种预期的人在同一个价位完成了交换。在交换的那一个时点上，没有人确切地知道最终的结果会是什么。以后价格上涨了，买入的人对了，卖出的人错了；价格下跌了，则卖出的人对了，买入的人错了。在期货交易中，一个人赚的钱，必定是别人输的钱，不可能都赢，但有可能全输（因为有交易成本）。

有了不确定性和不同的心理预期，再说什么交易当事人共同的行为准则就没有意义了。取而代之的应该是博弈的规则，因为在零和博弈中，一个人的正确要建立在别人错误的基础上，你的策略能否成功，取决于对方是否采取了错误的策略，而不是取决于你是否有一个普遍适用的"制胜规则"。这就是不确定性和预期差异带给我们的启示。

6.3 "两个剑桥之争"的方法论分歧

不确定性在凯恩斯的《就业、利息和货币通论》中占有中心的地位，但并不是凯恩斯的所有追随者都重视这个假定。以萨缪尔森、托宾和索洛为代表的"后凯恩斯主流经济学"仍然坚持新古典经济学的某些基本原理，并企图把新古典经济学的定理与凯恩斯的宏观经济理论加以"综合"（所以，他们又被称为新古典综合派）。这种做法引起了以琼·罗宾逊夫人、卡尔多和斯拉法等人为代表的英国"新剑桥学派"的不满，他们以"正统"凯恩斯学派自居，对新古典的理论基础持坚决的否定态度，主张恢复凯恩斯经济学的本来面目。凯恩斯经济学中这两个学派的分歧，引发了著名的"资本争论"，由于争论双方的中心人物分别就职于英国剑桥和美国剑桥，所以争论又称为"两个剑桥之争"。

"两个剑桥之争"的中心议题是资本测量问题。在这个论争的背后，隐藏着更为深刻的方法论分歧。美国剑桥认为，新古典主义的价格论和分配论有一定的合理性，他们可以作为凯恩斯宏观经济理论的微观基础。新古典理论的一个基本信条是收入分配决定生产要素的供给及其边际生产力。例如，资本利息可以直接从资本的供给和资本的边际生产力引出。这个信条暗含着一个前提，即资本量可以独立于分配关系来测定。新古典理论的另一个信条是：生产要素的比例同它们各自的收入比例之间存在着同一性的关系，利润率的降低必然同单位劳动所使用的资本量的扩大相一致，反之亦然。这个信条暗含的前提是，各生产要素是同质的，可以以任意的比例组合。这两个前提所包含的方法论意义是，时间对资本的形式与测量不发生作用，它要么假定过去与未来在时间上是等价的，资本的形式是在静态的情况下完成的；要么假定人们对未来具有完全的预期，因而由时间的推移所引起的变动不会引起测量上的问题。英国的新剑桥学派对上述前提发出了全面的质疑。

琼·罗宾逊夫人于1953年发表了一篇著名的论文——《生产函数与资本理论》，在这篇文章中，她对新古典的资本理论提出了两点责难。第一个责难是，由道格拉斯和柯布提出的生产函数 $P=bl^kc^l-K$ 以及各种变形，没有考虑到技术进步对经济增长以及资本积累对收入分配的影响。在她看来，新古典生产函数所暗含的主要思想，即各生产要素的相对价格是这些要素在既定技术知识情况下使用比例的函数。这一思想过分专注于要素比例的问题，而忽略了技术知识变动的原因与后果。

琼·罗宾逊夫人的第二个责难是，新古典经济学关于资本的性质及其测量单位没有给出明确的定义。在她看来，资本是由生产中使用的各种物品构成的，这些物品的物质特征各不相同，即使是同一资本物品，物质特征也会因时因地而不同。因此，不可能从物质形式上找出一种共同的尺度来衡量资本。同样，人们也不可能仅仅根据资本的未来收益去估价资本。因为如果已知一定资本物品的预期产出率，也知道未来的预期价格和成本，则在利息率一定的条件下，可根据未来利润的贴现值来估价资本。但是，这必然要求事先知道利息率。然而，生产函数的主要目的却在于证明工资和利息率怎样由技术条件和要素比例决定，这显然形成了一个循环论证的问题。

琼·罗宾逊夫人把新古典主义的上述错误归结为没有考虑到不确定性和时间不可逆的困难。由于时间因素的存在，未投资的资本和商业上的纯收益虽然都是以货币量的形式出现的，但这两者绝不会同时出现。因为当资本以货币形式出现时，利润还没有产生；而当利润产生时，资本就不再是货币而变成一个企业了。任何可能发生的事件都会导致企业价值与其最初的成本背离。罗宾逊夫人提出了这样一个问题：当一个事件，比如价格的下降，在决定投资建厂时没有预见到，但在建厂之后却发生了，这时人们将如何看待由工厂所代表的资本呢？这一类问题的出现是由于在投资的货币资本与收入的货币利润之间有一个时间间隔。在这个间隔中，出现了一些事件改变了货币的价值，从而造成了资本测量上的困难。

在琼·罗宾逊夫人看来，新古典经济学的方法论错误主要表现在均衡概念中。因为这个概念完全忽视了未来的不确定性和时间的不可逆性。她认为，时间在两个方面不同于空间，在空间中，物体从 A 运动到 B 可能会碰到从 B 到 A 运动的物体。就像钟摆会在两个点之间来回摆动一样。而在时间中，单向性（one way traffic）的规则始终有效。在空间中，从 A 到 B 的距离与从 B 到 A 的距离同样大小；但在时间中，从今天到明天的距离是 24 小时，而从今天到昨天的距离是无限的。这时的钟摆只会向一个方向运动，不会再回到原点。因此"把空间的比喻应用到时间是一个骗人的把戏"①。

面对琼·罗宾逊夫人的责难，新古典综合派的辩解有如下几条思路：

第一条思路：假定资本具有同质性。也就是说，假定资本像油面一样可以随时改变形式，从而与劳动力的供给相适应。想象在一个运转良好的生产函数内，存在着一个具有资本特性的物质实体，其按最终产品标识的单位价格从来不发生变动，而其具体形态却可以任意改变。这个观点最初是由斯旺教授提出来的。②后来持这种观点的经济学家又进一步提出，在规定的技术知识状况中，资本与劳动可以相互替代。它表明：具有相应资本设备的每一种技术，都会与各种水平的利润率和实际工资相适应。平心而论，这种回答显然不能解决问题，它是通过取消资本形态差异来回避由于不确定性引起的资本测量问题。因为假如资本是同质的，并且可以任意改变形态，人们就可以用统一的单位来测量资本的数量，并在

---

① Joan Robinson, Production function and theory of capital, MIT Press, *Economic Paper* Volume II, 1980, p120.
② Swan, Economic growth and capital accumulation, *Economic Record*, 1956, pp334-361.

一系列假定条件下，引出边际生产力分配的结论。但问题在于这个假定严重脱离实际，而且避开了问题本身。在"资本回流"的论战中，加尔格纳尼证明资本与劳动不可替代，萨缪尔森也不得不承认伴随着高工资的低利润率，并不必然与低劳动密集技术相联系。资本与劳动的替代原则不能成立。

新古典综合派的第二条辩解思路：寻找一种可以把边际生产力概念运用其上的物质资本指数。因为，在完全竞争性均衡的条件下，个别企业家可以按照每一个要素的边际产品等于其成本的方法，调整生产要素的比例。于是，在产出中的要素边际产品就可以从其价格中得出来。对此，琼·罗宾逊夫人反驳道："微观边际生产力分析要求假设每一个企业以尽可能小的成本生产出既定的产出，或在既定的投资下，保证最大的收益。当他打算使用某种特定的资本货物时（比如说一个特定用途的机器），它必须根据自己的产品来考虑它的费用，以便决定它是否比某些其他的生产方法更受人喜爱。为了做出计算，他必须知道许多机器类型和其他投入的价格格局、工资率和其产品的预期价格。总之，在微观边际生产力可以计算出来之前，必须知道整个经济的利润率。"[①] 也就是说，新古典综合派的第二种论证仍然是建立在完全预期的假定之上。对于不确定性和时间不可逆性的问题仍然采取回避的态度。

至于萨缪尔森用所谓"代用生产函数"来解释异质资本如何运行的问题，显然是用一种更为拙劣的方法——"寓言"的方法，来论证资本与劳动的相互替代，以致后来他自己都承认犯了错误，我们这里就不再赘述了。

从两个剑桥的争论中我们看到，不确定性和时间不可逆性确实是击中了新古典微观经济学的软肋。新古典理论的辩护者们总是避免正面回应不确定性的问题，他们的辩护都是用变通的方法来绕开不确定性，但绕来绕去却始终在原地打转，没有越过不确定性的门槛。

从新剑桥学派这方面看，虽然表面上赢得了争论，但他们没有提出有效的替代方案；没有回答在不确定性的背景下，人们是如何选择和决策的；也没有说明

---

① Robinson Joan, The measure of capital: the end of the controversy, *Economic Paper* Volume Ⅴ, Oxford: F.P.Blackwell, 1971, p171.

交易当事人在面对不确定性时，预期究竟能起到什么作用。正因为如此，新古典综合派虽然输掉了争论，却仍然能够大行其道。

也许，一般均衡理论对于主流经济学来说意义过于重要，不能轻易地让不确定性把它毁掉。于是，有些经济学家尝试把不确定性与一般均衡结合在一起。比较著名的有阿罗–德布鲁模型（Arrow–Debreu model）。与新古典的传统均衡模型不同的是，新模型给出了许多替代的方案和扩展，例如，引进了不完全竞争的背景和交易数量的约束。介绍这个模型需要引入大量的数学公式，而其数学论证的方式又是笔者不敢苟同的，为了不浪费读者宝贵的时间，这里就不再复述了。有兴趣的读者可以参考《经济与金融风险》（Economics and Finance of Risk and of the Future）一书，其中有一章专门介绍了阿罗–德布鲁模型。[1]顺便说一句，西方经济学卖弄数学技巧已经达到令人生厌的程度，殊不知，如果前提不正确，数学方法运用得越多，理论和实际就差得越远。马克·布劳格（Mark Blaug）把阿罗–德布鲁模型形容为是数学逻辑的证明而不是经济学的证明。[2]罗纳德·科斯（Ronald Coase）则干脆把它称为"黑板经济学"。这个模型可以在黑板上用经济学的语言诸如：数量、价格、生产要素等概念写出，然而对公认的经济体却没有任何对应的代表性。[3]

就一般均衡而言，它的本质就是市场出清，即在均衡点上，每一种商品的需求数量与供给数量相等，不管你加多少补充的规定，最后结果都是如此。而要实现这一点，必须要求生产者对要素投入和产品产出以及生产设备完全折旧这段时间的所有变化，都了如指掌。在消费者这边，影响需求函数的收入变量也必须是可以预见的，而收入变量可以预见，意味着价格可以预见。如果存在不确定性，则价格可预见的前提就不存在了，这样，生产函数和需求函数也就无法确定，哪里还有需求和供给在未来相等的可能呢？在这一点上，琼·罗宾逊夫人的观点是

---

[1] Robert and André Lapried, *Economic and finance of risk and of the future*, Chichester, England; Hoboken, NJ; John Wiley Sons Ltd. 2006.

[2] Uskall Mäki Edited, *Fact and fiction in economics*, Cambridge; New york: Cambridge University Press 2002, p37.

[3] 同上。

非常正确的，承认了不确定性的存在，就等于否定了一般均衡的理论，两者不可能同时成立。

只不过，新剑桥学派对不确定性的论述，仅仅是从时间不可逆的角度，对于不确定性的互动表达形式——观察者与观测对象、行为者与行为目标之间的相互作用过程，却没有涉及。换句话说，没有建立一套有关不确定性的理论体系，他们在争论中占据了优势，却无法在学术地位上取而代之。直到今天，新古典经济学仍然在微观经济学中占据着统治地位。

6.4 测不准效应

不确定性一方面与时间的不可逆性有关，即历史发展表现为时空反演破缺，过去与未来在时空上不等价，因而我们不能由过去推导未来，当然也就不能以确切的方式来推定未来会发生什么。另一方面，不确定性与测不准效应有关。经济领域的测不准效应有双重含义：第一层含义是指观测者与观测对象之间产生的相互作用过程，会使被观测对象偏离原来的运行轨道；第二层含义是指交易当事人的行为与他们的预期目标的相互作用，使行为与目标发生偏离的过程。

萨缪尔森也承认，在经济学中，有些东西类似于海森堡的测不准定理，但从他提出"测不准的临界水平是长期下降的"[①]这一点来看，他可能是误解了这一定理的含义。海森堡提出的测不准定理是指：在微观物理学的亚原子水平上，由于观测源与观测对象之间不可避免地存在着能量交换，从观测源的角度不可能同时确定被观测对象的位置和运动速度。这种由双方能量交换而产生的测不准效应始终存在，不可能随观测手段的改进而逐渐降低。在经济领域，由于交易当事人的行为属于同一个能量级别，各个成员之间的能量交换和相互作用过程比亚原子水平上的光子和电子之间的相互干扰要复杂得多。而且双方处于互动的循环反馈状态中，观察者与被观察对象之间的位置经常相互转换，其测不准效应表现得更为复杂。

---

① P.A.Samuelson, Economic forecasting and science, *Michigan Quarterly Review*, October, 1965.

在经济领域，观察者（同时也是被观察对象）了解交易对手的任何努力都会遭到本能的躲避。在实行人头税的地方，人口普查的数字从来就没有准确过。明代历次的人口统计数字与实际人口相差数以倍计。国外公司的情况笔者不太了解，不敢妄加评论，但国内企业普遍都有两本账，一本用来应付检查，另一本用来内部核算，这已经是公开的秘密。在"体外循环"和"小金库"是普遍潜规则的背景下，财政状况的统计数字有多大的准确性，恐怕是谁也说不清楚的问题。如果以 GDP 的增长作为地方政府政绩的衡量标准，那么，GDP 的"注水"就难以避免。1995 年，中国各省的 GDP 合计数比全国多出 19.83 亿元，二者相差 0.3%；2004 年各省统计数比全国高出 2.6364 万亿元，远远高出 5% 的正常范围；2007 年两者的差距已相差 5 万亿元以上。① 同一个经济事实，观察三次，可能会有三个不同的结果。究竟哪一个更接近真实情况，取决于观测者的测量方式和测量标准。

与量子物理学的测不准原理不同，经济领域的测不准效应不仅表现在观测过程本身，当我们把观测的结果形成预期并把预期付诸行动时，还会出现另一种测不准效应，即预期的行为会与预期的目标发生相互作用，出现预期的自我实现或自我偏离的过程。举例来说，假如市场上风传近期猪肉价格会上涨，因为口蹄疫导致生猪的存栏数下降了很大一个比例。尽管这只是一个谣传，但如果这个判断影响到了人们的心理预期，大家纷纷上街抢购猪肉，猪肉价格可能真的会上涨。这就是一个本来没有依据的预期行为，由于与预期目标的相互作用，导致了它的自我实现。

自我偏离是指预期和由预期指导的行为，导致预期目标的运行偏离原来轨道的过程。我们仍然以猪肉为例，2007 年中国的猪肉价格出现连续上涨，预期养猪成为有利可图的事情，应该也没有错，毕竟中国有十几亿人口，猪肉的消费是一个天文数字。受这种预期支配，再加上政府政策鼓励，大量外来资金涌入，生猪存栏数迅速增加，2008 年的生猪存栏数比 2007 年翻了一番，这时，供求关系出现逆转，猪肉价格随之大跌，很快就跌到了养猪的成本线以下，抱着赚钱预期的资金全线套牢。人们追求预期的行为本身，导致了预期目标的自我偏离。

---

① 乔广奇："统计失真的体制原因"，《社会科学报》，2010 年 12 月 30 日，第 2 版。

通过对大宗商品市场和资本市场的长期观察，我们发现了一个有趣的现象，如果持有某一预期的人要多于持有相反预期的人，预期就会出现自我实现。但持有相同预期的人过多，比如说，超过80%，它出现自我偏离的可能性就会加大，如果这一比例超过90%，几乎必然会发生预期的自我偏离（产生的原因涉及资本存量问题，我们将在第8章讨论）。我们姑且把它称为预期比例的逆反原理。

测不准效应的另一个例证是国家干预经济的行为。第二次世界大战之后，西方国家普遍采用以凯恩斯经济学说为基础的财政金融政策，对经济周期有针对性地进行干预，一开始效果还不错。但逐渐地情况发生了变化。当政府企图对原先统计出来的菲利普斯曲线进行反周期干预时，却发现菲利普斯曲线会发生移动，偏离原来的轨迹。到了20世纪70年代，菲利普斯曲线所预言的通货膨胀和失业水平交替出现的情况已经完全消失，取而代之的是通货膨胀与失业同时上升，出现了"滞胀"的奇怪现象。

政府为刺激经济而采取的干预政策，其发生作用的前提是市场交易各方不对政策效应做出预期，即保持原有的行为方式不变。但这只能是一厢情愿的事情。工会方面会根据预期的通货膨胀率，提出新的工资要求；企业方面也会考虑通货膨胀的因素，而预先调整产品价格。这样一来，政府扩张政策的效果就会逐步递减，以至完全丧失。

针对上述情况，一些美国经济学家提出了"理性预期"的假定。"有理性的预期"并不像完全预期那样，假定所有预期准确无误和充分实现，它假定人们是充分理性的，可以最大限度地利用一切信息预测未来，并在尽可能短的时间内改正错误。任何用固定的政策措施来稳定经济的做法，最终会被理性的预期所抵消。政府稳定经济的政策，有可能引起更多的破坏稳定的作用。

理性预期学派揭示出政府与市场交易之间存在着相互博弈的关系，双方的策略互动，有可能使对方的策略失效。这是有建设性的看法，但他们由此得出的结论，却值得商榷。由两位瑞士经济学家恩斯特·费尔（Ernst Fehr）和罗伯特·蒂兰（Jean-Robert Tyran）所做的关于"货币幻觉"的实验证明：即使是完全预期的状态下，也会产生货币的名义惯性，特别是在货币供应减少的负面冲击下，以名义货币计算的定价模型，受试者表现出了个人层面的货币幻觉，这种货币幻觉影响了受试者的预期，进而影响了他们的行为。在货币减少的负面冲击后的第一个阶段，只有11.5%的受试者的行为符合均衡要求，73%的受试者的定价高于均衡价格3个单位以上，而且这种高估的现象直到冲击后的第13个阶段（总共有20个调整阶段），才开始消失。货币幻觉形成的价格黏性，造成了受试者实际的收入损失，在冲击后的头10个阶段，受试者平均损失了26%的潜在收益。[①] 要知道，这种收入损失是在受试者被告知会有什么变化的情况下发生的，如果受试者对货币冲击不知情，损失会更大。实验证明，人们的调整能力并没有理性预期学派所希望的那样高明，人们不仅会被政府官员的"忽悠"所欺骗，也会被自己的幻觉所欺骗。如果人人都是预测高手，次贷危机也就不会发生了。

测不准效应之所以会出现，是因为经济领域中各个经济单元处在同一个能量级别上，即具有同质性。观测者为观测所做的一切，在被观测者看来，都具有特殊的经济意义（比如调整税率和利率），因此，他们会根据情况做出相应的反应。也就是说，观察者无法把自我从观测过程中排除出去，他们所看到的仅仅是自己介入后产生的"扰动"。

同样，由于观测源与观测对象的同质性，人们的预期也会对自己的预期对象产生影响。这种情况在我们对其他自然现象的观测和研究中是不会出现的。因为我们的预期不会为它们所理解和反应。在经济领域，我们所做的一切，都会为我们所预期的目标施加一个新的、无法替代的变量，从而使之偏离原来的轨道，出现新的、难以预料到的变化。这就是物理学中的测不准定理，仅仅表现在观测过程中，而经济领域的测不准效应，还表现在预期及由预期引起的行为中的道理。此外，在市场经济中，每一个单元都是交换过程必不可缺少的环节，观测者与观测对象的位置是可以互换的，每一个单元都在观察着对方，同时也被对方所观察。在经济生活的舞台上，每一个人既是观众又是演员，同时还是导演。经济活动不是事先规定结局的电视剧，每一个经济单元的参与，都有可能使这个没有事

[①] Enrrica Carbone and Chris Starmer, *New developments in experimental economics* Volume Ⅱ, Cheltenham, UK; Northampton, Mass: Edward Elgar Publishing Limited 2007, pp439-460.

先写好脚本的剧目，发生戏剧性的改变。

在这个不确定的时代，人们能做的并不是找到一种"放之四海而皆准"的制胜法则，而是在有限预期的基础上，建立一种完善的应变机制，随时准备对新的变化做出调整。所谓有限预期，是预期的有效性对应于经济活动的一段相对稳定期，在这个稳定期内，经济行为表现为趋势性变动。例如，收入水平与某种消费品如人造黄油之间的相关关系，我们用公式来表示就是：

$$c = ml + br$$

其中，c 为人造黄油的消费量，r 表示收入水平，ml 表示为最低消费量，b 为收入转换系数。在收入增长的初期阶段，收入与人造黄油的消费量之间一般是正相关关系，收入增加，人造黄油的消费量也随之增加，这时的 b 值为正数。但当收入水平达到一定程度后，收入增长与人造黄油的消费量会变成一种负相关关系，即随着收入的增长，人造黄油的消费量在下降，人们转向高档黄油制品，这时的 b 值为负值。此后，当收入水平进一步提高，负相关可能转变为不相关，即收入的增长与人造黄油的消费失去联系。这时人们是否购买人造黄油主要是从健康和偏好的角度考虑问题，由于没有相关关系，转换系数 b 也就失去了意义。从这个小案例我们可以看出，人类的预测只能在有限的阶段发挥作用，即在收入增长与人造黄油的消费量呈正相关区间内，我们可以预测人造黄油的消费增长数量，或是在收入与人造黄油呈负相关关系时，人造黄油的消费变化。这中间的关键是要去发现从正相关向负相关转换的转折点，以便可以及时地变换系统参数。在收入增长的任何一个阶段，用回归分析的原理做无限的趋势外推，都会得出错误的结论。

多少有些无奈的是，人类目前掌握的所有预测方法，实际上都是趋势外推法，即用历史的统计数据得出的参数，来推导未来的变化。这种方法有一定的作用：在一段趋势还没有结束时，统计参数所表示的关系还会重复出现；趋势一旦结束，原先的参数系统就不起作用了，必须做出相应的调整。预测的基础在于发现转折点和及时地变化，而不是那种包罗万象、无所不知的完全预期能力。

6.5 不确定背景下的决策模型

面对不确定性和测不准效应，人们是否就丧失了决策的权利，只能听任命运的安排呢？当然不是，不确定和测不准效应的存在，其实恰恰是人类发挥创造性的舞台，因为"一切皆有可能"。只是我们应该完全放弃新古典经济学忽略变化的假定，或者是预知一切变化的假定，代之以更加现实、更加灵活的决策模式。

新古典的决策模型首先假定其他条件不变，然后考察变动某一个因素对经济生活的影响，通过将决策背景固定化的方式，来排除不确定性和测不准效应的困扰。经济人追求最大化的决策，是一个在所有其他条件已知的情况下寻找唯一最优解的过程。问题确实得到了最大程度的简化，可是也完成了对现实最大程度的偏离，不确定性与测不准效应是经济学无法摆脱的环境假定，经济学家的任务不是如何去躲避它，而是如何去面对它。

笔者认为，在不确定性条件下的决策模型，至少要涉及四个层面的内容：

第一，未来的变化空间。与新古典过去与未来时空等价的假定不同，我们的决策模型承认未来会发生变化，而且这些变化还具有一个广阔的变化区域，这个区域大体分为三个基本的子空间：乐观的状态、普通的状态和悲观的状态。交易当事人要对这三种不同的状态给出自己的预期值，即各种状态出现的概率，并且要建立局势转变的标准，以便在一种状态转向另一种状态时，能够及时地转身。

第二，多重备选方案的集合。对应决策背景的不同状态，决策者必须制定出不同的应对方案。也就是说，交易当事人不仅要在普通的情况下，取得尽可能好的收益，还要准备在意想不到的幸运机会来临时，不会与之擦肩而过；如果不幸出现了极端恶劣的情况，交易者也不至于束手无策。在市场的变动性、多样性和不可预知性面前，最好的办法就是准备多套对应的行动方案，以便在任何突发情况下都可以应对自如。

第三，一组风险评估系统。当采取一个备选方案时，需要明确它在最乐观的情况下，收益几何；在最悲观的情况下，有可能损失多少。再结合各种未来状态可能出现的概率，来确定该方案的价值。

第四，预留调整和纠错的空间。不确定的决策模型不以最大化原则为指导，它承认交易当事人犯错误的可能，并为这种可能预留调整的空间；它承认未来会出现意想不到的变化，并为这些变化留出回旋的余地。所以，它不会像最大化原则所要求的那样，为可能的收益用尽最后一个单位的资源。就好比打仗要留有预备队，不能在一次进攻中派出所有的兵力一样。经济活动中不能把各种资源链条绷得太紧，因为这样做的风险巨大，一有风吹草动，资源链就会断裂，局面将不可收拾。在新古典的完全预期模型中，我们看不到留有余地的必要，因为一切尽在掌握之中，如果未来是确定的，合理的行为就是不仅调动自己所有的资源，并且放大信贷的杠杆作用，将信用扩张到极致。但在现实的不确定世界里，这样做无异于自杀。

在建立不确定背景下的决策模型时，人类面对不确定性的心理特征是必须要考虑的因素。由丹尼尔·卡尼曼（Daniel Kahneman）和阿莫斯·特沃斯基（Amos Tversky）所做的一系列关于风险决策的实验，表明人们对于不确定性给予的权重要小于确定性。例如，面对有80%的机会赢得4000元的收益（选项A）与100%赢得3000元的收益（选项B），人们会怎样选择呢？在95个受试者中，80%选择B，只有20%的受试者选择A。要知道，从概率的角度，A是理性的选择，因为80%×4000>3000。有趣的是，如果结果反过来，有80%的概率损失4000元（选项A），确定性的损失3000元（选项B），也是95个受试者，其中92%选择A，只有8%选择B。如果两个选择都具有不确定性，则发生概率大的选择有更大的权重。而且，人们对损失的确定性比收益的确定性给予更大的权重。这说明，人们普遍存在风险厌恶情绪，这种对确定性事件给予较高权重的倾向，被称为"确定性效应"（certainty effect）。[1]

不确定条件下的决策模型，更像是决策者与未来的一个博弈，它可以用一个未来变化的空间集与多重备选方案的子集所对应的收益矩阵构成（见图6-1）。

---

[1] Elias L.Khalil, *The New Behavioral Economics* Volume Ⅲ, Cheltenham, UK; Northampton, MA: Edward Elgar Publishing Limited, 2009, pp3-29.

		未来变化的可能性空间		
		最乐观的状态 （20%）	一般的状态 （80%）	最悲观的状态 （20%）
决策者	激进方案 a	10000	1000	-10000
	平衡方案 b	5000	3000	-1000
	保守方案 c	1500	1000	20

图6-1

图中决策者的多重备选方案对应未来的各种变化具有不同的收益水平。其中每一个方案对应的a、b、c字母代表决策者对每种方案的风险偏好。每种未来状态下方的百分比，表示该状态出现的概率。在目前的概率分布状态下，假定风险偏好与发生概率一致，激进的方案只有800个单位的收益价值，即10000×20%+1000×80%+（-10000）×20%=800。平衡方案的综合收益为：5000×20%+3000×80%+（-1000）×20%=2600。保守方案的综合收益为：1500×20%+1000×80%+20×20%=1104。比较之下，激进的方案综合收益最低，平衡方案的综合收益最高。当然，如果最乐观的状态出现的概率达到80%，那综合收益比又会是另外一番景象了。

不确定背景下的决策矩阵告诉我们，如果环境存在变数，则任何方案的优劣都是相对的，但从概率的角度讲，在绝大多数情况下，激进的最大化策略通常是败得最惨的策略。

第 7 章
最难以实现的经济理性

前一章关于不确定性的讨论，已经涉及经济学中的理性问题，对未来的完全预期，本身就以经济人的理性为前提，其中的道理十分浅显，经济活动是由人的行为组成的，如果交易当事人的行为毫无规矩可言，决策与选择只凭一时冲动，这等于承认人的行为本身存在着不确定性，那么经济行为的后果当然也就无预见性可言。

经济学产生之时，正值理性主义思潮在欧洲大陆大行其道的年代，理性思想进入经济学是一件不可避免的事情。不过，经济理性并不是哲学理性在经济学中的一种简单植入，它有自己的特定内容，并且经历了长期的演变过程。

7.1 被美化的偏好

可以说，从亚当·斯密开始，理性就成为经济学中的一个重要假定。在斯密看来，人们对改善自己物质条件的关心，在大多数场合超过对改善别人物质条件的关注。一个人在市场经济活动中做出对别人有利的行为，不是出于同情和怜悯这些非理性的动机，而是出于对个人利益进行理性思考的结果。在斯密那里，经济理性表现为：交易当事人在市场活动中对自身利益得失的计算。斯密把这个假定作为自明的前提隐含在他的整个分析之中。斯密以后，古典学派的经济学家基本上继承了斯密这种对经济理性的理解。从密尔等人对经济人的论述中，我们可以看出对经济理性进一步的明确。密尔认为：政治经济学讨论的人仅仅关心获取财富和消费财富，而且，与少量财富相比，他们总想得到更多的财富，理性被看成是对更多财富的冷静追求。

19世纪70年代开始的"边际主义革命",使经济学进入了新古典时代。边际学派强调个人作为消费者和生产者对效用和收益的追求。在完全竞争的情况下,对效用的计算统治着个人的理性选择,并引起价格的调整过程。这个调整过程会引导经济走向供需均衡的理想状态。在马歇尔那里,理性的经济人是效用的最大化者,经济理性表现为对效用最大化的追求。至此为止,经济理性的概念始终与经济行为者的动机联系在一起。

20世纪30年代,逻辑实证主义进入经济学。这种实证主义认为,无须关心经济人的心理假定是否正确,只要他的行为与预期的结果相一致就可以了。受这种哲学观的影响,经济理性日益具有行为主义的色彩。他们把理性转化为有关偏好的一系列假定,如偏好的一致性、反身性和可递性。

偏好的一致性是指:如果有任意两个消费束 x 和 y,它们就是可以比较的,或者$(x_1, x_2) \geq (y_1, y_2)$,或者$(y_1, y_2) \geq (x_1, x_2)$,或者两种情况都有。

偏好的反身性是指:对任何消费束至少与本身是一样好的,即$(x_1, x_2) \geq (x_1, x_2)$。

偏好的可递性是指:假如$(x_1, x_2) \geq (y_1, y_2)$且$(y_1, y_2) \geq (z_1, z_2)$,那么,我们就可以假定$(x_1, x_2) \geq (z_1, z_2)$。

这些定理使经济学家可以使用数学方法作为分析和描述个人行为的工具。

直到20世纪50年代,经济学中的理性行为才由莫里斯·阿莱斯提出了明确的定义,并为经济学家所普遍接受。阿莱斯指出,按照科学的逻辑,当一个人被看成是理性的时候:

1. 他追求的目标是相互一致的;
2. 他使用的手段与他所追求的目标相适应。

按照这个定义,经济理性是经济人追求自身目标的一种行为方式,只要这种行为方式符合一致性的要求,就应该认为这种行为是理性的。其内涵与偏好的一致性和可递性是相同的。在目前流行的经济学的教科书中,普遍采用偏好的一致性和可递性作为对经济人理性行为的描述。

用偏好来说明经济人的理性是主流经济学的退守策略,因为把理性定义为对未来收益的精确计算，要求的先决条件太多，比如完全信息的假定和完全预期的能力以及计算机般的运算速度等，不论哪一条都容易招致非主流经济学的攻击。用偏好的顺序来解释理性问题似乎可以避免那些令人难堪的质疑。不过，主流经济学家似乎忘记了一个事实，偏好本身就是非理性因素，喜欢红色超过喜欢绿色，这本身没有什么道理可讲。偏好的一致性要求偏好具有稳定性，但谁都知道，喜新厌旧、朝三暮四似乎是人类的天性，今天喜欢一件东西爱不释手，明天就弃之如敝履，应该不是太稀奇的事情。如果偏好本身都在变来变去，它们之间的可递性和一致性又从何谈起呢？

偏好的反身性基本上是一个同义反复，而且不知道这个定义有什么用处（因为翻遍经济学教科书，笔者也没有发现这个假定曾经派上过用场）。"一个消费束至少与本身一样好。"如果是自己和自己比，就无所谓好坏，因为参照系的坐标参数是一样的，这就好比用尺子去量尺子，说尺子和自己一样长又有什么意义呢？

偏好的可递性可以翻译成这样的语言，一个人喜欢 A 超过喜欢 B，喜欢 B 超过喜欢 C，那么，这个人肯定喜欢 A 超过喜欢 C。以风险偏好为例，假如 A 先生属于风险偏好型的投资者，他喜欢期货超过喜欢股票，喜欢股票超过喜欢房产，但是我们在 A 先生的投资组合中可以发现，他很可能既投资了房产，也投资了股票，甚至还买了国债，当然，期货投机也占了不小的份额，而且各种投资的比例会不断发生变化。这在投资领域是十分普遍的现象。该现象至少表明了两点：第一，偏好和选择是两回事。一个人可以不喜欢买国债和房产，但却需要稳定的收益，就像人们不喜欢工作，只喜欢在家打游戏，但还是要早起晚归地上班是一个道理，这不是用偏好能解释的问题。第二，偏好是可以转移的。如果期货由于参与者不够广泛，庄家操纵现象严重，A 先生就会选择放弃它，转而去做股票。如果仅从 A 先生的投资组合和变动的比例上看，我们实在看不出他的偏好排序是什么样子。

戴维·梅西克（David M.Messick）列举了日常生活的例子来质疑偏好的可递性。假设一个人每天晚餐时都会享用一块水果派，晚餐可以提供三种派：苹果

(A)，大黄(R)，蓝莓(B)，但每一天只提供其中的两种。当提供苹果和大黄时，大黄由于更强的偏好而得到选择；当提供苹果和蓝莓时，苹果派会由于它的脆皮而得到选择；当提供大黄和蓝莓时，蓝莓会由于它的甜果而得到选择。这些偏好不存在可传递性，也不可能通过指定的数列来使下列等式成立：$u(R)>u(A)$，$u(A)>u(B)$，因而 $u(B)>u(R)$。①

为了避免偏好与选择的差异，经济学家用显示偏好来重新定义人的理性行为。即用人们的实际选择所显示出来的偏好作为他们的真实偏好。但这里有一个方法论上的问题，用科学方法测量一个标的是否具有某种特性，总要先建立一套测量标准，然后对照标的物，看其是否符合这些标准。如果把测量系统变成标的本身，就存在测量问题了。这时标的物本身就是标准，不管它怎样运动，它都是符合标准的。显示偏好理论等于在说，不管人们怎样选择，他们都是理性的。

好像这样强调还不够过分，主流经济学家还煞有介事地为显示偏好发明了弱公理和强公理。

显示偏好的弱公理：如果 (x_1, x_2) 被直接显示偏好于 (y_1, y_2)，且 (x_1, x_2) 和 (y_1, y_2) 不同，那么 (y_1, y_2) 就不可能被直接显示偏好于 (x_1, x_2)。

显示偏好的强公理：如果 (x_1, x_2) 被直接或间接显示偏好于 (y_1, y_2)，且 (x_1, x_2) 与 (y_1, y_2) 不同，则 (y_1, y_2) 不可能被直接或间接显示偏好于 (x_1, x_2)。②

不知道读者看了这些莫名其妙的公理，会有什么感受。笔者的感觉是，如果这些故弄玄虚的公式也能算是"公理"的话，那天下真是没有公理了。在这里，所谓的强公理只是比弱公理多了一个偏好的可传递性，它们的问题是一样的，都是通过忽略时间来取消变化的可能。假定一个男孩对 A、B、C 三个女孩有明显的显示偏好排序，但谁又能够保证他第二天不会改变排序呢？而且偏好会随着时间的推移而弱化。一个女孩对 A 服装显示偏好于 B 服装，但显示的时间长了，对 A 服装的偏好就会弱化，而对 B 服装的偏好会上升。而且，显示偏好最无法解释的

---

① David De Cremer and Marcel Zeelenberg Edited：*Social Psychology and Economics*.Mahwah, N.J.：Lawrence Erlbaum Associates Publishers Mahwah.2006，p18.

② 哈尔·R.范里安著，费方诚等译：《微观经济学：现代观点》，上海三联出版社 2006 年版，第 99~103 页。

现象，就是人们对选择的后悔行为，后悔表明先前的决定是错误的，并且肯定不符合理性原则。冲动性的购买行为，在消费者中间是非常普遍的现象。相信谁都有过这样的经历，在商店里兴高采烈地买回一大堆东西，回家打开购物袋，却发现很多东西其实自己并不需要。这说明在商店里显示的偏好并不是消费者理性思考的结果，而是出于一时的冲动。后悔行为的普遍性说明，用显示偏好来解释理性是驴唇不对马嘴。

所以我们的结论是：

第一，偏好本身是非理性的，对它的排序也没有理性的依据；

第二，偏好是可变的，而且变化的规律也不是基于理性的基础；

第三，偏好会随显示的时间自我弱化，然而正是这种喜新厌旧的非理性特征，使人类获得了不断进取的动力；

第四，显示偏好（即人们的实际选择）与真实偏好（心理倾向）不是一回事，人生中太多的选择是出于无奈，而不是喜欢。

所以，假使人类存在经济理性的话，也不应该用偏好来解释，而应该另寻其他的途径。

7.2 非理性的心理特征

如果人类真是上帝按自己的样子塑造出来的天之骄子，行为具有理性特征也还说得过去。但心理学实验却告诉我们另外一个可能：上帝在创造人类时，仅仅是模仿了自己的外表，却忘记了复制人类的灵魂，以致我们的内心与我们的缔造者之间，实在是相去甚远。现在就让我们看一看，人们在心理学测试中究竟表现出什么样的心理特征吧。

一、从众心理和服从权威

心理学研究表明：独立思考似乎只是少数人的行为模式，就社会的大多数成员而言，随大流或听从权威意见是普遍的心理特征。当群体选择和权威观点互相叠加时，会形成强大的集体非理性行为。在股票市场，从众行为表现为盲目追逐市场潮流，在上涨时追高买入，在下跌时恐慌性抛出。证券市场和大宗商品市场频频出现异常波动，与从众心理下形成的羊群效应有很大的关系。

心理学的测试也证明，人们在做出判断时，其他人的意见和权威的见解会形成十分强烈的影响。

社会心理学家所罗门·阿什（Solomon Ash）在1952年公布过一个著名的实验，在这个实验中，受试者要求对线段的长度做出判断，在回答问题前，他们会先听到其他人的答案，而这些答案是设计实验的人做出的，其中有一部分故意答错。结果有1/3的实验对象会跟随别人的错误答案，并且表现出焦虑和痛苦的情绪。[1]

斯坦利·米尔格拉姆（Stanley Milgram）在1974年发表了关于权威影响力的研究报告。在实验中，实验对象被要求对一个素不相识的人实施电击，事实上并没有电击，但被"电击"者表现出痛苦的情绪，要求停止实验。主持人会让实验对象继续电击，并且坚称该电击不会造成实质性伤害。许多受试者都会按主持人的要求去做。[2]

阿什实验和米尔格拉姆实验表明，即使对于非常简单的事实，如线段的长短、被电击者的痛苦表情等，人们做出判断还要受到他人和权威的影响，那么，对于要不要投资实业、买卖股票，购买房产这类复杂而又玄奥的问题，从众和服从权威的现象就更为普遍了。

二、激情选择与事后后悔

在证券市场和大宗商品市场中，绝大多数交易者的选择行为与情绪有关，而与理性无关。把股票卖在最低点，仅仅是由于绝望和恐惧；而没有卖掉已经涨得很高的股票，是因为投资者对收益抱有更高的主观愿望，换句话说，是出于非理性的贪婪。由于焦虑，人们会卖掉一支总也不涨的股票，随后又看着它绝尘而去时，而恨不得扇自己的耳光。卖掉涨幅不大的股票，倒不一定是出于对股价会突

---

[1] 罗伯特·J.希勒著，李心丹等译：《非理性繁荣》，中国人民大学出版社2008年版，第171页。
[2] 同上，第171页。

然下跌的判断,而是担心到手的利润跑掉了。心理测试表明,相对于一个固定的参照点,人们对于同等比例的损失和收益的敏感性是不同的。这也在一定程度上解释了为什么多数投资者在有盈利的情况下,一有风吹草动就会离场。他们实际上是把账面上的浮盈作为参照点,股价下跌意味着"财富"的损失,这使他们难以接受。投资者对于得而复失给予了更高的权重,因为这会加大他们的挫折感。

对损失和收益的这种不对称评价,会影响人们的经济活动。表现在资产价格上,就是在上升过程中,人们对下跌的信号非常敏感,所以牛市期间资产价格表现为上升时缓慢,历时较长;而下跌时迅速而猛烈,但时间较短。

而对于已经跌到初始成本线以下的资产组合,投资者又表现出了极大的耐心。在损失不多的情况下,他们一厢情愿地希望这只是一个正常的调整,价格很快会重拾升势;在损失已经很大的情况下,他们会幻想有奇迹发生;当股价击破他们的心理防线,全部的希望都破灭时,才会不顾一切地抛掉股票。所以,在熊市中,经过了最初的快速下跌之后,就是漫长的缓慢下跌。每一次反弹都会引起新的幻想,但每一次幻想都被再一次的下跌所打破,当一切幻想都破灭时,股价会再次加速下行。没经验的投资者会在这个阶段因为绝望而抛掉股票。而这时离底部已经不远了。另外,投资者也会把他们的情绪因素,如爱、恨、愤怒与感恩带到投资过程中来。比如,一只股票曾经让投资者赚了大钱,再一次面临买入选择时,他会更愿意选择这只让他赚过钱的股票。反之,一只股票曾经让投资者遭受过损失,再次面临买入选择时,尽管有很多买入的客观理由,投资者还是会选择放弃。当股价一路下跌,一再证实投资者最初的判断是错误时,性格强硬的投资者会不断加码买入,以复仇的心态来对待与判断相反的走势。对于给投资者带来收益的股票,投资者会更乐于购买该公司的产品,特别是当他手中还持有这只股票的时候。

心理学实验表明,人们对接近于判断标准的变动十分敏感,而对于远离这个判断标准的变动则反应迟钝。[1] 在资本市场中,表现为投资者对接近自己盈亏平衡点的变动患得患失,情绪上焦虑不安,操作上也十分频繁。当价格变动远离盈

---

[1] 理查德·H.泰勒著,陈学铎、田亮译:《赢者的诅咒》,中国人民大学出版社2007年版,第76~77页。

亏平衡点时（不管是盈利还是亏损），投资者会对价格变动反应麻木。

激情选择的直接后果就是事后悔恨，用新古典的语言来表达，就是最初的选择所表达的显示偏好并不是理性思考后的结果，而是与自己的主观愿望完全相反的东西。事后后悔带来了行为上的改变，也带来了资本市场运行格局的改变。资产价格的运行有所谓的相互交替规律，即一个波动之后的下一个波动会是相反的运行特征。比如一次快速直接的上涨之后，调整后再一次上升，就会比较反复；一次简单的调整之后，下一次一定是复杂的调整。这与人们的后悔心理以及由此产生的行为调整有关。

三、估值偏转

对于同一个标的物，由于评估的方式不同，就会产生不同的评估价值。出现这种情况的原因是由于一个标的物通常具有多维价值坐标，有些坐标有时还是互相冲突的，比如风险和收益的评估标准。当一个评估角度与多维价值坐标中的一组测量单位一致时，往往会给这一组价值坐标以更高的评估权重。在心理学实验中，被称为"相容性原理"，即刺激因素在判断式选择中的权重，会因为与反应的度量标准相容而得到提高。

在一组不同的标的物之间，估值偏转会导致偏好排序上的改变，出现"偏好反转"的现象。里奇斯坦（Sarah Lichtonstein）和斯洛维克（Paul Slovic）在1973年的一系列研究中展示了这种被称为"偏好反转"的现象。实验设置两个赌局：一个被称作 H 赌局，有 8/9 的机会赢得 4 美元；另一个称作 L 赌局，有 1/9 的机会赢得 40 美元。注意，这两个赌局的期望价值是一样的。但在测试中，71% 的实验对象选择了 H 赌局。接着，要求受试者给每个赌局标价，即给每个赌局标出最低出让价，结果有 67% 的实验对象对 L 赌局的标价高于 H 赌局。之所以会产生这种"偏好反转"，是由于人们在赌局之间的选择上更多地考虑的是输赢的概率，而在赌局的出让价方面，更多地考虑的是收益水平。[1]

---

[1] David De Cremer and Marcel Zeelenberg Edited: Social Psychology and Economics.Mahwah, N.J.: Lawrence Erlbaum Associates Publishers Mahwah.2006, p20.

在现实生活中，人们对博彩业的态度也是一个证明，从赢钱的几率考虑，人们可能不会去买彩票，但从保留梦想的角度，人们又会不时去试试自己的手气。因为从赚钱的角度，他们考虑的是赢钱的概率；从保留梦想的角度，他们考虑的是中彩奖金的数量。

所以，当人们被两次问及同一件事时，出现两种截然不同的答案，请不要感到惊讶，这很可能与你提问题的角度有关。反映到经济行为上，就是人们选择的行为出尔反尔，反复无常。出于追求成功的梦想，人们会选择风险系数高，收益也较高的投资；但出于安全考虑，人们会选择风险系数较小，收益也较低的投资。至于最终选择什么方案以及以后是否会发生180度逆转，取决于哪一个因素在当时占主导地位：是要成功还是要安全。

四、跨期选择中的贴现率差异

在日常生活中，人们经常会面临跨期选择问题。比如一笔资金是现在用来消费还是等到未来有了更多的投资回报后再消费，如果要等到未来再消费，要求有多高的回报才能抵偿等待的时间。比如要买一辆汽车，耗油量大的汽车比新能源电动汽车要便宜3万元，但电动汽车三年下来所节约的油钱也是3万元，人们会选择购买哪一种汽车呢？经济学教科书告诉我们，理性的经济人会根据市场利率来贴现现金流。也就是说，当利率为7%时，放弃1000元的现时消费，改在一年后消费，其补偿金额是70元。假定10年期国债的实际利率不变（除去价格变动因素），则不论资金数目的大小，延期消费时间的长短，以及贴现率是正还是负（如债务），消费者跨期选择的贴现率是一样的。边际收益率与利率相等，即与利率保持一致。

但是，心理学的测试结果表明，人们做跨期选择时，在贴现率上表现出了巨大的差异性。里德曼·莱温（Ruderman Levine）和麦克马洪（Mc Mahon）计算了几种不同家电的隐含贴现率（相对于运转效率最高的机型），他们发现，室内空调的贴现率大约为17%，液化气热水器为102%，电热水器为243%，冰柜为138%；[1] 这与利率水平相去甚远。

---

[1] 理查德·H.泰勒著，陈学铎、田亮译：《赢者的诅咒》，中国人民大学出版社2007年版，第88页。

在有关贴现率的心理测试中，受试者表现出三个很重要的模式：第一，贴现率与时间成反比，时间越长，贴现率越低；第二，不同的资金量表现出不同的贴现率；小额资金（100美元以下）的贴现率很高，随着资金量的加大，贴现率会逐步下降；第三，对收益的贴现率比对损失的贴现率要高得多。①

跨期选择中的贴现率差异，表明人的行为并不是前后一致的，人们对不同时间段的资本估值也不是水平均衡和风险等价的。它会因时间、资金量和风险程度表现为不同的选择。所以，用调整利率来影响交易当事人的边际收益率，从而影响消费和生产活动的宏观调控手法，其有效性值得怀疑。

五、思维定式与心理误区

心理学研究表明，人类在做出决策时遵循的是"启发式原则"（heuristics）而非理性原则，这种方法通过排除许多可能的选择而使问题简化。它虽然是一种有用的方法，但也会导致成本大增。约翰·马尔科姆·道林（John Malcolm Dowling）在他的《行为经济学的现代发展》一书中，列举了许多这样的"谬误"。例如，一个赌轮盘的玩家，当他看到轮盘前九次都停在黑色区域时，会更倾向于将赌注压在红色区域，但如果轮盘没有作弊，则不管前面出现过多少次黑色，黑与红下一次出现的概率都是一样的。作为赌徒都有一种忽视概率的倾向，这个倾向被称为"赌徒谬误"（gambler's fallacy）。另一个谬误被称为"联合谬误"（conjunction fallacy）它通常出现在对不相关事件所做的判断上。比如，一个人更喜欢成为一名男警察超过仅仅成为一名警察，或者更喜欢成为一位女护士超过仅仅成为一位护士。根据概率论我们知道，事件A和事件B同时发生的概率总是小于事件A的概率，但启发式思维却使我们相信，作为一个警察并且是一个男警察比仅仅成为一个警察更令人满意。还有一些其他的启发式谬误，比如，人们更容易高估水灾、龙卷风、特殊天气变化这样的偶发事件，而低估那些较少偶然发生的事件，如糖尿病、中风和肺结核。② 启发式思维的好处在于，可以免除许多不必要的麻

---

① 理查德·H.泰勒著，陈学铎、田亮译：《赢者的诅咒》，中国人民大学出版社2007年版，第89页。
② John Malcolm Dowling Yap Chin-Fang, *Modern development in behavioral economics*, Hackensack, NJ: World Scientific 2007.p39.

烦。道林举了这样一个他做了实际观测的案例。假设考虑这样的问题：穿什么样的衣服去办公室合适？如果一个员工有 10 件衬衫、10 条裤子、10 条领带、1 件夹克、4 双袜子和 4 双鞋，那么，总共有 24000 个可能的组合，如果每个组合只花费 0.6 秒思考，也要花费整整 4 个小时的时间。假如把夹克增加到 10 件，可能的选择上升为 240000 个，时间的花费上升为 40 个小时。就是说，这位员工只考虑了 1/5 的穿衣组合，就已经到了下班的时间了，要完成实质理性的选择，他可能根本就出不了门。道林在他的班级上做的观测性实验表明，学生们只是在他们的衣柜里拿出很小的一个比例，在一个完全程式化和可预见的方式下，循环他们的"最爱"。一旦建立了行为的范式，人们就会重复它，而很少去改变它。

人类经常需要在信息有限、时间紧迫的条件下做出决策，尽管这些决策不一定是最佳的，但却是必需的。生存的本能要求人类必须在第一时间根据有限的信息和以往的经验对陌生的事务做出判断。马尔科姆·格拉威尔（Malcolm Gladwell）把这种快速决策过程称为"薄切片"（thin-slicing）。当我们第一次见到某人或某种我们所不熟悉的事务时，"薄切片"就会出现。它的优势在于，可以迅速排除无以数计的备选方案，并且极大地简化决策程序。格拉威尔提供了一个真实的案例：

美国芝加哥的库克医院，医生经常要在只有很少信息的情况下对病人做出诊断，他们只是把注意力集中在某些关键的信息上，据说，这家医院在诊断胸部疼痛方面是全美最成功的医院之一。格拉威尔说明，在紧急情况下，无法搜集到足够的信息，启发式原则就会发生作用，并且也能做出准确的决策。当然，误诊也会发生，这是人们在紧急情况下做出决策而不得不付出的代价。[①]

六、偏见与判断误差

理性原则要求交易当事人对当前的事件保持准确的估值，对未来可能发生的

---

① John Malcolm Dowling Yap Chin-Fang, *Modern development in behavioral economics*, Hackensack, NJ: World Scientific.2007.p40.

事件也要有客观中立的判断，但是，这恰恰是人们不愿意做的事情。心理学的研究表明，一方面，人们会低估许多未来事件发生的概率，如癌症、心脏病及死亡，因为人们想到这些事情会不高兴，或不愿意接受这样的事实，心理上就会下意识地回避。我们也可以类推出，人们同样会低估破产、失业和被欺骗的概率，因为这些都是人们不愿意发生在自己身上的事情。人们也容易忽视自己的子女、配偶和亲属可能遇到的麻烦。我们不愿意去想自己的婚姻会以离婚收场，自己的孩子会沾染毒品。另一方面，我们却愿意相信自己好于别人，或至少高于平均水平。这也是奉承话永远都会受到欢迎的原因。问题在于，上述种种偏见会导致人们在判断上的偏差，使人们无法对所有未来事件发生的概率给出准确的估值，并做出理性的选择。

在证券市场上，也有一些偏见会导致人们做出错误的选择。卡尔-埃里克·沃内瑞德（Karl-Erik Wärneryd）归纳出了"事后偏见"（hindsight bias）、"支撑点偏见"（anchoring bias）和"控制幻觉"（illusion of control）等股票市场常见的心理误区。"事后偏见"是指人们通常在事后夸大事前参与的事情，并把它看成是不可避免的。最典型的例子就是每日股评，每天收市之后，股评专家都以极其自信的口吻解释当日的市场为什么会如此变动，听众可能会从中得出错误的印象，以为市场活动是可以在早些时候被预测到的。"支撑点偏见"是指人们受初始状态的影响，会对未来的预期产生先入为主的判断。支撑点效应在某些方面会表现得非常强烈，特别是那些在大牛市里成长起来的年轻投资者。"控制幻觉"是指人们通常具有的一种心理倾向，即人们是在自以为对事情有控制时才会采取行动，并且其行为方式好像他们真有这种能力似的，但实际上这仅仅是一种幻觉。[1] 在明确了这么多人类非理性的心理特征之后，我们对投资市场的疯狂和愚蠢也应该见怪不怪了吧。

尽管人类经济活动呈现出了如此多的非理性特征，但也并非无规律可循，经济学的任务不是用一种理想的模式来取代这些特征，而是应该寻找能反映这些特征的更现实的假定，以提高经济理论的预测能力。

---

[1] Alan Lewis, *Psychology and economic behavior*, New York: Cambrige 2008, pp49-52.

7.3 人类选择的行为模式

说人类的行为具有非理性的特征，并不等于说，我们生活在一个疯子的世界里。非理性选择也不是没有行为依据的，只是这些依据一直没有进入经济学家的视野。如果我们承认不确定性和测不准效应是经济生活的现实背景，非理性选择就是我们必须面对的研究对象。笔者根据自己多年的观察，对非理性选择的行为特征做出如下归纳：

一、跟随模式

对于复杂的投资问题和跨期选择问题，普罗大众最好的选择其实是采取跟随策略，仿照其他人的行为和参考专家的意见。如果尽了最大的努力都无法保证做出正确的选择，即使不考虑信息成本和决策成本，单从结果的角度，直接听取别人的意见也许是唯一可行的办法。在经济生活巨大的复杂性面前，让每一个人做出独到的、料事如神般的判断是不可能的，模仿和服从可能是成本最低，也是最便捷的策略。从这个意义上讲，跟随原则是现实条件下的理性选择，如果不具备独立判断的能力，却一定要做出独立的决策，效果很可能还不如随大流。跟随原则可以很好地解释市场潮流的形成和羊群效应。

二、部分夸大模式

部分夸大模式是指：每一个进入市场的交易者都要对市场的总体趋势做出判断，以提供市场行为的依据，但限于信息获取成本和不确定性的存在，每一个人都只能得到经济全景的一小部分，而且每一个交易者都必须用这一小部分信息对市场的整体趋势做出判断。就像盲人摸象的情景一样，摸着腿的说大象是一根柱子；摸着尾巴的说大象是一根绳子；摸着耳朵的说大象是一把扇子……他们都说对了市场的一部分。市场上看空的交易者和看多的交易者，他们都能举出各自的依据，而且，这些依据也确实存在，只是他们把部分当成了全体，把摸到的大象部分说成是大象的全身，所以，他们有时可以猜对市场走势的一部分，但不可能永远正确。部分夸大原则可以解释为什么面对同样的市场环境，人们会有不同甚至完全相反的看法，因而可以解释交易产生的原因以及多空分歧的基础。

三、当前权益模式

由于未来不可预知，人们很自然地会赋予当前权益以更大的权重。特别是在当前权益与未来收益的比较权衡时，当前可以获得的权益比之未来有可能获得的权益，在决策时有更高的价值。假定当前价格水平的收益是盈利20%，它的实现系数是100%，假定未来再上升20%的概率是50%，下跌的概率也是50%，投资者会做什么选择呢？他们通常会选择落袋为安。因为我们上一章分析的原因，未来的贴现率会低于眼前的贴现率，对损失的恐惧会大于对收益的预期。换个通俗的说法，市场上的交易者绝大多数都是短视的，只看重当前利益，对未来的长远利益总是给予较低的评价，所以，调动交易者行为最有效的方式，就是许诺他们看得见的利益。

四、底线模式

冲动式选择是按底线方式运作的，即市场交易者的行为是市场变化达到心理极限的应激反应，而不是理性思考的结果。理性的最大化原则是按收益的最高标准去行动的，而底线原则是按心理极限的最低标准发生反应的，两者不可同日而语。底线又分为承受底线、公平底线和生存底线三种。承受底线是在亏损达到自己心理承受底线以下时，投资者会选择不顾一切的清盘方式。或者是自己没有投资而看着别人赚钱时，也会达到一个容忍的极限，一旦超过这个极限，投资者也会不顾一切地加入到投资行列中。这就是为什么在资本市场上，再高的价格也会有人买，再低的价格也会有人卖，这是由于触动了承受底线的缘故。

公平底线我们在第1章就已经分析过了。交换或分配的比例如果过分倾斜，触动了公平的底线，交易就会遭到拒绝。这时，对公平的考虑会超过对物质收益的关注。与公平底线相对应的是同情底线，即如果对方的福利状况很差，相对福利改善超过对方一倍以上的幅度时，就会触动同情底线，当然，同情底线存在着个体差异。同情底线引发慈善动机，形成赠予行为。

生存底线会触动孤注一掷的赌博冲动。当企业遇到绝境时，会采用孤注一掷的策略；当个人陷入绝境时，也会放手一搏。由于处在绝境中，人的潜能会发挥到极致，咸鱼翻身也未可知。置之死地而后生，历史上不乏这样的案例。但这种搏命的方式，却无法用利益权衡的理性原则推导出来。

五、不可复制原则

这个原则只对成功者而言。经济领域不多的成功案例都是不可复制的。说起来可能会令主流经济学家失望，这些案例之所以不可复制，是因为其成功的要素都是非理性的，不能通过理性的方法加以模仿。

笔者认为无法复制的成功因素有以下几点：

一是胸怀。一个人的心胸应该是指对得失、恩怨和委屈的包容度，它更多地取决于人类在生存竞争中形成的个体差异，与受教育程度没有多少关系。很多人学富五车，才高八斗，依然是小肚鸡肠，斤斤计较，他们可能在学术上有所成就，但在社会事务中成就不了大事。以笔者的看法，人性中最难以伪装的就是胸怀。因为，一个人心胸的边缘就是其忍耐的极限，超过这个极限，人就会失去控制，当然也就更谈不上什么理性的思考了。

二是胆略。胆量通过训练的方法可以有所放大，但不可能从根本上改变。上亿的资金在一瞬间决定输赢，千军万马在关键时刻选择生死，没点胆略，心理就会崩溃，很多人没有成功，是由于不能承担成功所必须接受的压力，不敢面对失败后的那种极度的失落感。

三是判断力。这不是理性计算的能力，而是一种直觉。这种能力通过上学，拿管理学学位，也很难学到。判断力不仅表现在对方向的把握，还表现在对正确意见的敏锐感觉，通常，在选择的十字路口，会有许多的不同看法，成功者是在一百个不同意见中，能够发现唯一正确意见的那个人。有没有做生意的天分，通常在孩提时就能露出端倪。很多企业家似乎是为经商而生的，他们所具有的那份商业的敏锐，很大程度上来自本能。

四是影响力。影响力就是影响别人的能力。能把自己的意志传达给别人，并让他们跟随自己的意志行事，这份本领往往是少数人的专利。你就是刻意去学习也未必有太大的效果，人格魅力不完全是读书和模仿的产物，它还与相貌、性格、情绪控制、沟通能力等天性有关。

当然，成功的要素还可以列举很多，但它们都有一个共同的特点，即它们都具有不可复制性和不可模仿性。在充分竞争的当代社会，就更是如此。如果你的一个想法是可以被别人模仿的，不管它看起来多么美妙，你付诸实施时还是要三思而行，因为你能做到的，别人同样也可以做到，而且很可能比你做得还好，那么，你有几分成功的胜算呢？

所以，这个世界上，成功的人总是少数，因为他们的成功路径是唯一的，别人无法成为"第二"。成功者注定是孤独的，他们永远在荒无人烟的旷野里蹒跚前行。

不完全理性的行为模式告诉企业家或市场中的个体经营者，消费者显示的偏好倾向往往是靠不住的，不要被一时流行的潮流所迷惑，不要轻易转移战场，要在自己熟悉和擅长的领域坚持做到最好。对于政府管理部门来说，要了解交易当事人在什么情况下会出现非理性行为，政府要做的事情就是避免交换比率的变动触发交易当事人的底线模式和从众模式，将价格波动控制在公平域的范围之内，从而阻止生产要素无序转移。

在主流经济学中，理性原则与完全预期假设一样，只是辅助性原理，它们是为了论证经济学的中心原则——最大化原则而补充设立的。如果这两个原则不能成立，那么，经济学中心原则的根基就会崩坍。我们下面就来看一下最大化原则会遇到什么麻烦。

第 8 章
我们应该追求哪种最大化

在经济学教科书中，如果有哪一个原理可以称为经济学核心的话，那么一定非最大化原则莫属了。萨缪尔森在1970年获诺贝尔经济学奖的演讲标题就是："分析经济学中的最大化原则"。萨缪尔森把最大化作为经济学的根本性原则，按照他的说法，经济学的名称本身就意味着最大化行为，意味着用一定量的耗费取得尽可能多的收益。①

最大化原则在主流经济学中，不仅是交易当事人个人行为的准则，同时也是市场供求关系变化的依据和实现均衡的前提，可以这么说，如果最大化原则不成立，整个新古典经济学的大厦就失去了根基。

那么，最大化原则指的是什么呢？在个体本位的方法论框架中，最大化对于消费者来说是指效用的最大化；对于生产厂商来说，意味着利润的最大化；对于投机者来说，则是资本收益的最大化。我们发现，要检验这个假定的有效性，至少要涉及三个层面的内容，第一是在努力的层面，人类是否有普遍的内在动机来竭尽全力追求最大化收益？第二是在决策的层面，人们是否真正能找到实现最大化的途径或方法，这中间有没有难以逾越的障碍？第三是在结果的层面，从效果上看，人们是否真正实现了最大化，如果真的实现了，检验的标准又是什么？我们下面对此逐一加以分析。

---

① 萨缪尔森："分析经济中的最大化原则"，1970年获诺贝尔奖的演讲，收录于《保罗·萨缪尔森科学文选》（第三卷），麻省理工学院出版社1972年版，第2~17页。

8.1 人类并非天生勤奋

在经济学家眼里，经济人个个都是天生的财迷，为了挣更多的钱，他们不知疲倦地工作，只要能实现盈利的目标，就会倾尽全力、勇往直前。唯一让经济人放弃努力的原因，是投入的金钱成本大于金钱的收益。只要收益为正，经济人都会不遗余力地去争取。但问题在于，即使金钱是人生的唯一目标，收益的最大化也要用努力的最大化去争取，而努力的最大化同时意味着付出成本的最大化。人们努力工作，需要增加体力和脑力的支出，牺牲休闲和娱乐的时间，承受紧张和担心失败的压力，忍受疲劳和痛苦的折磨，放弃自己喜爱的嗜好……人们是否要付出努力，抛开金钱上的得失不谈，还取决于两种刺激：一种是外部的诱惑是否足以克服懒惰的情绪，二是内在的生存压力是否迫使人采取行动，即外部诱惑和生存压力是否大到足以超过人们的反应阈值。如果诱惑和压力的强度不足，人们会处于一种低水平的动机平衡状态，即惰性状态。在惰性状态中，人们表现为懒散、消沉和无所事事。

现代经济管理的一个重要任务就是同人类的这种惰性状态做斗争。企业的奖励和惩罚措施都是为了使人们摆脱这种状态。然而，惰性是无处不在的，只要稍有松懈，惰性就会蔓延开来。

惰性状态出现在获取生存资料容易和生存不再受到威胁这两种情况中，最典型的例证就是完全垄断的企业。如果垄断企业追求的是绝对收益的最大化，在产品价格可以由自己决定的情况下，它们应该向两个方向努力：一是尽可能提高价格；二是尽可能降低成本。但我们看到，后者是垄断企业绝对不会去做的事情。它们会满足于用更省力的方式（即提高价格）来增加收益。只要可以借助垄断地位过得比其他人好，它们就没有降低成本、争取更大收益的冲动。

把努力的最大化作为自明的前提有一个不能自圆其说的地方，那就是它无法解释经济生活中的一个非常普遍的现象——放弃。

非洲猎豹为什么在追逐猎物时经常会停下脚步？这是因为在奔跑的进程中，

猎豹的体温会急剧升高，如果短时间内捕捉不到猎物，迅速升高的体温会使猎豹的器官受损，在达到临界点之前，猎豹就会停下来，放弃追逐。它要在追逐猎物的收获和为此付出的努力之间进行平衡，如果努力带来的痛苦指数可能超过收益，它就会选择放弃。

人类在进行生存竞争时，金钱的收益是正面刺激，被淘汰出局是负面压力，这一正一反的外部刺激共同构成了人类追逐财富的动机。而追逐的过程本身，则会产生负效用，付出的努力越多，负效用就越明显。每一个曾经努力过的人都有体会，随着工作时间的延长和工作强度的加大，疲惫、紧张、头痛、失眠等痛苦感受也会随之增加。当痛苦指数超越预期收益时，人们也会选择放弃。事实上，人们并不是自发地对所有收益都尽最大化的努力去争取的，做不做努力以及努力到多大程度，首先取决于收益水平与负效用指数（或痛苦指数）的平衡结果（见图8-1）。

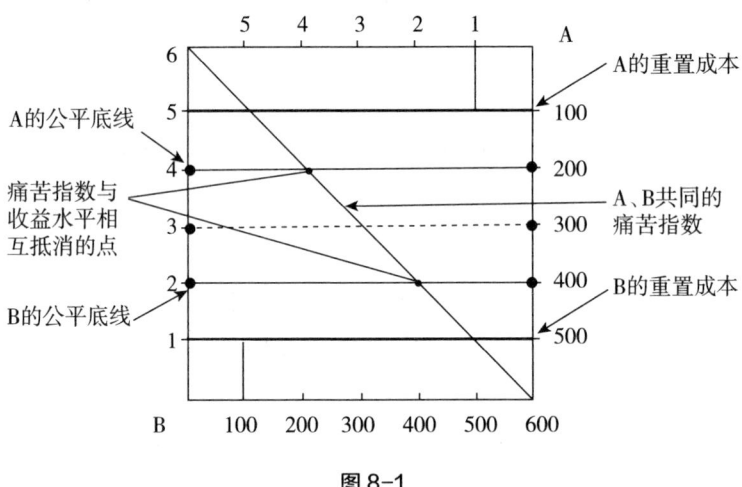

图8-1

我们以图形右侧（A的右侧则是B的左侧）的数字代表双方痛苦指数的数值，左侧代表收益数值。中间的对角直线对应的交换比率可以看成是金钱收益和付出努力的比值。最极端的情况，当B生产者付出所有努力，所得却为零时，痛苦指数最高，为600。这时，因为超越了重置成本，收益为负值，即交换还不如自己生产，因而不可能有交换出现。随着交换比率的改变，进入到400∶2的比例时，痛苦指数降到400，收益指数为2，超越重置成本一倍，这意味着收益水平可以和对应的痛苦指数相互抵消了，我们看到，这个点正好与公平底线重合，是交换的底线。在这里我们看到，所谓公平底线就是收益水平与痛苦指数相重合的点。这同时可以解释为什么自愿的交换都是在公平底线之内完成的。进入400∶2之内，随着痛苦指数的降低和收益指数上升，收益水平开始超越痛苦指数，有了心理上的正收益。只有在这种状态下，人们才会付出努力去进行生产和交换。

在这里，讲的是人们会由于痛苦指数的上升而放弃，但它不能解释垄断企业为什么放弃提高效率的努力。这涉及另一种放弃，它是由舒适指数引起的，在生存需求得到满足后，人们对舒适的要求开始逐步上升。当收入达到一个临界值时，通常为交换比率的公平底线，超越这个底线，意味着人们相对福利状况得到改善，再进一步提高收入，不但不会引起努力程度的增加，反而会引起努力程度的减少。当垄断企业通过提高价格就可以增加收入时，它们就会倾向于放弃努力和减少供给。另一个放弃努力减少供给的例证是向后弯曲的劳动供给曲线，这两条曲线可以在一个图表中表达出来（见图8-2）。

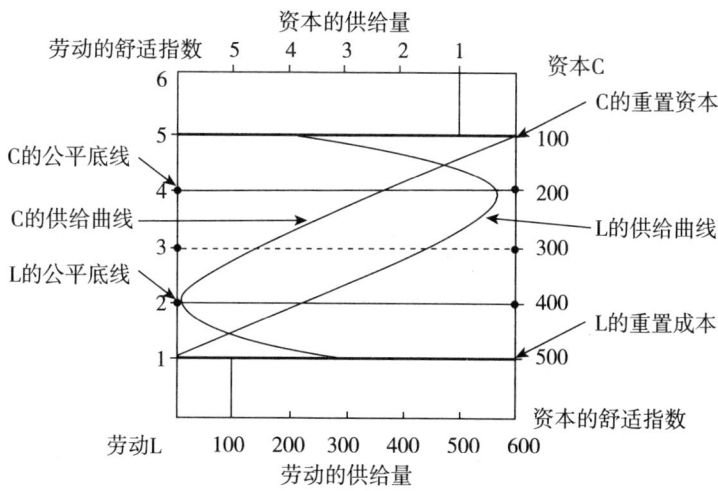

图8-2

在经济学的教科书中，读者也会看到向后弯曲的劳动力供给曲线，只是教科书没有对这种现象给出符合经济学假定的解释。根据我们的交换理论，当收入水平与付出劳动之比可以有足够剩余时（表现为交换比率进入公平域），劳动供给的积极性最高，在交换比率达到对方的公平底线时，劳动供给可能达到最大值。当付出的努力与得到的收益超越公平底线时，劳动供给曲线开始向后弯曲。因为相比于社会平均付出，人们不用再努力就可以获得比别人好的生活，劳动供给自然就减少了。不仅劳动有向后弯曲的供给曲线，产业资本也会有向后弯曲的供给曲线。许多人投资实业仅仅是为了赚取财富，赚取财富的过程对他们并没有多少吸引力。这些人在实业领域赚到一定的财富（通常是做最保守的投资也可以过得不错的数目）之后，就会转向风险系数较小的投资，比如出租房产，或购买债券和保本型基金，或是做大额定期存单。这部分资本本来是可以通过努力经营，取得更高的收入，但这些资本拥有者似乎不再愿意整天忙忙碌碌为赚钱而奔波，也不愿意整天为生意的成败而担惊受怕。他们宁可满足于较低的资本收益，过一种悠闲、舒适的生活。于是，我们看到图8-2中向后弯曲的资本供给曲线。

这说明，通过努力的最大化达到收益的最大化并不是人类唯一的选择。食利者阶层的存在和向后弯曲的劳动供给曲线以及垄断企业的经营懈怠，说明除了收益最大化，人们还会追求别的东西，比如轻松和舒适。如果这些价值超越了金钱收益的价值，人们努力的强度就会减弱。

行为经济学的实验也证实，人们并不是竭尽全力追求绝对收益的最大化，而是更在意相对收益的差别，即个人收益与他人收益的比较，在劳动时间和收入（包括自己的收入和别人的收入）的比较中，人们更倾向于选择相对收入差距大的结果，而不是绝对收入最多（同时也是努力程度最大）的结果。①

我们能够以很低的利息借到资金，能以合理的价格租到房子，实在是拜那些懒人所赐；同样，我们努力工作得到回报，是因为有人在追求消费得到的舒适。否则，我们的产品能卖给谁呢？如果只要有钱赚，每一个人都不知疲倦地工作，

---

① De Cremer and Marcel Zeelenberg Edited., *Social Psychology and Economics Mahwah*, N.J., Lawrence Erlbaum Associates Publishers Mahwah, 2006, p21.

所有的享乐型产品都将找不到销路，因为没有人花时间去消费它们，旅游业干脆关门大吉，艺术家们也只好以乞讨为生了。可是，这样一来，我们又从哪里获得最大化收益呢？所以，不仅个人的努力要与他人的休闲舒适之间取得互补，呈现一种相互依存的互利效应，从整个社会的角度来说也是如此。

从以上的分析中，我们可以得出下面的结论：

第一，追求收益的最大化并不是人类的自发冲动，当外部环境压力减弱，或外部诱惑不足以激发人们的欲望时，人类就会进入惰性状态。最大化努力有时是一种面临生存危机的被动反应，一旦危机解除，斗志就会消退。所以，对于那些陷入惰性状态的企业和个人，唯一的办法就是将其引入竞争。经济学的任务是要研究在什么条件下，人类才会激发出最大的活力，并长时间地保留这种活力，而不是把最大化的努力作为经济活动的一个假定前提。

第二，追求收益的最大化不是人们唯一的价值取向。人们实际上是在努力的正效用与负效用之间，在收入水平与休闲舒适之间，在自己的收入和他人的收入之间进行权衡。当边际负效用超过边际收益时，人们就会选择放弃；当舒适的需求超越努力的边际收益时，努力的供给就会减少；当相对收益超越公平边界时，不管是资本还是劳动的供给都会减少。

第三，人类努力的程度是一个相对的概念，即相对于人类的生存目标而言，努力的程度是否足够，并没有一个绝对的尺度。经济学描述的经济人都是天生的工作狂，为达目的不知疲倦地工作，好像不把努力的程度发挥到极致就决不罢休。但实际的情形并非如此。我们并非一见到有挣钱的机会就不顾一切地扑上去，人类在付出努力之前，会与其他的目标相权衡，看值不值得去做。人类付出的努力既与人类的生存目标有关，也与实现这一目标的成本有关。最大化的表述其实是对人类生存状态的一种扭曲。

8.2 上下求索而不可得的路径

要实现最大化收益，光有努力的最大化或想实现最大化的动机是远远不够的。人们还必须找到实现最大化的途径或方法。如果方法不对或路径选择错误，努力的程度越高，损失就越大。

解决最佳路径的问题，实际上是一个寻找的过程。这个过程包括搜集市场的全部信息，并对这些信息进行准确无误的处理。此外，还要对所有其他交易当事人的竞争策略了如指掌。在这个基础上，再运用微分学、线性规划等手段得出经济问题的最优解。在经济学教科书中，这些只有神仙才能完成的任务，都由我们这些凡夫俗子不费吹灰之力就搞定了。而且，我们看不到经济人为此付出任何的金钱和时间成本，好像做难度这么大的寻找，居然是一顿"免费的午餐"。

新古典经济学将厂商短期利润最大化的问题表示为：

$$\max pf(x_1, \bar{x}_2) - w_1 x_1 - w_2 \bar{x}_2$$

其中，p 为产出价格；两种生产要素的价格为 w_1 和 w_2；假定要素2的投入水平 $\bar{x}_2$ 保持不变。由于 x_1 是生产要素中假定的可变要素，所以，影响最大化问题就演变成 x_1 的最优选择问题。这个 x_1 的最优数量 x_1^* 可以定义为：$pmp_1(x_1^*, \bar{x}_2) = w_1$，即生产要素的边际产品价值等于它的价格。其利润公式表示为：

$$\pi = py - w_1 x_1 - w_2 \bar{x}_2$$

将上式整理为 y 是 x_1 的函数形式：

$$y = \pi/p + w_2 p \bar{x}_2 + w_1/p\, x_1$$

这个方程式就是等利润表达式。当 π 变化时，可以得到一簇平行的直线，每条直线的斜率为：w_1/p，纵截距为：$\pi/p + w_2 \bar{x}_2/p$，如图8-3所示。

企业选择位于生产函数与等利润线相切那一点上的投入品和产出品的组合，利润最大化的点是 (x_1^*, y_1^*)。

长期利润最大化与短期利润最大化的问题相同，只是生产要素不再分为可变要素和不变要素，而是都可以自由变动。厂商的长期利润最大化问题可以表示为：

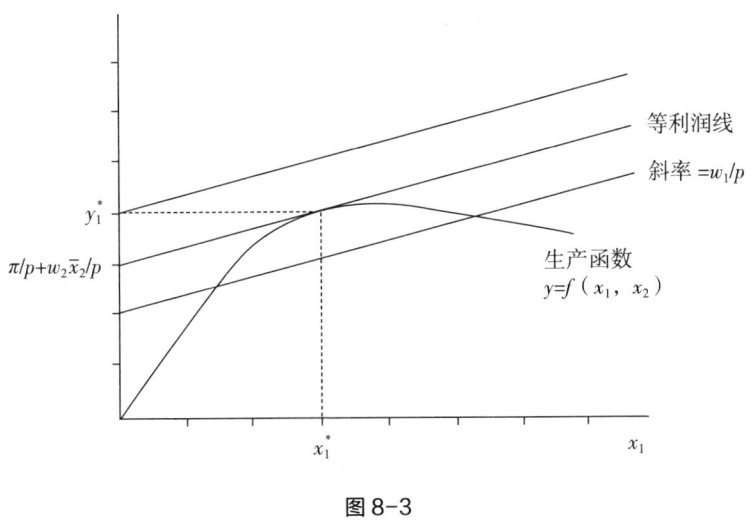

图 8-3

$$\max pf(x_1, x_2) - w_1x_1 - w_2x_2 \text{①}$$

在短期内，所有变量 p、w_1、w_2 以及 $\bar{x}_2$ 都被假定不变，只有 x_1 可变。在长时期内，x_2 被假定可变。在新古典经济学那里，利润最大化的问题被简化为 x_1 和 x_2 的比例问题。这就好像是说，一个饭馆的老板能不能实现利润最大化，就在于他知不知道十张桌子应该配几个服务生。或者对于纺织厂的老板来说，他是否知道十台纺织机应该配一名工人还是两名工人。企业家听到这样的话，一定会笑掉大牙。十张桌子配几个服务生和十台纺织机配几个工人，这本身是一个固定的比率，不能任意变动。经济学家摆开架势论证出来的最大化途径，回到现实中不过是一个缺乏常识的笑话。

说到这里，我们不得不提及赫伯特·A. 西蒙（H.A.Simon）关于程序理性的观点。西蒙在 1973 年发表的一篇论文中对人类的决策选择过程做了别开生面的分析。西蒙在这篇文章中把经济学一直信奉的最大化的决策选择看成是"实质的理性"（substantive rationality）。他给实质理性下的定义是："在由既定的条件和限制

---

① 哈尔·R. 范里安著，费方域等译：《微观经济学：现代观点》，格致出版社 2006 年版，第 274~277 页。

所规定的范围内,当行为适于达到既定的目标时,它就是实质理性的。"[1] 假定问题是使营养适度的饮食费用为最小,而且食品的单位价格和成分都已确定,这一饮食问题就可以用公式表示为简单的线性规划问题,并且只有一种最优的解法。

与实质理性相对应的是"程序的理性"(procedural rationality)。西蒙给程序理性下的定义是:"当行为是适当考虑的结果时,它就是程序理性的。行为的程序理性取决于它的产生过程。"[2] 程序理性涉及计算效率问题。西蒙指出,人类的计算能力是有限的,对于现实世界的大多数问题,人类都不可能利用自己的信息处理装置设计出一种程序以得到最佳解法。

当人们不能计算出最佳状态时,就发明一种程序来代替它。由于这种程序不是最佳的,因而涉及计算效率的探求。在大多数情况下,人类只能利用所掌握的不完全信息,尽可能地简化情况,并在力所能及的范围内做出计算。人类的商业活动很像是棋手下棋时的思路,经理人员并不是依据严格的计算,而是根据大量的感性经验对商业形势做出"本能的"反应。同时,人类的决策过程也同经济制度的其他方面一样,会随着人类所知的事物及其计算方法中的变化而演变。因此,那种企图"从少数几个毋庸置疑的前提出发,通过演绎推理以求对人类经济行为做出预见和规定的努力,肯定是要失败的,而且一直是失败的"[3]。

应该承认,西蒙对于人类决策过程的分析是很有道理的,只是用来替代"实质理性"的"程序理性"仍然存有疑问。因为决策程序的理性本身也是一种与目标相一致的行为,即人们知道自己的目的是什么,而且能够在诸多方案中找到实现这一目标的途径和方法。只是这个方法不是最大化的那个唯一解法。而是一个次佳的、可以达到目的的方法。就像在一盒缝衣针中,人们只要找到一根足以缝好衣服的针就可以了,没有必要找到最合适的那一根。但这种决策过程无法解释手段与目标不一致的情况,即路径选择与目标偏离的情况。人们自以为找到了可

---

[1] Hahn Frank and Hollis Martin Edited, *Philosophy and economic theory*, London; New York: Oxford University Press, 1979, p67.
[2] 同上,第68页。
[3] 同上,第83页。

以实现自己目标的方法，实际上却不是。我们也举西蒙反复提到的棋手下棋的情况为例。下棋的目的只有一个，那就是赢棋。两个棋手都在可能的备选方案中，找出自己认为是可以达到这一目标的方案。如果下棋的结果是一方赢另一方输，至少输棋的一方手段与目标不一致。其实赢棋的一方在决策过程中也未必都一致，只是错误可能相对较少一点。更常见的情况是错进错出，双方都在决策中犯了错误，而且，正是一方的错误可能诱发了对方的更大错误，双方比拼的只是谁犯的错误更少。

现实的经济生活比棋局的变化要复杂得多，存在着大量的选择错误，即人们的手段与目标经常会发生偏离，竞争对手之间在路径选择上都会有找错方向的时候，但这并不妨碍有人会胜出，胜出者可能是犯错误较少的人，或者是没有犯致命错误的人。所以，决策过程追求的不是最大化的解决方案，而是少犯错误的方案，至少是比竞争对手少犯错误的方案。厂商在做出决策时，并不知道产品和要素价格最低会跌到哪里，最高会涨到哪里。他经常会买到一个并不理想的价格，卖到价格上涨过程的半山腰，不过这也许并不是致命的错误，他只要做到比竞争对手买入的要素价格低，比竞争对手卖出的产品价格高，他就是胜者了。

8.3 活下来不是标准

在尽了最大的努力，并且在决策方案上做了尽可能完善的准备之后，人们是否能够达到自己的目标呢？换句话说，人们是否在事实上实现了最大化的收益呢？如果实现了最大化，检验的标准又是什么呢？

新古典的论述方法是一种反证法，他们认为，在市场上的生产厂商如果不按最大化原则行事，将无法在激烈的竞争中生存，他们会被竞争者淘汰出局。因此，能够在竞争中生存下来的企业，都应该是实现了最大化的企业。这种论证方式不过是在重复显示偏好理论的循环论证错误，即用目标本身作为测量的标准，这样不管目标怎样变动，它都符合标准。这在方法论上极不严谨。

在笔者看来，论证企业是否实现最大化的标准其实十分简单。当我们假定产

品价格 p 和要素价格 w_1、w_2 是可变时，企业能否实现最大化，取决于企业能否在产品价格最高时，尽可能多地卖出产品，并且在生产要素价格上涨之前，动用所有可以利用的杠杆，尽最大的努力生产出最大量的产品。此外，当要素价格下降到最低时，企业是否可以最大限度地买入生产要素，使成本降到最低。以石油为例，在 2008 年 7 月石油价格曾经涨到 147 美元的历史高位，随后一路下行，在 2009 年 1 月跌到 35 美元以下，于是我们就有了两个实证的检验标准，即那些最成功的石油企业是否是在石油价格达到 147 美元时，卖出自己的全部现货，并在近期和远期合约上全面沽空。而用油企业是否在石油价格跌到 35 美元以下时大举买入？并在远期合约上套期保值。笔者手头上没有这方面的资料，但可以肯定的是，没有哪一个企业可以做到这一点，甚至那些最成功的企业，亦是如此。股神巴菲特，在石油接近历史高位时，买入了康菲石油的股票，最后又不得不在股票下跌以后止损出局。巴菲特在给股东的信中，称买入康菲石油是"一个致命的错误"，股神尚且如此，其他人就更可想而知了。

在股票市场上投资者实现收益最大化的方式是什么呢？在这里，总不能假定股票价格不变吧。股票投资者要实现利润最大化，就必须在最低价买入，在最高的价格上抛出，这还不包括中间的波动，以及动用融资融券的杠杆。然而在现实生活中，有谁能做到这一点呢？即使是像巴菲特、索罗斯这些大师级人物也不可能。不能做到最低价买入和最高价卖出，照样有人可以做得很成功。在股票市场是否能够胜出，并不以能否做到最大化为标准。只要能做到在相对的低价买入，并在相对的高价卖出，就已经很难得了。

在资本市场和大宗商品市场，存在着一个十分有趣的现象，如果人们刻意追求最大化，即追求在最低价买入和在最高价卖出，反而是导致失败的根源。因为市场价格低了可以更低，高了还会更高，最高价和最低价是市场博弈的结果，不是事先预测出来的，投资者只有在确认市场走出底和顶的时候买入和卖出，才有盈利的可能。而这时，价格离最高价和最低价已经有相当的距离了。所以，股票市场有"不买最低价，不卖最高价"的说法。这种说法后面的潜台词是：我们不知道最低价和最高价在哪里。

谈到最大化原则的检验标准，我们不得不提及弗里德曼在 1953 年发表的一篇题为"实证经济学的方法论"的文章。弗里德曼在这篇文章中提出了经济假设的检验标准问题，在经济学界引起了长期广泛的争论，经济学说史称这场争论为"假定之战"。

弗里德曼认为，经济学作为一门实证的科学，其假定有效性的检验标准就是预测与经验的比较。经验证据在建立假设和检验它们的有效性上是至关重要的，第一，假设必须与它要解释的现象相一致；第二，要从假设中演绎出可以观察到的事实，并把这些事实与经验证据相核对。随后，弗里德曼提出了两个反经验的命题：一个是假定的有效性与现实性无关；另一个是假设的检验与假定的现实性无关。

第一个命题的意思是说，假定的有效性并不取决于它的现实性，一些重要的和有意义的假设所包含的假定，大部分是对现实不确切的描写。弗里德曼甚至断言："一般说来，一个理论越有意义，假定就越是非现实的。"[1] 原因在于，如果某个假设根据很少的假定揭示了大量的现象，或从复杂具体的实践中抽象出某些共同和关键的因素，并在此基础上建立有效的预测，这个假设就是有意义的。但由于它们的抽象性，它们又是非现实的。

由假设的抽象性引出了弗里德曼的第二个命题是，假设不被其假定的现实性所检验。他以物理学中自由落体定律为例。在真空状态中，下落物体在任何特定的时间内所经过的距离可以用等式 $S = \frac{1}{2}gt^2$ 给出，但在现实条件下，由于各种干扰因素的存在，一个物体下降的时间与公式计算出的时间很少能相同，这种理论假设与现实的差距并不能说明理论无效。

对于最大化原则，弗里德曼这样来论证：假设树叶所处的位置，是由于每一片叶子都有意识地使它所接受的阳光达到最大化，就"恰如"（as if）它们知道与此相关的物理法则，并且可以迅速从一个位置移到另一个空位一样。这个假设与经验上的事实相一致，如树南面的叶子要比树北面的叶子稠密一些。当然，这个假定是不真实的，因为树叶并没有"有意"去寻找阳光的最大化，也没有学过

---

[1] Kurt R.Leube edited, *The essence of Friedman*, Stanford, Calif.: Hoover Institution Press, 1987, p160.

有关的科学法则，并且不可能从一个位置移到另一个位置。但假设并不因此就变得无效。"假设并没有断定树叶做了这样的事情，而只是认为，它们的密度就恰如它们做了同样的事情。"① 也许觉得用树叶来解释人类最大化行为显得不够充分，弗里德曼回到现实生活。他指出，在一个广阔的范围内，私人公司就像他们正在理性地寻求使他们所希望的收入达到最大化那样来行动。并且好像具有在这种活动中取得成功所需要的全部知识。当然，在实际生活中，企业家并没有做到这一点。当问及一个企业家如何制定价格时，他可能会说：按照平均成本再加一个利润数额。但这种陈述并不是对有关假设的适宜检验。最大化假设所意指的是："除非企业家千方百计地去接近与收益最大化相一致的行为，否则他们将不会长期维持经营。"② 每当企业的行为与收益最大化行为一致时，企业就会繁荣，并获得发展的资源；每当它不这样做时，企业就会失去资源，并且只有通过从外部增加资源才能维持存在。

弗里德曼得出结论说，一个理论不可能通过假定于现实的比较而得到检验，"完全的'现实性'是无法达到的，而一个理论是否足够现实的问题，只能看它对于所追求的目的是否产生了足够好的预测，或是否产生了好于从规范理论中得出的预测。"③ 翻译成简单的语言，弗里德曼的论点是：假设的有效性与现实性无关，而与预测的准确性有关。但是，这个论点非常可疑。

也以自由落体定律为例，$S=\frac{1}{2}gt^2$是指物体在真空条件下的降落速度，在现实条件下，测试物体的降落速度必须加上空气阻力的因素。科学家可以根据自由落体定律加上空气阻力计算出降落伞要多大面积才能使飞行员在着陆时不受伤害。也可以计算出航天器返回大气层时下落速度会减慢到什么程度。科学家在现实条件下，检验自由落体定律的方式非常简单，即通过排除空气阻力的方式来反推自由落体定律。真空状态在大气层之外，也是一种现实，怎么能说自由落体定

---

① Kurt R.Leube edited, *The essence of Friedman*, Stanford, Calif.: Hoover Institution Press, 1987, p164.
② 同上，第 165 页。
③ 同上，第 178 页。

律是非现实性的假定呢？

用树叶来说明最大化原则也算是足够有想象力的，可是弗里德曼没有给出树叶实现最大化的标准，如果南边的树叶比北边多，就算实现了最大化，那么这个最大化的标准也太不严格了。依笔者的看法，检验树叶是否最大化吸收阳光的标准有两个：一个是在树荫下，有没有阳光会照射到地面，如果有，就说明树叶没有最大化地利用阳光的资源；另一个标准是，如果在一个平原上只有一棵树，这棵树是否尽可能覆盖周边的地区。如果不能覆盖，说明树叶没有实现最大化的内在冲动，而只是满足了适度要求，即满足生存需要的适度要求。

至于厂商在竞争中是否实现最大化的问题，我们在前面已经论证过。在这里再举另一个例子——排球比赛。在现代排球比赛的 25 分赛制规则下，任何一次失败都会记录在案，你输掉的分数就是你失败的次数。一个球队每局比赛理论上讲可以失误无数次，但只要你比对手少失误两次，你就赢了。夺取世界冠军的队伍，并不是一路 25∶0 横扫对手，自己一分不失，他们只是比对手少些失误而已。世界冠军如此，成功的企业亦是如此。

从科学的角度说，一个假设作为普遍原则加以推广之前，应该建立严格的检验标准，并在实验室条件下和现实生活中反复加以验证。可是，我们的经济学家似乎没有这份耐心，他们想当然地把最大化原则作为经济学的中心原则，而且在事实出现大量反证的情况下，仍然拒绝修改，这是一个不负责任的态度。拿这样的"原则"来教导别人，是在误人子弟。用来经邦济世，则是误国误民。

8.4 最大化原则的悖论

对于新古典经济学来说，最大化原则不仅是其理论的核心原则，而且是一个普遍性原则，即追求最大化收益是所有交易当事人的行为准则。但通过深入分析我们会发现，将最大化原则普遍化会导致一系列悖论产生。

我们先来看短期最大化引起的悖论。新古典经济学假定短期内产品价格 p 和要素价格 w_1、w_2 都保持不变，生产要素 x_2 的数量也不变，只有要素 x_1 的数量是可变的。这时，利润最大化的问题就演变成如何使生产要素 x_1 的边际产品价值与价格 w_1 相等。但是，按照新古典的需求假定，需求是价格的函数，当价格上升时，需求会下降；当价格下降时，需求会上升；而当价格停留在某一点不变时，需求也应该不变。这是由收益最大化原则决定的需求模式。可是在短期利润最大化中，经济学家又假定在 w_1 不变的情况下，x_1 可以任意地变化。这等于说，需求不受价格的影响。而如果需求不受价格的影响，则等同于说，最大化原则不起作用。

由于最大化原则是一个普遍性原则，即使是在自由竞争的市场经济中，由于交易当事人都是按同一种行为准则行事，所以他们的行为模式也应该是一样的。也就是说，面对同样的价格信号，他们会做出同样的反应。当所有的生产者都在增加或减少 x_1 的数量时，x_1 的价格 w_1 会不变吗？如果价格变化，则短期利润最大化的标准就改变了，即 x_1 的需求增加，w_1 也会增加。从而使 w_1 与 p 和 w_2 的相对价格发生变化，价格不变的假定不再成立。即使 w_1 的价格不变，单纯增加或减少 x_1 的需求数量，在 p 和 w_2 不变的情况下，也意味着交换比率的变化。这意味着 p 和 w_2 在名义价格不变的情况下，实际价格已经发生了变化。还是以我们的二元交换模式来说明（见图8-4）。

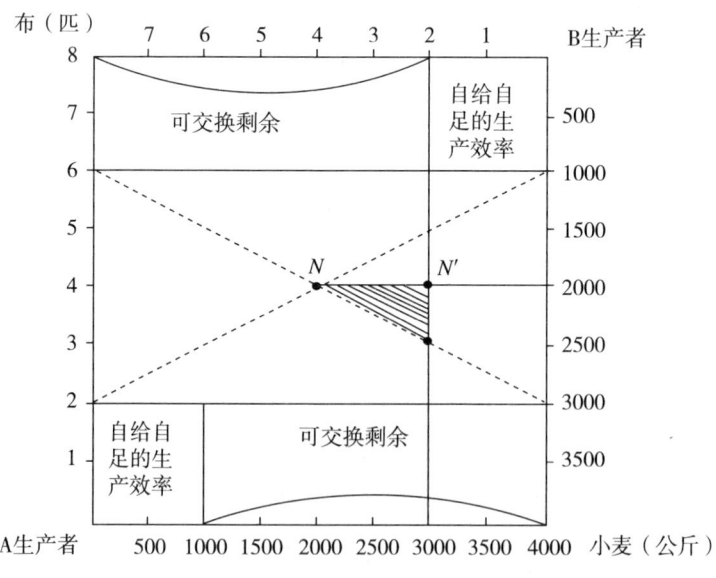

图8-4

假定 A 生产者以 4000 元卖出 2000 公斤小麦，又以 4000 元买入 4 匹布，这时的交换比率为 2000/4=500，500 公斤小麦换 1 匹布，相当于 1 匹布 1000 元。这时 A 生产者又以 1000 元的价格多买入 2 匹布，这等于说，A 生产者在原来 1 匹布换 500 公斤小麦的比率上，愿意多增加对布匹的买入。而没有提出让对方降低布匹价格的要求或增加对小麦的购买。从博弈的角度说，A 生产者放弃了讨价还价的筹码。但 B 生产者的可交换剩余全部售出，而自己还得到了 2000 元的交换剩余。这明显不是收益最大化的举动。交换比率没有变化，但交换点从 N 移动到 N'，A 生产者多支付了图中阴影部分的交换剩余。从这里我们可以看出，短期利润最大化的论证方式是自相矛盾的。它论证最大化的方式恰恰不是最大化的行为。

现在我们再来看长期生产过程中的利润最大化引起的悖论。在长时期中，产品价格和要素价格都是可变的，同时产量和生产要素的量也是可变的。这时，利润最大化与生产要素的价格和产品的价格紧密联系。假定 A 生产者和 B 生产者相互以对方的产品为生产要素，为了实现最大化，A 生产者以最低的价格买入 B 生产者生产的产品，又以最高的价格卖出自己的产品给 B 生产者。从 A 生产者的角度来说，确实是实现了利润的最大化；但对 B 生产者来说，却是利润（如果还有的话）的最小化。同样的事情放在资本市场上就更加清楚。资本市场中的最大化，要求投资者在最低价买入（相当于要素价格），并在最高价卖出（相当于产品价格）。先不管这是否可以实现，假定有人真能做到这一点，则他在最低价买入时，一定要有哪个倒霉蛋在最低点卖给他。如果他又能在最高点卖出，则必须有个傻瓜在那里接住他的抛盘。也就是说，资本市场上一个投资者的收益最大化的实现，至少要有两个投资者的亏损最大化为前提。这本身就是一个悖论。即利润的最大化的实现要以它的反面——亏损最大化为前提。它即使能实现（当然不可能）也只是一个特例，而不是普遍原则。

最大化原则应用引起的第三重悖论是，经济学家告诉我们，在长期生产者均衡中，当产品价格相对于要素价格有利可图时，生产者追求利润最大化的途径就是扩大生产，但扩大的生产会增加供给，从而使产品价格下降，直到利润为零，生产者才会停止生产。在长期生产者均衡中，均衡就是利润为零的点。追求利润最大化的行为，居然会导致长期利润为零的结果。事实上，这个悖论是新古典经济学家的方法论错误所导致的。从一元本位的方法论出发，新古典经济学家只看到一种产品（我们假定为 A 类产品）的价格随产量增加而价格下降，同时由于对生产要素的需求上升而导致要素价格上升。其实，A 类产品的价格下降，从交换的角度，意味着 B 类或其他类产品的生产厂商的要素价格下降，同时 B 类商品或其他类商品也会由于生产规模扩大而导致价格下降，意味着 A 类产品的要素价格也会下降，最后的发展结果，应该是双方或多方共享效率提高的成果，共同分配交换剩余。况且，在一种商品的利润率下降的同时，厂家会开发出满足消费者更高需求的新产品，而不是等到利润为零时束手无策，这是迄今为止人类社会发展的现实，也是经济发展绵延不断的动力所在。

即使由于发展不平衡，出现有些生产部门利润率下降的情况，也绝不会等到利润降到零时才停止生产。当一个部门的利润下降到社会平均利润以下时，就会有生产资本从这个部门流出，流到利润较高的部门。最低限度，当利润率低于无风险收益时，投资者就会停止投入。比如国债的年收益率为 5%，当一个部门的年利润率不足 5% 时，就会有资本从该部门流出。所以，生产者停止生产的点绝不是利润为零的点。

迄今为止，人类增加财富的方式有两种：一种是通过分工提高生产技术和效率，向自然界索取；另一种是通过博弈向自己的同类索取。前一种方式是共赢的模式，也体现的是商品经济的本质——互利，即双方共享分工的效率，并通过交换来实现这种共享。后一种方式是零和博弈，一方所赢即是另一方所输。最大化原则对这两种方式都不适用，就第一种共赢的方式来说，它遵守的是适度原则、公平原则和互利原则；而对后一种情况来说，最大化原则会导致悖论，一方收益最大化要以另一方收益最小化为前提，它成为自我否定的假设。所以，不论对哪一种方式，最大化原则都不能成立。

8.5 螳螂背后的危险

新古典最大化原则的另外一个明显缺陷，就是忽略了风险的因素。由于不确定性的存在，风险与收益紧密联系在一起。而且，通常的情况是收益越高，风险也就越大。例如，一家厂商预期产品价格会上涨，根据这个预期，该厂商尽最大限度融资建厂，招募工人，购买设备，储备原材料。如果工厂建成后，产品价格果真如该厂商所料，在高位徘徊，他确实可以实现收益的最大化。但是，如果价格没有上涨，反而还下跌了，他开足马力生产出来的产品却无法以盈利的价格卖出，生产得越多，亏损也就越严重，当大量应付账款到期的时候，情况还没有好转，这家工厂的老板就只有破产倒闭一途了。

在股票市场，情况也是如此。如果投资者预期股票要大涨，随后借亲戚、朋友的钱，或向银行贷款，股票要真是上涨倒还好办，要是下跌了，等待他的不是上吊就是跳楼。在具有风险的投资市场上，最大化的策略通常不是正确的策略，反而经常是导致失败的策略。

如果按照严格的最大化原则，树叶最大限度地吸收阳光，应该不会让阳光遗漏到地面。可是树叶如果真的做到这一点，长得密不透风，一缕阳光都没有浪费地全部吸收，其风险也随之来临。在大风刮来的时候，密不透风的树冠会把树连根拔起，或者是拦腰折断。树叶的密度，其实是在吸收足够的阳光和让风顺利通过之间寻找平衡。人们的经济活动也是一样，要在可能的收益和可能的风险之间取得平衡。

中国有句老话，叫"螳螂捕蝉，黄雀在后"，是说当你捕猎的时候，不要眼睛只盯着猎物，还要警惕潜在的危险，因为你可能也会成为别人的猎物。如果螳螂全神贯注，很快就捕到一只蝉，但它却被黄雀一口吞掉，不知道这个收益最大化应该怎样来算。如果螳螂在捕蝉时，还要警惕可能的风险，它的捕蝉效率可能会下降，但总比丢了小命要好吧。

新古典经济学由于没有考虑到不确定性，所以，交易当事人都是不留余地地开足马力去追求最大收益。在现实生活中，这样的策略是非常危险的，就好比在期货市场里永远满仓操作（因为半仓或 1/3 仓位肯定不是最大化原则所要求的策略）。做过期货的人都知道，这种操作方式是死得最快的。在期货市场中，一次意外，足以致命。

新古典经济学告诉人们，要想在市场上生存，就必须实现利润最大化。可在现实生活中，那些输掉生存机会的企业，恰恰是那些在追求最大化收益时做到极致的企业。这其中的原因，就是风险的存在。

新古典经济学家似乎在告诉人们，只有尽一切所能，最大限度地获取才是正确的策略。然而，凡是经历过市场考验的投资者都知道，很多时候是需要保守策略的。有些钱是不能赚的，有些机会只能放弃。巴菲特之所以放弃做网络股的机会，是因为那些机会在他看来是无法把握的。

股票投资的情况比较直观和易于理解。当一只股票的价格从高位回落，跌到上升趋势的下轨时，按照历史的统计，有 80% 的机会可能继续上升，再上触上升通道的上轨，我们假定这个幅度为 20%。统计数据还显示，有 20% 的概率，股价会跌破这条上升趋势线，跌破 3% 确认向下突破有效。投资者可以在跌破趋势线 3% 止损，假定损失是 5%。这时我们有了两个不同的系数，收益系数为：$80\% \times 20\% = 16\%$；风险系数为：$20\% \times 5\% = 1\%$；用收益系数减去风险系数：$16\% - 1\% = 15\%$。如果投资者在 100 次这样的机会中都采取同样的买入策略和止损策略，他的平均盈利率可以达到 15%。这是一种值得投资的机会。相反，如果上升的概率只有 40%，且上升幅度只有 5%，这时收益系数只有 2%，而风险系数却达到了 $60\% \times 5\% = 3\%$。如果在 100 次同样的机会中都采取同样的策略，投资者平均亏损率为 1%，这就是不值得投资的机会。投资是否可行，要看是否满足下列条件：

$$Rco - Vco > 0$$

其中，Rco 是收益系数；Vco 是风险系数。股票投资者赚钱的很少，当然原因有很多，不过至少有一条，很多人都没有注意到风险收益比这个问题。

不同的投资类型，对应着不同的收益系数和风险系数。比如期货和股票，收益高，风险也高。办实业和投资房地产的收益和风险都略低一些；投资债券的收益更低，但风险也更小；至于国债利息，基本上可以看成是无风险收益。当然，对于主权债务危机的国家，就另当别论了。

人们究竟投资哪一类项目，取决于自己的风险偏好与收益之比，而不是单纯的收益最大化考量。如果追求最大化收益是普遍原则，为什么有人放着收益高的投资不做，只满足于国债利息收益呢？企业家开工厂，需要贷款，他的收益率肯定要超过银行贷款利息，否则是没有意义的。那么，银行家为什么不自己去开工厂做这种更有利可图的事情呢？单纯从追求收益的角度是说不清这些问题的。而必须将风险和对风险的偏好结合起来考虑。

主流经济学的最大化原则是建立在个体本位基础上的，这也是问题的根本所在。在一个相互交换、相互依存的商品世界里，如果真有什么最大化值得去追求的话，那也只能是互利空间的最大化。通过对合作方利益的满足，来换取对方更大的合作热情，从而使双方共同的利益达到最大值，其中每一方的相对份额（比起单干或相互对立）都更加扩大，这才是商品经济互利共赢的本质。每一方只考虑自己的利益，将自身的利益扩张到超越公平底线，只能带来对方合作意愿的下降，从而使互利空间缩小，合作效率下降，长此以往，随着问题的积累，也会爆发大的危机；如果在对方缺乏议价资本的情况下，将利益扩张至超越重置成本，必然会招致对方的反抗和报复，结果是互利空间完全丧失，互利转变为互害，形成两败俱伤的结局。

即使从个体本位的角度来说，最大化原则也不具有可操作意义。我们建议在个体的决策过程中，用平衡原则来取代它。平衡原则包含努力过程中的正效用与负效用的平衡；决策过程中的预期利润与寻找成本的平衡；操作过程中的收益与风险的平衡。

第 9 章
均衡还是转折

新古典经济学所有的理论假定，都是为了论证一种状态的存在，即市场的均衡。在均衡状态中，每种商品所提供的总量与每个人按现价想购买的总量是完全相等的，没有任何未交换剩余，自然也不会有产业结构调整带来的经济波动。生产厂商卖出了所有的存货，消费者得到了最大的满足，资本获得了充分的利用，不存在非自愿失业。如此美妙的境界，被新古典经济学家称为竞争性均衡，或瓦尔拉斯均衡。1929~1933年的大危机、20世纪70年代的滞胀以及21世纪爆发的次贷危机，似乎都无法动摇新古典经济学家对一般均衡的信仰。这份执着的确令人钦佩，但其所表现出来的对待科学探索的态度，却令人难以苟同。现在就让我们来看一下，新古典均衡状态的具体内容到底说的是什么。

9.1 一般均衡实现的条件

新古典经济学的所谓市场均衡，指的是一种商品的供给与需求相等，比如，他们只分析小麦的生产与销售是否相等，而不去理会小麦所交换的布匹是否可以与小麦相匹配，但作为一个完整的交换过程，小麦的供需与布匹的供需是联系在一起的。谈市场的均衡必须是交换系统内所有商品的比例均衡。在一个只有小麦和布匹的经济体内，如果小麦生产者的可交换剩余全部卖出，但他对布匹的需求却没有得到全部满足，说明经济体仍然处于不均衡状态。按照我们的二元交换经济学，所有的不均衡只是表现为各个产业的比例上的失衡，如果我们假定人类的需求层级（注意不是数量）可以无限增长，那么，经济体内一种商品过剩，一定有另一种商品短缺，在一部分资源被浪费的情况下，必然有一部分需求没有得到满足。不存在新古典经济学一个单独商品的均衡问题。也不存在凯恩斯经济学的"总需求"不足或"总供给"过剩问题。不过，既然我们现在讲的是新古典的一般均衡，它的实现条件我们还是必须要说明的（见图9-1）。

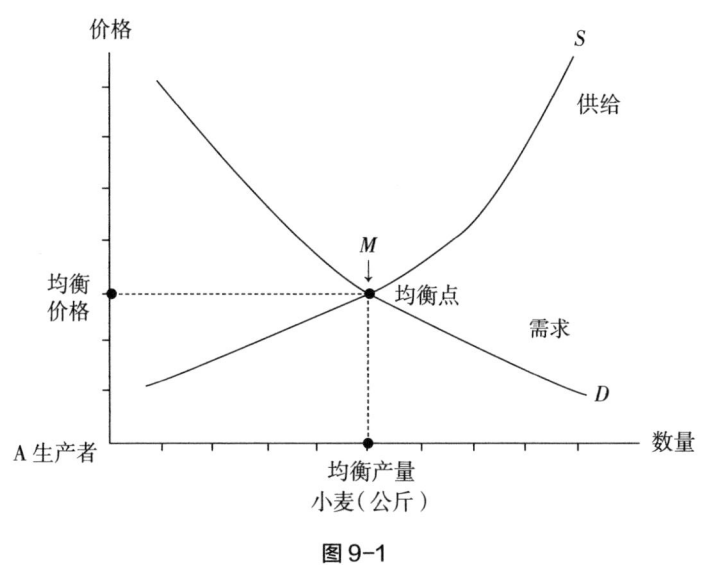

图9-1

图中的 M 点，是新古典经济学所谓的均衡点，在这个点上，小麦的供给量与需求量处于均衡状态。我们看到，要保证均衡点的出现，有两个前提条件必须满足。

第一个条件是，两条曲线必须相对运动，即需求曲线向右下方倾斜和供给曲线向右上方倾斜，这样，才能使两条线不管以什么斜率变动都最终会在某一点相交。需求曲线向右下倾斜和供给曲线向右上倾斜，是由于新古典经济学假定供给与需求都是价格的函数，价格升高时，需求减少供给增加，价格降低时，需求增加供给减少。我们在第5章的分析中说明，新古典的供求法则是把因果关系颠倒了，不是价格决定供需，而是供需的比例决定价格。在一个时点上，只要需求大于供给，价格就会上涨，供给大于需求，价格就会下跌，而供需是由对价格的预期决定的。所以，供给与需求经常会向同一个方向运动，比如供给增加但需求增加得更多,或者供给减少但需求减少得更多,这时,两条曲线就会同时上升或下降。理论上说,只要它们一直保持相同的差额,就不会相交,而是始终沿着一个方向运动(见图 9-2)。

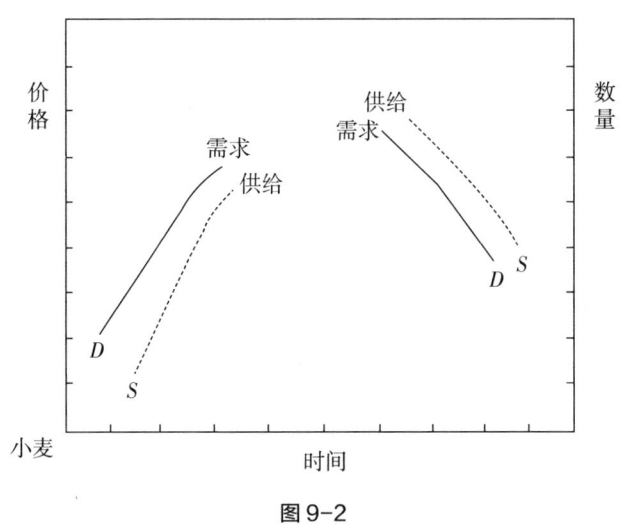

图 9-2

图 9-2 左右两侧并行的两条曲线表示的是价格出现持续上升和持续下跌时的情形。当需求始终大于供给时,价格就会一路走高,反之,如果供给始终大于需求,价格就会一路走低。在两者的关系没有发生逆转之前,它们不会相交。下面我们看一下,当两条线一直延伸下去(不管是向上还是向下),会有什么结果。

这里,我们触及了新古典一般均衡的第二个条件,即需求曲线与供给曲线必须无限延伸,如果两条线中的任何一条出现断头,就有可能出现供需无法相等的情况。按照我们的二元交换理论,需求曲线会有截止点。这是因为,在相对的意义上讲,需求受预算条件的约束;从绝对意义上讲,需求有餍足点。需求量在达到预算条件的约束时,短期内不会增加,比如一个人只有 1 万元的预算,如果花光了 1 万元还无法满足需求,就达到了需求的资金瓶颈。当需求达到消费的餍足点时,则会达到需求增长的极限,这时,如果供给超过了需求餍足点的数量,即使价格下降,也不会出现供需均衡,而是会出现产能过剩(见图9-3)。

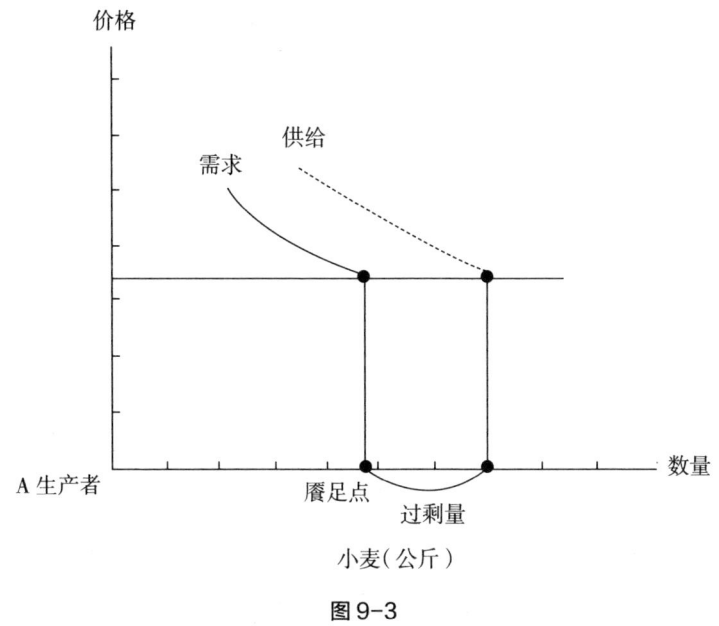

图 9-3

供给曲线也会由于三方面的制约而不出现无限延伸。一是受生产周期的制约,比如小麦,即使出现严重短缺,麦苗也要等到第二年才能生长出来,并不会因为需求急迫而生长得更快些。二是受资源的制约,比如在撒哈拉大沙漠中,你就是出100万元,也可能买不到一瓶矿泉水。资源有限的产品,如中国故宫博物院的藏品,你出再多的钱也买不到,因为它们是永远不会出卖的。三是受盈亏平衡点的制约,如果要素价格的上升,超过产品价格的上升,在厂商盈亏平衡点以下的价格上涨,不会引起供给的增加,除非产品价格上涨的预期超过要素价格上涨的预期。这意味着在相对意义上(生产周期)和绝对意义上(资源瓶颈),以及经济意义上(盈亏平衡)供给曲线也有可能出现断头,从而与需求无法实现对接(见图9-4)。

图 9-4 表示,当需求超过供给枯竭点时,尽管需求没有得到满足,但供给却无法再增加。在需求的预算水平与实际供给数量之间出现一个无法对接的缺口。上述两种情况,都不会出现均衡状态,即需求曲线与供给曲线相交的情况。

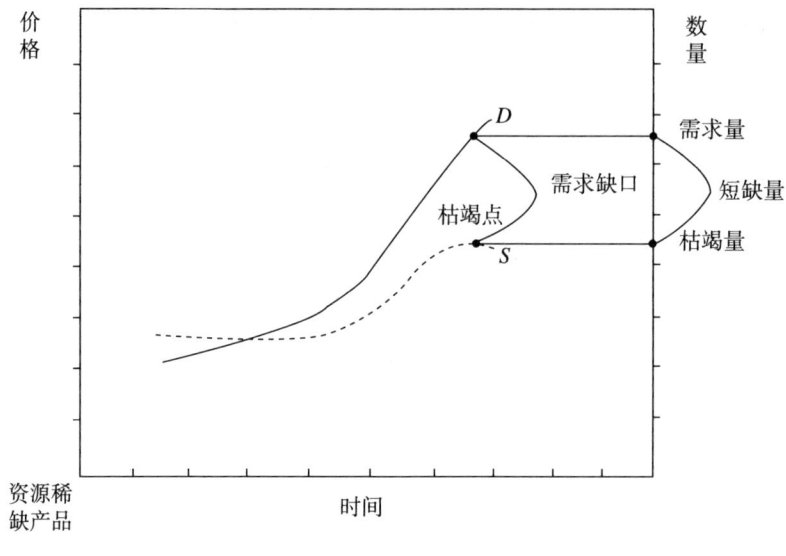

图 9-4

当需求与供给同方向运动,最终超越了某一个交换方的重置成本,导致生产要素跨部门转移时,也会使供给曲线与需求曲线相交,只是这个相交点不是均衡点,而是转折点,供需双方开始向另一个不平衡的方向运动:由原来的供不应求变成供过于求,或者相反,由供过于求变成供不应求(见图9-5)。

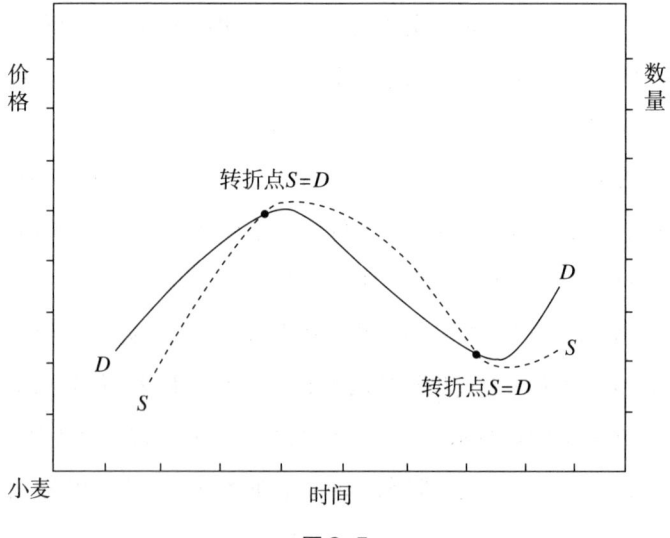

图 9-5

事实上，新古典均衡理论实现的两个前提都不存在，受预期的影响，供给曲线和需求曲线的倾斜方向是不确定的，并不一定会相对运动。两者的常态是彼此不相等，由于预算的约束和生产周期的限制，这种供需的不相等会维持相当长的时间，足以维持价格的极端变动。由于有需求的餍足点和供给的枯竭点，供给与需求曲线不会无限延伸，在图形上表现为两种不能对接的缺口——产能过剩和供给短缺。所以，在现实生活中，我们看不到新古典均衡状态存在的证据。

9.2 虚幻的均衡点决策：产品出清

即使需求曲线与供给曲线可以相对运动，并且也在某个位置交叉，这个交叉点与均衡概念也相差甚远。教科书对均衡点的描述是，在两条曲线相交的点上，产品的供给量和需求量正好相等。厂商将所有产品出清时，正好等于消费者的需求量。可事实上，需求曲线与供给曲线相对交叉只是说明，在这个价格上，厂商愿意出售的数量和消费者愿意买入的数量相等，与厂商是否出清手中的货物没有关系，与消费者是否获得完全的满足也没有关系。均衡图形本身就是对新古典均衡论的否定（见图9-6）。

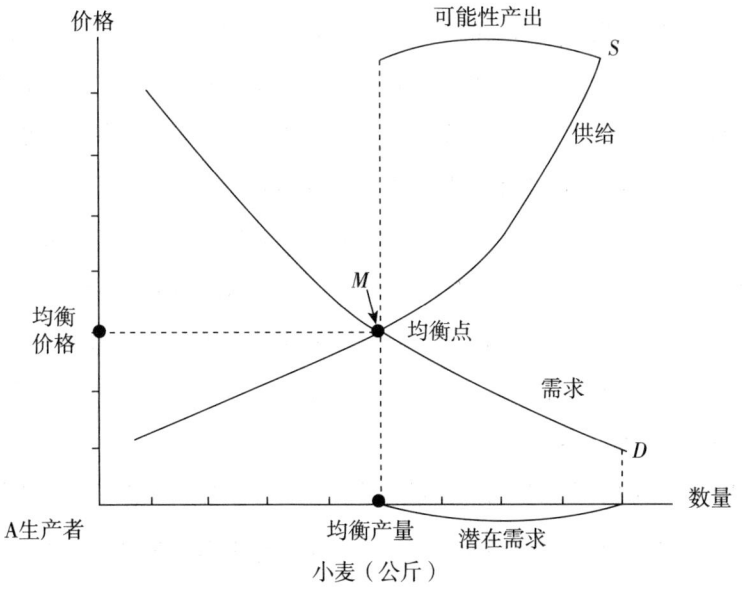

图9-6

从均衡点 M 向右下延伸的需求曲线表明，存在着一部分潜在的需求未得到满足，如果价格降低，需求还会增加，那么，在均衡点需求量正好等于供给量又从何说起呢？它只不过是表明，在这个价格水平，消费者能够买得起的数量，与需求满足完全是两码事。也就是说，新古典经济学的所谓需求曲线，实际上是购买曲线，即对应于价格的购买数量。按照我们的观点，购买量是受预算条件制约的需求量，用它来解释均衡状态下的需求量是不恰当的，因为那样一来，均衡就没有意义了，那意味着在任何一个价格水平上，只要有成交，就是均衡状态。经济学所要研究的均衡，应该是需求达到餍足点的数量，不管价格如何变化，人们实际购买了多少，满足需求餍足点的数量是不会变的，即使由于价格升高，超出了人们的购买能力，购买数量为零，也并不意味着需求消失，需求依然存在，只是没有办法通过购买实现罢了。如果以需求达到餍足点为均衡实现的标准，均衡就不是画个叉那么简单了。

同样，从均衡点 M 向右上方延伸的供给曲线，只能说明厂商的设计生产能力远没有达到，M 点只是厂商在当前价格下愿意提供的商品数量，它甚至不能说明在这个点上厂商是否盈利，以及是否有生产剩余。新古典经济学家可能是被自己画的这条供给曲线给骗了，向右上方倾斜的供给曲线告诉人们，随着价格的升高，厂商可以随时提供相对应的产品数量，这只有两种情况可以与之相匹配：一种情况是厂商早就生产出一大堆货物堆放在仓库里，随着价格的升高，不断加大卖出的数量；第二种情况是，厂商在价格升高之前预备了更高的生产能力，价格一旦升高，就可以随时提供相对应的产量。问题是，如果价格没有升高，厂商的产品和产能岂不是过剩？如果厂商是在价格升高以后，才去购买机器，招募工人，等他生产出来之后（这中间至少需要以年为计量单位的时间），怎么能保证价格保持不变，并且和其他的厂商的产量不发生冲突呢？如果无法保证建厂期间价格不变和其他厂商产量不变，供给曲线还是这个画法吗？用这种方式建立的均衡点，有什么意义吗？

如果均衡指的是需求量与供给量相等，那就必须先定义需求量和供给量的含义。从严格的意义上讲，均衡需求量应该是指达到消费餍足点时所对应的产品数量。而不是指受预算条件约束的购买量。均衡供给量应该是指厂商的边际成本等于边际收益时正好对应消费餍足点的产量。也就是说，在均衡点上，消费者在需求餍足点上愿意支付的价格正好是厂商边际成本等于边际收益的价格。用公式表示就是：

$$pq=py$$

其中，p 是均衡价格；q 是达到餍足点的需求量；y 为在均衡价格下厂商利润最大化时提供的产量。由于 $y=\pi/p+w_2x_2/p+w_1x_1/p$[①]，这是产量 y 的利润最大化公式，将其代入上式中，得出：

$$pq=(\pi/p+w_2x_2/p+w_1x_1/p)p$$

整理后得出：

$$pq=\pi+w_2x_2+w_1x_1$$

如果我们假定 w_1x_1 为劳动要素的收入总额，$(\pi-i)$ 为利润用于消费的部分；(w_2x_2-d) 为要素 2 减去折旧的部分，则 $pq=w_1x_1+(\pi-i)+(w_2x_2-d)$，代入上式中，变为：

$$(\pi-i)+(w_2x_2-d)+w_1x_1=\pi+w_2x_2+w_1x_1$$

很明显，这个等式是不成立的。因为，$(\pi-i)\neq\pi$，$(w_2x_2-d)\neq w_2x_2$。这说明，在需求餍足点，不存在厂商利润最大化的对应产量。同时，这个公式还说明，如果需求不会无限延伸，就不存在需求餍足点上的供需均衡，因为有生产性投入，在需求餍足点上，满足需求的量与维持这个需求的量不可能相等。那么，抛开利润最大化的假定，是否可以实现供求的均衡呢？还是用我们的二元交换模型加以说明（见图 9-7）。

在图 9-7 中我们看到，要使 A 生产者和 B 生产者的二元交换结构达到均衡状态，就必须使 A 生产者的生产剩余（即除了自己消费以外的剩余）与 B 生产者的需求相等。同时，还要求 B 生产者的生产剩余与 A 生产者的需求相等。如果 A 生产者自己消费 1500 公斤小麦（比在自给自足的状态下多消费 500 公斤），就必须要求 B 生产者消费掉剩余的 2500 公斤小麦；与此同时，如果 B 生产者自己消费

[①] 哈尔·R.范里安著，费方域等译：《微观经济学：现代观点》，格致出版社 2006 年版，第 275 页。

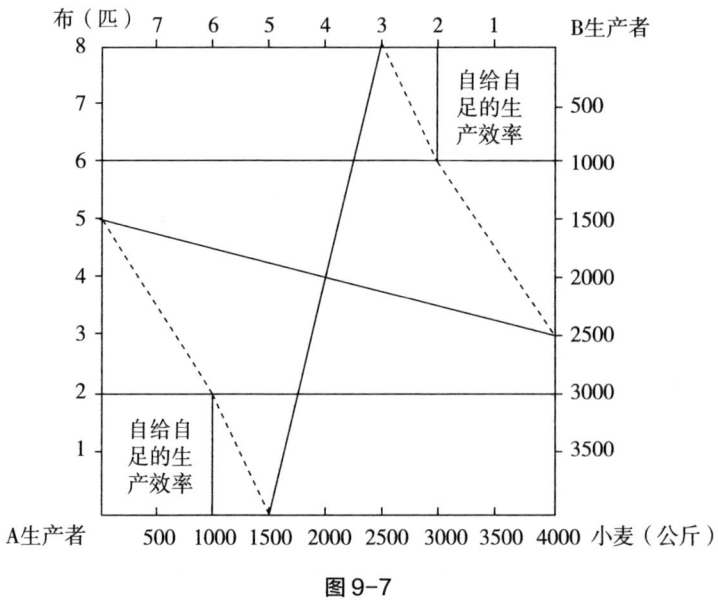

图 9-7

了 3 匹布（比自给自足状态下多消费 1 匹布），剩余的 5 匹布应该正好等于 A 生产者的消费。问题在于，双方消费对方产品的边际效用到零的那个量怎么可能正好和对方的可交换剩余的量相吻合呢？不管从哪一个角度我们都看不出这中间有什么必然联系。如果 B 生产者家里人口数量发生变化，对小麦的消费量也随之改变，这要求 A 生产者像算命先生一样料事如神，早就生产好小麦在那里等待。否则，A 生产者的小麦就会发生短缺或过剩。这条路显然也走不通。真正的出路，可能是在大数据时代，通过全样本分析和产销直接挂钩的方式，供给与需求的均衡可以得到近似的解决。而这种均衡与主流经济学的竞争性均衡完全不是一回事。

如果双方都坚持自利的原则，表现为向右上倾斜的供给曲线和向右下方倾斜的需求曲线，则即使双方都生产出满足对方全部需求的产量，也不会出现市场出清（见图 9-8）。

在图中的均衡点上，双方只完成了 2000 公斤小麦和 4 匹布的交换，双方都会出现未交换剩余和消费未达到餍足点的情况。用向右下倾斜的需求曲线与向右上倾斜的供给曲线可以很容易解决两条曲线相交的问题,但却解决不了供需相等的问题。市场出清就成了出而不清。

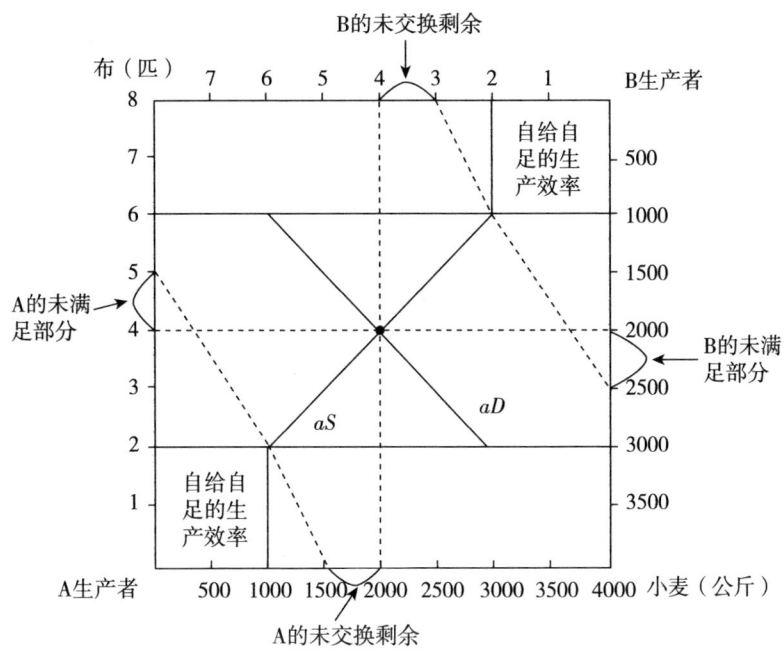

图 9-8

9.3 市场崩溃的前奏

古典的资本理论这样来解释资本市场的均衡。在完全竞争和没有风险与通货膨胀的市场中,企业是否投资,取决于资本收益率与利息率的比较。当收益率高于利息率时,企业就会从事投资;当利息率高于资本收益率时,企业就会放弃投资。企业对所有高于市场利息率的机会进行投资,最终会导致收益率接近于市场利息率。当收益率等于市场利息率时,资本市场就实现了均衡。

按照古典经济学的理论,资本市场的均衡又分为短期均衡和长期均衡。在短期均衡中,资本的供给曲线是垂直的,因为过去的投资产生了一个既定的资本存量,短期内不可能改变(见图9-9)。

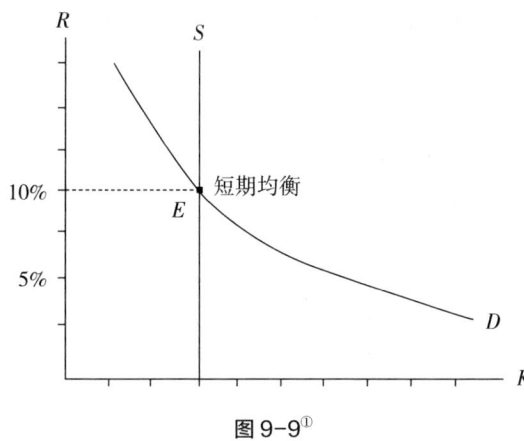

图 9-9①

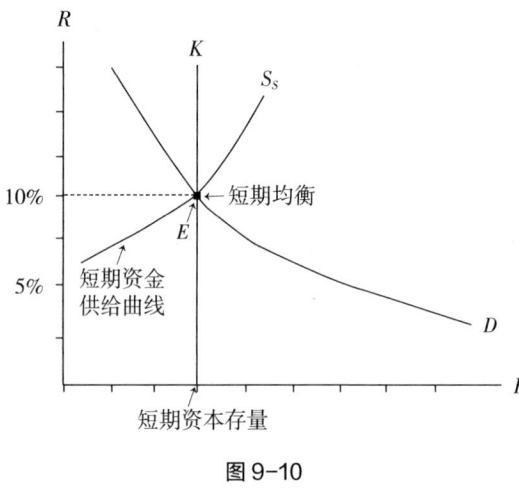

图 9-10

在资本的供给与需求相等的 E 点，资本正好分配给有需求的企业，10% 利率成为均衡利息率，高于它，企业不愿借钱投资；低于它，会使企业争抢短缺的资本，导致利率重新回到均衡利息率的水平。

但在 E 点达到的均衡是短期均衡。当利息率达到 10% 时，人们更愿意选择储蓄，从而使资本存量增加。在土地、技术和劳动力不变的情况下，随着资本存量的增加，资本的收益会下降，直到净储蓄停止，净资本积累为零，资本存量不再增加时，就达到了长期均衡点。资本长期均衡的问题比短期均衡还要多，但短期均衡已经足以说明问题，故对其略而不论。

在这里，主流经济学家犯了一个概念上的错误，在短期均衡中，他们把资本存量与资本供给曲线混淆了。而这两者并不是一回事。资本存量是指现有资本可供给的数量；而资本供给曲线是指在不同的利息率水平上，资本愿意提供的数量。正确的画法应该如图 9-10 所示。

按照图 9-10，资本均衡实现的前提条件，是资本的供给曲线与需求曲线要在正好达到资本存量时相交。这要求资本需求曲线的斜率与供给曲线的斜率形成

---

① 萨缪尔森著，萧琛等译：《经济学》（第 16 版），华夏出版社 2003 年版，第 210 页。

一定的对应关系。而按照新古典经济学的画法，向右下倾斜的资本需求曲线与垂直的资本供给曲线相交的条件变为，需求曲线的斜率不能太陡峭，以致在需求曲线触及无风险收益水平时，还不能与供给曲线相交。但垂直的这条线是资本存量线，而不是资本供给曲线，如果资本的供求曲线是像图 9-10 所描述的那样向右上倾斜，资本市场的均衡是有严格限定条件的，当这个条件不能满足时，均衡就不会实现。

这个条件是什么呢？按照新古典的观点，资本需求量取决于资本收益率与利息率的差额，对此，我们没有异议。笔者的不同观点是：这个资本收益率并不是现实的资本收益率，而是预期的资本收益率。企业贷款投资实业，只能在未来的一个时期投入市场。所以，真正与企业借贷需求相联系的是未来的资本收益率，由于未来存在着不确定性和风险，在预期的资本收益率和利息率之间应该有一个风险溢价，而利息率与无风险收益率之间也有一个风险溢价。风险溢价的高低取决于未来的不确定因素和风险的大小。风险溢价的存在，使资本收益率与利息率以及利息率与无风险收益率之间的关系变得十分复杂，并非像新古典经济学所假定的那样趋于等同。同时，资本的供给曲线与需求曲线在资本存量处相交成为一件十分渺茫的事情。由于人们对未来风险的评价不同，以及面对同样风险的偏好不同，对于利息率高出无风险收益率多少才肯借贷，以及资本收益率的风险溢价要高于利息率多少才愿意投资，存在不同的看法，所以，大多数情况下，资本的需求与资本的供给会在未达到资本存量的地方相交（见图 9-11）。

在市场短期不明朗的时候，在资本收益率与利息率之间以及市场利率与无风险收益之间有一个风险溢价，有一部分资金供给方认为在 E 点的利息率与无风险利率相比风险溢价不够高，因而宁肯资金闲置，也不愿意贷出。而另一部分资金需求方在目前 E 点利息率水平下，认为资本预期收益的风险溢价过低，宁肯放弃投资机会，也不愿意借贷，除非利息率进一步降低。这时的市场也能形成一个平衡点，但不是市场出清点。它只是表明，在目前市场利率下，愿意贷出的资本和愿意借入的资本，数量正好相等而已。闲置的资本可以看成是不确定条件下的流动性偏好。未实现的投资需求可以看成是不确定条件下的风险厌恶。

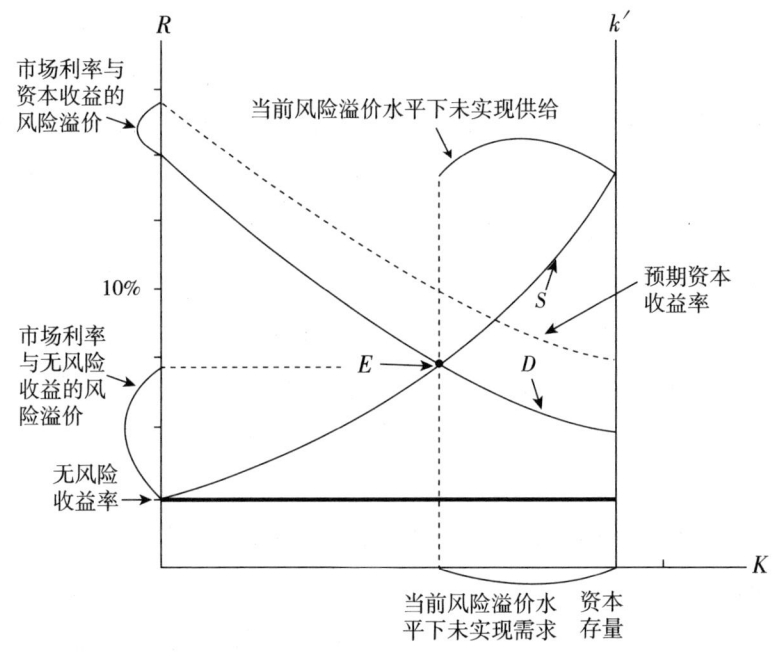

图 9-11

那么，什么时候才会出现新古典经济学所憧憬的资本出清的美景呢？答案是在经济过度繁荣阶段，不断升高的资本收益预期带来了节节攀升的资本需求。这时利息率虽然也开始上升，但上升的幅度肯定赶不上资本预期收益的提高。投机性炒作形成的股市和大宗商品价格的暴涨，使利息率的提高相形见绌。当资本需求触及资本存量时，预期收益率会达到前所未有的高度，如股票市场在达到 5000 点时，会普遍预测达到 10000 点。高涨的资本需求没有得到满足，但资本存量已经饱和，出现了资本需求的缺口（见图 9-12）。

当乐观的资本收益预期，将资本存量全部用光时，并不是令人向往的均衡状态，而是危险的降临。因为这时的资本预期收益率已经高过了最保守的风险溢价水平，这意味着市场已经过于乐观。这时，主流经济学家通常会建议，通过提高利率来取得与资本供求的平衡。然而，这种做法很可能会成为灾难爆发的诱因。在资金需求没有触及资本存量线时，加息起不到抑制资本需求的作用，美联储在 1928 年为了阻止股市持续高涨，将利息从 4% 提高到 5%，但没能阻止股市的进

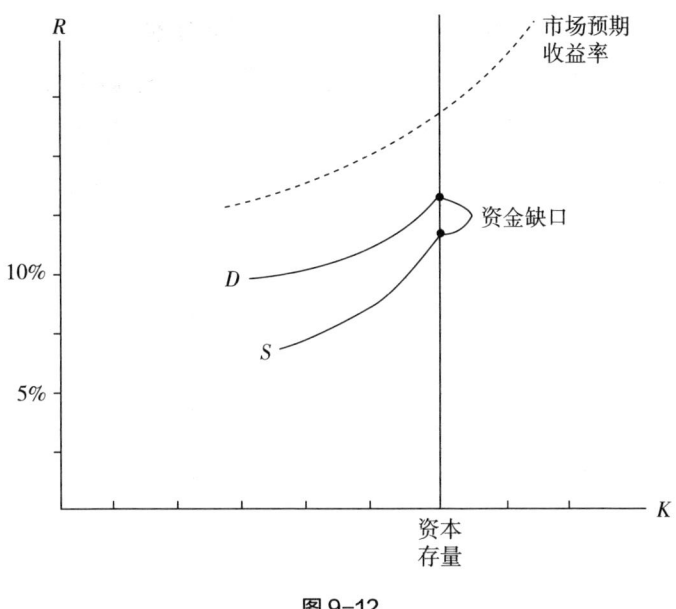

图 9-12

一步上涨，因为资本存量还未触及。但到了 1929 年，股市投机达到了白热化的程度，拆借市场利率从 1929 年 3 月底的 12%，迅速上升到 15%，在 6 月前达到 20%。这表明资金供给已经开始紧张，资金需求触及资本存量的底线。1929 年 8 月 8 日，美联储将贴现率提高至 6%。就是这小小的 1% 的利率上升，成了压断骆驼腰的最后一根稻草。

当资本需求耗尽最后一单位的资本存量时，意味着资金供给已经枯竭，而投机性需求的支柱就是资金的供给。资本存量耗尽，说明投机性需求已经没有了后备力量。这时，只要有一点风吹草动，就会导致资本市场的崩溃。1929~1933 年的大危机是如此，此次的次贷危机也是如此。用提高存款准备金的方式调节资本需求，相当于将资本存量向左移动，它也不能实现资本市场的均衡，只是将资金存量耗尽的时间点提前而已。因此，在资本出清点出现的极度疯狂状态，通常是市场崩溃的前奏，而不是宏观经济实现均衡的条件。

随着资本市场的崩溃，预期投资收益会从极度的乐观走向极度的悲观。市场要用很长一段时间，去消化在投机氛围下形成的过剩产能和沉没资本。这时，尽管政府会通过降低利率来刺激投资需求，但由于预期收益率下降，降低的利率并不能提振投资的意愿，反而出现投资额的急剧下降。1929年大萧条的前夜，美国投资额为158亿美元，1930年降为102亿美元，到了1931年又进一步下降至54亿美元，而到1932年只有可怜的9亿美元了。① 这时，资本的供求关系如图9-13所示。

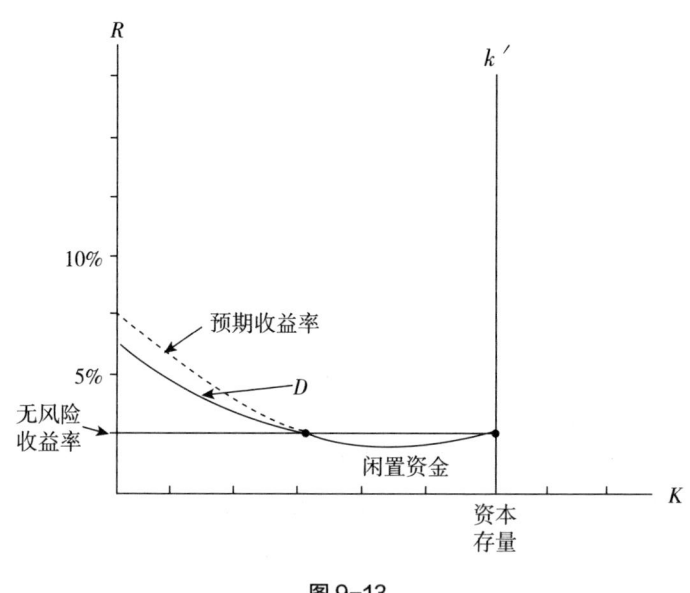

图9-13

在未来收益预期悲观的情况下，即使利率降到无风险收益率的水平以下（就像日本和美国实施的零利率政策），投资需求量也不会达到与资本存量等同的程度，会出现银行惜贷和资金闲置。

用调整利率和存款准备金率的方式来改变资本供求状态的做法，是一种偷懒的行为。在没有改变市场预期时，调整利率和存款准备金率都不能改变市场运行的方向。但在资金需求达到资本存量的极限时，再加息和提高存款准备金率，哪怕是一点点，都会引发灾难。而在市场低迷又没有新的增长点时，用低利率和量化宽松的货币政策在不同的国家会引发不同的问题。就像在次贷危机后，中国和

---

① 胡诒仪：《塑造美国现代经济制度之路》，中国经济出版社1995年版，第四章。

美国都实施了量化宽松的货币政策，同样的政策，在中国引发了新一轮的房地产泡沫，其膨胀程度甚至超过了危机前的水平；在美国则是新房销售持续下滑，这是由于住房消费在两国处于不同的阶段。美国经济由于房地产和汽车等主流消费品出现餍足点，新兴产业还没有成为支柱产业，低利率只能引发投机性的套利行为，对实体经济的正面作用不大。历史已经无数次证明用利率和存款准备金率作为调控手段是效率很低的方法，但可能是由于它的易操作性，各国政府普遍对它偏爱有加。只可惜，实体经济在这种拉抽屉式的反复无常中，会付出很多高昂且不必要的代价。

9.4 充分就业的幻想

就劳动市场均衡问题而言，存在着新古典经济学派和凯恩斯经济学派的不同观点。新古典经济学家认为，如果工资具有完全弹性，充分就业就很容易实现。因为雇主对劳动的需求，是工资水平的函数，只要工资可以不断降低，哪怕是最调皮捣蛋的人都可以被雇主所录用。凯恩斯经济学派则认为，由于存在着不确定的心理预期，市场经常处于非充分就业下的均衡，必须刺激总需求，才能实现充分就业状态下的均衡。

这两个理论都没有找对劳动需求增长的原因。在笔者看来，对劳动的需求并不仅仅取决于工资的高低和总的经济景气度，还取决于预期劳动产出率的高低和资本对劳动的技术要求。或者准确地说，它取决于工资和预期劳动产出率的差额。差额越大，对劳动的需求就越大，差额缩小，对劳动的需求就会减弱。如果预期的劳动产出率高于工资水平，雇主就会增加雇用工人，尽管这时的工资水平可能也在升高。所以，预期的劳动产出率与劳动的供给曲线，并不一定向相对方向运动，有时会向同一个方向运动。例如在经济繁荣期，厂商对劳动的未来收益预期乐观，虽然用工成本提高，但收入增长得更快。当厂商在不断升高的收益预期下想进一步增加工人时，却发现找不到足够的人手，劳动的需求与供给就会出现缺口（见图9-14）。

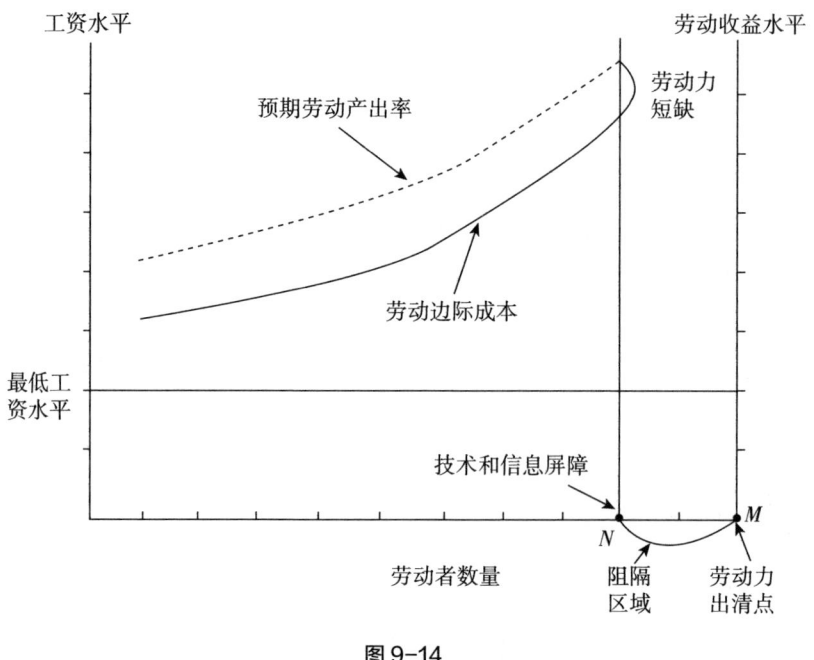

图 9-14

这种情况,我们称为劳动力短缺。2007 年和 2009 年,中国东南沿海地区发生大面积的"民工荒",就属于这种劳动力短缺。很多企业由于雇不到足够的工人,不得不退掉订单,或者将生产设备闲置。像中国这样拥有十几亿人口,且存在大量农业过剩劳动力的国家,都会在一定时期出现用工紧张,其他国家就更不在话下了。但出现民工荒并不意味着充分就业的实现。在出现民工荒的同时,中国仍然有大量的失业人口。一方面,是雇主找不到合适的工人,另一方面,是很多人找不到合适的工作。这是因为,在劳动力出清点(图 9-14 中 M 点)和就业人口之间,存在着信息和技术的屏障(图 9-14 中 N 点),这个屏障产生的摩擦系数在两者之间形成了一个阻隔区域,从而使就业人口与劳动力出清无法相等。也就是说,在劳动力市场上有可能存在着长期的结构失衡,即使是在出现"民工荒"时,这种失衡也会存在。如果不采取更有针对性的措施,企图通过单纯调节总需求来使充分就业实现,只能是一种幻想。

在经济衰退期,雇主对未来劳动收益的预期降低,这时,即使工资下降到最低水平，雇主仍然不愿意再增加用工数量至劳动市场出清（见图9-15）。

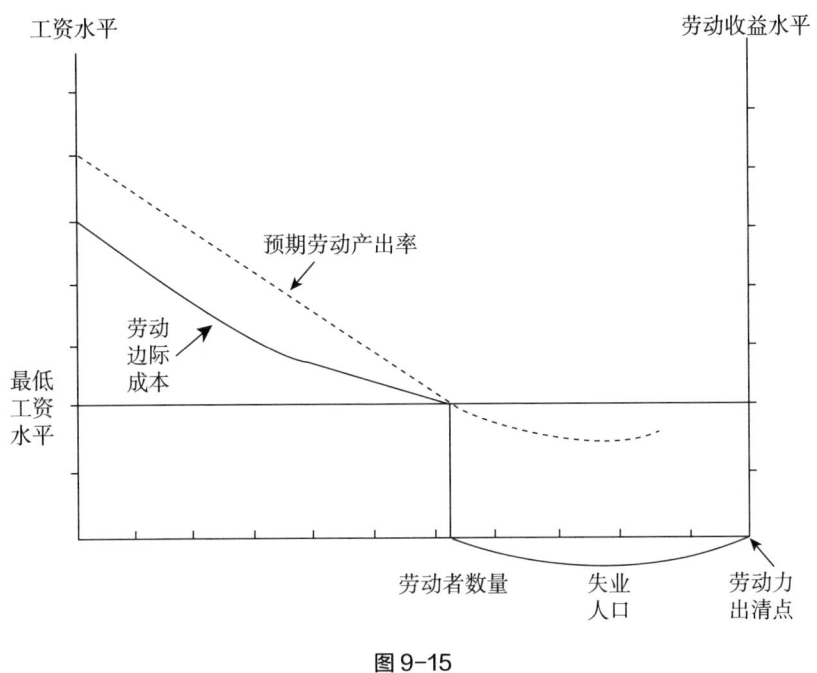

图9-15

这时会出现大量的非自愿失业，即使工人愿意接受最低工资标准（不考虑工资黏性），仍然有许多人找不到工作。上面我们介绍的是劳动市场的两个极端的情况，高度繁荣期和极度衰落期。就大多数时间而言，劳动市场处于一种低水平均衡（见图9-16）。

由于未来劳动预期收益的不确定，厂商会放弃一些在目前工资水平下收益无保证的工作单位，而劳动供给方会有一部分人不满意目前的工资水平，宁可等待，也不工作。面对这种状况，不管是新古典主张的降低工资的方法，还是凯恩斯学派主张的刺激总需求的方法，都不可能解决劳动市场出清的问题，前者是一厢情愿，后者是文不对题。

根本的解决办法，是提高劳动的预期产出率。由于劳动产出率在价格不变和资本技术含量不变的情况下，取决于工人的技术水平和劳动技能。在资本技术含

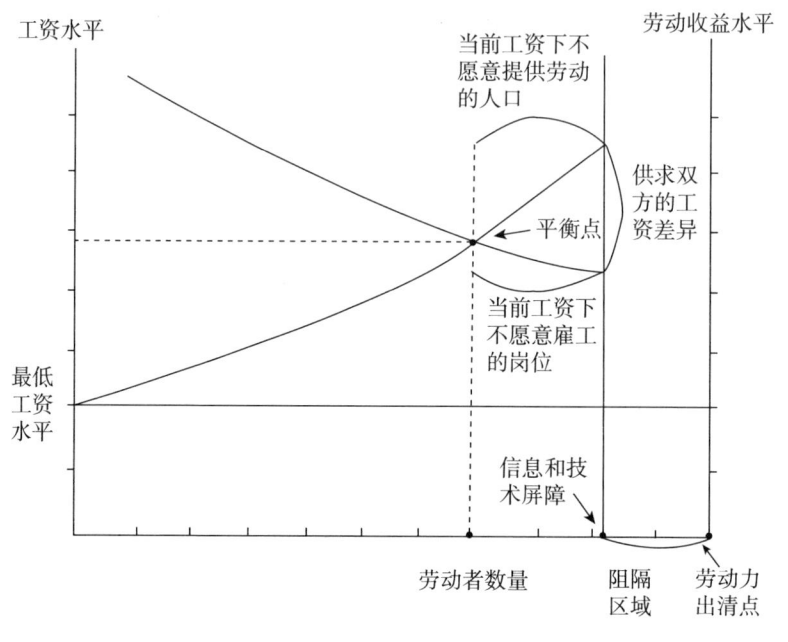

图 9-16

量可变的情况下,取决于劳动随之变化的速度和适应度。劳动市场的问题在于资本与劳动在技术水平上的不匹配,以及劳动技术水平的变化对资本技术水平变化的滞后。要提高就业水平,政府和社会应该加强对劳动的技能培训,使人才培养与劳动训练与市场需求相吻合。建立劳动市场的供需信息平台,尽可能缩短劳动变化对资本变化的滞后期。尤其是在经济转型阶段,新兴产业会提供更高劳动产出率的工作岗位,但也会对劳动力提出更高的技术要求,如果任由市场自发调节,劳动市场不均衡的状态就会维持很长时间。政府与社会的任务就是通过加大教育培训的力度减少劳动力转移的摩擦系数,使劳动市场出清与就业人口之间的阻隔区域缩小到最低限度。

9.5 南辕北辙的帕累托最优

说到均衡,就不能不提帕累托最优,按照新古典经济学的说法,均衡与帕累托最优是等价的。帕累托最优是指经济中有可能存在的一种理想状态，其福利改善已经达到了这样一种状态：其中某一个人福利的增加，至少将会引起其他一方福利的减少。也就是说，各参与方的福利境况已经好到不存在进一步改善的余地。它是以意大利经济学家帕累托的名字命名的。

帕累托最优状态并不是从天上掉下来的，而是通过"帕累托改进"实现的，所谓帕累托改进，就是一方的福利改善，至少不会引起另一方福利的减少。

帕累托最优为我们描述了一个理想的状态，但我们发现，其实现的路径与其假定，是一种自相矛盾的状态。帕累托改进首先讲的是个体福利的改善，然后才是他人利益的改善。在资源有限的情况下，一个人资源占有的增加，如何才能不引起他人资源占有的变化呢？在一个零和博弈或负和博弈的格局中（比如两极分化的状态），如何才能够做到一方福利的改善不以他人福利的减少为前提呢？如果实现的路径走不通，帕累托最优又如何达成呢？在帕累托最优状态中，一个乞丐的福利改善，不应该引起亿万富翁福利的减少，这种鼓励极端自私的"最优"有什么积极的意义吗？

问题出在哪里呢？主流经济学将均衡与帕累托效率挂钩，认为只要存在市场均衡，就是帕累托有效率配置。这个假设被定义为福利经济学的第一定理，其前提条件是市场必须是完全竞争的，且企业都以利润最大化为目标。但问题恰恰就出现在这种个体本位的利益最大化假定上。由罗宾·M. 道斯（Robin M.Dawes）和理查德·H. 泰勒（Richard H.Thaler）组织的有关公共产品的实验，证明了帕累托有效率状态与个人利益最大化相矛盾，每个人贡献出全部的资源（实验中是 5 美元），整体福利状况最好（各回报 10 美元），如果受试者为 7 个人，公共福利可以达到 70 美元，这种状况才达到帕累托最优状态，即没有人可以将福利改善得更好，且一个人福利的增加必然会以他人福利的减少为代价。但这种状态要求的是受试者的互利合作态度，而不是个人收益的最大化。从收益最大化原则出发，应该没有人对公共产品做贡献。[1]

---

① 罗宾·M. 道斯和理查德·H. 泰勒：\"异常现象：合作\"，载于由伊莱亚斯·L. 卡利尔主编的《新行为经济学》（第 1 卷），爱德华·埃尔加出版公司 2009 年版，第 55~63 页。

用我们的互利模型，可以很好地解释福利分配的最优状态。但实现的路径和实现的边界，都与帕累托最优和帕累托改进正好相反。改进的路径，不是一方福利的改善引起另一方福利的增加，而是一方对他人利益的惠顾，引起另一方合作意愿的提高，形成正反馈效应，从而加大合作的互利空间，使每一方获得的相对份额增加，当互利空间达到最大化的那一个点时，我们称之为"互利解"，任何对这个点的偏离，都会使互利空间缩小，这个时候才是福利分配的最优状态，我们称之为"互利空间的最优化"（见图9-17）。

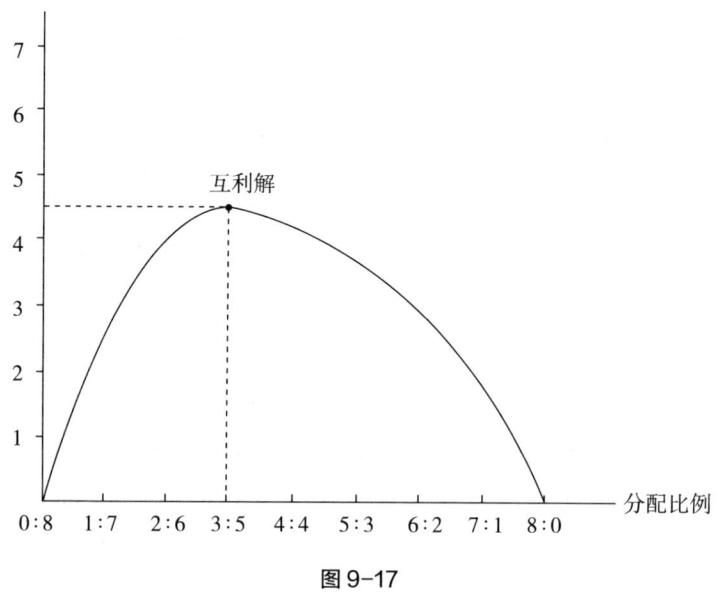

图9-17

图中的横轴表示利益博弈中双方的分配比例，不管互利空间大小，都分为8个等份，假定B的生产要素具有较高的稀缺度，当分配比率达到3∶5时（见图中虚线对应的位置），双方都认为是合理的，合作的积极性最高，互利空间也达到最大值，我们把这个分配比率与互利空间最大值的切分点，称为"互利解"，制度设计的目标，就是要找到这个互利解的实现路径。这个图形说明，互利空间（也可以理解为总的福利蛋糕）是随参与方的博弈策略而变动的，当福利分配达到某一个比例时，各方参与合作的积极性最高，从而实现了互利空间的最大化，且每一方的相对份额也达到最大。现实生活的一个典型案例,是1929年大危机时,日本松下公司的做法。

1929年,由美国爆发的经济恐慌波及全世界的各个角落。日本也受到了很大的冲击,各个公司都在裁员、减薪。松下公司当时刚刚在大阪设立了工厂,产品生产出来,却卖不出去,在仓库里堆积如山。松下公司的经理们制订了裁员和减产的计划,报请身卧病榻的松下幸之助,但松下幸之助却做了一个毅然的决定,一个工人也不解雇,一元工资也不减少,公司只上半天班,剩下的半天用来推销公司产品。这样做的结果,连松下幸之助都没有想到,不到两个月的时间,仓库里堆积如山的产品就被销售一空,工厂也恢复了全天的运转,危机安然化解。松下公司不裁员、不减薪、有利于工人的做法(是资方首先做出福利的让步),得到了工人的正面回馈,他们以加倍努力的推销公司产品作为回报,使公司和工人的利益都得到了实现。

利益分配比例可以改变总福利的情况,可以通过二元交换模型进一步说明(见图9-18)。

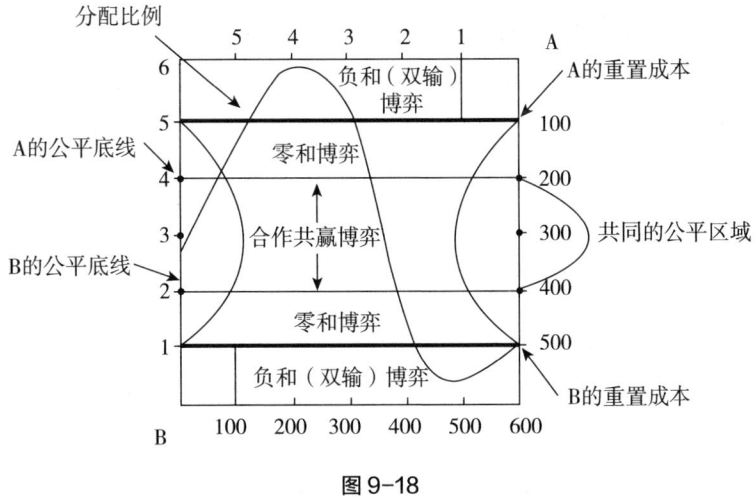

图9-18

在公平底线之内,双方可以保持充分的合作意愿,其中存在着一个最优互利解,在这个点上,互利空间可以达到最大化。图9-18中上下波动的曲线代表变动的分配比例。当分配比例超越了一方的公平底线时，受侵害一方的合作意愿开始降低，合作的互利空间迅速减少，利益扩张的一方，主要获取的是存量资源，而不是再生资源。从而出现零和博弈，即一方福利的增加以另一方福利的减少为前提。当分配曲线超越重置成本，被侵害一方不仅拒绝合作，而且采用针锋相对或取而代之的策略。这里，互利空间已经完全消失，不仅没有任何一方的福利增加，反而是双方的福利同时受损。出现双输的负和博弈格局。我们看到，在一个本质上是相互依存的人类社会，个人福利不能孤立存在，一个人福利的改善，往往取决于他人的合作意愿，而他人的合作意愿与他人的福利状况有关。实现互利空间的最优化，并不能通过个体利益的扩张来实现，而是要通过个体在福利上的相互惠顾来实现。从个体本位出发的福利改善途径，只能走进死胡同。

由于受个体本位利益最大化的制约，帕累托效用最大的软肋就表现在公共产品和外部性领域。在公共产品领域，帕累托效率所面临的难题是如何从交易当事人效用最大化的动机出发，导出对公共产品的支付意愿。新古典经济学企图通过交易当事人对公共产品的边际替换率与边际成本相等的方式来实现帕累托效率。他们常举的例子是两个合租者共同支付电视购买费用。

假定两个人各出 50% 的价格合买一台电视机，从费用上确实节省了一半。但随后的问题是，两个人怎么分配看电视的时间呢？频道的选择由谁来决定？如果一个人退租，电视归谁所有？折旧应该怎样计算？等等。从自利的最大化原则出发，这种平分公共产品费用的做法只会引起无休止的冲突。如果不从互利的角度去寻找解决的途径，就会陷入双输的囚徒困境。

公共产品的特性是它的非排他性，即人人都可以享用，但不必人人都支付费用，其产权边界是模糊的，无法用个人利益最大化来衡量。以路灯为例，每个人都需要道路照明（盲人除外），但每个人的使用率都有很大不同，如果平均分配路灯建设费用，肯定有人会认为自己吃了亏。而准确核算每个人的使用程度和支付比例，又完全没有可能。这方面不存在建立在个人利益最大化基础上的帕累托最优解，公共产品如果是以政府支出的方式建立，一些少缴税或未缴税的人搭便车的行为就不可避免。如果公共产品由私人集资提供，由于无法在付出与收益之间取得平衡，无法达到帕累托最优状态，而且，搭便车现象同样无法避免。

对于外部性问题，如一个产生污染的钢厂和一个受污染而损失的渔场之间如何实现帕累托最优呢？新古典经济学家提出的解决问题的办法居然是要这两个企业合并，把渔场的损失与钢厂的盈利互相冲销。新古典经济学家还煞有介事地论证了两个企业利润最大化的前提，即钢厂和渔场的边际成本相加为零。也就是说，钢厂由于不做环保处理而降低了成本，而渔场为消除污染而提高了成本。当钢厂所减少的边际成本与渔场为消除污染而提高的边际成本相等时，利润最大化就实现了。[1] 问题在于，这是两个产权归属不同的企业，从自利原则出发，钢厂才不会去理会渔场的边际成本是多少。新古典经济学的这种算法，等于是把两个企业合并报表，但钢厂从自利原则出发，会去兼并受污染损失的渔场吗？显然不会。而且，我们在现实生活中也看不到这样的案例。钢厂要这么做，显然不是出于自利的打算，而如果它不是自利的企业，也就不会不负责任地排污了。这又是一个二律背反的假定，为了坚守个人利益最大化的原则，新古典经济学家居然能想出这样的解决办法，真叫人啼笑皆非。

在解决个体利益冲突的问题上，与帕累托最优齐名的还有"科斯定理"。科斯定理是指，在双方的产权明确的前提下，假定交易成本为零，双方通过讨价还价，就可以找到利益均衡的解决办法。科斯以牧场主与农场主就农作物受损的博弈作为案例。据说这种以界定权利为前提的博弈格局，最终会实现产值的最大化。[2] 评论者大多将关注点集中在交易成本是否为零，其实，这不是实现利益均衡的前提。交易成本不管是否为零（讨价还价怎么可能没有成本？）都不会对利益博弈的本质产生影响。本人在农村曾经遇到过大量类似的利益冲突，有些人会为一只鹅的丢失，而动刀杀人；相邻的两户农民为宅基地中间的栅栏偏差而大打出手；好朋友因为某项费用的处理不和而反目成仇……这是由于双方都没有以和平方式迫使对方做出让步的议价资本。在协商无果的情况下，就会采取极端的方式。这个时候，必须有权威的第三方出面，找到平衡的解决办法。放牧者和

---

[1] 哈尔·R.范里安著，费方域等译：《微观经济学：现代观点》，格致出版社2006年版，第495~500页。
[2] 科斯著，盛洪、陈郁译校：《企业、市场与法律》，格致出版社2014年版，第124~144页。

农户之间互利的解法是存在的，但不是科斯教授提供的方式。我们提供的互利解是：农户可以让牧场主免费获得秸秆作为牛的饲料，以换取牛的圈养；养牛者允许农户免费取用牛粪作为肥料。这样一来，农户既免去了清理农田麻烦，又避免了牛对农作物的破坏，同时还获得了低成本的肥料；养牛户则可以获得免费的饲料，还免去了打扫牛圈的烦恼。这种互利的博弈这才会有产值的最大化。但这种状态不会自动实现，它要求有方案的设计者和双方对规则的遵守。其中任何一方的短视，都会带来合作的破坏。在人均资源占有率不能使所有社会成员达到生存基本需求的地方，对资源超平均占有的边际收益，通常会高于违反规则的边际成本。由于缺乏生存空间上的回旋余地，各方都很难通过协商找到彼此满意的解决办法。这时，一个规则维护者的存在就成为合作的先决条件。与自由主义的一厢情愿不同，公权力是我们无法摆脱的现实。

概括起来讲，均衡的目标，不可能通过市场价格调节的方式实现，在大数据和互联网时代，通过生产和消费直接联通，以定制化生产和零边际成本的制造技术，才有可能实现生产与消费的平衡。政府对价格的平准式干预（在第13章中会详细论述），可以平滑交换比率的波动，使交换维持在互利的范围内，也可以维持大体的平衡区域。新古典经济学所推崇自发调节的均衡方式，可能在一开始就是个误会。

第 10 章
博弈论对经济学的挑战

在日常生活中，每一个人都要处理与他人的相互关系。比如老板和员工之间，员工和同事之间，生意上的竞争对手或合作伙伴之间，等等。这些关系的处理，并不像经济学告诉我们的那样，有一个唯一的最大化策略。我们在采取一个行动的时候，不仅要考虑行动本身的合理性，还要考虑对方的反应。就像两个人下棋，你的每一步着法，不仅要考虑如何置对方于死地，还要顾及对方反击的策略。一味进攻，可能很快就会陷入败局。细心的读者可以发现其中的区别，说得再通俗一点，对付一个一动不动的沙袋，与对付一个活蹦乱跳的对手，完全是两回事。博弈论就是要解决这类策略互动的问题。

博弈论的产生要晚于经济学，它是 20 世纪上半叶，由一个名为约翰·冯·诺依曼（John von Neuman）的数学家创立的。其后发展迅猛，在许多领域都得到应用，经济学也不例外。1994 年，著名博弈论专家约翰·纳什（John Nash）、海萨尼（John Harsanyi）和泽尔腾（Reinhard Selten）共同获得了当年的诺贝尔经济学奖。

博弈论发展的强劲势头，使主流经济学无法忽视这个新兴学科的存在。许多新版经济学教科书都会加入博弈论的章节，试图把博弈论纳入主流经济学的框架。虽然博弈论也借用了主流经济学的一些假定，如自利和理性，但基本属于经济学对博弈论的误导，并在一定程度上阻碍了博弈论的发展。就本质而言，主流经济学与博弈论属于两个完全不同的体系。它们的框架结构与逻辑推演方式都存在巨大差异。在下面的讨论中，我们就经济学的基本原理与博弈论的思维方式进行比较，找出博弈论进入经济学的真正意义。

10.1 假定对方不会还手？

我们知道，主流经济学的方法论框架不论在微观经济领域还是在宏观经济领域都是个体本位的一元结构，其决策主体都只有一个，经济问题的解决，被表示为唯一的决策主体在假定其他条件不变的情况下，寻找最优制胜解的过程。这就好比在战争中，不论你用什么策略攻击敌方，都假定对方不会还手，天下能有这样的好事，也真亏经济学家想象得出来。

假定敌人不会还手的浪漫情怀，在博弈论中是不存在的。博弈至少涉及两个决策主体，两组博弈策略，以及这两组博弈策略对应的决策空间矩阵。由于至少涉及两个决策主体，一方的策略是否正确，不仅取决于决策者自己是否掌握足够的信息以及决策是否理性，还要取决于对方的策略选择。

中国古代有个著名的博弈案例——田忌赛马。田忌与国王赛马，每次都输，因为国王的上等马、中等马和下等马都比田忌的三个等级的马要好。孙膑给田忌出的主意是用下等马去对国王的上等马，用中等马去对国王的下等马，用上等马去对国王的中等马。结果田忌以三比二赢了国王。

这里，田忌赢得比赛的关键，是要针对国王赛马的出场顺序来制定相应的策略。对于田忌来说，不存在一成不变的制胜方案。如果国王赛马的出场顺序变化了，田忌的赛马在出场顺序上也必须随之改变，否则，没有任何获胜的希望。

仅仅是多出了一个平行的决策主体，决策思路和决策选择就会完全不同，以博弈论中最著名的"囚徒悖论"为例。它至少涉及两个参与者，如果只有一位囚徒，坦白关 6 个月，抵赖关 1 个月，他通常会选择抵赖。但在两个囚徒的二元结构中，选择空间变成下列矩阵，如图 10-1 所示。

参与者之一如果选择抵赖，会有两个结果：一个是对方选择坦白，而选择抵赖的参与者将被关 6 个月，对方无罪释放；另一个结果是对方也选择抵赖，则双方都被关 1 个月。如果选择坦白，也会有两个结果：一个是对方也坦白，则各蹲 3 个月监狱；另一个是对方抵赖，则对方被关 6 个月监狱，自己无罪释放。

		囚徒 B	
		坦白	抵赖
囚徒 A	坦白	-3, -3	0, -6
	抵赖	-6, 0	-1, -1

图 10-1

博弈论给出的答案，是参与者应该选择坦白。因为考虑到对方的决策，选择坦白的结果为：0 或 -3，即无罪释放和被关 3 个月；选择抵赖的结果为：-6 或 -1，即被关 6 个月和被关 1 个月。对于每一个自利且理性的参与者来说，选择坦白都是一个占优的策略。在这里，我们可以看到只有一个囚徒的选择与有两个囚徒的选择正好相反，一个囚徒会选择抵赖，两个囚徒会选择坦白。我们暂且把博弈论的结论是否正确放在一边，就一元决策结构和二元决策结构选择思路来说，其区别是一目了然的。

从二元决策主体的结构中，我们很自然地会引出策略互动的话题，即博弈双方不能假定对方的策略不变，而是要考虑，当对方有可能做多种选择时，己方应该采取什么策略应对。在经济学中，只有单一的决策主体，它通过假定其他条件不变的方式来解答决策的优化问题。在短期完全竞争的模式里，要假定产品价格不变和要素价格不变；而在寡头垄断的模式里，虽然涉及一个以上的决策主体，但经济学的思路是假定做出决策的厂商要能够预测其他厂商的产量。这就产生了一个决策次序的问题，谁最先做出决策呢？如果做出最大化的决策，必须要预先知道其他厂商的产量。且每一个厂商都这么行动。那么，谁也不会最先做出决定，即使有哪个厂商最先做出了决定，该厂商也会随其他的厂商的决策变动而做出调整，这样就出现了无法决策或循环决策的局面。主流经济学把这种建立在对其他厂商预期的前提下实现的最大化均衡，称为"古诺均衡"。这个古诺均衡被主流经济学视为博弈论在经济学中的应用案例。但事实上，古诺均衡与博弈论不是一回事（古诺均衡提出时，博弈论还没有产生，而且古诺均衡与博弈论的理念也完全不同）。即使你能预测出对方的产量（事实上不可能），当你做出自己的抉择时，对方也会把你的产量作为他的决策依据，做出新的选择。这样一来，你原来的决策依据（对方的产量），已经发生了变化，必须根据新的情况做出调整，如此循环下去，古诺均衡如何能实现呢？在博弈论中，假定对方的产量和价格不变，就等于假定对方是个傻瓜，这是完全行不通的。

假定市场上的产品供给只由两个企业提供，主流经济学的思路是要先确定对方的策略，再找出自己的最大化决策点，但如果对方的策略不确定，主流经济学的最大化选择就无从下手。博弈论的思路是当对方有可能选择多种策略时，决策者应该选择立于不败之地的策略，而不是收益最大化的策略。假定其他条件不变来寻找最优解，和假定条件可变来寻找占优解，这是两条完全不同的方法论途径。

从博弈的结果来看，经济学对经济活动的结局只给出了一个答案，那就是个体收益的最大化，而且这个结果适合于所有的交易当事人。经济学的论证方式是，只有实现了最大化的厂商才能够在市场上生存。可是博弈论却告诉我们，由于博弈的格局不同，有合作博弈、零和博弈和负和博弈，对应的博弈结果可以有很多种。有的是双赢，即参与者可以共同分享合作剩余；有的是单赢（即一方赢，另一方输，如下棋、期货、期权的投机交易、赌博，等等）；而有的是双输（如斗鸡博弈和企业之间的价格战等）。从个体本位的一元结构演绎不出这些结果，它不能解释为什么追求最大化的行为，最终会导致一方得利或两败俱伤的结局，更不能解释为什么交易当事人在某些情况下，会对对方的要求做出妥协，选择互利和利他的行为。

博弈论的出现，为人们提供了一种新的思考问题的方式。它说明，假定敌人策略不变的这种方式不论在现实生活中，还是在理论研究中，都是行不通的。而主流经济学家在引进博弈论的时候，似乎也没有意识到博弈论对传统经济学的颠覆性影响，不过，这一天迟早是要到来的。

10.2　假如对方选择背叛

经济学家为了让博弈论与经济学实现对接，把博弈论的一些行为策略与经济学的行为准则等同起来。比如，他们会把博弈论中的占优策略与经济学中的最大化原则，当成是一回事。然而事实上，引入博弈论的经济学教科书，是在讲两个版本的故事。

在第一个版本中，经济学家告诉我们，厂商实现短期最大化的方式，是在假定竞争者的产量已知（古诺均衡）和定价策略已知（价格不变）的情况下，改动可变要素直到边际成本等于边际收益。在这里，所有的条件都是不变的（产品价格和要素价格），唯一可变的要素（如劳动），也是由单一的决策主体所决定的变化，并且不会因为决策者的行为而产生相互作用。

在第二个版本里，经济学家又告诉我们，竞争对手的策略好像无法确定。也就是说，价格会出现变动，即使你和对方商定了产品的价格定位，也无法保证对方不会选择背叛，如果你们共同商定了高价的策略，你据此可以制定完美的收益最大化方案，可是那个"卑鄙"的家伙突然中途变卦，搞起低价倾销，那又如何是好呢？在这种情况下，第一个版本中的最大化方式，即边际成本等于边际收益的纸上谈兵完全行不通了。取而代之的是一种疑心重重、谨小慎微的微利方案。在这里，如果你一厢情愿地（就像在第一个版本的故事中）实施雄心勃勃的最大化策略，等待你的将是迅速破产。

为了避免经济学家说别人歪曲了他们的意思，我们以权威经济学教科书的案例来说明故事的第二个版本（见图 10-2）。

		Sax 公司		
		高价格	正常价格	低价格
Berney 公司	高价格	100　　200	-20　　150	-110　　-100
	正常价格	150　　-30	10　　10	-10　　-100
	低价格	-100　　-110	-100　　-10	-50　　-50

图 10-2①

---

① 萨缪尔森著，萧琛等译：《经济学》（第 16 版），华夏出版社 2003 年版，第 162~163 页。

如果单纯从金钱收益上说，两个公司都选择高价策略总收益最高，见收益矩阵左上角的数字（100，200）。但对于 Berney 公司来说，有可能在 Sax 公司选择高价策略时，选择正常价格，取得更高的收益（150）。所以，不管 Sax 公司采取什么策略，Berney 公司选择正常价格都是占优策略。它的收益组合是（150，10），与（100，-20）相比较，高出 80 个收益单位。对于 Sax 公司来讲，如果 Berney 公司选择高价格策略，Sax 公司也选择高价格策略，收益是最高的（200）。但由于 Berney 公司的占优策略是正常价格，如果 Sax 公司坚持选择高价策略，就只能得到 -30 的亏损，所以，Sax 也只能选择正常价格。结果两家公司都以 10 美元的微利方案作为占优策略。就收益的可能性空间而言，这个结果显然不符合收益最大化的标准。那么，在两个公司都选择 10 美元收益的方案时，它们是否达到了正常价格下的收益最大化呢？经济学家没有告诉我们，不知道是认为故事已经结束，没什么好讲的了，还是有不便言说的尴尬，无法再讲下去了，反正故事没了下文。但事实上，这个故事还没有讲完。下面只能由笔者再接着讲下去。在正常价格下（假定价格不变），两公司实现收益最大化的途径就是提高产量直到边际成本等于边际收益。但这里涉及两个公司，双方都提高产量会不会导致产能过剩，从而引发价格战呢？按照第一个版本的套路——垄断企业增加产量会影响价格，这个结果几乎是必然要发生的。也就是说，即使双方选择了正常价格，也不意味着万事大吉，双方还要就产量进行博弈。如果产量是双方妥协的结果，它就不可能是利润最大化的点。如果双方互不相让，就是惨烈的价格战。不论是哪一种选择，我们都看不到利润最大化的踪影。故事讲到这里，读者应该看到这两个版本有什么不同了吧。现在的问题是，应该相信哪一个版本呢？

第二个版本实际上是博弈论基准原型的"改进版"，而且还改进得并不优美。它规定了 Sax 公司的收益对比是（200，-30）与（150，10），从综合收益来看，Sax 公司实行高价格策略比实行低价格策略，要多出 10 美元。这样，Sax 公司就有与 Berney 公司合作，共同提高价格的冲动，而不是选择与 Berney 公司竞争。这个问题涉及合作产生的条件，我们以后还会遇到。读者可以自行对比原始版的囚徒悖论和经济学教科书中的演绎版,以发现它们的区别。

现在我们来看一看,原版的博弈论给我们讲述了怎样的故事。原版的囚徒悖论告诉我们,两个交易当事人如果都追求个人利益的最大化,其结果可能适得其反。

第一,每一个当事人都追求个人收益的最大化,不会像亚当·斯密所断言的那样,会自动导致整体利益的实现,自利选择的结果,虽然避免了两极分化的状态(-6,0),即一方蹲6个月监狱,另一方无罪释放;但整体福利并没有提高(-3,-3),即每个人各蹲3个月监狱,总体收益也是-6,这是一个多输的格局。

第二,就个人收益而言,(-3,-3),双方各蹲3个月监狱,与(-1,-1),双方各蹲1个月监狱比较,也在个人福利上有-2的损失。即使从个人利益得失的角度,自利的理性原则也不会导致最好的结果。

囚徒悖论揭示了自利原则和最大化原则在博弈背景下面临的困境。完全的自利和最大化行为,在特定的博弈格局中,如智猪博弈,会导致奇怪的结果,在斗鸡博弈中,则会导致无法打破的僵局。

在博弈论中,智猪的故事是这样讲述的(见图10-3)。

		大猪	
		不按钮	按钮
小猪	不按钮	0, 0	4, 1
	按钮	0, 5	2, 3

图 10-3

故事中的两个主角,大猪和小猪住在一起,这本来也没什么不好,可不幸的是,吃饭的食槽与控制食物的按钮距离很远(生活总是不那么如意),如果小猪去按钮,大猪不按,在小猪跑回食槽时,大猪会把食物吃光(自利且最大化)。如果大猪去按钮,小猪不按钮,则大猪跑回食槽前,小猪会吃掉食物的4/5。如果双方都不按钮,结果是大小猪一起饿死。都去按钮,则小猪得2,大猪得3。那么,两只猪会怎么选择呢?按照自利原则和最大化原则,小猪会选择不按钮,因为小猪按钮虽然也有可能得到 2/5 的食物（在大猪也按钮的情况下），但从自利的假定出发，大猪不会在小猪按钮时也去跟着凑热闹，而是会坐享其成。这样一来，小猪按钮的结果就只有一个，全力付出而一无所获。于是，小猪选择不去按钮，宁可与大猪同归于尽。所以，大猪在小猪肯定不按钮的情况下，只能选择来回奔波。于是出现了小猪优哉游哉，却得到食物的 4/5，大猪劳碌奔波，累得七死八活，只能得到食物的 1/5 这样一种奇怪的结局。如果这就是最大化原则导致的帕累托最优状态，我们实在看不出它有什么引人入胜的地方，真是不要也罢。

大小猪的故事还引发了一个不那么恭敬的问题（请读者见谅）：你会像猪一样思考吗？其实，即使按照猪的思路，大猪在小猪不按钮成为既定事实的情况下，会做进一步的比较。如果小猪去按钮，大猪不去吃掉所有的食物，而是给小猪剩下一半，情况又会怎样呢？这涉及互利的话题，是故事的另一种讲法，我们在本章第 4 节会做专门的分析。

如果假定了自利和最大化的前提，斗鸡的故事就是无解的。就像我们前面提到过的那个笑话，在一座独木桥上，两个人互不相让，最后的结局只能是其中一个人掉到河里，或两个人一起掉到河里。现实版的斗鸡故事，人们给出了不同的解法，理查德·H.泰勒（Richard H.Thaler,《赢者的诅咒》一书的作者）列举了他居住地附近的一个真实案例。在美国康奈尔大学的后面，有一条小溪，连接小溪两岸的是一座只能单行的桥，繁忙时段，桥的两边都会排起汽车的长队等候通过。人们并没有像斗鸡博弈所假定的那样，互不相让，而是在一个方向通过四五辆车后，后面的车会停下来，主动让对面的几辆车过来。而且，主动谦让的一方并没有面子上的损失。这是用原版的斗鸡故事无法解释的。

虽然博弈论也假定了自利原则和最大化原则的前提，但博弈论两个主角的故事框架可以展示自利原则的局限，并为互利和利他行为提供了存在的可能性空间。在经济学一个主角的故事中，我们是看不到这种可能性的，从这个意义上说，博弈论功莫大焉。

10.3　两种不同的均衡

应该指出的是，博弈论中纳什均衡的理论前提，仍然是自利原则和理性原则。而且，和一般均衡理论一样，它只是一个假设的推论。一些实验经济学（Experimental Economics）的案例表明，以理性原则为基础的纳什均衡模型，其预测结果与随机选择相比都相差很远。由艾多·埃弗（Ido Ever）和阿尔文·E.罗思（Alvin E.Roth）所做的 12 次实验中，随机选择有 5 次好于均衡选择，6 次相同。而在所有的博弈实验中，均衡选择的出错率在 3.57，而随机选择只有 1.87。在大多数案例中，两个博弈者中的一个，都会在最初的选择中偏离均衡模型预测的结果，只是在以后的学习过程中有向均衡变动的微弱倾向。[1] 尽管如此，博弈论的纳什均衡与经济学中的一般均衡也不是一回事。

学过物理学的人都知道，如果两个不同的物体会自动趋向于某一点，这个点应该具有巨大的吸附力，对它的偏离，会受到强烈的反向修正力量的回拉作用。博弈论中的纳什均衡是两个博弈者各自占优策略的集合，比如囚徒悖论中双方共同选择的坦白策略。因此，纳什均衡对于博弈双方都具有趋向性和稳定性。就像两情相悦的情侣，会自动选择长相厮守。而经济学的一般均衡是指两种相反力量形成的暂时平衡，是两种离心力的平衡。这种平衡可以出现在任何一个双方力量相等的位置，它只是表明双方在这个点上势均力敌，但只要有任何风吹草动，这个平衡就会被打破。就像厂商和消费者，厂商希望产品供不应求，以便提高价格，获得更高的利润，消费者希望产品供过于求，可以大幅杀价，用更少的钱买自己喜爱的产品。双方都对供求相等没有兴趣，而期盼于对自己有利的不平衡。这就如同一对夫妇，双方都幻想着找一个更有钱或更年轻漂亮的，一有机会就准备和别人私奔，这样的婚姻会趋向稳定，说出来鬼都不信。所以，经济学所描述

---

[1] Enrrica Carbone and Chris Starmer, *New developments in experimental economics* Volume I , Cheltenham, UK; Northampton, Mass: Edward Elgar Publishing Limited 2007, pp207-208.

的一般均衡，在现实世界里找不到对应的状况。就绝大多数情况而言，市场都处在不平衡当中，因为它在波动。波动就意味着不是供给大于需求，就是需求大于供给，价格不变，如果有的话，那也只是一瞬间的状态，它通常意味着一个相反运动过程的开始。所以，市场价格的总趋势是趋向于波动，而不是趋向于一个稳定的点。

在博弈论的策略选择空间中，可能存在着不止一个纳什均衡，如图 10-4 所示。

参与人 B

		左	右
参与人 A	上	2, 2	0, 0
	下	0, 0	2, 2

图 10-4

在参与者 A 选择上时，参与者 B 选择左，是一个纳什均衡；在参与者 B 选择右时，参与者 A 选择下，也是一个纳什均衡。当存在着一个以上的纳什均衡时，只要有一个参与者先做出选择，另一个参与者随之做出相对应的占优策略就可以了。

新古典经济学所要求的一般均衡，必须是生产量和需求量正好相等的点，不管它是以完全预期的方式还是以价格调节的方式来实现这一点，这个均衡都是唯一的，生产量和需求量完全相等的要求决定了它不可能还有第二个选择。于是，新古典经济学的所有问题，只有一个唯一的均衡解，它必须假定市场会自动趋向于这个均衡点。如果这个假定不成立，则生产的短缺和过剩就会出现。

博弈论给我们提供了一个解决问题的更广阔的思路，把均衡理解成为有多重选择的互动过程。比如，对于就业问题，如果资本大力发展传统行业，劳动可以通过增加劳动供给的方式，与资本实现利益均衡；如果资本转移到新兴行业，劳动可以通过增加职业培训的方式，与资本实现另一个利益均衡。上面那个多重纳什均衡可以变为下面的情况（见图 10-5）。

		劳方	
		增加劳动供给	增加职业培训
资方	发展传统行业	2, 2	0, 0
	转移到新兴产业	0, 0	2, 2

图 10-5

新古典经济学实现充分就业的均衡方式只有一种，那就是增加生产或增加消费。这种单一的思路和唯一性的标准，使新古典的一般均衡，永远只存在于经济学家的幻想中。

博弈论还告诉我们，纳什均衡有时是不存在的（见图 10-6）。

		参与人 B	
		左	右
参与人 A	上	0, 0	0, -1
	下	1, 0	-1, 3

图 10-6[①]

在这个博弈中，就不存在纳什均衡。如果参与者 A 选择"上"，参与者 B 就会选择"左"；但当参与者 B 选择"左"时，参与者 A 又会选择"下"；参与者 A 选择"下"时，参与者 B 就会选择"右"；同样，参与者 B 选择"右"时，参与者 A 又会选择"上"。如此反复，双方不可能有共同的占优策略。也就是说，这个博弈是无解的。博弈论至少承认，博弈论存在无解的可能。而且它可以给出这种无解的条件，即在什么情况下，博弈不存在均衡解。同样的问题摆在经济学面前，可能会是另外一番景象。如果有人提出经济领域不存在均衡解，原教旨主义的市场经济学家和你拼命的心都有。

---

① 哈尔·R.范里安著，费方域等译：《微观经济学：现代观点》，格致出版社 2006 年版，第 407 页。

博弈论给我们的启示是：如果不存在双方自利原则共同指向的占优策略，这个博弈就是无均衡解的。在经济生活中，这种不存在双方自利策略共同指向的状态是普遍存在的，解决的办法是需要有一方妥协或双方共同妥协，即寻找合作的解法。那么，双方做出妥协，会产生高于自利选择的收益效果吗？这涉及互利合作的效率问题。到目前为止，合作博弈还是博弈论的薄弱环节，而笔者以为，这恰恰应该成为博弈论主攻的方向。

10.4 合作的效率

纳什均衡是一种参与者非合作状态的均衡，是双方（或多方）自利占优策略的集合。其结果往往是总的收益矩阵中的次优选择或双输选择（如囚徒悖论和斗鸡博弈）。由此产生了一个问题，与双输的结果相比较，人们是否会选择一种合作的策略，以争取双赢的结果呢？

以囚徒困境为例，假如双方订立协议，坦白的一方会得到另一个囚徒加倍的惩罚，收益矩阵变成下面的情况（见图10-7）。

		囚徒 B	
		坦白	抵赖
囚徒 A	坦白	-3, -3	-12, -6
	抵赖	-6, -12	-1, -1

图 10-7

这时，囚徒 A 如果选择坦白，他的收益组合是（-3，-12），而选择抵赖的收益组合是（-6，-1）。对于囚徒 B 也是一样。这时，他们的占优策略应该是采取合作方式，都选择抵赖。而都选择抵赖（-1，-1），就成为双方的策略均衡。

采取合作策略，虽然从个人选择的结果不是最优，个人的最优结果应该是（0，-6）中的零刑期，即我方坦白，对方抵赖，但是整体利益仍为 -6（0，-6）。

双方合作的结果是（-1，-1），是整体利益的最大体现，对参与者来说是双赢的结果。这是值得双方去考虑的一个选择。

一个发人深省的事实是：在实验室环境内，即使双方没有订立合作协议，受试者也会表现出很高的合作比例。由肯尼斯·克拉克（Kenneth Clark）和马丁·塞夫顿（Martin Sefton）在本世纪初做的一系列囚徒悖论的实验，得出了许多有趣的结论。他们设置了三种不同的博弈格局。其中基准博弈是完全按照原始的囚徒悖论设计的（见图10-8）。

		参与者B	
		合作	背叛
参与者A	合作	400，400	0，500
	背叛	500，0	100，100

图10-8

如果参与者是自利且理性的，就像纳什均衡所假定的那样，他们的占优策略就是选择背叛。但实验的结果却表明，在基准实验中，人们选择合作的比例高达57.5%，即使经过反复测试，有人在对方选择合作时选择了背叛，从而使合作的比例下降，到第十轮测试时，合作出现的概率仍然高达32.5%。

由于人们选择合作意味着要牺牲一部分物质收益，在上述实验中，当第一个行动的人做出合作的决定时，第二个做合作选择的人要比选择背叛少拿100美金。那么，是不是由于奖金数量不够大，以致人们对合作的损失不认真对待呢？肯尼斯和马丁做的第二种测试把奖金的数目增加了一倍（见图10-9）。

奖金加倍，意味着选择合作的收益和成本都在提高，实验的结果是，第一轮选择合作的比例达到35%，有趣的是，在第十轮，合作的比例还有所上升，达到37.5%。

		参与者 B	
		合作	背叛
参与者 A	合作	800, 800	0, 1000
	背叛	1000, 0	200, 200

图 10-9

最后的一组实验最具有挑战性，它设定了背叛的双倍诱惑，即如果第一个人选择合作，第二个人也选择合作只能得到 400 美元，但选择背叛可以得到 1000 美元（见图 10-10）。

		参与者 B	
		合作	背叛
参与者 A	合作	400, 400	0, 1000
	背叛	1000, 0	100, 100

图 10-10

那么，人们会怎么选择呢？在第一轮实验中，合作比率仍然达到 35%，与加倍奖金的实验比例相同。到了第十轮，合作的比例明显下降，但也有 15%。[1] 这说明，即使没有合作协议，且合作的收益与成本严重不对称的情况下，还是会有一定比例的合作发生。这与纳什均衡所预测的情况不符。经典的博弈理论无法解释，非合作的博弈模型为什么会出现如此高的合作比例。要知道，即使在基准模型中，当对方选择合作时，己方选择合作的收益也要低于背叛的收益：400∶500。更不要说在放大倍数模型和双倍诱惑模型中，选择合作的成本就更高了。对此，博弈论专家通过交互性（reciprocity）原则来解释合作的产生，该原则假定人们会

---

[1] Enrrica Carbone and Chris Starmer, *New developments in experimental economics* Volume Ⅰ, Cheltenham, UK; Northampton, Mass: Edward Elgar Publishing Limited 2007, pp413-417.

采取与对方对等的博弈策略，即对另一方的选择采取以德报德，以怨报怨的方式，对方选择合作，己方也选择合作；对方选择背叛，己方也选择背叛。

但是，交互性只能解释合作比例的稳定性，不能解释为什么第一个行动的人会选择合作。因为，按照纳什均衡的理性假定，他（她）没有理由这么做。因为，当他（她）选择合作时，对方选择背叛，会使自己的收益降到最低水平。博弈论专家通过两种方式来解释最初的合作为什么会发生。一种方式是假定存在着非物质的心理收益价值，用系数 α 来表示，加入了主观意愿的因素后，囚徒悖论的收益矩阵变成如下形式（见图 10-11）。

参与者 B

		合作	背叛
参与者 A	合作	$3+3/4\alpha$, $3+3/4\alpha$	$-1/2\alpha$, $4+1/4\alpha$
	背叛	$4+1/4\alpha$, $-1/2\alpha$	$1-1/4\alpha$, $1-1/4\alpha$

图 10-11

当 $\alpha \in [-4, 2]$ 时，公平均衡（fairness equilibrium）就是双方都选择背叛，当 $\alpha \geq 2$ 时，双方选择背叛和合作都有可能。选择合作建立在一个共同认知的基础上，即当双方都知道对方会为别人牺牲自己的物质利益时，他们就会选择合作。①

另一种对于合作产生的解释是演化的方法（evolutionary approach）。假定最初所有的人都采取一个既定的策略，用 x 表示，这时，有一小群人，尝试采用备选的策略，用 y 来表示，这样，对于每一个备选的策略 y 来说，存在着一个进入的门槛，如果 y 不能超过 x，就表明 x 可以产生比 y 更高的收益，x 因此获得演化上的稳定。②

---

① Jérôme Ballet Damien Bazin, *Positive ethics in economics* New Brunswick, N.J.: Transaction Publishers 2006, p76.

② 同上，第79页。

上述两种方式都缺乏足够的说服力，主观意愿方式要以共同的利他认知为前提，它无法解释为什么在匿名的实验中会有高比例的合作出现。演化的方式把合作的产生归结为不确定、非线性的随机事件，无法解释合作的稳定性比例，也无法回答为什么在合作收益大大低于背叛的收益时（见上面加倍诱惑的案例），还会有较高的合作比例出现。

要解释合作博弈的存在，我们必须引入利他行为和互利行为的存在依据和理论基础。

主流经济学把自利原则看成统治人类行为的原则；而自由竞争的市场经济论则更像是达尔文物竞天择、适者生存的进化论在人类社会的翻版。通常人们所理解的达尔文进化论，是以个体竞争为基础的。一切生物个体为了争取生存的权利和空间，不仅进行种间的竞争，而且进行着种内的竞争。在激烈的生存斗争中，强壮的或具有适应能力的生物个体被保留下来，弱小的或不具有适应能力的个体则被无情地淘汰，生物由此得到进化。有了进化论的佐证，经济学家似乎无须再为个人追求自身利益的最大化找什么依据了。他们假定人类在任何时候都是把个人利益放在至高无上的位置，个人行为只有在自利原则中才能得到解释。

然而，自20世纪50年代开始，一些生物学家对个体本位的自然选择理论产生了怀疑。他们发现，许多生物都是以群体方式生存的，这种生存方式虽然不排除个体之间的竞争，但却对这种竞争加入许多限制，它要求个体行为必须做出调整，以服从群体的生存条件。某些生物种群，如膜翅目昆虫中的蚂蚁和蜜蜂，个体对群体生存条件的服从以及个体之间的互利合作已经演化为生理上的分工（如专门负责采集食物的工蚁和专门负责保卫群体的兵蚁）。当群体的生存条件受到威胁时，要求种群中的某些个体做出自我毁灭的牺牲行为（如当蚁巢受到外敌入侵时，白蚁中的兵蚁会爆裂自身，将毒液喷向入侵之敌，工蜂会对外来之敌做出自杀式攻击，等等）以拯救整个群体的生存。与人类先入为主的想法不同，生物界利他行为和互利合作行为比比皆是，至少与自利行为一样普遍。研究社群生物生存方式的生物学，被称为社会生物学，这是20世纪70年代中期形成的一门学科。

按照社会生物学的观点，生存选择的基本单元不是个体，也不是群体，而是基因。这是由于，自然选择的最普遍形式是生物体的差别性生存，某些个体存在下来，而另一些则消亡。因此，"一个附加条件必须得到满足，每个实体必须以许多拷贝的形式存在，而且至少某些实体必须有潜在的能力以拷贝的形式生存一段相当长的时间"①。在有性生殖的物种中，作为遗传单位的个体体积太大，寿命也太短，相对于进化过程而言，不能成为有意义的自然选择单位。而基因则具有这样的特性，它不会衰竭，可以复制。生物的个体仅仅是基因的载体，它复制出来的许多拷贝，形成了生物的种群。生存竞争，实际上是不同类型的基因之间为争夺生存空间而进行的斗争。一种行为模式，如果对基因的生存和扩张有利，就会作为"良性基因"被保留下来。成为固定的反应程序或直接演变成生理上的分工。

社会生物学揭示了利他行为和互利行为的生物学基础，即作为一种提高基因生存几率的行为模式，可以作为良性基因在生存竞争中被保存下来。无限次的囚徒悖论实验表明，合作的总体效率大于背叛的效率（-1，-1）>（-3，-3），当行为者 A 做出最初的合作选择时，由于交互性的作用，行为者 B 可能投桃报李，也选择合作。这样，他们就可以得到最少的收益损失，从而提高双方的生存几率。如果 A 选择背叛，B 也选择背叛的概率就非常高，总体的收益水平就会下降。如果 A 选择合作，B 却选择背叛时，A 只要在下一次也选择背叛或对 B 惩罚，其收益损失是固定的，即（-6），这个损失可以在以后的无数次博弈中摊薄。相对于有可能无限次地得到（-1）来说，合作的总体效率要高于背叛的效率。所以，从提高生存可能性的角度说，第一次选择合作，是一个优选策略。这可以解释，为什么在明知道对方选择背叛的收益数倍于合作的收益时，还会有人在一开始就选择合作。作为一种可以提高生存机会的行为模式，合作动机已经被当成良性基因保留下来，在第一次选择时，总要作为某些人的优选方案而得到尝试。同时也说明，为什么以个体自利原则和理性原则为基础的非合作博弈模型，在行为学和心理学实验中，会与实验结果出现较大的偏差，其生存效率甚至远远低于随机模型

---

① R.道金斯著，卢允中、张岱云译：《自私的基因》，科学出版社 1986 年版，第 44 页。

（即随机回应合作与背叛的模型）。

从进化的角度讲，自利、利他与互利属于三种不同的生存策略，究竟哪一种策略可以在生存竞争中胜出，并成为稳定的占优策略呢？美国密西根大学的政治学与公共政策教授罗伯特·阿克塞尔罗德主持了一个十分有趣的实验。他用囚徒悖论的模式设计了一个有限次重复博弈的支付矩阵，并向全世界的博弈论专家发出邀请：找到这种囚徒困境博弈"锦标赛"中最好的策略（即能收到的总支付最大）。在第一次实验中，阿克塞尔罗德共收到 14 个"策略参赛者"，为了便于评判，阿克塞尔罗德增加了自己的第 15 个策略程序"随机策略"，即随机出牌的策略。在决定了这 15 个参赛策略后，阿克塞尔罗德把它们都转换成同一种电脑语言，然后让它们一一对垒，共分 225 场，每场 200 个回合。第一届比赛的结果出来，由加拿大多伦多大学教授阿纳托尔·拉波波特教授提供的"一报还一报"（tit for tat）策略胜出。所谓一报还一报的策略就是，第一回合选择"合作"（而不是自利原则所主张的任何时候都选择背叛的"占优策略"），然后每一个回合都重复对手上一回合的策略。在第一届比赛结果出来之后，阿克塞尔罗德又组织了第二届比赛，这次比赛他共收到 62 套策略程序，加上他的随机策略，一共是 63 套程序，第二届对抗赛的策略程序设计者们在第一届经验的基础上，出现了两派不同的思路。一派提出了更加宽容的程序，如约翰·梅纳德·史密斯提出的"两怨还一报"的策略（相对利他的策略）。另一派则设计出更加狡诈的策略（完全自私的策略），企图通过占便宜的方式来整整这些"愚笨的好人（策略）"。第二届比赛结果出来，狡诈的策略再度失败，"一报还一报"的策略再度胜出，并获得了更高的基准分。史密斯的"两怨还一报"的策略也没有胜出，因为它过于宽厚而被狡诈策略所绞杀。阿克塞尔罗德后来又进行了第三届对抗赛。这次他没有征集新的策略，而是按照进化博弈的思路，将这 63 套策略输入电脑，让其作为演化博弈的第一代。在第一代之间的对抗结束后，以每种策略产生后代的多少来决定胜负。经过 1000 代，策略的比例和环境都不再发生变化而达到稳定。几乎所有的"诡诈型"策略都在 200 代左右完全消失！"一报还一报"的策略依然表现出色，其他 5 种"善良而不懦弱"的策略也同样成功。对此，阿克塞尔罗德总结出，好的策略（也就是可以获得生存优势的策略）要具备以下三个特征：一是善良，即永远不首先背叛。这与利益最大化假设下的占优策略（总是背叛）完全不同。二是宽恕，即很容易忘记对方过去的错误，一旦对方"改过"，即以合作对待。三是不嫉妒，即当别人和你赚的一样多时，你依然很高兴。[①]显然，这对决策主体的要求，就不仅仅是自私那么简单了。从实验室的检测结果来看，主流经济学主张的完全自利原则，并不是一个高效率的生存策略。这意味着，持有这种策略的个体，将会在漫长的生存演化中由于获利的低效率而被淘汰。只有兼顾对方和己方的互利且有底线的生存策略，才能够在生存竞争中胜出。如果我们承认了合作和互利行为在生存意义上的合理性，就必须对经济学和博弈论中的个体自利原则做出修正，建立一套可以解释合作互利行为的经济学准则。

另外，博弈论研究中一个非常奇怪的事情是，明明是验证合作的概率，却要用非合作的模型来测试，即假定了对合作背叛的高收益和对背叛合作的高损失。在现实世界里，这种合作与背叛的收益反差并没有那么高。

合作博弈出现的前提是，要求对个体的完全自利行为做出限制。例如，在石油输出国组织当中，每个成员国必须控制产量，遏制自己追求最大化收益的冲动。在囚徒困境中，每个参与者必须放弃零刑期的幻想。这些对自利行为的限制，是信奉最大化原则的主流经济学和局限于非合作博弈的纳什均衡所无法解释的。

不同的博弈模式会产生不同的博弈结果，如果你是博弈参与者之一，你更愿意采用哪种模式呢？

我们看到，本质上是二元结构的博弈论，与一元本位的主流经济学很难实现融合。主流经济学与博弈论的对接，好像是异体移植，很容易产生"排异"反应。但与我们前面设定的经济二元结构却有珠联璧合之妙。笔者相信，随着研究的不断深入，博弈论最终应当与互利经济学实现无缝对接。

[①] 罗伯特·阿克赛尔罗德著，梁捷、高笑梅等译：《合作的复杂性——基于参与者竞争与合作的模型》，上海人民出版社 2008 年版，第 6~12 页。

第 11 章
增长的陷阱

从这一章开始，我们进入宏观经济领域。宏观经济学将整个国民经济作为一个整体，它涉及的是总量概念，即总产出、总投资、总消费量、总就业量、一般物价水平、一般利率水平、政府的税收和采购、商品和服务的进出口总量，等等。宏观经济学的建立，还应归功于凯恩斯的《就业、利息和货币通论》，正是他的这部划时代著作，开启了宏观经济学研究的先河。

历史上关于个体本位和国家本位的争议，演变成了今天微观经济学与宏观经济学的两分局面。如果说，在微观经济学中我们看到了大量有疑问的论点，那么，在宏观经济学领域，我们看到的是各执一词的争论。因为在宏观经济学领域，几乎是任何一个课题，经济学家都很难达成一致，在这种不一致的背后，隐藏的是各种终极价值判断的分歧。通过宏观经济问题的争论，我们可以了解经济学家是如何解释总体经济运行规律的。

11.1 总量概念之殇

既然宏观经济学涉及总量的概念，我们首先要弄清楚的问题就是，总量指的是什么？经济学教科书通常定义总量是单独个量的叠加。在做这种简单推论的时候，最容易出现的问题就是混淆个量与总量在不同层面上的意义。有些指标，比如资本和劳动，在个体厂商的微观层面，可以作为变量来处理，但上升到宏观层面，资本和劳动就是存量而不是变量了。因为对于一个经济体而言，一个时期的资本量和劳动量是相对固定的，短期内不可能发生重大变化。在柯布－道格拉斯生产函数 $\{Y=A \cdot F(K, L)\}$ 中，总量概念的劳动和资本仍然像在微观层面一样，作为独立变量来处理。要知道，个体厂商可以从外部增加生产要素的转移，而在一个封闭的宏观经济模型中，我们无法完成这种转移。个体厂商追求的自身收益的优化，可以通过裁减 20% 的工人来实现。但在宏观经济中，这么做没有任何意义，出现 20% 的失业率是任何经济体都无法接受的。同样的道理，个体厂商可以通过增加资本的方式实现产出的增长，但在宏观经济领域，一个产业的资本增长，意味着其他产业资本投入量的减少。所以，对于个体厂商是有效率的事情，对于整体经济的效果很可能没有效率。两者的测量标准不同。在宏观层面，劳动和资本的总量不变（在短期和封闭的模型中），人们只能改变它们在各个部门的分配比例，或改善它们的利用效率。所以，同一个概念，在微观领域与在宏观领域具有完全不同的意义，不能当作同样的概念来使用。

有相当一部分总量概念，是直接从个量概念引申而来的，比如总供给与总需求的概念。这些概念在个量分析中都是一个不准确的描述。我们在第 3 章和第 4 章的分析中，已经说明一种商品的供给与需求的概念只是交换经济的一个片段，而不是商品交换的全部。当我们谈到一种商品的需求时，总有另一种或一组需求与之相对应。而当市场中的交易者拿一种商品去出售时，背后的目的是为了换回其他的商品。我们已经多次提到，货币的出现，使交换被分割成时空分离的单个商品的买卖过程。这也是货币出现造成的另一类货币幻觉。问题在于，整个微观经济学就是建立在这种幻觉的基础上。宏观经济学直接把微观经济学中的供给与需求的概念拿过来使用，自然也就继承了微观经济学的误解，用总供给与总需求的概念来概括经济体内部的交换过程，引起的误解就更多。

总供给与总需求的概念，给人一种错误的印象，好像经济体内部存在着一个单纯的供给方和单纯的需求方，生产过剩是由于总需求不足，因而，阻止经济衰退的最好办法就是刺激总需求。但从交换的角度说，任何时候的过剩都是相对的，一种商品的过剩，必然与另一种商品的短缺相对应。从我们的二元交换结构中很容易理解，当谈到一个经济体内产品的供给和需求出现了不平衡，其实仅仅是不同商品的交换比例或资源配置的比例出现了问题，而不是总供给的过剩，或总需求的不足。

凯恩斯把经济衰退归结为有效需求不足，或者准确地说是有效的总需求不足。因此，他主张采取积极的财政政策（政府扩大财政赤字，进行直接投资，减少消费环节的税收，增加政府采购，等等）和宽松的货币政策，使总需求水平上升，以此来遏制经济下滑的势头。不过，我们不得不遗憾地指出，这只是一种刻舟求剑、缘木求鱼的方式。

按照笔者的观点，经济衰退不是有效需求不足，而是市场上投机性需求引导的生产要素的无序转移，使资源过多集中于某个产业部门，并形成大量无效投资和过剩产能，当投机性需求消失时，资源配置已经发生严重失衡。经济衰退是消化这些无效投资的方式。如果不加区别地去刺激所有的需求，一种可能的结果是，在充裕的流动性下，使原本开始收缩的泡沫再度膨胀起来，而且再一次地膨胀是在政府鼓励的情况下发生的，由于有政府金融政策的支持，其膨胀的速度更快，泡沫也更大，就像中国在2009年的房地产泡沫再度吹起那样。另一种可能的结果是，当政府通过注资的方式救助陷入困境的企业和金融机构时，实际上是向已经出现产能过剩的行业注入资源，过剩的产能不但没有被淘汰，反而在政府的救助下得以保留甚至还进一步发展。这种救助方式只是在掩盖结构失衡问题，而不是去解决它们。美国政府在次贷危机后的救市措施，就属于这种类型。

所以，当经济衰退不是由于需求不足，而是由于过多的无效投资使交换比例出现失衡。如果没有针对性地采取调整措施，以为只要把总需求调动起来就可以解决问题，结果会使那些本来应该被淘汰的产能得以苟延残喘，而真正应该发展的产业反而得不到资源。原有的结构失衡不仅没有缩小，反而有可能会长期保存下去，使社会资源越来越多地沉淀在无效投资中，形成大量"僵尸企业"，整个经济体对政府刺激的依赖程度越来越高，创新和再生的活力却在不断下降。

导致认识误区的另一个总量指标是经济增长速度。GDP增速这个指标并没有说明是哪个部门的增长在带动整个经济增长，也没有说明这种增长是否有可持续的基础，更没有说明各部门的增长比例是否协调。如果政府把GDP增速作为调控的目标，最容易导致的结果就是重复建设，低水平、低技术含量和低附加值的项目大量上马。这种增长背后，可能埋藏着未来发展的巨大隐患。可是，GDP增速指标对于各级政府来说，有着太大的诱惑，它与任职期的政绩联系在一起，政治家对它的情感几乎是难以割舍的。对于下层官员来说，GDP 增速也是一个最容易打马虎眼的指标，相比起其他的指标，它更容易完成，也更容易操控。这也可以解释为什么当人们建议使用绿色 GDP 概念时，会遭到各级政府部门的普遍反对。

主流经济学认为增长可以通过"波及效应"来解决弱势群体和贫困问题，但经济发展的事实证明，GDP 总量的增长和人均 GDP 的增长，并不意味着生活质量的普遍提升。20 世纪中后期，曾有不少发展中国家达到了联合国规定的经济发展目标，但这些国家的大多数民众的生活水平并没有得到实质性的改善。财富的增长和绝对的贫困同时存在。这种没有互利效应的发展，最终形成不可持续的结果，很多国家陷入"中等收入陷阱"，经济体长期处于停滞和无序的状态。

对于 GDP 这样的总量指标，许多西方学者也提出质疑。例如琼·佳德瑞（Jean Gadrey）和佛罗伦斯·詹尼-凯瑞斯（Florence Jany-Catrice）在她们合著的《福利与发展的新指标》一书中，提出了一个新的视角：假设有两个 GDP 完全相同的国家，其中一个国家交通事故频发，相对应的医疗设施、汽车维修和急救服务在 GDP 中有很高的比重。而另一个国家的交通秩序良好，事故率很低。虽然两国有完全相同的 GDP，但国民的福利状况却有很大不同。同样的道理，如果一个国家有 10% 的人热衷于破坏公共设施、扰乱社会秩序（就像我们在很多国家看到的情形一样），另有 10% 的人去修复这些破坏，并努力平复动荡的局势。与此同时，另一个社会环境良好的国家则让 20% 的国民免费享受保健、教育和文化娱乐等社会福利。这两个国家也可以有相同的 GDP，但却有完全迥异的福利水平。同样的观点也适用于由人类活动所造成的环境破坏上。对亚马逊雨林有组织的破坏，虽然增加了 GDP 的数量，却没有计算自然资源的损失和对气候的影响。此外，GDP 的概念也没有包括人们为物质产出牺牲的舒适和自由，没有包括人们的自愿工作和家务劳动。所以，"GDP 只是产出而不是结果，财富并不是福利"[1]。

以总的物价水平作为调控目标也会带来同样的问题。各国央行行长的眼睛都

---

[1] Jean Gadrey and Florence Jany-Catrice, *The new indicators of well-being and development*, New York: Palgzave Macmillan 2006, p22.

紧盯着 CPI 和 PPI 指标的波动，手里紧扣着货币宽松或紧缩的阀门，只要这两个指标达到某个特定的数值，货币政策干预就随时出笼。他们往往不问物价上涨是什么原因引起的，好像只要采取措施把物价控制在一定的水平就天下太平了。如果物价上涨是因为农业歉收，或原材料和能源等自然资源短缺造成的，这时候加息和收紧银根，只能使实体经济雪上加霜。在成本上涨的同时，还要承受流动性不足和借贷成本的提高。而对于投机性需求推动的物价上涨，加息的幅度不可能赶得上投机性价格上涨的幅度，所以在投机性需求没有把资本存量用尽之前，加息起不到抑制价格上涨的作用。就像 2007 年，中国政府数次加息，而股市、楼市和大宗商品的价格却节节攀升，直到资本存量用尽时，这时再加息或提高存款准备金率，就会成为市场崩溃的导火索。而对于 2010 年下半年的物价上涨，中国政府就吸取了以前的教训：一是干预得比较及时，没有等价格形成上涨趋势就果断出手；二是不再单独依赖货币手段，而是有针对性地采取一系列行政干预措施，如开辟农副产品的绿色通道，实施农超对接，打击投机性的炒作和囤积居奇行为。调控很快就收到了成效，农副产品价格普遍出现了回调。这说明，总体的价格上涨，引起的原因可以是多种多样的，需要具体的有针对性的措施。如果不加区别地进行总量调节，造成的负面作用可能更大。

宏观经济学的总量概念，容易引起误解的地方太多。有很多时候，我们的宏观调控就像堂·吉诃德先生对风车发起的攻击一样，经常找错发力的目标。许多文不对题的政策调控，很可能是被总量概念的误导所引发的。为了避免与无害的风车战斗，有必要建立一套符合现实的宏观经济概念。

11.2　增长模型的缺憾

目前的经济学教科书都以索洛模型为经济增长模型的范本。而索洛模型又是从柯布－道格拉斯生产函数演变出来的，即：

$$Y = A \cdot F(K, L)$$

按照该生产函数，国内生产总值取决于 A：技术水平；K：资本量；L：劳动量。这样，Y 的增量，即 $\Delta Y/Y$ 取决于技术、资本和劳动的增量。GDP 的增长率可以由下面的方程式给出：

$$\Delta Y/Y = \Delta A/A + \alpha\ (\Delta K/K) + \beta\ (\Delta L/L)$$

其中，α 和 β 为资本收入的份额和劳动收入的份额，且 $\alpha + \beta = 1$。

由于 $\beta = 1 - \alpha$，上式可以整理为：

$$\Delta Y/Y = \Delta A/A + \alpha\ (\Delta K/K) + (1 - \alpha) \cdot (\Delta L/L)$$

该模型假设失业率是固定的，劳动力对人口的比率不变；不包括政府的作用，没有税收、公共支出与政府债务，并假设一个封闭的经济，不存在国际贸易。

应该指出的是，索洛增长模型所依据的柯布－道格拉斯生产函数，仅仅是新古典微观生产函数的一个扩充，它只在微观生产函数上加了一个技术因素 A。我们在上面的分析中已经指出，微观的个量概念一旦扩充为宏观的总量概念，其意义就发生了变化。在微观层面，资本与劳动是变量，但在宏观领域，特别是涉及增长问题时，必须先假定资本与劳动是存量。资本的增量需要储蓄的增加，而储蓄的增加需要收入的增加，收入的增加需要产出的增加。当我们用资本的增量来解释增长时，等于是用增长来解释增长，是一个循环论证。对于劳动也是如此，劳动的增量要求以收入的增加为前提，而收入的增加要求以产出的增加为前提，这又是一个循环论证。

而且，在宏观经济的层面，人们应该关心的不是资本与劳动的配比，这甚至都不是个体厂商应该关心的问题，宏观经济增长模型应该关心各部门的投资比例是否平衡，各部门之间的交换比率是否在公平域的区间之内，发展是否可持续，以及由经济波动带来的无效投入是否过多，等等。这些，在新古典的增长模型中都没有体现，在索洛模型中，一国经济仍然像个体厂商那样去思考问题和行动，好像政府官员的视角也和企业家一样，关注生产要素的配比，以使利润最大化。这真是一个天大的误解。就算是关注增长，索洛模型也只是一个数量增长模型，它把产出量的增加作为衡量经济效率的唯一标准。它无法回答经济增长的质量问题和是否可持续问题。按照这条思路发展，我们很容易掉进增长的陷阱，即在获得发展的同时，以环境破坏、资源枯竭、两极分化和社会动荡为代价。

笔者的观点是，经济增长绝不仅仅是一种数量的增长，伴随着消费升级的是产业的升级。每一个消费层次，都由一个或几个支柱性产业所代表。当这个消费层次的产品大量普及，需求满足度达到饱和之后，如果经济还要继续发展，就必须有新的产业和新的消费层次取而代之。

在新古典的生产函数和增长模型中，我们看不到产业部门的这种兴衰变动，看不到资本与劳动在不同的支柱产业之间的流动。技术创新在新古典的增长模型中，只是一个被游离出来的因素。它的作用仅仅停留在资本深化和劳动投入"余项"的计算。

新古典增长模型明显低估了技术的作用。新古典经济学家通过对比实际GDP的增量，再减去测定资本的增量和劳动的增量，来计算技术对经济发展的影响。但这种计算只是看到了产值的增加，没有看到技术对劳动生产率提高的推动作用，没有看到技术创新对新产品和新产业的形成所起的决定性影响。另外，在技术带来生产成本降低、产值增加的同时，也会带来产品质量和产品性能的提升。而这种提升从产品的价格上有时不能反映出来。比如，我们经常会发现市场上的商品（如汽车和家用电器）的绝对价格下降了，但性能却有了很大的提升，这就是技术创新的作用。

如果我们把一定时点上的资本和劳动看成是常量，变化的只是他们在各部门之间的分配比例，则产出的增加应该只取决于技术的变化对产出率的改变，以及要素在不同产出率部门之间的变动。宏观经济的生产函数应该表示为：

$$Y = \sum_{i=1}^{n} (\pi_i I_i - u n I_i) \ G - G_{(t+D)}$$

$i=1, \cdots, n$

式中 π_i 为第 i 个部门的产出系数，它反映了该部门的技术能力、劳动力的素质以及管理水平；I_i 代表第 i 个部门的投资数量，它与 π_i 的相乘可以得出该部门增加值的数量；unI_i 代表的是无效投入，它包含产品的过剩、产能的过剩和无效的劳动，如果一个经济体出现资源配置不当，结构比例失衡，就会出现大量的无效投入，这也会影响到最终的产出；G 代表政府提供的公共管理；$G_{(t+D)}$ 代表政府的税收、行政性收费和政府债务。

通过这个公式，我们可以了解政府的公共产品投入对于各个部门产出系数的影响，并且通过减除政府收入和政府债务来衡量政府的宏观管理效率。通过这个公式我们还可以看出，经济增长主要取决于各部门产出系数的变化和无效投入的比重，以及资源是否投入到效率较高的部门。

用这个公式，我们可以很好地解释总体经济运行的效率，影响经济增长的各种因素的作用，技术水平在各部门的分布和对不同部门产出率的影响，经济内部产业结构的比例关系，等等。而这些因素都是新古典的宏观经济模型不包含也无法说明的。

11.3 储蓄 = 投资？

资本的增量来自储蓄的增量，但资本的增量和投资的增量是一回事吗？主流经济学的答案是肯定的。宏观经济学的一个重要假定是：储蓄 = 投资。

这个假定来源于凯恩斯的《就业、利息和货币通论》。他是这样来推论的：由于"收入等于预期产量的价值，预期投资等于没有被用于消费的预期产量，而储蓄又等于收入超过消费的部分"，所以，"储蓄和投资的相等是必然的结果"。[1]

用公式表示如下：

$$收入 = 消费 + 投资 \text{[2]}$$
$$储蓄 = 收入 - 消费$$

由此得出：

$$储蓄 = 投资 \text{[3]}$$

这个假定如今已成为宏观经济学的基本原理，被广泛传播。然而，储蓄等于投资却是一个似是而非的假定，全部问题出在推论的时间序列上。在凯恩斯的著名三段论的推导过程中，第一段的假设：收入 = 消费 + 投资，把逻辑关系颠倒

---

[1] 约翰·梅纳德·凯恩斯著，高鸿业译：《就业、利息和货币通论》，商务印书馆2009年版，第80页。
[2] 应该是减去折旧的净投资。——作者注
[3] 同注释[1]。

了。这里，凯恩斯与他批评的对象——新古典经济学犯了一个同样的错误，忽略了时间的因素。要知道，当前的收入来自于前期的投资和消费，当我们假设一个时点，比如 t_1 时期，其收入是由 t_0 时期的投资和消费决定的，t_1 时期的消费和投资是由 t_0 时期的收入产生的。

这个公式应该改为：

$$收入\ t_0 = （消费 + 投资）t_1$$

在这个投入的过程中，会产生收入的增值过程。也就是说，t_1 时期的（消费 + 投资）会产生 t_2 时期收入的变化。所以 t_1 时期的收入和 t_2 时期的收入不可能相等。而凯恩斯的收入 = 消费 + 投资的公式，由于没有时间的序列，我们看不到收入增多的可能，生产永远是简单再生产，没有扩大再生产，也没有收入的增长，所以，这个公式从来源的角度推论不成立。t_1 时期的收入不可能与 t_0 时期的消费 + 投资相等，因为，这中间有一个增加值（或减少值）。

此外，从收入流向的角度，收入 = 消费 + 投资也不能成立。我们从 t_0 时期的投入得到 t_1 时期的收入，这个收入一部分进入消费，一部分进入投资，还有一部分会滞留下来，这部分资金被凯恩斯称为"流动性偏好"。凯恩斯曾经把流动性偏好作为导致有效需求不足的三大心理因素之一，但在分析储蓄与投资的关系时，却又完全忽视流动性偏好的存在。存在流动性偏好就意味着有一部分资本会闲置下来，不进入投资。收入流向的公式：收入 = 消费 + 投资就不能成立，也就是说，除了消费和投资，还会有一个闲置的现金流存在，即：

$$收入\ t_0 = （消费 + 投资 + 闲置现金流）t_1$$

在这里还需要指出的是，即使现金以储蓄的方式进入银行，银行也不可能把它们全部贷放出去，银行都要留够所谓的"存款准备金"。这部分存款准备金是要交给中央银行，留待紧急情况时使用的。所以，凯恩斯三段论推论的第一段，如果加上时间序列，不论从收入来源还是从收入流向的角度都不能成立。

凯恩斯推论的第二段：储蓄 = 收入 – 消费，也是颇为可疑的表述。

人们的收入，除了消费以外，并不是都用来储蓄，就投资的类别来说，由储蓄转化的投资属于间接投资，还有一部分收入是用来直接投入到商业活动中的，我们通常称这一部分投资为"直接投资"。在工业化初期，直接投资主要来自以利润为收入来源的群体；而在后工业化时代，随着工薪阶层收入的提高，工资收入中进入直接投资的部分也在增加，比如买卖股票、投资基金、合伙创业，等等。所以等式：储蓄＝收入－消费的第二步推论也行不通，而应该把公式改为：

$$储蓄 = 收入 - 消费 - 直接投资 - 闲置现金流$$

既然凯恩斯三段论的前两段，都不能成立，其结论部分：储蓄＝投资就要重新审视了。

如果将储蓄与投资的关系用公式表示，应该是：

$$储蓄 = 总投资 - 直接投资 = 间接投资 + 存款准备金$$

人们将收入中的多大比例用于储蓄，在经济发展的不同阶段，其意义是不同的。按照笔者的理解，工业化之后的经济发展，表现为产业和消费的不断升级过程。在新的产业形成初期，需要较高的储蓄率为新的产业发展提供资金支持。当该产业进入规模化经营阶段，前期的高储蓄率又为新的消费升级准备了条件。但当新的产业已经发展成为成熟的产业，产品被大批生产出来，储蓄率却居高不下，消费和生产之间就会出现矛盾，产能过剩的问题随之出现。

另一个极端的情况是消费过度，居民储蓄为零或负数，表现为国内生产不足，产品大量依靠进口，国际贸易巨额逆差，实体经济投资不足，等等。

所以，经济发展的良性循环与储蓄—投资—消费的良性衔接有关。当一种流行的消费需求普及到低收入阶层时，这个产业就脱离了高速发展期，它对经济增长的带动作用会逐步下降，需要有新的产业来满足新层次的消费需求。这时，人们收入中有多大的比例用于直接投资新兴产业，具有决定性的意义。因为储蓄所能转化的只是间接投资，间接投资必须以直接投资为基础，没有直接投资，间接投资就没有了附着的根基。

在产业转型的关键时期，人们的收入有多少转化为消费，有多少转化为直接投资，又有多少转化为储蓄，还有多少转化为投机性资金，这对一个国家是否能在经济转型关头占据战略制高点，有着重大的作用。储蓄＝投资的虚假定理，会造成两种不良的后果：一种是政府官员或者政府经济顾问，真的以为储蓄等于投资，因而对于储蓄率的高低和直接投资的比率掉以轻心，以致使经济失去平滑转型的良机，陷入本来可以避免的危机；另一种是政府依据储蓄=投资的不实假定作为政策制定的依据，导致政策实施的效果与政策制定的初衷相去甚远。不管是哪一种结果，都要导致经济发展走很大的弯路。

11.4 并不神奇的乘数效应

谈到经济增长，我们不得不涉及一个重要的概念——乘数。这个概念首先是由凯恩斯引入经济学的，它究竟指的是什么呢？

乘数是指一个新增的投资，它对产出的影响不会仅仅是新增投资的数量，而是一个更大的增量。这个增量对于新增投资数量的倍数，就是乘数。比如新增投资1万亿元，导致新增产出达到了3万亿元，则投资乘数就是3。

之所以会有投资乘数的存在，是因为经济是一个循环的链条，一个新增的投入，会引起相关环节的连锁反应。具体来说，投资乘数与边际消费倾向有关，假定所有投资者的边际消费倾向为3/4，即新增收入的3/4都用来消费，则新增投资会按照3/4的比例向下传递。每一次都比上一次减少1/4，最终趋向于一个数值，这个数值正好是边际消费倾向的分母数。如边际消费倾向是3/4，其乘数就是4。

乘数也可以用边际储蓄倾向来表示，边际储蓄倾向 $MPS=1-MPC$，其中 MPC 为边际消费倾向，乘数表示为边际储蓄倾向的倒数，即：$1/(1-MPC)$，简单的乘数公式为：

$$产出的变动 = 1/(1-MPC) \times 投资变动 [1]$$

在这个公式中，如果投资变动一项是可以人为掌控的，在投资乘数确定的情况下，是否意味着产出水平可以由人们随意决定？是否意味着所有的经济衰退都可以在乘数的作用下被轻松化解于无形？乘数公式似乎告诉我们：只要知道乘数的数值，通过政府增加投资的方式，就可以让经济增长到任意的程度。

事实果真如此吗？我们先来考察一下乘数发生作用的过程。如果边际消费倾

---

[1] 萨缪尔森著，萧琛等译：《经济学》（第16版），华夏出版社2003年版，第365页。

向是 3/4，消费将按 3/4 的比例向下传递。直到最后趋向于 4 这个数值。问题在于，每个环节新增的 3/4 的消费是用什么方式来满足的，是由下游产业的新增投资生产出来的，还是仅仅消化了库存？如果是用新增投资生产出来的，在边际储蓄倾向只有 1/4 的情况下，这部分新增投资从何而来？如果边际消费倾向主要消费的是库存，那新增消费只是冲抵了应付账款，则乘数效应就会在这个传递层级衰减乃至湮灭，它是否能转化为新的产出取决于这部分套现资金是否还有勇气进行新的投入。所以，乘数发生作用的前提条件之一，是每一个环节的新增消费必须是由净投入生产出来的。如果消费的是库存，则乘数效应就会减弱，如果库存量大于新增投资，乘数作用就会消失。次贷危机中美国两届政府投入 1.4 万亿美元巨额资金救市，随后美联储又连续回购数以万亿计的美国国债。以美国如此高的边际消费倾向（2008 年 3 月，美国的储蓄率是 –1.7%），美国的名义 GDP 应该翻番才对。奥巴马总统的困惑是，投了这么多钱怎么不见动静啊！美国的经济增长在危机后的很长一段时间内仍然十分缓慢，失业率居高不下。大量投放的货币并没有按乘数传递下去，而是渗漏到被泡沫撑出的经济海绵体内，对金融体系的注资被大量用于冲抵坏账，其全部积极的作用仅仅在于遏制住了经济坍塌的速度，于经济增长的贡献则十分有限。

乘数发生作用的第二个前提，是边际消费倾向保持不变。凯恩斯乘数由于事先预设了边际消费倾向的数值，它回避了一个不应该回避的问题，即新增投资生产出来的是有需求的产品还是过剩产品。如果新增投资只是投入到那些产能过剩的传统经济部门，增加的投入并不能产生有效的供给，只是增加了库存，这时，边际消费倾向就会降低，乘数的作用也会随之下降。

这样一来，新增投资能不能产生有效供给就是一个至关重要的问题。过去经济学只强调有效需求，但有效供给至少同有效需求具有同等重要的意义。笔者定义的有效供给为可以产生实际购买量的供给。用我们二元结构的语言表述就是可以实现交换的数量。如果这个概念成立，那么，新增投资投入哪个部门就大有讲究。当新增投资投入的是产品相对过剩（产品的需求并没有达到餍足点，只是受制于预算约束和消费预期而停滞）的部门时，会在货币幻觉的作用下，以透支未来消费的方式，实现有效产出的增长，但由于这种增长不是以技术进步为前提，它对资源的需求率通常会大于有效供给的产出率，所以，在产出增长的同时，会伴随着通货膨胀。而当新增投资进入的是产品绝对过剩（产品已经达到需求餍足点）的部门时，新增投资只会增加库存，而不会增加有效供给，这部分新增投资将作为无效投入而湮没在仓库中。当新增投资进入的是新兴产业部门时，扩大的投资可以形成新兴产业的规模效应，出现成本和价格下降的趋势，由于新兴产业提供的是新的消费需求，产品价格的下降，会引起需求的不断扩大，从而使边际消费倾向保持不变或有所提升，由新兴产业带动的经济增长，才会有明显的乘数效应，而且这种产出的增长才是可持续的。

凯恩斯乘数使我们产生一种误解，以为新增投资不管投入到经济体的什么部位都会产生乘数效应。事实上，如果仅仅是哪个部门出了问题，就去投哪个部门，或者是不加区别地提出一个新增的投资总量指标，不仅乘数作用会大打折扣，而且还会出现严重的资源浪费现象。

凯恩斯乘数还有一个不能自圆其说的地方，即使我们假定边际消费倾向会以一个固定的比率向下传递，如3/4，即新增收入的3/4都用来消费，那剩下的1/4收入到哪里去了？经济学家告诉我们，进入了储蓄。可是，按照宏观经济学的定理，储蓄＝投资。也就是说，这部分储蓄也会作为新增投资再次投放到市场，它会不会以乘数效应向下传递，在凯恩斯乘数里看不到任何交代。与此相关联，又引发出了第二个问题，如果保留储蓄＝投资假定的有效性，边际消费倾向的高低对总产出的影响有多大？譬如有两个边际消费倾向，一个是3/4，一个是1/2，如果消费剩下的1/4和1/2的收入通过储蓄也转化为投资（凯恩斯就是这样假定的），结果会怎样呢？

从乘数的公式：产出的变动 =1/（1−MPC）× 投资变动来看，如果我们把储蓄＝投资的定理代进公式，再假定新增投资总量为1万亿元，于是我们有了两个具有不同边际消费倾向的产出变动量：

（3/4）产出变动量 =1/（1−3/4）× 1万亿 +1/4{1/（1−3/4）× 1万亿}

=4万亿 +1万亿 =5万亿

$$(1/2)\text{产出变动量} = 1/(1-1/2) \times 1 \text{万亿} + 1/2\{1/(1-1/2) \times 1 \text{万亿}\}$$
$$= 2 \text{万亿} + 1 \text{万亿} = 3 \text{万亿}$$

这两个产出变动量与凯恩斯乘数的变动量不同，分别多出了 1 万亿元的产出，那么，是凯恩斯乘数漏掉了什么？还是储蓄=投资的假定有问题？况且，储蓄率高的国家通常经济发展速度都比较快，而用乘数公式得出的结果却相反，是不是将消费仅仅定义为最终产品消费是一个误解？生产性消费（如机器设备的使用）是不是也对乘数起作用？

国民经济是一个相互联系的整体，如果说存在着投资乘数的正效应的话，那么，相对应的一定有一个乘数的负效应。即我们平时所熟知的"多米诺骨牌"效应。一个企业倒闭了，会连带影响与它相关的企业。首先是这个企业的采购消失了，为它提供产品的上游企业因此而失去了一个产品销售量；其次是企业倒闭后的应付款项及各种长短期债务无法偿还，形成坏账。不仅这个企业本身的所有投入都成为无效投入，还连带其他相关企业也被拖入困境，一批企业倒闭，引起其他企业跟着倒闭，负乘数效应就出现了。1929~1933 年的世界大萧条，银行的大量倒闭，引发了整体经济的崩溃，是负乘数效应发挥作用的典型案例。

笔者认为，要使乘数以固定的比例传递下去，必须使边际消费倾向减去边际储蓄倾向的差额正好等于边际产出增加值，用公式表示就是：

$$MPC - MPS = MIV$$

其中，MPC 为边际消费倾向；MPS 为边际储蓄倾向；MIV 为边际产出增加值。

假定边际产出增加值是 10%，假定新增投入为 1 万亿元，则边际消费倾向应该正好多出边际储蓄倾向 10%。即 47.6/52.4。这样，才能保证新增的产出正好被消费所吸收。乘数的作用才会被传递下去。如果边际消费倾向减去边际储蓄倾向的差额不等于边际产出增加值，比如说，边际消费倾向较低，则新增投资就会在生产部门进一步累积，使本来已经过剩的产能变得更为严重。如果边际消费倾向较高，新增投资的产出率赶不上边际消费倾向减去边际储蓄倾向的差额，则会出现需求拉上式的价格上涨。另一个需要考虑的因素是库存，如果经济体存在大量库存，新增投资没有大于库存数，就会在最初的传递过程中迅速衰减。新增投资只能起到阻止经济衰退的作用，而不会促进经济的增长。在笔者看来，政府与其等待衰退来临后再利用乘数效应去刺激经济，还不如花些力气去抑制投机性需求，尽可能降低经济的无效投入，代价可能会更小一些。即便是要增加政府投入去刺激经济增长，也应该去扶植有可能提高边际消费倾向的新兴产业，而不能投入产品已经进入需求饱和期的传统部门。

考虑到以上各种因素，笔者对乘数作了如下的改进：

$$乘数 = 1 + MIV/(1 - MPC + SR + LC)$$

其中，MPC 为边际消费倾向，这个边际消费倾向应该包括生产设备和原材料的消耗，否则无法解释储蓄率高的国家发展速度快的原因；SR 为库存比例；LC 为漏出系数，即资本投入漏出到投机领域的比例；MIV 为有效的边际产出增加值，即可以售出的产出增加值。MIV 取决于技术创新的程度，它从两个方面来测量，一是对成本降低的幅度，二是对产品性能的改进程度。这个系数越大，乘数就越大。与此相反，SR 和 LC 的比例越大，乘数就越小，使经济转入增长所需要的资金就越大。如果新增资金没有增加有效需求，只是增加了库存，则不仅没有正的乘数作用，反而会增加负乘数效用出现的几率。

11.5　创新对传统理论的挑战

我们前面已经指出，主流经济学由于没有考虑到技术创新对提高效率和降低成本的作用，所以才有了边际成本递增律和边际报酬递减律。这种"规律"，只有在大批量、标准化的工业生产时期，才有一些似是而非的表现。因为标准化的大工业生产需要巨额的前期投入，比如统一的模具、固定用途的生产线、巨大的厂房……这些投入如果被竞争者的技术创新所打破，就会成为无效投入。所以大规模标准化的生产方式会产生技术垄断和行业准入的门槛，市场份额的占有者会本能地阻碍技术进步。在这种生产方式下，边际收益递减和边际成本递增多少还能派上点用场。

21世纪，人类进入互联网时代，信息交流、产品交换以及生产方式都发生了革命性的转变。"一种新的经济范式正在演变，有可能进一步降低边际成本，使之接近于零。这让许多商品和服务近乎免费，种类也更加多样化，并能够在协同共享上分享。"[1]方兴未艾的3D打印技术，将产品设计到最终产品之间的所有中间环节，简化为一个喷涂过程。由于省略了大量的模具、生产线以及与之相配套的厂房，生产一件产品的边际成本与生产一万件产品的边际成本是一样的。[2]而且，人们不用为产品的多样性增加花费，因为制造不同的产品与制造一样的产品花费是相同的。同样，人们也不用为产品的复杂性增加成本，用3D打印技术生产一件精密仪器与生产一块花布的花费没什么区别。此外，产品生产出来之后，可以随时变动设计而无须改变机器。灵活性也无须增加花费。[3]3D打印的零边际生产方式，将使标准化的大工业生产优势不再。追逐"热门"消费的潮流逐渐式微，多样化、特殊化的"长尾"需求会得到越来越多的满足，并且会催生全民制造、全民创新的新型业态。

与3D打印技术形成的小型化生产并行的，是"创客"群体的出现，克里斯·安德森将"创客运动"的特点归纳如下：

1. 人们使用数字桌面工具设计新产品并制作模型样品（"数字DIY"）。

2. 在开源社区中分享设计成果、开展合作已经成为一种文化规范。

3. 如果愿意，任何人都可以通过通用设计文件标准将设计传给商业制造服务商，以任何数量制造所涉及的产品，也可以使用桌面工具自行制造。两种途径同样方便，大大缩短了从创意到创业的距离，作用不亚于互联网为软件、信息和内容带来的革新。[4]

"创客"群体的出现，缩短了生产者与消费者的距离，甚至两者出现了某种

---

[1] 杰里米·里夫金著，赛迪研究院专家组译：《零边际成本社会：一个物联网、合作共赢的新经济时代》，中信出版社2014年版，中文版序，第ⅩⅩ页。

[2] 胡迪·利普森、梅尔芭·库曼著，赛迪研究院专家组译：《3D打印——从想象到现实》，中信出版社2013年版。

[3] 克里斯·安德森著，萧潇译：《创客——新工业革命》，中信出版社2012年版，第102页。

[4] 同上，第27页。

程度的融合，成为"产消者"。创客们通过协同平台，彼此共享信息、资源、创意、设计理念……技术不再是秘而不宣的工具，而是创客们的共同财富，人们彼此激励，相互协助，极大地推动了创新的速度，拓展了创新的范围。"网络的美妙之处在于将发明工具和生产工具大众化。不管是谁想到了某个新点子，都可以凭借某些软件代码……将想法转变为产品，无所谓专利。然后，轻轻敲击键盘，就能将产品'运送'到拥有数十亿潜在客户的全球市场上。"① 由于技术的日益开放，更新的速度日新月异，以私有产权为核心的技术保护制度，因此而变得陈旧。

互联网技术的进步，也带来了消费模式的转变。当主流经济学的拥趸们还在大谈产权制度决定一切时，共享经济已经在全世界发展起来。人们在 Zipcar 平台上分享各自不同的私家车；在 Airbnb 网站共享各自空余的房间；ShareEarth 的协同平台为没有花园的园艺爱好者提供空闲土地；全球性的沙发客网站 CouchSurfing，为全球超过 235 个国家的沙发客和房东提供交流信息；人们在 U-exchange 上交换自己的剩余产品；在 ParkAtMyHome 上共享停车位置；在 Neiboughgood 上分享家庭工具；在 Spinlister 上分享自行车；在 99dresses 上分享服装……② 协同消费，共同使用，提高了资源的利用效率。打破私人占有所带来的资源闲置和分配不公的局限，使资源不再"短缺"。其原则是"使用而不占有"，其口号是"我的就是你的"。

其实，共享并不是一个全新的事物，它是人类社会的一个持久的特征，而互联网的出现，得以使其成为经济和社会的主流。共享经济的三大特征：闲置资源的利用、开放平台、人人参与。它模糊了私人产权的边界。鼓励的是合作和分享，而不是最大限度的占有。资源共享，使闲置资源得到充分的开发和利用，在为各方带来总效用提高的同时，也降低了对环境的压力；知识和创意共享，突破了单个个体认知的极限，为人类创造了一个超级大脑，使许多困扰人类的难题迎

---

① 克里斯·安德森著，萧潇译：《创客——新工业革命》，中信出版社 2012 年版，第 10 页。
② 雷切尔·博茨曼、路·罗杰斯著，唐朝文译：《共享经济时代》，上海交通大学出版社 2015 年版，第 7~10 页。

刃而解，其成果最终会造福于整个人类；信息的共享，可以降低寻找和试错成本，并且产生合作的协同效应。

共享经济虽然不会取代私人占有，但作为一种新的业态形式，其存在本身和如火如荼的发展态势说明，私人占有并不是资源配置的唯一适用方式，甚至也不是最有效的方式。经济学继续坚持个体本位的分析范式，显得愈加不合时宜。

信息处理技术，如 MapReduce 和 Hadoop，可以使处理的数据量大大增加，这些数据不需要用传统的数据表格来排列，很多原来无法采集的数据也都可以进入统计系统。而且，这种数据的采集以前所未有的速度增长。在 2000 年，数字存储信息只占全球数据量的 1/4，其他 3/4 的信息都存储在报纸、胶片、黑胶唱片和盒式磁带这类媒体上。到了 2007 年，所有数据只有 7% 存储在上述传统媒体上，其余全部是数字数据。到 2013 年，非数字数据只占全部数据存储不到 2% 的份额。[①] 人类进入大数据时代，在这个时代，我们不再依赖抽样调查的样本分析，而是采用全数据分析，因此可以取得更为准确的趋势预测。网络平台公司、大型通信公司、政府部门，通过无所不在的信息采集系统，可以了解消费者的行为趋向，流行病传播的范围，经济运行的异常，产业变动的格局，等等。有过网上购物体验的读者应该知道，我们每一次购买、收藏和浏览，都会被网络平台记录下来，并生成对供给者有参考价值的信息，在我们下一次登陆时，许多与以往消费偏好相关联的商品会自动呈现到我们面前。互联网、物联网＋大数据的模式，将商品经济中生产者与消费者的距离迅速拉近，以往商品经济最大的困扰：供给与需求的不均衡，有了平滑对接的可能，当大数据带来生产方式的改变（以消费者的需要来定制产品）时，部分的计划经济已经具备了技术上的可操作性。

新的技术带来了新的交易方式、新的生产方式、新的生活方式以及新的增长模型，也带来了新的价值理念，这一切都对主流经济学的基本原理发出挑战，而互利经济学可以很容易与新经济、新业态融合，并为其提供理论依据。

---

① 肯尼斯·库克耶、维克托·迈尔－舍恩伯格著，周涛译:《大数据时代》，浙江人民出版社 2013 年版，第 12~13 页。

第 12 章

危机是否可以避免

如果经济增长能够以一个固定的速率直线式上升，当然是最理想不过的事情，这意味着今天的日子会比昨天好，明天的日子会比今天好。未来的天空总是阳光灿烂。只可惜，天下事不合人意者十之八九，经济增长很少有一帆风顺的时候，跌宕起伏、风云突变似乎是它的常态。人们经常看到的情景是，本来花团锦簇、风生水起的场面，突然在一夜之间，形势急转直下。产品积压，工人失业，企业倒闭，经济增长出现大幅下滑。危机似乎总在歌舞升平中突然爆发，并且无一例外给人们带来触目惊心的损失。于是，一个受到普遍关注的问题是，经济危机是否可以避免？如果可以避免，它的解决方式又是什么？回答这个问题，首先要涉及经济波动产生的原因。

商品经济与自给自足经济最大的不同是，每一个生产者所生产的产品主要不是为自己消费，而是为了和别的生产者进行交换。那么，我们怎么知道别人需要什么，以及需要多少呢？市场上的绝大多数交易当事人是通过产品未来价格的预期来安排生产的，但问题在于，这种价格的预期经常会出现错误。大工业生产与自然经济的不同点在于，它受自然环境的限制较少，并且可以通过信贷的作用在短期内迅速扩大生产规模，如果实体经济与服务经济的分配比例不合理，大工业时代的生产厂商很容易生产出超越有预算约束需求或者与消费者需求不相匹配的产量。当生产厂商不能以预期的价格来卖出自己的产品时，意味着出现了产能过剩。由于存在着巨大的要素转移成本，已经沉淀下来的投资不会转移到别的生产部门，而是会吸附资金以继续维持生产，当债务积累达到一定的程度，就会引发信用违约危机，从这个意义上讲，商品经济的周期波动产生于要素匹配的失衡，以及由此带来的债务积累与债务违约。

经济学家通常根据波动出现的时间频率，把经济周期分为短周期、中周期和长周期。短周期一般历时 3~4 年，又称基钦周期，因英国经济学家基钦在 1923 年率先提出而命名。中周期又称朱格拉周期，由法国经济学家朱格拉在 1860 年提出，历时 9~10 年的经济周期。长周期一般为 50~60 年一个周期，1926 年由俄国经济学家康德拉季耶夫提出，因此又称康德拉季耶夫周期。20 世纪 30 年代，经济学家熊彼特将这三种周期综合到一个体系中，他认为，一个长期周期包括了 6 个中周期，一个中周期包括了 3 个短周期，长、中、短周期分别对应于不同层次的技术创新。

暂且不论这种划分是否科学，经济增长过程中存在着巨大的波动这一事实，是任何人都无法否认的。我们就从经济波动的特性，来切入这个具有重大争议的话题。

12.1 有关经济周期的争议

经济周期表现为一个从繁荣到衰退的相互交替过程。一个完整的经济周期，至少应该包括两个谷底和一个波峰，或者是两个波峰加一个谷底。这取决于人们是以研究增长为起点，还是以研究衰退为起点（见图 12-1）。

经济学通常把经济周期划分为四个阶段，即繁荣、衰退、萧条和复苏。但由于这些概念定义模糊，又缺乏明确的定量标准，对于经济究竟处于何种阶段总是存在着无休止的争议，并且始终得不出统一的结论。笔者认为，首先应该解决标准的量化问题。衰退与繁荣是一个相对的概念，既相对于平均增长水平而言的上升与下降。笔者建议用短期（3 年）、中期（10 年）和长期（60 年）的增长率移动平均线为参照标准，跌破短期增长率的移动平均线，表明经济进入短期衰退；同样的道理，跌破中期增长率的移动平均线和长期增长率的移动平均线，表明经济进入中期衰退和长期衰退（见图 12-2）。

当然，这只是个理论示意图，实际的情形可能要复杂得多，包括长、中、短期移动平均线的相互交叉和相互粘合，由于笔者手头上没有足够的数据资料，无法绘制出实际的图形，不过笔者相信，真实的图形一定会给人们带来更多的启示。

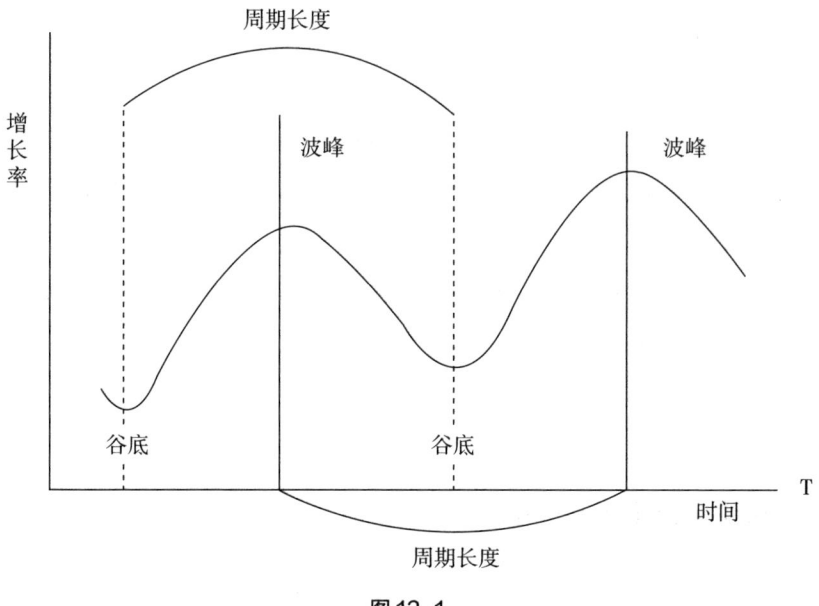

图 12-1

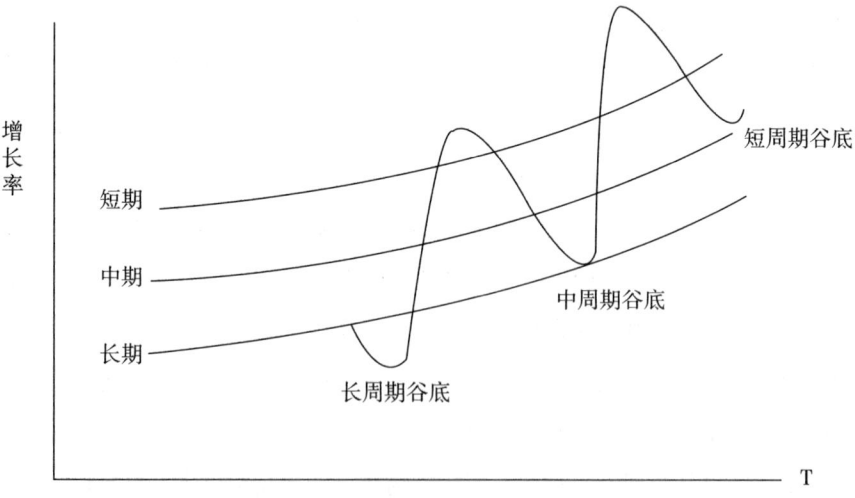

图 12-2

有了长、中、短期增长率的移动平均线,我们也就有了判断经济周期不同阶段的标准。只要增长率不低于短期趋势,就不能认为经济进入衰退。如果仅仅跌破短期趋势线,没跌破中期趋势线,且下跌速度趋缓,就表明经济只是陷入短期衰退。同样的道理,我们可以推论到中、长期趋势。

经济增长回升,如果没有向上穿越移动平均线,则不能确定经济已经重回上升趋势。增长率回到移动平均线的上方,表明经济进入扩张期,这时,应该警惕由过度投机带来的资源短缺和要素配置比例失调的问题。

笔者也把经济周期分为四个阶段,分别为:恢复期,即从谷底到向上移动至平均线之间的距离;超过移动平均线,即进入扩张期;从顶峰向移动平均线回落为调整期;跌破移动平均线为进入衰退期(见图 12-3)。

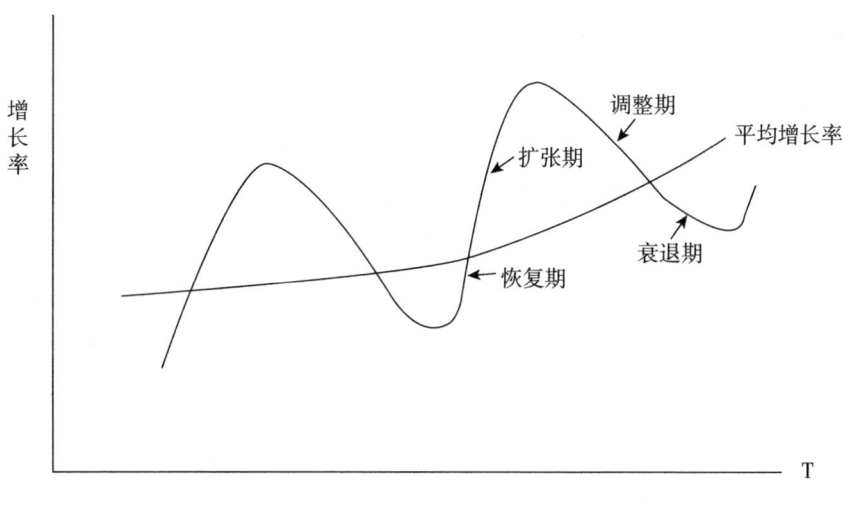

图 12-3

有了我们的这套测量标准,经济处于何种阶段一目了然,可以避免许多无谓的争论。

有关经济周期的最大分歧,其实还不在于如何界定繁荣与衰退,而是在于对经济周期发生原因的解释。由于各种解释太过繁复,我们只能列举出一些最具代表性的观点来加以说明。

从严格意义上讲，古典经济学的理论体系不存在经济活动出现周期性波动的逻辑前提。古典经济学对个人主义和自由市场经济的推崇，出于他们内心深处的一个信仰：市场可以通过自发的调节机制，使看似杂乱无章的个体经济行为在整体上达到和谐。在亚当·斯密、大卫·李嘉图和约翰·密尔这些古典经济学大家的论述中，我们看不到有关经济周期的论述。西斯蒙第应该算是那个时代的一个另类，他是第一位论证资本主义必然发生经济衰退的古典经济学家。西斯蒙第认为，资本主义生产体系内部存在着生产与消费的巨大矛盾。一方面是随资本积累和技术更新而不断增大的生产能力，另一方面是收入分配向少数人倾斜而导致的消费萎缩。生产和消费逐步积累的不平衡，只能通过危机的形式被动地加以调节。马克思将西斯蒙第的这一思想重新改造，提出了他的资本主义经济活动波动性的理论。不过，准确地说，马克思关于资本主义经济波动的理论还不能算是周期理论，而只能算是危机理论。因为按照马克思的逻辑，资本主义生产能力无限扩大的趋势，与广大民众日益缩小的消费能力之间的矛盾，是无法调和的。而且，随着固定资产的大规模更新，资本的有机构成不断提高，这一矛盾会愈加尖锐。在资本主义的体系内部，这一矛盾是无解的，只能通过社会变革的方式来改变资本主义制度。由于这个问题已经超出了本文的探讨范围，故不予评论。

新古典经济学家从一般均衡的理论假设出发，把所有的经济波动，都看成是对均衡状态的偏离，这种偏离的非主流性质以及市场向均衡的自动趋向性和回归性，导致偏离最终会回摆到均衡点。在新古典经济学那里，经济波动表现为围绕均衡点的随机"误差"。这种对经济波动的随机性和非主流性的定位，决定了新古典经济学家不会花费过多的精力去关注经济周期的变动规律。

1929~1933年的大萧条，使那些坚信市场自发调节力量的人都无法回避这样一个事实：市场活动如果调节不当，也有可能出现大规模经济衰退。几乎是在同时，有两位经济学家提出了他们对经济周期的独特注解，其中一位是约瑟夫·熊彼特，另一位是约翰·梅纳德·凯恩斯。在熊彼特看来，资本主义的经济周期是与企业的创新活动相联系的，大的革命性的技术创新会引起长期的经济波动。他认为，资本主义在革命性的技术创新推动下，已经经历了三个长周期。第一个长周期是从 1780 年开始到 1842 年，为"产业革命时期"；第二个长周期从 1842 年到 1897 年，是"蒸汽和钢铁时期"；第三个长周期从 1897 年至今，是"电气、化学和汽车时期"。在长周期中，次级创新会引起中级波动，而小的创新则会引起短期波动。那么，企业创新引起经济波动的机制又是什么呢？熊彼特回答道：企业家追逐超额利润的冲动，促使他们利用新技术带来的成本优势和产品性能优势去进行竞争，赚钱效应会引起其他企业的追随和效仿，形成投资高潮，对银行信用和要素需求增加，导致经济景气度上升。当创新扩展到更多的企业时，产能的扩张和竞争的加剧会导致利润下降，当利润下降到平均利润以下时，就会造成对银行信用和要素需求的减少。经济步入衰退阶段，直到下一次创新开始，新的复苏才会出现。①

熊彼特的创新周期理论，主要是从企业活动的层面和生产的角度来理解经济的周期波动，是一种典型的技术冲击模式。他把经济周期看成是一种自然的过程，人们无法去改变它，只能去适应它，这也是熊彼特与凯恩斯的重大区别。

凯恩斯对周期的理解是从需求层面入手的。在凯恩斯看来，普遍存在的边际消费倾向、流动性偏好和对资本边际收益的预期，这三大心理因素会导致有效需求不足，从而使经济活动偏离充分就业条件下的均衡状态。凯恩斯否定了新古典经济学认为经济可以自动趋向于均衡的传统模式，如果政府不加干预，有效需求不足会导致经济长期处于非充分就业的均衡状态。与熊彼特不同的是，凯恩斯不仅揭示了资本主义经济周期波动的原因，还指出了避免危机和衰退出现的方法，这也是凯恩斯比熊彼特更受市场欢迎，且影响力更大的缘由。

沿着凯恩斯的思路，保罗·萨缪尔森和约翰·希克斯等人提出了一个乘数－加速数模型。这个模型是在凯恩斯投资乘数的基础上，加入了一个产出对投资的加速因子。根据这一模型，投资在乘数的作用下会放大产出量，而产出量的放大在加速因子的作用下又会刺激投资，这个投资和产出的相互促进过程一直会持续下去，直到潜在的经济能力被完全用尽。"在这一饱和点上，经济增长率开始放慢，放慢的增长反过来又减少投资和存货，这将使经济进入衰退直至到达谷底。

---

① 约瑟夫·熊彼特著，叶华编译：《经济周期循环论》，中国长安出版社 2009 年版，第 14~39 页。

然后经济过程又呈现相反的运作状态，经济回稳并重新兴起。"① 乘数与加速数原理企图说明，如果没有政府的干预，经济在内生变量的作用下，会自动导致周期性的波动。

在 20 世纪 70 年代之前，经济学家主要沿着凯恩斯的思路，从需求面冲击来解释经济对充分就业均衡的偏离。70 年代初发生的"石油危机"，使人们意识到供给面冲击也同样具有举足轻重的作用。

在经济周期的问题上，新古典经济学家开始对凯恩斯主义进行反击，他们提出了一种"真实经济周期理论"。该理论认为，经济周期可以由各种随机因素的冲击引起，但最主要的因素是来自新技术的引进而引发的"技术冲击"。当一种新技术冲击出现时，会提高劳动生产率，进而提高产能，增加收入。最终技术创新的致富效应会通过各种传播机制扩散开来，但这种扩散是在不完全信息的基础上实现的，交易当事人对信息的不同理解与相应的决策，导致了周期性波动的产生。真实经济周期理论，看上去与熊彼特创新理论有几分相像。就侧重"供给面"冲击和强调技术创新的作用上，它们是一脉相承的。

海曼·P. 明斯基在经济学界是一个另类，他对金融不稳定性有一种独特的解读。他认为，市场经济中资本追逐利润的行为，是金融不稳定的根源，明斯基将经济发展分为三个阶段：第一个阶段，投资者只负担少量的负债，并按期偿还本金和利息；第二个阶段，经济繁荣促使投资者扩张信贷，但只能负担利息支出；第三个阶段，债务规模达到只有通过资产的价格上涨才能维持平衡的程度，经济进入旁氏骗局阶段。在第三个阶段，当资产价格无法继续上涨，投机性资产的损失促使放贷者收回贷款时，就会进入资产价值崩溃的"明斯基时刻"②。明斯基从债务扩张和积累的角度来解释危机和周期，确实有其独到之处，但债务扩张的自我强化机制还是没有说清楚，所以明斯基提出的解决办法也没有超越凯恩斯的思路。③

---

① 萨缪尔森著，萧琛等译：《经济学》（第 16 版），华夏出版社 2003 年版，第 352 页。
② 海曼·P. 明斯基著，石宝峰、张慧卉译：《稳定不稳定的经济》，清华大学出版社 2010 年版。
③ 同上，第 259~293 页。

需要指出的是，所有这些有关经济周期的理论，都秉承一元本位的方法论传统，不是从需求冲击就是从供给冲击来解释经济周期的波动。好像经济波动与商品经济的交换本质毫无关系，然而，依照笔者的理解，经济周期性波动的奥秘，恰恰就隐藏在交换现象的背后。下面，我们把需求层级和技术层级的变动放到交换结构中来加以考察，并提出对经济周期的解释。

12.2　消除危机的前提

在分析需求层级的变动与周期波动的关系之前，我们需要先明确宏观经济领域的交换结构，如果假定一个经济体只有两个部门，应该怎样定义它们呢？遗憾的是，没有一个现成的宏观经济总量概念可以拿来使用。笔者的观点，是用服务经济与实物经济来代表，其表现形式，是劳动（包含所有的体力和脑力劳动的支出）与资本，其功能分类是消费与生产。之所以要做这种划分，是因为商品经济的所有矛盾都是由两者之间的不协调引发的。在自给自足的个体经济形态中，劳务和实物、劳动与资本、生产者和消费者都是一体的。生产是根据消费来决定的，不存在难以匹配的问题。商品经济将生产与消费割裂开来，生产的实物，是为了满足别人的消费，劳动者提供的劳务，是为了满足资本的需要，而不是自己的需要。这就产生了一个问题：如何保证两者之间正好相等呢？不管是劳务分配比例超过了实物的生产（主权债务危机），还是实物比例超过了劳务收益（产能过剩危机），都是不可持续的格局。政府对经济活动的干预，说到底，就是为了让两者取得平衡。考虑到该问题的重要性，笔者会在本书第13章专门阐述自己的观点。

服务经济包括所有的劳动（体力和脑力）和管理（企业管理与政府管理），实物经济包括所有的有形产品。整个经济活动就是在这两个部门之间的交换中完成的。经济出现波动也是由于两个部门的交换比例出现了不协调。这种不协调也表现为两个部门内部的比例不协调，如两极分化带来的产业结构的不合理。用我们的二元交换图形表示如图12-4所示。

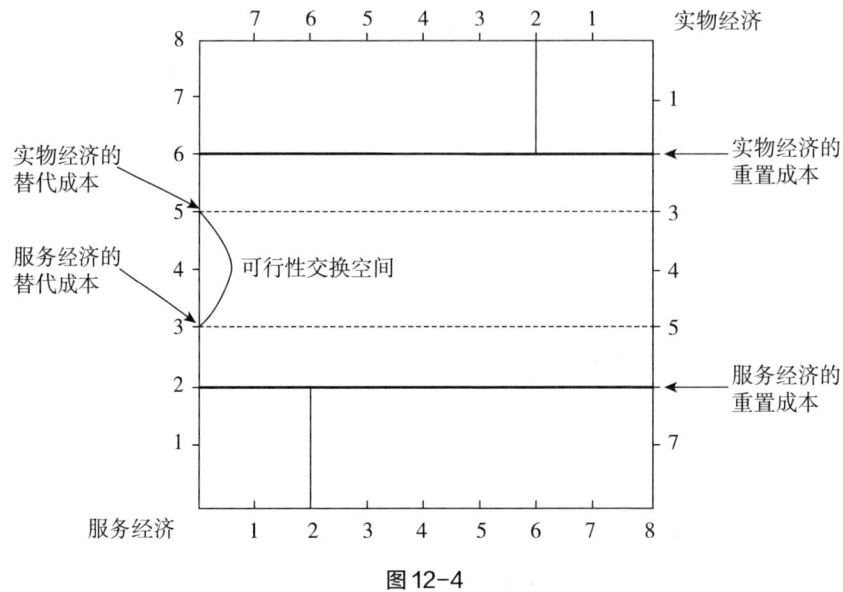

图 12-4

在正常的可行性交换区间内,服务与实务的交换比例维持在正常的水平,经济不会出现大的波动。交换比率不管超越哪一方的公平底线,都将导致合作意愿降低,出现部分资源闲置的情况。如果在极端的预期下,交换比例超过了某一方的重置成本,比如,实物收益的预期超过了劳务收益的预期,人们就会缩减服务的投入,增加对实物的投资,从而使不平衡进一步加大,当实物被生产出来之后,却发现找不到与之相匹配的消费时,经济就会出现失衡。失衡幅度的大小,取决于交换比例偏离公平底线的幅度。

服务经济的产品是服务,实物经济的产品是有形产出,为了使问题简化,我们假定没有商业和货币的中间环节,服务与实物直接交换。这样一来,服务与实物的交换比例就直接表现为需求与生产的比例。通过这个比例我们就可以了解需求是如何影响经济周期的,以及需求的层级与周期的层级是一个什么关系。

需求的层级分为两个方面:一方面是我们前面讲过的不同层次的需求与投机性需求;另一方面是指受预算条件约束的不同收入阶层的购买水平。

我们先从第一个方面入手,来考察需求层次与经济周期的关系。

工业革命之前，人类将自然资源转化为生存资料的方式主要是体力付出，生产效率很低，除了少数的富有阶层之外，多数民众的生存需求都很难得到满足，且逢战乱或天灾，人口就会急剧缩减。那时的经济周期主要受自然环境的影响。中国古代有"六岁穰（丰收）、六岁旱、十二岁一大饥"（《史记·货殖列传》）的说法。用周期的语言来讲，就是6年上升期，6年下降期，12年一个轮回。这也许是世界上最早的关于经济周期的描述了。由于生产效率低下，大多数人的生存需求都处于不饱和状态。

蒸汽机的发明和应用，使人类将自然资源转化为生存资料的效率大大提高。第一次使民众的基本生存需要有了满足的可能。当然，这种满足不是在工业革命一开始就实现的，中间经历了漫长的过程。整个工业化时期也是城市化的加速发展时期，大量失地农民和农村过剩劳动力涌入城市，为工业生产提供了源源不断的劳动力供给。这时的状况，是刘易斯教授所定义的劳动力无限供给时期。"劳动力的价格是仅够维持生活的最低工资"[1]，这意味着即使是一个最低收入的工作岗位，也至少存在着一个以上的竞争者，提高工资基本上是一种奢望。正因为如此，马克思才会得出工人阶级正在走向相对贫困和绝对贫困的结论。

在整个工业化时期，社会结构是典型的金字塔形，低收入群体占人口的绝大多数。工业化产生的巨大生产力，无法通过扩大内需完全消化，而只能走扩大对外出口的途径。工业化初期的国家，基本上都是出口导向型经济。不仅当时最早实现工业革命的英国是如此，第二次世界大战后的新型工业国家以及改革开放后的中国，都是这样一种发展模式。如果海外市场拓展得不顺利，仅靠内需的扩大，产能过剩的危机就不可避免。马克思曾经对这种周期性波动有过一段非常精彩的总结："危机就像彗星一样有规律地反复出现，在我们这里现在是平均每5~7年发生一次。近80年来，商业危机像过去的大瘟疫一样按期来临，而且它所造成的悲惨现象和不道德的后果比瘟疫所造成的更大。"[2]

---

[1] 阿瑟·刘易斯著，施炜等译："劳动力无限供给条件下的经济发展"，《二元经济论》，北京经济学院出版社1989年版，第4页。

[2] 《马克思恩格斯全集》（第1卷），人民出版社1973年版，第614页。

在劳动力供给无限的情况下，占人口绝大多数的低收入阶层，其生存需求也大多是呈不饱和状态，并且没有改善的希望。表现在交换比例上，就是服务经济与实物经济的交换始终处于不平衡的状态，这是因为实物经济具有较高的重置成本，不可能轻易替代。而服务经济由于有大量农村劳动力的供给，重置成本很低，替代成本也很低（有大量排队等候工作的人群），交换比例的不均衡成为常态。工业化生产提供的巨大产能和受制于就业数量和工资水平而导致的需求缓慢增长之间，存在着巨大的矛盾。但由于基本生存需求是刚性需求，当衰退使生产能力与刚性需求对接时，经济就会得到支撑。这一时期经济周期的特点表现为时间短，发生频率高。

当工业革命完成之后，城市化进程也完成大半之时，劳动力供给不再是无限的，在经济景气的繁荣期，也会出现劳动力短缺的现象。这时，工资出现了普遍上涨的趋势。企业追求的利润增长，很难再通过低工资的成本优势来实现了，必须转而以提高生产效率的方式，来降低成本，提高产量。劳动力的供求关系发生变化之后，劳工有了讨价还价的筹码，工资水平不再由资本单方面决定。服务经济的重置成本上升，替代成本也大幅上升（找不到可以另雇的劳动和管理），服务与实物的交换比例发生了有利于服务的转变。

一旦占人口绝大多数的低收入阶层出现了超出最低生存需求的剩余收入，舒适性和享乐性产品开始有了巨大的市场。当一些原本只有上流社会才可以享有的物品，如手表、汽车、家用电器等，工薪阶层也可以拥有时，就会派生出前所未有的巨大产业群。与此同时，也会催生出前所未有的经济繁荣。就像20世纪20年代美国的情景一样。

那时的美国，城市化进程已经完成过半，1920年，美国的城镇人口已经达到51.2%，首次超过50%。而到1930年，则达到了56.2%。[1]1918年，福特公司率先采用流水线作业装配汽车，首开大规模工业化生产的先河。并推出了著名的T型车，这种价格不足500美元的汽车，只有当时同类汽车价格的1/4，美国

---

[1] 斯坦利·L.恩格尔曼、罗伯特·E.高尔曼主编，蔡挺等译：《剑桥美国经济史》，中国人民大学出版社2008年版，第90页。

一个普通工人用一年的工资就可以买到它。1920年，美国的汽车销量超过200万辆，每个家庭的汽车拥有率达到0.33；到1929年，美国的汽车销量已经达到450万辆。①汽车成为消费主流。拥有自己的汽车，成为实现美国梦的一个重要标志。其他电气时代的消费品，如收音机、留声机、真空吸尘器、电动缝纫机、电话、电冰箱等也开始进入普通家庭。以福特制为代表的大工业生产方式极大地提高了生产效率，使社会财富迅速增加，资本主义似乎创造出另外一番情景，贫富两极分化的噩梦开始渐行渐远，社会动荡的冲击也逐步平息。

可是，在繁荣的背后，隐藏着另一个危险，当舒适性和享乐性需求成为社会主流需求时，需要有巨大的产能与之相匹配。在这种情况下，服务与实物之间的交换比例变得更复杂，也更有弹性，一旦两个部门的交换比例发生失调，会出现什么情况，是人们无法想象的。正如同人类历史上所有的悲剧一样，意想不到才是最大的危险。

与生存需求不同，舒适性需求和享乐性需求属于弹性需求，一旦人们对未来的预期转向悲观，最先压缩的就是这方面的开支。而且在经济形势不明朗、未来收益不确定时，不会重新启动这部分消费。这是与生存性需求作为社会主体需求时最大的不同之处。生存性需求是不论经济形势怎样，人们都必须满足的需求。它的曲线是缺乏弹性的，需求量是稳定且持续的。这就决定了服务与实物的比例失调会得到刚性的修正。当产业结构以舒适性需求和享乐性需求为中心构成支柱性产业及其相关产业群时，人们如果从普通工人都可以买得起汽车这一事实出发，推导未来的市场前景，很容易得出过分乐观的预期。我们知道，大型钢铁厂、大型汽车制造厂以及大型石化企业，都需要大笔的资金投入，而且建设工期很长，通常还需要银行信贷的支持。仅仅这些固定资产的投入，就可能引起相关产业的繁荣，如铁矿石和石油需求的上升，并吸引大量的资金投入这些相关产业。需求的增长在技术水平没有重大突破的情况下，会导致资源瓶颈和要素价格上涨，要素价格上涨带动成本上升，这意味着产品价格短期内不可能下降。由于收入上升的速度在缺少技术创新的情况下不可能赶上产能扩

---

① 王书丽著：《政府干预与1865—1935年间的美国经济转型》，人民出版社2009年版，第131页。

张的速度，于是，服务与实物的交换比例出现了失调，这种失调由于信贷的作用而暂时被掩盖，并且进一步积累起来，当实物经济的极度乐观情绪，将本来用于服务生产的投入转向实物生产，并将这一部分新增的资本存量用尽时，危机来临了。这就是1929~1933年的大萧条。这次衰退持续的时间和影响的深度是历史上前所未见的。这是人类历史上由于非生存必需品的产能过剩引发的最大危机（相比之下，荷兰的郁金香事件只能算是个演习），非生存必需品的需求弹性较大，危机来临时，又找不到刚性需求的依托，为其提供产品的生产部门规模又十分庞大，一旦危机爆发，连锁反应会十分剧烈，且持续时间会很长。加之当时的美国政府把保护金本位制看得比抑制经济衰退还要重要，终止了公开市场操作等扩大流动性的措施，银行因支付能力不足而大量破产，从而使危机演变得更加惨烈。

当消费进入满足舒适性需求和享乐性需求的阶段时，通常会以一种或一组消费品为主流消费目标。与这些消费目标相对应的，是不同的产业结构。在一种主流消费品向低收入阶层普及时，因为所要求的产能规模很大，极易触及资源瓶颈，并引发投机性炒作。如果生产要素被投机性需求引导到同一个生产部门，引起资源配置的不平衡，危机发生的条件就已经具备了。触发的契机通常发生在最后一部分资本存量被乐观预期调动起来时，政府最终会失去耐心，出手抑制过热的经济和疯狂的投机性炒作。1929~1933年的大危机，其直接诱因就是胡佛政府的加息行为。2007年次贷危机也是由美联储的加息行为所引发的。中国的情况也不例外，2008年6月，在美国次贷危机爆发8个月之后，美国政府已经两次启动救市措施之时，中国政府还在担心经济过热的风险，并大规模紧缩银根（上调存款准备金率1个百分点），这相当于将资本存量人为减少，造成股票价格连续下挫，其下降幅度甚至超过了金融危机的发源地——美国。其实，引发经济波动的因素是多种多样的，只是政府在不恰当的时候出台了不恰当的政策，使自己成为人们指责的对象和危机的替罪羊。

需求层次的第二重含义，是指同一种消费在不同收入阶层的梯级满足过程。如果社会结构是上窄下宽的金字塔形，这种梯级消费的过程就会比较漫长。因为不同的收入阶层之间存在着收入鸿沟，每个收入阶层之间的收入差距经常呈现几何级数的区别。所以，一个收入阶层的需求满足之后，要过渡到下一个阶层，需要实物部门在生产规模和生产成本上有一个较大的飞跃。如果这个调整过程没有出现，服务与实物的产出比例就会失衡，产生未交换剩余，这种剩余的积累达到信贷资金无法维系的程度时（所谓资金链断裂，其实是交换比例失调突破临界点），就会出现经济调整。当一个收入阶层的需求得到满足后，技术创新还不足以使产品消费向下一个收入阶层转移，而产能却在源源不断地扩大时，就会出现周期性波动的危险。但这种未交换剩余是相对意义上的，即相对于预算约束的剩余，还不是绝对意义上的过剩。绝对意义上的交换剩余是指这样一种状况：当一种主流产品（像汽车和住房）普及到绝大多数社会成员，特别是中下层社会成员时，如果没有新的消费需求出现，且主流产业还在极度扩张之中，就会出现绝对剩余。2007年次贷危机虽然在程度上与20世纪的大萧条不相上下，但意义却不一样。大萧条仍然属于主流产品的相对剩余，只是由于胡佛政府的紧缩政策使调整时间和幅度加大了。次贷危机则属于主流产品的绝对交换剩余。当一个行业的需求度覆盖全社会时，它也就接近于自己的发展极限了。因为社会底层的购买者虽然人数众多，但却是最后的购买者，连清洁工都能拥有几套甚至十几套住房，那它的下一个买家会是谁呢？流浪汉吗？但是，当底层消费者开始购买过去的奢侈消费品时，市场一定是一片繁荣，而且一定是过度的繁荣。巨大的购买量造成原材料供应紧张，一些原来没有开采价值的能源（比如深海石油和油母页岩），也开始变得有利可图；铁矿石价格成倍上涨；煤炭价格不断创出历史新高。这些越吹越大的泡沫，在达到极致时（即对资本的需求达到或超过资本存量时），会因为一个微不足道的原因而瞬间破灭。投机性炒作推高的房地产和原材料的价格，给产业资本释放出虚假的信号，使大量产业资本向泡沫化的领域转移并沉淀下来，一旦价格信号逆转，这部分过剩产能却已经抽身乏术，它要么变成沉没成本，要么转换为银行坏账。不管是哪一种方式，都会造成大量资源浪费，并引起经济下滑。由于出现了绝对的未交换剩余，房利美、房地美在政府接管，且得到大量救助的情况下，仍然难逃退市的命运。上万亿美元的救市资金，并没有带动新屋销售的改善，就是市场出现绝对过剩的证明。

这时的当务之急，是鼓励新的需求，向满足新需求的新产能转移资本，重新找回服务经济与实物经济的平衡。

迄今为止，各国政府的救市措施，主要是释放流动性。向陷入困境的企业注资，但这没有解决根本的问题，反而使资源更多地流向那些传统产业部门。经济周期的最终原因是需求转换，如果不能使产业结构的调整跟上需求转换的步伐和节奏，经济衰退就是我们必须付出的代价。

从投机资本的角度讲，炒作传统行业比投资新兴产业收效要快，可控性要大。所以，最后的繁荣一定是灿烂夺目的。因为，当一个行业使社会底层人员都能成为其客户时，需求量是前所未有的，金融杠杆形成的旁氏骗局又会使这个本来已经扩大的需求又放大数倍，这个市场想不疯狂都难。但政府不能允许投机性需求如此肆意妄为。在传统产品的最后繁荣期，政府必须有意识地抑制投机性炒作，并利用价格、税收和财政金融等手段，引导社会资源向新兴产业转移。以使需求转换周期中的结构调整不要付出过大的代价和过长的时间。如果措施到位，时机得当，周期性波动就会变得平滑和顺畅。

概括起来说，当一个社会没有建立互利的解决机制时，交易当事人都按照短视的自利原则行事，由于议价资本不平衡（如劳动力无限供给），就会出现服务经济与实物经济的不平衡，如果主流需求停留在生存层级，周期性波动出现的特征是短而频繁。随着主流需求进入到舒适性和享乐性层级，经济的中短期波动通常出现在主流消费品由一个收入阶层向下一个收入阶层转移的过程之中，如果主流消费品在满足了收入较高阶层的需要以后，价格和生产效率还不足以使产品向下一个收入阶层转移，就会出现产能的相对过剩，调整过程会引起经济衰退。随着劳动生产率的提高，主流消费品价格下降，开始向下一个收入阶层普及，经济会再次获得增长动力。当主流消费品进入低收入阶层，支柱产业相应会有相当大的体量，这时的经济景气度通常也是最高的，如果没有新兴产业创造的新的消费需求顺利接替，主流消费品的需求达到饱和点后将出现产能的绝对过剩，大的经济危机就会来临。

12.3 技术更新的周期

实物经济与服务经济在各种需求层级上实现对接的方式是技术的创新。技术创新的程度决定实物经济能提供什么样的产品，提供多少产品，以及以什么样的交换比率与服务经济完成交换。与需求不同的是，满足需求的生产技术必须通过创造过程才能产生出来，而且这种创造是需要投入的，创新的投入不仅仅是要素的投入，同时也是经验和知识积累的投入，它不可能随意产生。创新需要资本和知识积累的特性决定了创新本身具有周期性。

一个有效的技术创新，至少应该具备提高产品产量或质量、降低生产成本、提供产品新的使用功能等作用。对于企业来说，之所以采用一项新的技术，它应该给企业带来三个方面的功效，即节约资本、节约劳动或提高产品效用。不能带来这些功效的创新，企业家是不会感兴趣的。

重大的革命性创新会引领出一个新的时代。比如，蒸汽机的发明，引发了"工业革命"；电力和化学技术的重大突破，使人类进入了电气化时代。次一级的技术创新，比如在电气时代出现的电灯、电话、电视机、电冰箱、汽车等，会引领出一个个巨大的产业，如家电行业和汽车工业。再次一级的技术创新，则是如何降低生产成本、提高产量、提高产品的性能，使产品可以进入更低收入阶层的消费范围，或者使高收入阶层接受产品的升级换代。

每一个层级的技术创新，都会对应各自层级的经济繁荣期。我们下面以汽车工业为例，来说明技术创新与需求结构的相互作用，以及这种相互作用是如何影响经济周期波动的。

与许多新产品一样，自从汽油发动机发明以后，汽车可以作为消费品进入市场，但由于生产规模小、成本高，一开始只能是少数富人的专利。随着次级创新不断推进，汽车工业的生产规模逐步扩大，生产成本也大幅降低，使它成为越来越多的人所追求的消费目标（见图 12-5）。

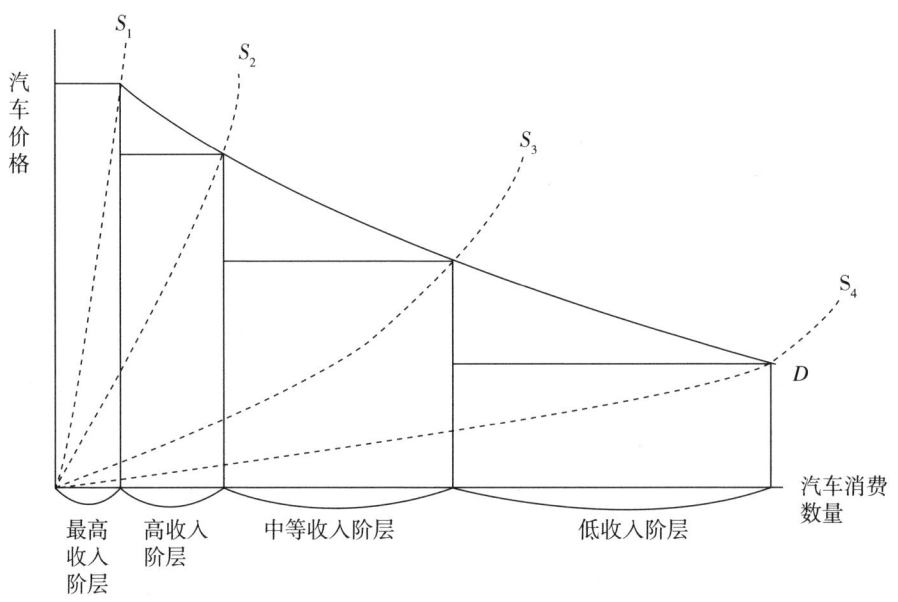

图 12-5

假定社会结构呈现金字塔形,人们的收入水平划分为不同的收入阶层,同时对应着不同的消费能力。汽车消费按最初的技术水平所决定的供给曲线,只能提供给最高收入阶层。在满足了最高收入阶层的需求之后,如果没有进一步的技术创新,使供给曲线向右下方移动,则其他收入阶层的消费群体仍然无法享受汽车带来的效用。汽车这种产品就会定位在奢侈品的行列。同时,这个行业的发展空间也被限制住了。在最高收入阶层的需求满足之后,汽车工业即使不增加新的产能,其生产速度也会超过最高收入阶层对汽车的更新速度,当同样技术层级的产能扩张到超过最高收入阶层的消费量和更新量时,汽车工业就会发出周期性调整。只是由于它的规模较小,影响面也会比较小罢了。

汽车生产技术的改进,使产量提高,成本下降,新技术决定的供给曲线向右下方移动(S_2),使下一个收入阶层(即比较富裕的阶层)也能够买得起汽车,图12-5 中的 S_2 曲线代表技术改造后的汽车供给曲线。当较高收入阶层的需求逐步满足之后,汽车工业要想取得快速发展,还要进一步改进。如此过程,不断反复，最终使低收入阶层也成为汽车消费一族时，这个行业的快速发展空间就被用尽了，下一步的发展，只能取决于汽车的更新速度。或者是新能源技术的出现，使汽车消费发生脱胎换骨的改变。

经济的周期性波动会出现在什么地方呢？通常发生在一种层级的技术创新，在满足了相对应的收入阶层的需求之后，却没有新的创新出现，但产能还以原来的技术水平重复扩张，现有的技术不足以跨越收入鸿沟，以致出现与服务交换相对应的产能过剩，其过剩的程度超过资本存量维持的极限时，调整就会发生。在衰退期，那些能够生存下来的企业，通常是技术领先，管理高效，具有核心竞争力的企业。这些企业最有可能在逆境中寻找到突破口，即进行新的技术创新以形成新的发展空间。如果这种技术突破真的实现了，意味着实物经济可以在更低的价格上提供更多的产品，从而与服务经济实现新的交换平衡。新一轮的经济增长就会出现，经济体进入下一个循环周期，直到同样的事情再度发生。熊彼特的创新周期理论把技术创新带来的超额收益和由大量模仿带来的收益下降，作为经济周期发生的原因，没有把技术创新与需求层级联系起来，也没有把技术创新与交换比例联系起来，所以，在熊彼特看来，经济的周期性波动是不可避免的。而根据笔者的假设，从理论上讲，周期波动之所以会发生，主要根源于服务部门与实物部门的不匹配。进入互联网和大数据时代，至少从技术上提供了弥合两者之间缝隙的可能。目前互联网已经改变了人们的交易方式（如电子商务），生产者可以和消费者直接沟通，迅速了解消费者的需求。下一步，互联网将改变人类的生产方式，大规模标准化（这也许是实物与劳务难以匹配的一个因素）的生产方式将逐渐式微。定制化、个性化的生产会逐步成为主流，3D打印技术形成的零边际成本，将使个性化的定制产品具有商业优势。大数据则可以分析消费者的消费动向，并提供预测性的评估，为生产与消费的对接提供依据。互利的理念和方法，也可以使政府在需求层级与创新层级之间的匹配上，做得更为主动和精准。大规模的周期性波动本质上是要素交换比率超越重置成本的产物，当这种比率被控制在公平底线之内时，危机就可以避免。

当大的革命性创新经过一系列的次级创新和更小层级的创新，使主流消费品最终普及到低收入阶层之后，需要有新的重大技术创新出现，这时，光靠企业方面的力量不足以使结构调整期平稳过渡，需要从国家层面实施有针对性的产业政策以及对重大技术创新给予激励。20世纪90年代，随着互联网泡沫的破裂，美国经济已经显示出增长乏力的迹象。为了刺激经济增长，在格林斯潘领导下的美联储，实施了不加区别的低利率政策。此时，恰逢美国新自由主义重新统治华尔街，利率市场化已经成为金融界的神圣信条。按照理论设计，利率市场化会通过竞争机制使资金使用效率提升。但后来的事情完全出乎预料，随着存贷差的缩小，资本的逐利性驱使金融机构开始寻找利率更高的替代产品。当市场上缺乏这样的产品时，资本就会通过各种方式将它们创造出来。而这时，美国的房地产业，在经历了曲折的发展历程之后，已经达到了行业的顶端。产品向最低收入阶层普及，表明该行业的受众达到最大值，房地产的资源性特征同时具备投机性炒作的基础，废除斯蒂格尔法则使华尔街在利率市场化方面摆脱了一切束缚，末世疯狂的所有条件已经具备，只需要一个玩法，于是，次级贷款被设计出来。次级贷款，顾名思义，就是向信用等级很差的人放贷，但这并不是问题的关键，如果事情仅仅如此，次贷也不会闹出这么大的麻烦。问题在于，次级贷款被设计成一个自我繁殖的模式，信用等级差的人可以零首付买房，如果房价上涨，贷款人还可以用增值的部分再抵押，用再贷来的钱还贷和消费。只要房价一直上涨，理论上可以用空手套白狼的方式成为巨富。而且，房价上涨还是一个自我实现的过程，买房的人越多，房价就越有可能上涨。房价越上涨，人们支付房贷的能力就越强，对住房的需求就越强烈。由低利率释放出的流动性大部分被次贷吹大的房地产泡沫所吸收。当收入不稳定的人都可以有几套房产投资时，服务经济与实物经济的比例已经严重失调，但次级贷款的金融衍生品通过高比例的杠杆作用，将对房地产的虚假需求放大数倍，将这种失调掩盖起来。可是，这个游戏玩下去的前提，是房价的上涨必须高于利率水平。当资本存量用尽，美联储认为应该抑制一下投机浪潮，开始尝试着提高利率时，房价对利率的升水消失了，这个游戏的前提也就不复存在，高杠杆的次贷资金链迅速断裂，数万亿美元的资产瞬间灰飞烟灭。

所以，当传统技术创新的效能已经走到尽头，而新的技术创新还不足以引领经济步入新的增长周期，服务经济与实物经济的交换比例就有可能出现巨大的比例失调，再加上政府政策的失当，危机爆发就会成为一件不可避免的事情。

从经济危机爆发的阶段性特点来看，次贷危机标志着一个长周期增长的结束，和一个新的长周期增长的开始。笔者认为，新周期何时产生，取决于以新能源、新材料和生物科技为代表的循环经济，以及机器人、3D打印、机电一体化这些信息物理融合系统为标志的工业4.0业态何时能成为经济增长的引擎。这个过程进展得越快，下一轮经济增长就会越早到来。

中国政府4万亿元的救市资金，绝大多数投向了十大传统行业（所谓的十大产业振兴计划），不可否认，在中国，传统行业还有进一步向中低收入阶层发展的空间，但它们毕竟不是下一轮经济增长的战略制高点。所幸中国政府后来及时认识到这一点，在次贷危机爆发3年之后，启动了5万亿元资金用于新兴产业振兴规划。不管怎样，这还算一件值得庆幸的事情。

不过，总体看来，各国政府的救市政策有不少浪费资源的无效投入，其作用充其量不过是使那些代表传统技术的过剩产能，再多延续一段时间罢了。用在传统产业的资源多了，发展新兴产业的资源就会受到挤压，经济走出危机的时间就会延长。

从交换的角度讲，不管是需求层级还是技术层级的变动，它们最终反映的是经济体内产业部门交换比率的变动。出现经济危机，归根结底是由于服务产业的产能无法与实物产业的产能相匹配，经济体出现大量的交换剩余（买来的房产并不是自住而是为了卖出）和未交换剩余，当价格调整不仅不能减少这种产能错位反而使它加大时，经济危机就成为对这种错位的自发调整。于是，问题顺理成章地转变为，政府能否通过主动的反周期措施来消除这种错位呢？

12.4 反周期措施

反周期措施能否奏效，取决于反周期措施建立的理论依据是否成立。

第二次世界大战后，各国政府经济活动普遍采用凯恩斯主义的反周期政策。在经济繁荣期，通过紧缩银根和缩减政府开支的方式来遏制经济的活跃度；在经济衰退期，则采用宽松的货币政策和扩张的财政政策以刺激经济恢复增长。这些反周期措施的理论基础是凯恩斯的有效需求不足假设。在笔者看来，有效需求不足仅仅是我们的需求层级论和创新层级论的一个近似的反应，在技术创新还没有惠及中低收入阶层时，用有效需求不足来解释经济活动还有一些意义。一旦主流消费品在中低收入阶层达到饱和点，这种解释就很难说清楚问题了。在美国政府大量注入流动性，且实际利率接近于零的情况下，美国的新屋销售量仍然屡创新低，经济增长迟迟不见起色，就是一个最好的证明。这时，美国的支柱性产业——房地产和汽车业已经进入了饱和期，一时半会儿又没有新的产业来取代它们，再用凯恩斯那套刺激有效需求的方式就没有效果了，并最终演变成刺激无效供给的方式。

我们在前面的分析中已经讲过，在经济繁荣期，投机性需求一旦形成势头，仅靠加息和紧缩银根是无法遏制的，因为对于投机性的暴利而言，加息所增加的那点成本根本无法构成投机的障碍。央行提高存款准备金率，或者通过公开市场操作回笼货币的做法，只能控制货币供给量，但控制不了货币周转速度，提高存款准备金率1个百分点，货币周转速度相应加快一些就可以抵消。我们在前面的分析中指出，货币周转速度是经济景气度的指标，当市场预期乐观时，货币周转速度就会加快。这就是为什么从2006年开始，中国政府一路加息和提高存款准备金率，却没有抑制住投机泡沫的产生，楼市和股市接连创出历史新高，即使政府成倍地提高证券交易印花税，在大宗商品市场抛出国储铜，仍然抑制不住投机的狂潮。倒是实体经济在这轮宏观调控中饱受打击，东南沿海地区大量中小企业停产倒闭，出口锐减，2000万农民工返乡。反周期措施没有抑制住投机性炒作，却给实体经济带来了巨大的损害。

在衰退期，政府采取宽松的货币政策和积极的财政政策。具体做法是大规模降低利率水平，降低存款准备金率，增加货币供给量，增加政府开支，等等。这种不加区别的刺激"总需求"的政策，本质上是一种透支未来的做法，因而，在不同的国家，效果完全不同。在中国，由于城市化进程远远没有完成，有大量刚性需求的支撑，宽松货币政策释放的流动性，在2009年再次使楼市泡沫膨胀，其膨胀速度甚至超过了2007年的水平，在不到一年的时间里房价再创历史新高。以笔者的观点，货币流动符合流体力学，当政府当局为货币投放开闸放水之时，货币最先流入的领域，必然是那些仅有较低技术含量的"洼地"，如房地产和有资源瓶颈的大宗商品交易。真正在技术转型期需要大量投入的新兴工业领域却很难得到资金的支持。而在政府再次紧缩时，资金却是最后从这些低技术领域退出的。如果政府的货币政策不事先设置"门槛"的话，流入"技术洼地"就是一个必然发生的事情。所以，不加区别的量化宽松的货币政策和政府主导的积极财政政策，在中国很可能导致传统行业的产能过剩进一步加剧和房地产市场的泡沫重新泛起。

对付次贷危机，美国政府的措施一大堆，但可以用一句话概括：注入流动性。注入的方式，一种是不加区别地对整体经济释放流动性，如大幅度降低利率水平和增加货币供给量。另一种是有针对性地对问题企业注资，具体的做法是定期标售工具，用优惠利率向问题企业标售贷款额度；以贷款债券抵押物的方式接手次贷合约；给问题企业退税以及放宽对问题企业的贷款限制。[①] 在笔者看来，所有这些政策都属于无的放矢。因为它们没有找对问题的根源。2007年次贷危机是在传统支柱产业进入需求饱和期、新兴产业没有成为下一个增长引擎的背景下发生的，量化宽松的货币政策，并不能解决服务经济与实物经济的结构调整问题。早在20年前，日本政府就开始实施"零利率"的宽松货币政策，但并没有能使经济摆脱衰退的阴影，这是因为日本经济在传统需求饱和的情况下，缺乏革命性的技术创新，找不到新的经济增长点。美国如果不加快新兴产业的发展步伐，难免有步日本后尘的危险。凯恩斯主义的救市政策是在不改变技术结构的基础上，用未来的收入来支付当前消费的做法，不管是宽松的货币政策还是积极的财政政策，其作用不过如此。如果中低收入阶层还有消费潜力可以挖掘，用透支未来的方式还有一定的效果。如果传统需求在中低收入阶层已经达到饱和点，新技术创新又没有出现，未来已无透支空间，这些政策就很难再起到刺激经济的作

---

① 罗伯特·希勒著，何正云译：《终结次贷危机》，中信出版社2008年版，第xxvi~xxvii页。

用了。

　　用需求层级和创新层级相互作用的理论，才能解释为什么同样的政策在不同的国家，或在一个国家不同的发展阶段，会产生不同的作用。按照这种理论，政府的反周期措施不应该是不加区别、笼而统之地刺激或抑制"总需求"，而是应该有针对性地调节服务经济与实物经济的相关比例。具体来说，政府究竟应该做什么，以及如何去做，这是我们在下一章要讨论的话题。

第 13 章
看得见的手可以做什么

政府要不要干预经济活动，如果一定要干预，正确的干预方式是什么？这历来是自由主义经济学派与凯恩斯经济学派争论的焦点，双方都摆出一系列的证据，证明"市场失灵"或"政府失灵"，但都没有说明本来最应该说明的问题，政府和市场的关系究竟是什么。争论最后演变为终极价值判断的对立。名噪一时的公共选择理论，则延续了主流经济学的个体本位的方法论传统，将政府官员定义为自私且理性的个人，是"以他们自己的权力最大限度地追逐财富的人"[①]。因而政府对经济生活的干预，如果不加限制的话，只能使问题更糟。同样都是追求个人利益最大化，商人的行为可以促进社会整体利益的实现，官员的行为就会导致整体利益的损害，这中间的逻辑似乎并不清晰。在笔者看来，政府与市场的关系是一个功能互补的耦合系统，问题的关键在于，对于实现交换经济中的服务部门与实物部门的平衡来说，政府与市场要如何结合才最有效率，且成本最低。下面，我们就这一问题展开讨论。

13.1 市场与政府之间的职能互补

作为20世纪大萧条的经验总结，1933年美国颁布了《格拉斯－斯蒂格尔法案》（Glass-Steagall Act），规定在商业银行和投资银行间实行严格的分业经营，并对金融机构的经营行为进行严密监管，以避免大危机的重演。20世纪70年代，在石油危机的冲击下，整个西方世界出现了经济停滞与通货膨胀同时并存的局面，一度占据主导地位的凯恩斯主义，进退维谷，难以为继。经济自由主义重新

---

① 布坎南著，吴良健等译：《自由、市场和国家》，北京经济学院出版社1989年版，第39页。

抬头，美国商业银行开始尝试摆脱斯蒂格尔法案的束缚。1980年美国颁布的《存款机构解除管制与货币控制法案》取消了关于利率上限的规定，此举开创了利率市场化之先河。1982年美国颁布的《可选择抵押贷款交易平价法案》，允许抵押贷款利率市场可以随市场利率波动。到了1999年11月，美国国会在几经反复之后，终于通过了《金融服务业现代化法案》，该法案废除了《格拉斯－斯蒂格尔法案》关于分业经营的禁令，对金融机构资金使用的高杠杆率也放开了限制。2000年，在美国金融财团强大的游说活动下，美国国会通过了《商品期货现代化法案》，解除了对一系列金融衍生品包括被称为"毒丸"的CDS（信用违约互换）的法律监管。在这一系列放松管制的行为背后，隐藏着这样一种经济学理念：交易当事人完全有能力评估交易品的风险，市场供需双方会在自利原则和最大化原则的驱动下自动趋向于均衡，只要实行完全的市场化，经济领域的所有问题都会迎刃而解。但后来发生的事情却让人始料不及，失去束缚的华尔街吹出了史上最大的金融泡沫，并随着这个泡沫的破灭，把全世界都带进了金融危机的深渊。逼迫政府不得不采取极端措施阻止经济崩溃。

在利率市场化的前车之鉴面前，中国表现得相当迟钝，次贷危机过后，依然亦步亦趋地推行利率市场化改革。随着利率浮动的加大，资本的逐利性促使银行开始寻找高利率标的，各种承诺高回报的理财产品应运而生。以场外配资的方式进入调整期长达7年的股市，就是银行资金的一个必然选择。在大盘指数已经从低点翻番的位置，官媒发表社论为牛市背书，抛出牛市"新起点"论。随后银行资金以更加疯狂的速度入市，再加上各路金融机构的股权质押和票据贴现，一场投机盛宴在中国资本市场上演。当管理层意识到危险，开始清查场外配资时，无异于将自己吹起的泡沫挤破，釜底抽薪的结果，是资本市场的连续暴跌。随后的救市虽属无奈之举，但又采用成本大、效果差的方式（正确的做法应该是实行强制对冲，将银行配资解脱出来），通过拉抬权重股来扭曲大盘指数，诱惑一部分相信政府救市能力的资金入场。这种超越政府职能边界的做法，既没有拯救股市，又使救市资金与政府信誉同时陷入危险的境地。

事实上，利率市场化并不像它的支持者所宣传的那样，可以调节资源的配置，将资金输送到最有效率的企业。金融资本可以通过产品的设计和定价权，将金融产品打造成具有高收益，且风险可以转移的庞氏骗局，导致资金在虚拟经济中空转，形成风险对赌的零和博弈。在这个击鼓传花的游戏没有结束之前，虚拟经济会吸收大量的资金，实体经济的借贷成本依然高企。这种现象促使我们重新审视市场与政府的关系。

政府与市场的关系用二元交换模型分析可以一目了然。我们知道，所谓市场调节，其本质就是价格调节，而价格在我们的二元交换模式中，是交换比率的单项表达式。市场价格的大幅度波动，从交换的角度来看，是交换比率发生了变化。我们从西方引进的这种自由放任的制度设计（不管是大宗商品市场，还是资本市场），存在着重大缺陷。当交换比率在互利的公平域之内波动时，还可以起到调节资源配置的作用，而当这一比率跨越了公平底线时，就会引起资本的跨部门转移。在资本市场就表现为固定收益池和风险投资池之间资金的大规模无序流动，而且，这种流动会呈现自我强化的趋势，即上涨会产生上涨的预期，从而吸引更多的资金进入已经炒高的市场，当交换比率跨越重置成本时，最保守的投资者和原本在实业领域周转的资金都会被市场的疯狂所吸引，直到将资本的存量耗尽，接踵而来的就是市场的崩溃。这种制度设计，将本来是互利的博弈变为零和博弈，即"我赢的钱，就是别人输的钱"。市场不是涨过头就是跌过头，每一次市场的崩溃，都伴随着大量中产阶级的消亡和财富分配的两极化，许多人辛苦打拼赚来的钱瞬间化为乌有。主流经济学坚持认为这种制度安排会形成资源的有效配置，不过是另一件"皇帝的新衣"罢了。我们用图 13-1 来说明这种波动的特征。

图 13-1 中的曲线，表示的是两种标的物（可以是商品，也可以是资本）交换比率的变化，当两种标的物的存量因为各种因素（自然和社会灾害、生产者前期误判等）出现失衡时。交换比率就会发生大幅波动。如果标的物是商品，因为有生产周期的延迟作用（不管是农产品还是工业品，新的投入都不可能立即提供新的供给），加上投机资本的推波助澜，交换比率就会跨越公平底线甚至重置成本。这直接导致生产要素的无序转移，造成某一个部门的产能过剩和另一个部门的资

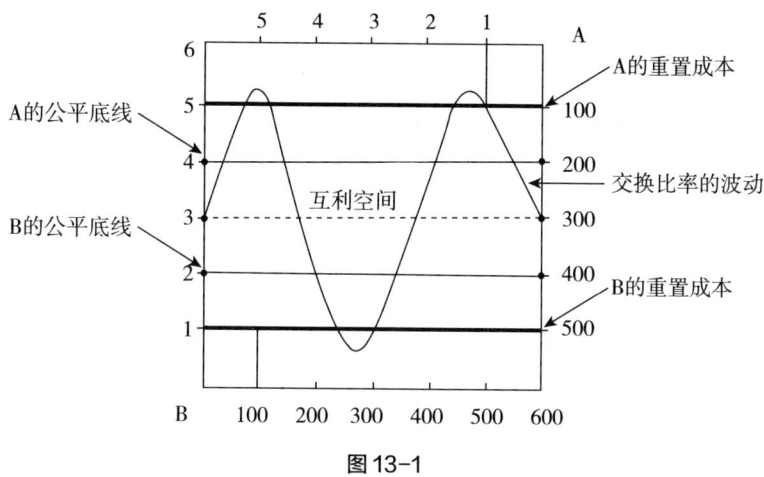

图 13-1

源短缺（从短期资本存量的分配比例来看，这是必然会发生的事情）。并在随后去产能的过程中（通常都伴随着价格狂泻，跌至最有效率的企业都难以为继的地步），矫枉过正，将优质资源挤出该领域。待过剩产能和优质产能都黯然离场之后，某种偶发因素，又一个新的轮回重新开始。我们在猪肉、煤炭、粗钢生产、资本市场等领域，一次再一次地重复这个过程。在整个经济的范围，当这种失衡达到一定程度，就是危机的爆发。

这样一来，政府与市场的关系就可以看得很清楚了。政府的职能并不是放任价格自由波动，也不是在价格波动中选边站，而是用经济手段将商品交换的比率维持在互利和公平的区间之内。政府其实是起到一个平准基金的作用。当价格过高，超出互利空间，引发生产要素无序转移时，政府需要抛售库存，必要时可以向超过干预价格的买入者征收投机税，以使价格回归到公平区域；当价格过低，使经营良好的企业都无法生存的时候，政府要负责兜底收购。要使价格在一个对生产者和消费者都可以接受的范围内波动。任由价格大起大落，对生产者和消费者都没有好处，还会造成资源的浪费。只会便宜了极少数投机者。我们用一个三元交换模型来说明政府对市场干预的功能定位（见图 13-2）。

在图 13-2 中，政府的职能是给价格变动设置警戒线，警戒线的设立可以根据买卖双方的公平容忍度，形成一个双方可以接受的波动空间，当价格触动波动

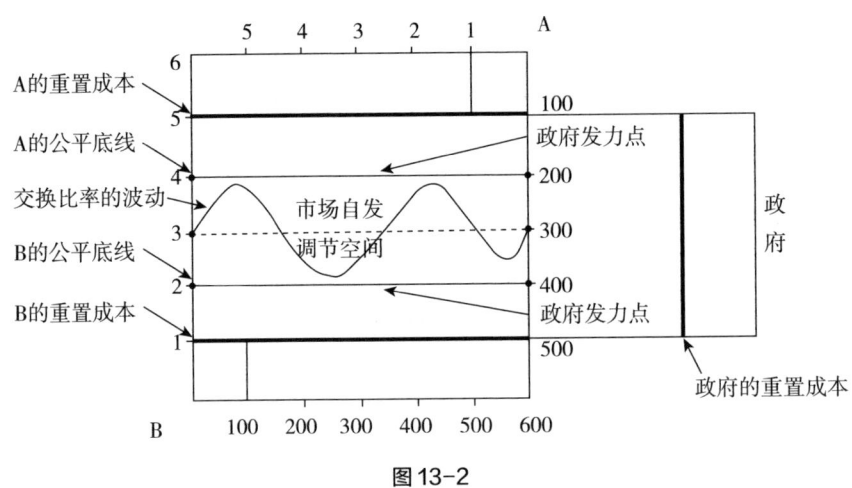

图 13-2

区间的上下限时,就要启动干预机制。政府通过低位买入和高位卖出的平准行为,将价格维持在互利空间的公平域之内。在这个过程中,政府还可以通过平准基金获得差价收益。在维护市场公平的同时,政府不增加税收而获得收入,这才是真正的互利解法。

这种做法其实早已有之,中国唐朝的大理财家刘晏就曾经对粮食价格采取类似的方法。

刘晏在各地建立常平仓(相当于现代的仓储和物流中心),设置了知院官,随时了解各种商品价格的动向,并根据粮价变动的历史数据,将粮价分为五档,每一个档位对应不同的买入和卖出粮食的数量,当粮价变动到某一个档位时,当地官员不用请示上级(以当时的通信和交通条件,请示往往贻误时机),直接按照刘晏规定的买入或卖出量操作,使粮价保持稳定。各级官府通过"贱增贵卖",也大获其利。《旧唐书·刘晏传》记载说,刘晏全面掌握了商品的供销动向,政府获得了巨大的利益,而市场波动则得到了平抑,这是高明的治理之术,真正做到了"敛不及民而用度足"。在今天的大数据时代,政府掌握市场信息的能力要远高于1000多年前的唐代,我们没有理由做得更差。

再来看看国外的例子:

欧共体从 1962~1968 年分三个阶段，建立了统一价格、统一关税和共同农业基金的农业市场。对谷物、肉类、奶制品、蛋品、食糖和葡萄酒等 14 种农产品规定了统一价格。统一价格包括标位价格、门槛价格和干预价格。标位价格是某一农产品在最稀缺地区渴望得到的最高价格，该价格包括运输费和贮藏费；门槛价格等于标位价格减去运输费和贮藏费；干预价格是欧共体内农民可以得到的农产品最低价格，一般比标位价格低 6%~8%。当农产品市场价格低于干预价格时，遍布各成员国的 30 多个干预收购中心就实行干预收购。当农产品价格超过标位价格时，干预中心就要进行抛售。共同农业市场的实施，使欧共体从战后最大的农产品进口地区，变成 20 世纪 80 年代世界上最大的农产品出口地区。[1]

从这个范式中，我们可以找到政府与市场的耦合方式。这种耦合方式可以应用在所有价格调节的领域，如大宗商品、利率、汇率以及资本市场。

市场的缺陷来自于市场自身的价格调节特性，它在带来资源配置的作用时，也同时带来了资源错配问题，这些问题不可能通过完善市场机制的方式来解决，而必须要借用外部力量的援助。然而作为对市场经济缺陷的补充，政府调节虽然可以发挥它的作用，但同市场调节一样，政府也有其固有的缺陷，需要用制度设计加以制约。因为这个问题不是本书的主题，有兴趣的读者可参阅本人拙著《互利：政治的智慧》一书。

以往我们采取的用计划经济来取代市场经济的做法也是出于规避市场经济弊端的考虑，但我们用来纠错的方法却是建立在误解的基础之上，没有找到政府与市场的耦合点。事实上市场和政府是分工的产物，两者的作用应该是互补的，符合互利的规律，全部问题仅仅在于如何找到两者的结合方式，而不是非此即彼。能否将二者各自的优势发挥到极致，同时避免功能错配，是摆在各国政府面前的一个共同的课题。20 世纪的大萧条和本世纪初的次贷危机表明，完全放任价格调节会导致灾难性的结果。但主张国家干预的凯恩斯主义又会给经济生活带来什么变化呢？

---

[1] 刘景江："欧共体的农产品价格政策"，第 30~31 页，下载自"道客巴巴"。

13.2 主权债务危机与"凯恩斯死结"

政府干预经济堂而皇之地进入主流经济学的殿堂，是从凯恩斯开始的。针对有效需求不足，凯恩斯开出的药方是：扩张的财政政策和宽松的货币政策。根据凯恩斯学派的收入—支出理论，总收入等于消费和储蓄之和，总支出等于消费和投资之和。市场均衡就是要做平下列等式：

$$C+I=C+S$$

其中，C 代表消费；I 代表投资；S 代表储蓄。

由于存在着三大心理因素：边际消费倾向、流动性偏好和对未来资本收益的不稳定预期，导致等式中 C 和 I 的比例下降，S 上升，从而使 $C+I<C+S$。为了做平这个等式，要在等式两边加上 G（政府支出）和 Gt（政府税收）从而使 $C+I+G=C+S+Gt$，以实现充分就业下的均衡。

一旦实现了这种均衡，凯恩斯认为就应该大功告成了。但从后来的事态发展来看，问题并没有解决，并且还会衍生出新的问题。

细心的读者不难发现，上述等式存在一个问题，要使它成立，其充分必要条件是：

$$G>Gt，且\ G-Gt=S-I$$

这就是说，不仅政府支出要大于政府收入，且差额要等于储蓄与投资的差额。按照储蓄等于投资的假定，这意味着政府必须借债才能做平上述等式。也就是说，经济的平衡要以财政的不平衡来对冲，当还款周期来临时，实现经济和财政的双平衡，就要满足下列条件：

$$\Delta Gt>\Delta G，且\ \Delta Gt-\Delta G=S-I+i$$

其中，i 为国债利息。

这就是说，政府支出必须带动投资的增长和消费的增长，它带来的税收增长应该可以支付债务本金和利息。如果做不到这一点，即出现：

$$Gt-G<S-I+i$$

则意味着需要借新债还旧债。

若 $G_t-G-i<0$，即出现政府收入与支出的差额不足以支付利息时，就要借更多的新债来还旧债，债务规模就会越来越大。

问题在于，凯恩斯的刺激经济措施，依然是建立在一元本位的方法论基础上，这种不加区别地刺激"总需求"的方式，在主流消费品还没达到社会餍足点的时候，可以通过透支未来的方式，短期内刺激经济发展，但由于这种没有针对性的刺激措施不以资源领域的技术进步为前提，经济发展通过资源瓶颈的反弹，会形成成本推动式的通货膨胀。当经济体处于新旧产业的转型期时，这种不加区别的刺激政策，只能使本来已经过剩的产能继续扩张，而新兴业态却得不到必要的支持。经济发展失去原生动力，从而使上述等式成立的必要条件更加难以满足。

此外，由于政府支出和收入有一些特殊的属性，会导致事情向人们意想不到的方向发展：

一是支出的自加速，即支出会产生支出。航母战斗群会产生巨额的维护费用；公共工程会不断地产生追加投资和后续的管理成本。公共管理部门会派生出更多的支出需求。

二是反向调节刚性。财政支出增加容易，减少却很难。而财政收入减少容易，增加很难。当经济进入繁荣期时，会出现另一种不平衡，即 $I+G>S+G_t$，这时，政府开支这一块很难减下来，同时政府收入提高的幅度却有限。也就是说，经济过热时，政府很难采用财政紧缩的政策，恢复平衡的方式一般是通过货币紧缩来降低投资。这又会在经济过热时触发衰退机制，从而产生政府救助的新需求，导致财政开支产生自我叠加的效应。

三是当福利支出增加到一定的程度时，会对劳动供给和资本的供给产生负面影响，出现向后弯曲的劳动和资本供给曲线，从而进一步减少 G_t 增加的可能；与此同时，福利的过度增加（即福利的增加超越经济的增长），会加大整个经济体对政府支出的依赖度。如果 ΔG 带来的产出率小于增加的国债利息率，意味着不可能通过内生增长来实现均衡，避免经济衰退只能通过不断增加债务规模来实现。

由于政府开支的这些特殊性，普遍会出现财政支出的增速大于财政收入增速的现象，即出现 $\Delta G > \Delta Gt$ 的趋势。表现为财政赤字越来越大，国债越借越多。

当公债达到 GDP 的 100%，赤字达到 GDP 的 10%，且经济增长低于国债利息率时，会出现一个进退维谷的尴尬局面：政府减少赤字会引起经济衰退，因为，经济体已经高度依赖政府的救助，政府支出的减少，同时也会带来政府收入来源的减少。如果维持现有状况，则会出现财政收入的增量不足以弥补国债利息的情况，即出现：$\Delta i > \Delta Gt$。这时，形成了笔者称为"凯恩斯死结"的困境。

走到这一步，意味着国家已经不可能靠自身的力量走出债务的泥潭。要么国家破产，要么通过印钱还债，导致国家信用崩溃。

"凯恩斯死结"是指在现有经济结构下，政府财务困境的无解状态。按照国际清算银行的估计，即使美国、英国和日本每年减少相当于 GDP 百分之一的赤字，他们的累积债务总额仍然会增加，增加的新债务要比偿付的老债务还大。国际清算银行进而推论，美国减少其债务负担的唯一方式，不仅要减少赤字，还要将养老金等社会保险开支冻结在目前水平上。[①] 考虑到战后婴儿潮（7000 多万）出生的人目前已进入退休期，以每人每年 4 万美元计算，是一个天文数字，加之奥巴马政府推行的医保改革，要想让社保开支冻结几乎是不可能的事情。即使做到以上两条，政府债务还是会在未来很多年内继续上升。所以，要解开这个死结，必须超脱出原有体制机制的束缚，走一条全新的路径。

解开"凯恩斯死结"的前提条件是：

$$\Delta Gt - \Delta G > \Delta i$$

这就是说，政府的财政收入减财政支出的盈余要大于国债利息支出，只有做到这一点，才能使国债总额逐步下降。这就要求政府开支必须是有效率的投入，即政府支出的利息成本必须要低于其收益，以往政府不计成本、不考虑产出效率的调控方式必须改变。

第一，政府开支要配合产业政策，寻找经济发展的突破口。找到新经济周期

---

① Claus Vogt Roland Leuschel, The Global Debt Trap. John Wiley & Sons, Inc, Hoboken, New Jersey 2011.

的支点。通常在遇到经济衰退时，政府会采取扩大政府开支的方式刺激经济的发展。做法不外乎两种，一是建设公共工程，二是救助限于困境的企业。修建公共工程有降低社会交易成本的一面，但公共工程本身却往往由于管理不善而缺乏效率，从而存在支出成本大于社会收益的危险。政府一再救助陷于困境的企业，只能使那些不负责任的企业免于受到惩罚，并使社会资源大量沉淀在产能过剩的产业部门。这种方式，并不能使经济结构性矛盾最终解决，反而会不断加重经济体对政府救助的依赖，经济体越来越缺乏活力。从而使政府获得财政收入的可能也越来越少，财政负担却日益加重。例如，美国次贷危机后，美国政府采用传统方式对三大汽车工业注资1000亿美元，本来这1000亿美元足以建立一个全新的电动汽车行业，给了三大汽车企业，也只能使这些企业不破产而已，并不能形成新的经济增长点。其实，正确的方法应该是：由政府引导三大汽车企业向新能源汽车转移，政府这1000亿美元一部分用来作为新能源汽车的补贴，一部分作为新能源汽车基地的产业基金，将三大汽车企业债务以债转股的方式完成要素转移；设立新能源技术的研发平台，对关键技术组织攻关；对现有企业员工进行再就业培训，以适应新能源汽车产业的用工要求。特斯拉电动汽车的成功，指明了汽车工业突出重围的方向在什么地方。另外，苹果公司在手机和电子设备领域的突围，也是一个重要的启示，苹果公司目前的产值，已经超过了一些国家的国内生产总值，2015年苹果公司的利润总额高达2337亿美元，如果这样的企业在经济体中占据主导地位，政府债务危机就有解脱的路径了。

第二，要使 $\Delta Gt - \Delta G > \Delta i$ 成立，还要有一个附加条件，就是 $\Delta Y - \Delta W \geqslant 0$，即 ΔY（产出的增长）一定要大于 ΔW（福利的增长），这在债务已超越警戒线（即公共债务超过当年GDP的60%，财政赤字超越GDP的3%）的情况下是必需的措施，如果债务在警戒线之内，则产出的增长要与福利的增长相等。以避免再度发生债务危机。这需要削减政府开支中不利于经济再生能力的部分。对于社会福利的增加，除了人性化的考虑之外，还要加上效率的考量，不能鼓励懒汉和寄生虫。且福利的增加不能造成经济效率的降低。将福利的改进与经济发展的效率联系起来，使经济发展与福利改进保持同步。发放救济金应该以一定量的环保产业义工量为前提条件，如绿化、垃圾的无害化利用、生物质能源的开发（纤维素乙醇、沼气、生物柴油的生产等）。同时要鼓励退休人员以义务形式对社会做出贡献，以保证经济体不会在福利膨胀中坐吃山空。要树立一个合理的概念，福利水平不是越高越好，越高越先进。古罗马帝国的灭亡就是一个福利制度走到尽头的佐证。当时的罗马公民享受种种特权，可以不种地，不从事工商业，不去当兵。每天只是在角斗场和澡堂子里打发时间，罗马的衰败无法避免，庞大的罗马帝国在蛮族人的攻击下轰然垮塌，这样的历史教训在今天也有可能重演。

第三，建立行政支出的约束机制。要满足 $\Delta Gt-\Delta G>\Delta i$，另一个附加条件是，$\Delta Gt/Gt-\Delta Ge/Ge>0$。

政府财政收入的增长率（$\Delta Gt/Gt$）一定要大于政府行政支出的增长率（$\Delta Ge/Ge$）。对于政府公共开支，必须建立强制性的约束机制，不能让政府开支的增长超过税收的增长。这中间最重要的措施就是建立低于税收增长率的政府行政开支增长幅度的硬性规定，并以立法的形式予以保证。

我们在这里给政府的行为做了合理性的限定条件，而这恰恰是主张国家干预经济的凯恩斯主义所完全忽略的部分。如果各国政府不能完成上述 $\Delta Gt-\Delta G>\Delta i$ 的不等式，不少西方国家很难走出主权债务危机的陷阱，政府一旦被迫减少流动性的注入，大量累积的债务就会产生多米诺骨牌效应，危机的再度爆发就会不可避免。

13.3 政府职能的国别差异

政府的公共管理职能是社会分工的产物，当人类以社群方式争取生存权利时，公共管理职能就产生了。群体生存方式要求建立一种公共协调机制来调整群体内各个个体的行为，使个体行为与群体的共同生存目标相一致。国家的产生，实际上是把这种公共管理的职能制度化、权威化。也就是说，政府的职能是维护由互利空间所产生的共同利益，对这一职能的偏离，是所有治理悲剧的根源。这是迄今为止人类社会发展的共同特征。对此，经济学不同学派的观点，也都没有什么争议。即使是经济自由主义的鼻祖——亚当·斯密，也认为政府有三方面的职能是不可取代的。"第一，保护社会，使其不受其他独立社会的侵犯。第二，尽可能保护社会上各个人，使不受社会上任何其他人的侵害或压迫，这就是说，要建立严正的司法机关。第三，建设并维持某些公共事业及某些公共设施（其建设与维持绝不是为着任何个人或任何少数人的利益），这种事业与设施，在由大社会经营时，其利润常能补偿所费而有余，但若由个人或少数人经营，就决不能补偿所费。"[①]用我们现在的话来表述，政府的职能是：（1）建立国防，抵御外族入侵；（2）维护市场秩序，保护个人合法权益；（3）建设私人无法投入或不愿意投入的公共设施，而且这种由政府投资建设的公共设施应该比由私人建设来得更有效率。

主张用暴力打碎旧的国家机器的马克思也认为："一切直接社会的共同的规模较大的劳动，都或多或少地需要有一种指挥，以便协调个人的活动，完成各种由生产总体运动——和其中各个独立器官的运动有别——生出的一般性的功能。提琴独奏员可以独展所长，一个乐队却需要有乐队的指挥。"[②]

但我们也同时看到，这些大家都公认的政府公共管理职能，对于不同生存环境的国家，有着巨大的差异。我们以欧亚地区不同国家的状况做一个比较。

自罗马帝国分裂为东西两部分之后，欧洲再也没有建立统一的帝国，在很长一段时期内欧洲大陆都处于封建割据的状态，各国的"中央政府"实际上只是一些较大的领主，对领地之外经济生活的干预度十分有限。这与欧洲良好的自然环境有关。欧洲大陆平原居多，气候温暖而潮湿，绝大部分地区的年降雨量在500毫米以上，非常适合农牧业的发展。在这种自给自足的农业社会中，政府职能被限制到较小的范围，除了法国因为特殊的地理位置（与六个不同的国家接壤，且缺乏天然屏障），自12世纪开始，出现了中央集权的趋势。绝大多数欧洲国家的中央政府对经济生活的控制力都相对较弱。此外，三面环海的地理位置，以及阿尔卑斯山脉和比利牛斯山脉形成的防御纵深，对游牧民族的侵扰构成了天然屏

[①] 亚当·斯密著，郭大力、王亚南译：《国富论》（下卷），商务印书馆1974年版，第253页。
[②] 卡尔·马克思著，郭大力、王亚南译：《资本论》（第1卷），人民出版社1975年版，第350页。

障，在欧洲中世纪一千多年的历史中，东罗马拜占庭帝国扼守着黑海沿岸和小亚细亚，阻止了中亚游牧民族的侵袭，形成欧洲东南面的一道防线。这道防线只有两次被游牧民族打破。一次是匈奴西侵，在迫使东罗马帝国俯首称臣之后，继续西进，公元452年，由阿拉提统治的匈奴帝国，越过阿尔卑斯山脉，进攻西罗马帝国，但平均海拔3000米的阿尔卑斯山不仅使匈奴的后勤补给出现了困难，也使匈奴的攻击力度减弱，加上瘟疫流行，不得不半途而废。另一次是蒙古族13世纪时向西扩张，公元1241年，速不台率领蒙古大军从他们3年前占领的俄罗斯平原向西挺进，越过喀尔巴阡山，在匈牙利消灭了欧洲的主要抵抗力量。以欧洲当时一盘散沙的状态，蒙古大军横扫欧洲大陆应该指日可待，但蒙古军的进攻在捷克受到阻滞，通常公认的说法是蒙古大汗窝阔台的去世，促使蒙古军撤退，但阿尔卑斯山脉使蒙古军队擅长的大范围长途迂回战术受到抑制，也是一个不可忽视的原因。这可以为欧洲缺乏建立大一统帝国的动力做一个注脚。

与此形成鲜明对照的是"亚细亚生产方式"。马克思在1859年发表的《政治经济学批判》序言中，首先提出"亚细亚生产方式"的概念[①]。至于什么是亚细亚生产方式，史学界众说纷纭，从马克思《经济学手稿（1857~1858）》的《资本主义生产以前的各种形式》中可以看出，所谓亚细亚生产方式有这样几个特征：土地是共同体的财产；政府需要修建大型水利工程以完成再生产；个人缺乏独立性，需要依附于共同体的生存条件……[②] 马克思在直觉上认为，这是一个与欧洲封建传统不同的社会形态。但马克思并没有看到，同样是大河流域，其治理方式依然存在着很大的不同。例如，两河流域、尼罗河流域与黄河流域虽然都属大河文明，但却出现了不同的生产方式和不同的治理方式，不能用一种模式加以概括。

两河流域的美索不达米亚平原，气候干燥，降雨量稀少。随着亚美尼亚山脉冬季积雪的融化，底格里斯河和幼发拉底河在4~6月泛滥，从农作物对水的需求角度来说，这对春季作物太早，对冬季作物又太晚。因此，这里的农作物只能靠灌溉。要想收获谷物、水果、蔬菜和饲料等多种作物，必须按照一定的周期将水

---

① 《马克思恩格斯全集》第13卷，第9页。
② 《马克思恩格斯全集》第46卷，第472~498页。

引入田地，否则，它们就会因干旱而死。所以这些地区政府最主要的职能就是兴修水利。也正是这种纯粹灌溉农业的区域性特征，使美索不达米亚地区的政府形式基本上以城邦为单位，很少出现大一统的政治格局，这也使美索不达米亚文明长期处于不稳定状态。

尼罗河不同于幼发拉底河和底格里斯河，它的上游有大湖调节，每年泛滥的水量都比较稳定，通常6月份水位开始上涨，高峰期在9月，到11月又逐步恢复正常，即使在较寒冷的冬天，庄稼也可以得到充足的水分，第二年春天就可以收割。这使得古埃及的文明虽然晚于两河流域，但人口和经济的发展却比较快速。公元前3500年左右，尼罗河畔的古埃及出现了许多奴隶制小国。随着人口密度的增加，分散的治理模式无法调节水资源和土地资源的配置，经过不断的兼并战争，古埃及境内形成了两大地域性王国：南方尼罗河上游谷地的上埃及与北方尼罗河下游三角洲地带的下埃及。两国为争夺尼罗河水源不断爆发战争。公元前3100年前后，上埃及的美尼斯发动了大规模的征服战争，成为上下埃及的国王。美尼斯统一古埃及后的2000多年的时间里，埃及经历了30个王朝，君主王权不断得到加强，"法老"成为古代埃及君主的尊称，这个词的词源本来并没有君主的意思，其象形文字的本意是指高大的房屋，但到了第十八王朝图特摩斯时期，逐渐演变为对君主的称谓。法老是古埃及的最高统治者，拥有行政权、财政权、司法权和军事权，他通过宰相颁布各种法令，宰相须向法老负责。不仅如此，法老还是神的化身，所有人见到法老都要俯伏在地，亲吻他脚下的尘土。[1] 尼罗河稳定的水资源供给环境，使得埃及的文明一旦形成，就得到迅速的发展，而迅速扩张的人口又会使水资源分配紧张。由于没有低成本的扩张出口（尼罗河流域周围都是广袤的沙漠），解决人口与资源矛盾的唯一办法，就是建立一个强大的集权政府，由这个至高无上的统治者发号施令，决定资源的分配，以避免不同的部落和国家在无休止的争斗中同归于尽。历史证明，埃及的统一推动了埃及文明的发展，并迅速超越了纷争不断的两河文明，逐渐形成比较稳定的国家机制。

---

[1] 赵彦、于志堂编著：《改变人类文明进程的重大事件》，吉林美术出版社2012年版，第5页。

中国人世世代代生长的土地，属于典型的大陆季风性气候。冬季内陆形成的冷高压区，相对于东南海面上形成的热性低气压区，会产生中国冬季寒冷的西北风和干燥气流。夏季大陆温度高于海洋，凉爽的海洋成为高气压区，形成流向大陆的东南风或西南风，并带来降雨。降雨季节通常在 5~9 月。理论上说，这样的气候，还是适合农作物生长的。但它也带来了一个问题，就是气候变化无常。因为每一年冬天和夏天季风进退的迟早和强度不同，使一些地区经常出现冷暖旱涝等异常现象。自然灾害频繁发生，是华夏大地上一道奇特的景观。

据历史学家统计，自公元前 1766 年至公元 1937 年，大的旱灾共发生 1074 次，水灾 1058 次，① 几乎是年年有灾。灾害发生的频率与烈度往往高于其他国家，与温暖而潮湿的欧洲相比，更是不能同日而语。

灾害带来的损失也是触目惊心的，仅 1876~1879 年在华北地区的一次大旱灾，死亡人数就达 1000 多万人。1840~1949 年，因各种灾害发生的求生性食人事件 50 次，平均每两年发生一次。②

与美索不达米亚的情况不同，中国政府所要承担的公共职责并不是兴修灌溉工程，而是赈灾。兴修水利也大多与赈灾防灾有关。因为中国的大陆季风性气候，在风调雨顺的时候，足以满足农作物的生长。一旦发生区域性的自然灾害，政府储备的粮仓（常平仓）就要发挥赈灾功能，并且要在一个更为广阔的区域内调动生存资料。这就产生了大一统的政治需求。"小国寡民"的政治形态，随着人口密度的提高，在春秋战国以后，就已经很难成为中国的生存模式。中国第一个世袭的中央集权王朝产生在公共事务管理者对经济活动的大规模干预——"大禹治水"——之后，应该说绝不是一个偶然。中国大陆变幻无常的气候条件，需要建设大规模的水陆交通网络（以解决各地的粮食调配问题）。而由一家一户的农民去完成这样的工程显然是不现实的。中国历史上所有大型水利和水运工程都是在政府的组织下完成的，如大禹时的开凿龙门，秦国修都江堰、郑国渠，吴王夫差开凿邗沟，隋炀帝修建京杭大运河，以及元朝重修京杭大运河，等等。京杭大

---

① 邓拓：《中国救荒史》，载《邓拓文集》（第 2 卷），北京出版社 1986 年版，第 41 页。
② 引自百度搜索。

运河被称为世界上最长的人工运河，全长1794公里，是苏伊士运河的16倍，巴拿马运河的35倍，在没有工程机械的年代，要开凿这样一条运河，没有中央政府的调配是完全不可想象的。在中国大陆这样一个特定的地理历史环境中，不仅中央政府有干预经济的需要和冲动，普通民众也把以"明君"、"清官"为标志的强大中央政权作为他们的政治愿景。中国民众对皇权的崇拜是西方人无法理解的，这是源于双方不同的生存环境。自秦始皇统一中国后，中国在政治主体上取消了分封制，代之以中央集权的郡县制，国家对经济活动的干预更是无所不及，从统一度量衡、统一货币、修筑道路、兴修大型水利工程，到兴建历史上最宏大的军事防御工程——长城。无一不是通过具有强大权力的中央政府实施的。此后，中国历史上的历代中央政权都仿效秦制，实行中央集权的政府管理模式。如果说，政府干预经济会产生"弊端"的话（平心而论，它也确实在产生弊端，中国几千年封建专制政权的更迭，很大程度上也是由于专制制度的内在缺陷所引发的），那么，每一次改朝换代，都是历史赋予中国人绝好的"纠错"机会。但是为什么在中国的土地上，人们还是无一例外地选择建立另一个集权制政府，而不是用民主政体，哪怕是贵族式的民主政体来取代它呢？即使原来保留贵族民主制度的游牧民族，在入主中原以后，也都在第一时间改为中央集权体制（如辽在耶律阿保机统一契丹后，废除三年改选一次的可汗选举制度；金朝在入主中原后，废除合议制的"勃极烈"；忽必烈建立元朝，第一件事就是废除"忽里台"选汗制度）。这背后肯定隐藏着更为深刻的原因。答案很可能是：人们没有别的选择。

中国的农耕社会不仅自然条件比较恶劣，外部环境也不理想。中国大陆北面的游牧民族以畜牧和打猎为生，很少生产粮食，他们对粮食的获取只有两种途径：一是与中原产粮地区进行贸易；二是到中原地区掠夺。特别是在冬季，北方经常出现大面积雪灾，牲畜因为吃不到牧草而大量死亡，游牧民族只有靠劫掠农耕地区来解决吃饭问题。而中国内陆地区与北方游牧民族之间又缺乏天然屏障，只能借助中央政府调动资源的能力，修建大型的军事工程和建立强大的国防军。秦始皇统一中国后的第一件事，就是修建万里长城。当时动用了全国近百万的劳动力，是当时全国人口的1/20。在崇山峻岭之间，完全依靠人力，修建了一条长达 6000 多公里的军事防御工程，以后历朝历代都在不断地继续修筑长城。在中央集权政府的强盛期，长城都发挥了较强的军事防御功能。

中国大陆内部由于生存条件恶劣，资源有限，使得任何一个割据一方的地方势力都会有不安全感。春秋时期，秦国和晋国之间因粮食问题而结的恩怨，很能说明自然灾害的频发如何演变成大一统的政治诉求。鲁僖公十三年，晋国发生饥荒，向秦国求救，秦穆公犹豫再三还是运去了大批粮食，据说运粮的船队，从秦国的都城一直排到晋国，史称"泛舟之役"。第二年冬天，秦国也发生饥荒，向晋国求购粮食，晋惠公却不愿意伸出援手，两国结怨，并因此大打出手。一个自然灾害频发的农耕社会，自然会产生大范围内调配生存资料的需求，并最终派生出中央集权的制度设计。在中国历史上，中央政权的力量一旦削弱，地方势力就会互相征伐，像欧洲那种长期的分封割据局面不会存在。长年的战乱，使农业生产条件遭到极大的破坏，人口损失更是触目惊心。例如，公元 2 年，即西汉平帝元始二年，中国人口达到 5959 万人，到了公元 57 年，经过西汉末年的战乱以后，人口锐减 50%。公元 140 年，东汉繁荣时期，人口接近 6000 万人，经过东汉末和三国战乱，人口下降至 2224 万 ~2361 万。① 公元 755 年，唐朝天宝十四年，人口达到 5291.9 万人，经过安史之乱到公元 764 年，人口下降到 1692 万人②。公元 1578 年，明神宗万历年间，人口上升到 6069 万人，由于明朝实行的是人头税政策，民间隐藏了大量的人口，专家一般认为当时明朝的人口约为 1 亿左右，有的学者甚至认为已达 2 亿。明末战乱，按照人口专家的统计，从崇祯元年到崇祯末年，中国人口净减了大约 4000 万人。③

从这些人口变迁的数据可以看出，战事对农业生产和民众生存条件的破坏是多么的严重！所以，在中国这样一个特定的环境中，强大的中央政府可能是农耕社会得以维系的前提条件。一个掌握着巨大权力又不受约束的政府能做出的所有坏事，中国民众都经历了。但他们仍然没有别的选择，就像鲁迅先生所指出的那

---

① 葛剑雄著：《中国人口史》（第一卷），复旦大学出版社 2005 年版，第 320 页、328 页。

② 同上，第 448 页。

③ 同上，第二卷，第 133 页。

样，几千年来，中国人是在刚刚做上奴隶和连奴隶都做不成这两者之间进行选择。哈耶克把允许政府干预经济形容为"通向奴役之路"，他说的有一定道理，但他不知道的是，还有比当奴隶更糟糕的境遇。比起连奴隶都做不成的时代，能做成奴隶已经是很不错的命运了。这是古代中国人"两害相权取其轻"的生存困境。

不过，今天的情况似乎发生了相反的变化。一方面，是中国在工业化和城市化的进程中，逐步摆脱了自然条件的制约，游牧民族的侵扰也成为往昔的回忆。科技的进步使生存资料变得不那么稀缺，中央政府对经济的控制力，相比从前有所减弱。2006年，中国政府支出在GDP中的比重为19.73%，比1978年的31%还有所下降。另一方面，自20世纪30年代开始，西方各国政府对经济的参与度却在稳步上升，今天的欧洲各国政府，政府支出在GDP的比重，都在40%以上，有些北欧国家甚至达到50%以上。长期"割据"的欧洲国家，通过加入欧盟，让渡一部分国家主权，如货币发行权，关税征收权，资本、技术与人员的管辖权等，也开始走上了"大一统"的道路。不管人们愿意与否，在各个发达国家内部，政府对经济生活的影响是越来越举足轻重了。

这种变化的根源在于生存条件的变化。政府在经济生活中发挥什么样的作用，以及发挥到什么程度，严格地说，并不是一个对与错的问题，而是一个随生存条件的变化而不断调整的过程。不存在一成不变的衡量标准。

13.4　公共管理职能的历史差异

政府职能除了在国与国之间因为生存条件不同而存在差异，在同一个国家的不同发展阶段，也存在着差异。

我们以国家管制经济为例。中国历史上最先提出国家管制经济的是战国时期的齐国宰相管仲，他在回答齐桓公如何治理国家的问题时说："唯官山海为可耳"（《管子·海王》），这就是"官山海"政策的由来，意指可由国家控制山林川泽之利。在当时，各诸侯国面临的主要问题是如何在长期的战乱纷争中生存下来，以及如何防止游牧民族对中原地区的侵扰。完成这个关乎生存的最高目标，前提是国力的强盛。由政府来管理山林川泽之利，一是获利隐蔽，不至于与民众发生直接的利益冲突；二是获利迅速。特别是食盐的经营，本小利丰。管仲为齐桓公算了一笔账：一个拥有1000万人口的大国，纳税人有100万，每人每月征收30钱，这已经是很高的税额了，一个月也就3000万钱。如果由政府实行食盐专卖，每升盐加2钱，每月即可多得6000万钱，远高于人头税带来的收入。而且，由于没有直接征税，不会引起老百姓的抱怨，达到"见予之形，不见夺之理"的效果。齐国在管仲的"官山海"政策治理下，国力迅速提升，很快成为中原霸主。在此基础上，管仲提出"尊王攘夷"的口号，联合北部邻国，成功抵御了山戎族的南侵。孔子曾感叹说："微管仲，吾披发左衽矣。"这意思是说，如果没有管仲，我们都要像游牧民族那样穿着打扮了。

对于当时齐国所要实现的社会目标而言，管仲的"官山海"政策无疑是成本最低、见效最快的方式。

中国历史上另一个典型的国家管制经济的案例是汉武帝时期的"盐铁官营"和"酒榷"政策。西汉时期，经过"文景之治"，到汉武帝时，国内经济已是一片繁荣景象，彻底解决北方游牧民族——匈奴的入侵已成为当时社会的主要目标。汉武帝采纳桑弘羊的主张，实行盐铁和酒的国家专卖制度。从实行的效果来看，该政策确实给政府带来了巨额的财政收入，从而有效地保证了远征匈奴的军事行动。战争的结果，是南匈奴归降，北匈奴逃遁漠北，从此不再对中原地区构成威胁。

就防御游牧民族侵扰的目标而言，"盐铁官营"和"酒榷"制度是成功的。但随着这一目标的实现，"盐铁官营"的弊端就逐步显现出来，如官营的铁和盐质次价高。汉昭帝元六年（公元前81年），"盐铁之议"时，贤良文学对盐铁大事攻击，随后，"酒榷"被取消，部分"盐铁官营"废止。到汉元帝时（公元前44年），"盐铁官营"宣布废除。

让我们把目光拉回到当今的时代，在次贷危机中，由美国政府接管房利美、房地美也是一个政府直接干预经济的案例。对于经济自由主义盛行的美国，由政府接管房地产企业，应该是一件迫不得已的事情。这时整个社会的目标是如何阻止金融危机的危害蔓延，政府不出手，任由房利美、房地美公司倒闭，其结果是整个社会无法承受的。权衡之下，由政府接管比之由市场来调节，成本要低得多。

第二次世界大战以后，英国的工党政府也实行了大规模的国有化政策。当时的政策目标主要是防止通货膨胀和解决就业。无可否认，这一政策对英国经济在20世纪五六十年代的繁荣起到了推动作用。但国有企业的通病是成本高企、管理效率低下、产品质量没有保证。当就业和通胀不再是首要问题时，提升经济活力、加快经济发展速度成为当务之急。所以才有了80年代撒切尔政府将国营经济"私有化"的过程。就实现总体经济目标而言，由市场还是由国家出面寻找解决途径，是一个可以进行成本比较的程序。随着目标的改变，成本水平的标准也就随着改变，国家在什么时候介入以及在什么时候退出，就有了一个明确的答案。

政府的职能在某些方面有可能比市场表现得更为有效率：

第一，在大的自然灾害和社会灾害（如战争状态）发生时，市场的避害机制会导致资源调动失灵。由国家出面组织不以追逐利益为目的的社会救助行为，比市场更有效率。例如，在汶川发生大地震时，政府可以在第一时间调动全国的资源进行救援。在灾后重建过程中，也可以组织全国的力量对口支援（分省包干，一省解决一个县或市的重建工作，这种事也只有在中国才可能出现），其效率大大高于让市场自发力量去恢复重建的速度。

第二，大型公共工程的建设，由于所需资金量大，盈利性差，或是盈利前景不明朗，项目涉及的关系面复杂，由市场力量去推动可能很难。例如，中国的武广高速铁路，从动工到建成仅用了三年半时间，线路全长1068.8公里，途经200多个隧道，总投资额达1166亿元。如果让私人组织实施，用三年半的时间，可能连征地都无法完成。

第三，对于极端情况的处理，如物价的飞速上涨、经济的深幅调整等，政府采取强制性措施的效果，要好于市场自发调节的效果。例如，在价格失控的情况下，由政府出面进行价格管制，比市场调节供需来得要迅速，而且成本要小。这时，整个社会也会期盼政府的强制性措施，如果这时政府不出手相助，等于是政府放弃自己的职责。

概括起来说，政府对市场价格调节，既不能放任自流，也不能选边站，更不能推波助澜。而是要站在中立的立场上，将价格波动（也就是二元交换模型的交换比率）控制在互利公平的范围之内，通过平准机制的设计，维持实物经济与劳务经济的交换平衡；对于福利的分配，应该将权力与责任、权利与义务的对等方式以法律的形式固定下来；对于各个利益群体的不同诉求，政府的作用是寻找各方都可以接受的互利解，而不是只有一方得利，其他方受损的零和方案；在经济转型期，政府要通过有针对性的产业政策，帮助传统行业转型升级，为新兴产业的发展提供良好的环境和交易平台。政府干预经济是否正当，其衡量标准只有一个，这就是政策是否惠及所有利益相关方，是否达到了互利空间的最大化。除此之外的所有方式都是不可持续的，也是政府治理模式所要极力避免的歧途。

第 14 章

印钞是否能促进经济增长

在经济思想领域，货币是另一个容易引起争议的话题。争论的核心在于对货币功能的认识，即货币是否是中性的。主流经济学的货币理论基本上都是延续个体本位的分析范式，将货币作为一种单独的商品，从需求和供给两端分别入手加以分析，由于没有将货币放入交换的框架之内，以致货币问题的提出，一开始在方法论上就存在疑问，这给问题的厘清带来了极大的困难。最终促使笔者下决心写下本章的原因，是货币问题的重要性。无论如何，任何一部涉及经济学基本原理的著作，都无法绕开货币这个话题。

14.1 货币催生的幻觉

在人类历史上，很多商品都曾经充当过货币的角色，如贝壳、布匹、粮食和牲畜等，太平洋上有一个名为加罗林的群岛，岛上的居民用大而坚硬的石轮作为交换媒介。[1]但贵金属作为货币无疑有许多无可替代的优势，如便于携带、本身价值较高、容易分割、便于保存，等等。所以，人类将贵金属作为货币的历史是比较长久的。

我们知道，任何一种物品一旦被人们当作货币来使用，它就具备了一些特殊的使用功能，如交换的媒介、价值尺度以及财富的符号。这些功能与商品的自然属性所产生的使用功能是完全不同的。并且这些功能独立于商品自然属性所产生的效能，并可以与之相分离。也就是说，作为货币的东西，可以是任何材质，它们可以没有任何自然的使用功效，就像加罗林群岛上沉重而又坚硬的石轮一样，

---

[1] 米尔顿·弗里德曼著，安佳译：《货币的祸害——货币史片段》，商务印书馆2006年版，第3页。

只要它们具备了交换媒介、价值尺度和财富象征的作用，同样可以作为货币使用。进入电子时代，货币可能仅仅是你资金账户上的一串数字，但它同样具有货币的功能。货币的历史可谓十分长久，但人类对它的理论研究仅仅在近代才开展起来。

早期的货币理论（16~17世纪）基本上是从实体经济运行所需要的货币数量来理解货币功能的，因此被称为货币需求理论，其分析的重点聚焦在货币数量变动与物价总水平之间的关系上。20世纪以后，甘莫尔、费雪、马歇尔、庇古等经济学家，对货币需求论又做了进一步的发展。特别值得一提的是费雪的现金交易方程式和庇古的剑桥方程式。费雪从分析货币的流通功能出发，将货币数量、货币的流通速度和商品的交易数量作为决定物价水平的三个主要因素。其方程式是：

$$MV=PT$$

其中，M是名义货币量；V是流通速度；P是商品和服务交易的价格平均数；T则代表商品和服务交易的总量。我们把公式做一个变动，使之成为：

$$P=MV/T$$

费雪的货币数量公式将货币的贮藏功能隐含在货币的流通速度之中，将货币流通速度作为自变量。与此不同的是，庇古的剑桥方程式将货币贮藏的功能作为一个独立要素，其表达式为：

$$M=kPY$$

其中，P为货币购买力；k为货币财富在总收入中的比例；Y为总收入；M为货币量。

通过比较我们发现，庇古方程式只是从货币可流通数量的角度来诠释货币的数量，没有与货币相对应的商品数量，且Y与费雪方程式中的T不等价，这相当于国民收入与国民生产总值的区别。因而不能很好地解释价格的变化。而费雪方程式是将货币流通速度作为独立变量，其中也包含了货币蕴藏和非货币蕴藏的滞留（包括观望）。庇古方程式则是将货币贮藏作为独立变量，将货币流通速度作为因变量。请注意，这两者不能互为倒数，因为其中有一个非贮藏的滞留数量。两者都无法独立解释为什么除了储藏功能之外，人们手里还要滞留大量的流动性。费雪公式以一种简洁的方式解释了货币数量与物价水平的关系，但由于没有说明引起货币流通速度变化的原因，并不能解决由此引发的问题。此外，这两个方程式都属于静态分析，都没有考虑到由于技术进步带来的资源替代效应。因而对于宏观范围价格变动的原因仍有难以解释之处。1929~1933年席卷整个西方世界的大萧条，原有的货币数量理论很难提供有效的解决方法，迫切需要新的货币理论来加以替代。

这时，凯恩斯的货币理论应运而生。他在《就业、利息和货币通论》中提出，人们持有货币的动机不仅仅是出于贮藏财富的需要，还有一系列其他的心理动机，即交易动机、谨慎动机和投机动机。凯恩斯将交易动机和谨慎动机引起的货币需求归结为交易性货币需求，用 M_1 表示，其公式为：

$$M_1 = L_1(Y)$$

其中，Y 表示收入；L_1 表示 Y 和 M_1 的函数关系。

凯恩斯用 M_2 表示投机性货币需求，其公式为：

$$M_2 = L_2(i)$$

其中，i 表示利率；L_2 表示 i 和 M_2 之间的函数关系。将交易性货币需求和投机性货币需求相加，得出货币总需求函数：

$$M = M_1 + M_2 = L_1(Y) + L_2(i) = L(Y, i)$$

按照凯恩斯的理解，交易性货币需求主要由收入水平 Y 来决定，而投机性货币需求主要由利率水平决定，受人们对未来利率预期的影响。凯恩斯的货币需求理论与前人的不同之处在于，他第一次将投机需求引入分析范畴，并加入了利率作为对投机需求的影响因素。此外，凯恩斯还首次提出了解决有效需求不足的药方，即通过降低利率，降低存款准备金率以及公开市场操作等一系列货币政策，来刺激经济增长，从而实现充分就业下的均衡。此后，新剑桥学派和新古典综合派的经济学家又对凯恩斯的货币需求函数做了进一步的改进。英国经济学家西德尼·文特劳布就将货币需求动机由三个扩展为七个；美国经济学家鲍莫尔则证明，不仅投机性货币需求受利率的影响，交易性货币需求也受利率水平的影响。

后来，另有一些美国经济学家（惠伦、米勒和奥尔）进一步论证，谨慎性货币需求也受利率的影响。经济学家托宾则论证了在不确定背景下，人们如何根据各自的风险偏好在无风险资产（货币）和风险投资（债券）之间转换的机制，并提出了著名的托宾模型。这些进展都是沿着凯恩斯提出的思路演进，本质上都是从货币需求动机的角度来解释和解决问题。为了不浪费读者的时间，我们就不在这里充分展开了。

与凯恩斯的思路不同，弗里德曼认为，决定货币需求的因素有三类：一类是个人拥有的恒久性收入，这个因素构成了货币需求的预算约束。第二类是各类资产的预期收益率。弗里德曼所说的资产形式，不仅仅包括凯恩斯模型中的债券，也包括货币、股票或其他实物资产。各类资产都有不同的名义收益率，其中既包括当期的资产价格，如债券利率、股息率等，也包括预期的物价变动率。持有货币资产的机会成本就是持有其他资产的名义收益率。当其他资产的收益率升高，或预期的物价上涨，意味着持有货币资产的机会成本升高，与此相对应，人们持有货币的意愿则会降低。第三类因素是人们持有货币的相对效用。影响这一效用的因素有人们的偏好和兴趣。弗里德曼根据上述三类要素，提出了他的货币需求函数：

$$M=f(P, r_m, r_b, r_e, 1/P\ dP/dt, w, Y, u)$$

其中，M 为名义货币需求量；P 为一般物价水平；Y 为恒久性收入；w 为非人力财富占财富总额的比率；r_m 为货币的预期收益率；r_b 为固定收益证券的预期收益率；r_e 为非固定收益证券的预期收益率；$1/P\ dP/dt$ 为预期的物价变动率；u 为人们持有货币的效用。

弗里德曼认为，在所有这些影响货币需求的因素中，恒久性收入是决定货币需求的主导性因素。与以往的货币理论不同的地方在于，他将货币作为一种资产，纳入了交易当事人资产组合的选择范围。他的理论被称为现代货币理论。

在货币理论沿着需求决定的思路走了很长时间之后，经济学界才发现，仅仅从需求端来研究货币是不够的，还应该从供给端来研究货币现象。在20世纪50年代货币供给理论诞生之前，货币供给都被定义为狭义货币，即通货和银行的活期存款：

$$M_1=C+D$$

其中，C 为公众手中持有的现金；D 为商业银行的活期存款。

弗里德曼和施瓦茨通过对美国货币史的研究，认为货币应该包括公众所持有的现金和商业银行的全部存款，即除了活期存款以外，还应该包括定期存款和储蓄存款，即：

$$M_2=M_1+D_s+D_t$$

其中，D_s 代表商业银行的储蓄贷款；D_t 表示商业银行的定期存款。

而托宾、格利等人认为，不仅商业银行的各种存款，其他金融机构吸收的储蓄存款和定期存款（D_n）也应该包含在广义货币的范围之内，按照他们的定义，广义货币的公式为：

$$M_3=M_2+D_n$$

拉德克利夫勋爵于1959年提出了一个更为广阔的广义货币定义：

$$M_4=M_3+L$$

其中，L 为金融机构存款以外的所有短期流动性资产。

近年来，随着互联网技术对金融领域的扩展，金融产品创新和技术创新层出不穷，比如"比特币"、虚拟代金券等，都在不断地丰富着广义货币的内涵。

既然货币供给存在着如此多的层次，理论上必须要给这些货币的供给提供一个可以统一的解释基础，于是，经济学家发展了许多不同类型的货币供给模型。为西方经济学界所普遍接受的货币供给模型是：

$$货币供给量 = 基础货币 \times 货币乘数$$

其他货币供给模型基本上都是在这个模型的基础上演变出来的。因为货币供给模型的差异不是我们论证的重点，在这里就不再介绍了。我们现在所要说明的是，所有这些货币理论，都是将货币作为一种独立的标的进行分析，而不是将其放到交换体系之中来加以考察。因而在随后的演绎中，很容易产生自相矛盾的现象。为了便于读者理解，笔者首先将货币置于交换模型中进行考察，以便重新界定货币的属性。我们假定，经济体只有两个实体经济部门，一个生产布匹，一个生产小麦，两个部门分别将对方的产品作为本部门的生产要素，为了简化起见，没有独立的商业部门，也没有政府，只有一个货币当局为这两个部门提供金融服务，构成了一个三元交换结构（见图14-1）。

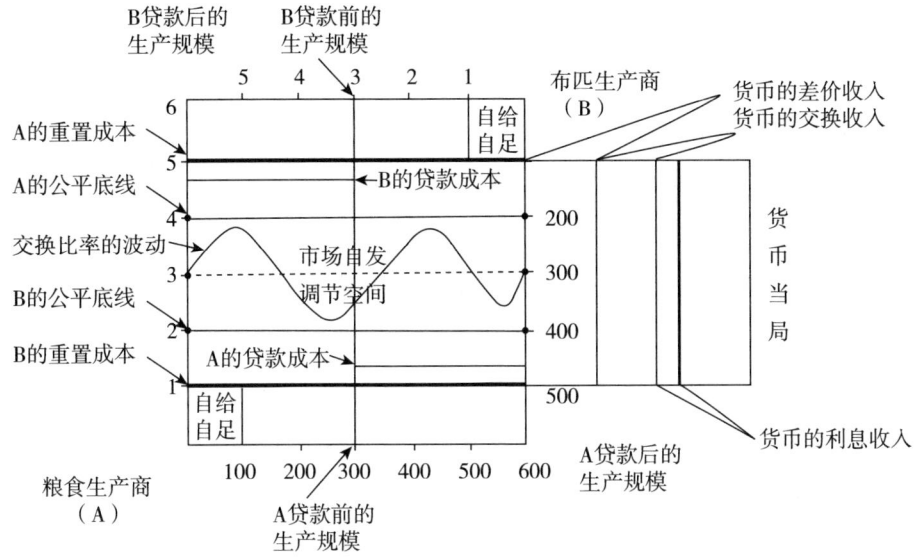

图14-1

货币当局可以是发行货币的任何单位。货币作为一种商品，主要提供了交换媒介和价值尺度的功能。作为与之交换的其他参与方，获得货币的途径主要有两种，一是交换，二是借贷。与此相对应，货币当局的收入可以分成两部分：（1）交换收入。主要由其制造成本与其交换比率之间的差额构成，也就是人们通常所说的铸币税。另外，货币作为一种特殊产品，是有含金量差别的，货币当局用不足量的（或者是贬值的）货币，换回原来的足量货币（虽然货币单位一致），使货币当局获得了差价收入，这也可以构成铸币税的一部分。（2）贷款利息。当人们不能用等量的商品与之交换时，要想获得货币就只能借贷，但要支付利息作为回报。货币当局所要承担的风险，也由两部分构成：一是铸币税收取过头，引发的政治动荡成本；二是由贷款形成的坏账成本。

在图 14-1 中，我们假定，在没有贷款作为杠杆的情况下，A、B 两个生产部门的生产量为 300 公斤小麦和 3 匹布。假定货币当局从 A 部门买了 200 公斤小麦，又从 B 部门买入 2 匹布，这时，A、B 两个生产者手里都持有货币，并且都卖出了所有的存货，剩下的部分为自用。此后，货币当局再将小麦卖给 B，将布匹卖给 A。这时会发生什么情况呢？A 和 B 会将手中的货币全部换成对方的产品吗？按照货币需求理论的观点，是不会。人们出于各种动机要保留一部分货币在手中，但其中有一个情况被人们所忽视，即人们保留的那一部分货币找不到可以匹配的商品，因为它们被货币当局以交换收入的方式留存了。也就是说，有一部分小麦和布匹留在了货币当局。剩下一部分货币留在了 A、B 两个部门。这个时候，不存在贷款的需求，因为 A 和 B 手中的自有货币都没有找到交换的对象。那么，什么时候会发生贷款的需求且可以找到贷款匹配的对象呢？请看图中间的波动曲线，这条曲线表示的是两个部门产品交换比率的变化。当交换比率波动到 400 公斤小麦换 2 匹布的时候，虽然也处在公平底线的范围内，但是，小麦生产者将自己剩余的 200 公斤小麦全部卖出后，却换回不足 1 匹布（因为有货币当局存留的部分），不足以维持再生产，这个时候，A 部门的生产者会有贷款的需求，而 B 部门正好也有与之相匹配的产品（有 1 匹布没有交换出去），当 A 生产者向货币当局申请贷款，购得 B 生产者的 1 匹布时，B 生产者有了相当于 200 公斤小麦的剩余货币，由于已经买不到小麦，他将这部分货币存入货币当局，作为储蓄。

说到这里，笔者认为有必要梳理一下所谓货币留存动机，凯恩斯的谨慎动机来自于不确定性，但不确定性在任何时候都存在，如果这是谨慎的理由，就无法解释人们为什么要动用杠杆融资。其实不确定性可以用风险溢价来处理，即一个标的是否值得购买或投资，取决于风险溢价是否足够覆盖风险。而且，持有货币（特别是信用货币时代），由于有不可逆转的通货膨胀趋势，同样存在风险，有时候即使出于谨慎动机也是不能持有货币的。

放到交换模式中来考察，弗里德曼的货币需求三因素，除了非货币资产的预期收益率这一条可以成立外，其他的两个因素，如个人的恒定收入和货币的相对效用，都很难找到实证的基础。从交换模型中可以看出，对贷款的需求，恰恰是由于收入的变化以及收入预期的变化，而不是收入的恒定。人们对货币的相对效用，与货币持有的机会成本，基本上是同义反复。

从主流经济学的利益最大化的角度，持有无收益且有贬值风险的货币相当于资源闲置和浪费，如果从这个角度去解释货币持有，基本上就否定了均衡存在的可能。因为从交换的角度来考察，交易双方都持有这种动机，就会出现交易悖论。每一方都想保留一部分货币的结果，是双方都无法卖出存货，且都没有借贷的动机，剩余的货币也找不到借出的需求。在一元本位的分析范式中看起来是理所当然的事情，在二元交换分析范式中就会出现悖论。真实的情况是，当一方出现货币存留时，另一方则出现货币短缺。它反映的是交换比例出现失衡，即一部分产品全部卖出后却不能维持再生产，需要贷款才能维持，另一部分产品全部卖出后除了维持再生产之外还有剩余，却找不到可以匹配的资源。或者是另一种表现形式，即一个部门的产品全部卖出，却找不到完全符合自己的需要的产品，这时，一个部门的货币盈余，与另一个部门的产品过剩同时出现。

让我们再回到刚才的思路，假如 A 生产者贷款生产出来的产品，正好遇上交换比率摆动到 200 公斤小麦交换 4 匹布的位置，A 生产者卖出自己的全部产品，不仅可以偿还贷款的本息，还可以维持来年的再生产。而对于 B 生产者来说，卖出所有的存货（3 匹布），不足以买到足够的小麦，还要取回自己去年的储蓄，才能买回 200 公斤小麦以维持来年的再生产。这时，经济体再度回到平衡状态。假如 A 生产者用贷款生产出来的小麦依然面临 400 公斤小麦交换 2 匹布的交换比率，A 生产者不仅不能换回维持再生产的布匹，还会出现债务违约。说到这里，货币的属性问题就必须加以讨论了。

14.2 货币是否是中性的？

经济学家在货币理论上的分歧主要集中在货币是否是中性的这样一个问题上。古典经济学、新古典经济学以及后来的新自由主义经济学，都坚持认为，货币数量的变动，仅仅影响一般物价水平，对实际经济变量没有实质性的影响，因而货币是中性的。凯恩斯学派则认为，由于价格和工资缺乏弹性，经济经常滞留在非充分就业下的均衡状态，货币供给量的增加会通过利率下降，刺激投资增长，增加有效需求，从而增加就业和产出，实现充分就业下的均衡，因而货币是非中性的。以弗里德曼为代表的货币主义，以及后来衍生出来的理性预期学派则认为，短期内货币对经济的影响是全面且直接的，无须通过利率的传导就可以发挥作用。但在长时期内，经济会自动趋向于均衡，货币供给的增加只会引起物价水平的变动。因而货币短期内是非中性的，长期是中性的。

笔者认为，脱离开货币在实体经济中的传导机制，单纯谈论货币的中性与非中性是没有意义的。让我们再回到上一节的思路。在 A 生产者贷款生产出产品以后，依然遭遇 400 公斤小麦交换 2 匹布的交换比率。这时，A 生产者卖出所有的 300 公斤小麦，只能换回不足 2 匹布，还了贷款本息，下一年的再生产就无法维系。这时，货币当局可能要面对 A 生产者债务违约的风险。我们先从消极的意义来考察，增加货币供给会产生什么作用。如果货币当局不再提供 A 生产者新的贷款，A 生产者面临要么受穷，要么赖账的选择。而不管是哪一种选择，都会对整体经济产生负面影响。前者会导致 A 生产者无法维持再生产，小麦产量剧减，导致下一年小麦短缺，价格暴涨，突破重置成本，以致一部分布匹生产商转而去种植小麦，形成劣质产能的过剩。再次重复价格暴涨暴跌的轮回。如果 A 生产者赖账，意味着货币当局的贷款收不回来，连带着 B 生产者的储蓄难以收回。这也会伤害 B 生产者和货币当局的利益。如果货币当局继续给 A 生产者贷款，会出现什么情况呢？要维持原有生产规模，在 A 生产者还掉贷款本息之后，货币当局需要贷给 A 生产者更多的贷款（具体的计算过于烦琐，考虑到读者的阅读感受，故省略不提）。那么，货币当局的贷款在这种情况下起到什么作用呢？首先，使坏账或债务违约的时间推迟，如果来年两种商品的交换比例发生反向波动，变为 200 公斤小麦交换 4 匹布，A 生产者就可以在维持再生产的前提下还清贷款，B 生产者则要取回储蓄买回足够的小麦以维持再生产，这时，经济又会回到平衡状态。请注意，我们这里所说的平衡，与新古典或自由主义经济学家所说的均衡不是一回事，在微观领域，他们所说的均衡是指某一种商品供给和需求的平衡，而我们所说的平衡是指至少两种商品在满足双方需求的数量和交换比例上的平衡。新古典经济学家认为,一种商品达到市场出清就算实现了均衡,但在我们的交换模型中,一种商品出清可能同时存在着另一种商品的交换剩余。其次,货币当局继续增发贷款还可以使 A 生产者获得调整生产的余地,如改良品种,改进耕作方式,甚至仅仅是获得一次更加努力工作的机会,从而使交换得以延续下去。从这个意义上说,货币的作用显然不能理解为是中性的。

让我们换一个更为积极的角度,假如 A 生产者不满足于目前的产能规模,想扩大再生产(这应该是人类社会持续发展的动力)。但由于缺乏足够的资金,需要向货币当局申请贷款。从交换的角度来考察,一个部门扩大再生产的前提,是另一个要素部门的产品在完成交换后出现剩余,在要素价格既定的情况下(不会因为购买行为而改变交换比例),扩大再生产的成本收益是可以预期的,这时,就产生了贷款的需要。A 生产者贷款生产的结果,是消耗了 B 部门的交换剩余,并且扩大了产能。且 A 部门在扩大再生产之后,与 B 部门交换之后也有了剩余产品的可能,这又为 B 部门贷款扩大再生产提供了条件。从而使经济体获得进一步发展的动力。从这个意义上讲,增发货币会促进经济的增长。但是,这种做法并不是没有边界的。当一种商品由于不可抗拒的因素出现短缺时(例如自然灾害造成的粮食短缺),由于有生产周期(小麦不可能当年就生产出来)的限制,增加货币供给,只能是刺激投机性需求,将短缺商品的价格推向极致,超越公平底线和重置成本,大量劣质要素(即不适合种植小麦的土地、从未种过小麦的人员……)进入小麦生产领域,从而形成高成本的过剩产能。某一种商品在扩大再生产的过程中,如果增加的货币供给没有带来技术改进,通常会遇到资源瓶颈,推动成本推动型的价格上涨,比如房地产和矿产资源等,形成不合理的交换比率。由于有要素转移成本,在不能完成要素转移的情况下,购买方就只能降低买入的数量,最终会达到有支付能力的极限,形成产品的相对过剩。这时增加货币投放只能加剧这种不平衡的状况。如果货币投向产能绝对过剩的部门(即产能已经满足对方的餍足点还有剩余,比如我们的粗钢生产和低端服装制造业),只能是造成更大的产能过剩。如果货币投放的速度超越了生产周期的速度,就会产生螺旋式通货膨胀。所以，货币对经济的作用是十分复杂的，作为交换体系中举足轻重的一端，肯定会对交换比率产生巨大的影响，货币的作用实质上是通过改变交换比率（不仅改变自身与其他商品的交换比率，也改变各种商品之间的交换比率）来影响经济活动的。而改变交换比率，就意味着改变利益的分配。从这个意义上说，货币的作用不可能是中性的。

现在我们看到，货币投放对经济产生正面作用是有边界的：（1）货币投入的部门，产能不能达到需求方的餍足点；（2）货币投放的增加应该伴随着技术进步的同步增加，才不会引发资源瓶颈反弹回来的成本推动型通胀；（3）货币的增加不能超越生产周期的速度，否则只能加剧价格的波动；（4）货币的增加不能造成交换比率的失调，即要兼顾到交换部门可以交换的资源比例。超过这些边界，货币投放就只能带来负作用。而且，经济发展的实践说明，仅仅有货币政策是不足以完成经济调整需要的，同时还要有价格政策、产业政策、财政政策以及社会福利政策与之相配合。

将货币放入到交换系统，我们会发现，主流经济学的货币需求模式和货币供给模式很难实现对接。货币需求模型企图说明的是商品交换所需要的货币数量，而货币供给模型说的是通过贷款放出后不断叠加的流动性总量，这个数字经过货币乘数会放大数倍，与交换所需的量没有对等的接口，交换所需的货币有些不通过货币当局而直接进入消费和投资领域，尤其是现金交易，而货币供给模型所说的货币供给，都需要经过储蓄的环节，两者的统计口径不同，说的不是一个层面的东西。尽管有希克斯的 IS–LL 模型和汉森的 IS–LM 模型，企图将货币需求函数和货币供给函数在一个均衡利率的基础上加以统一，但用利率作为平衡货币需求的决定因素，显然是不能成立的。因为决定货币需求与供给的，并不仅仅是利率的高低，而是利率与预期收益率的差额。利率升高，但投资的预期收益率上升更高，对货币的需求不但不会减少，反而会增加。反之，利率下降，但投资的预期收益率下降的幅度更大，对货币的需求依然得不到提振。在这里，假定预期收益率不变在方法论上是不成立的，因为利率与预期收益率是一个相互作用的关系，利率变化，预期收益率也会随之变化。而预期收益率的变化，也会对利率水平产生影响。假定预期收益率不变，单纯考察利率的影响，根本无法解释资本市场的波动。

根据交换模型，我们提出货币的恒等式，假定国民经济只有两个部门，分别为实物经济部门 R 和劳务服务部门 L，所有的交换都在这两个部门之间进行，宏观经济平衡的前提条件是这两个部门的产品和服务的交换取得平衡。货币在其中起到平滑和调节的作用。与以往的货币模型不同，我们将货币和其他两个部门的存量作为预设条件，只考察货币增量（或减量）的条件，见下式：

$$\Delta M V_T = Q_R(1+\varsigma)/(1+\delta)m_1 - Q_L(1-S_T)/(1+Jbias)m_2$$

其中，ΔM 为货币的增减量。V_T 为时间 T（通常为一个生产周期）内经过改良的货币乘数，其中包括"滞留系数"。Q_R 为实物部门的实际商品数量。$(1+\varsigma)$ 为资源短缺对物价的推动系数，它由实物经济总量 Q_R 的增长率和资源增长率的比例得出，（资源可以是土地、原材料等），比如社会商品的总量增长 5%，而资源增长率只有 3%，与经济增长相差 2%，则 ς 为 2/5 或 40%。当经济增长遭遇资源瓶颈时，且技术进步的周期不足以抵消这个瓶颈时，就会出现成本推进的通货膨胀，这时并不能用紧缩货币的方式来解决问题，反而要在进行价格干预的基础上，增加货币投入到短缺部门的技术改进上。$(1+\delta)$ 为技术替代率对物价的平抑系数，因为技术进步会带来资本节约、劳动节约和资源替代，即可以在原有货币投入的情况下，生产更多的产出，它由技术投入所花费的成本与技术创新所节省的成本的比率构成。例如，买一台新的机器，投入 100 万元，与原来 100 万元的投入相比可以节省劳动或物资成本 30 万元，δ 即为 30%。m_1 为 100 个货币单位所能购买的实物数量。Q_L 为劳务部门所能提供的服务。$(1-S_T)$ 为 T 时间周期（与生产周期同步的消费周期）内消费者需求达到餍足点的饱和系数。$(1+Jbias)$ 表示的是收入分配比例与最佳互利解的乖离值对服务产出的影响。实际收入分配的比例与互利解的偏离越大，对服务产出的减值作用就越大，不管是趋向于平均还是趋向于两极分化，都是如此，实际的收入分配比例与互利解一致，即 $Jbias$ 为零，不存在减值效应，在这个点上，所有的服务产出都得到充分实现。具体的计算，当收入分配趋向于两极分化时，$Jbias$ 为正值，会增加 100 货币单位包含的劳务产品数量，支付总的劳务产出的货币数量会减少。如果实际的收入分配比例趋向于平均，偏离互利解的部分为负值，即 100 货币单位包含的劳务数量减少，这意味着支付总劳务产品所需的货币数量增加。m_2 为 100 个货币单位所能购买的劳务数量。这个货币等式的意思是说，当实物经济所要耗费的货币总量超越劳务经济的货币总量，就会出现有支付能力的需求不足，当这个差距达到一定的阈值，就会引发生产过剩危机，这时候需要货币当局实施宽松的货币政策。增加流动性的数量要加入一个生产周期内货币流通的乘数，所得数量正好与差额相等。而且流入的部门应该是劳务部门，主要刺激消费的增长。如果实物经济所需的货币总量低于劳务部门所需的货币总量，说明福利水平超越了生产能力，会出现通货膨胀，这时需要实施紧缩的货币政策。

主流经济学的货币乘数，虽然有许多的版本，但基本上都是数理推论模型，将存款准备金率作为衰减系数。实际上，货币在交换领域起到润滑作用，并不是每一笔款项都要经过储蓄的环节，货币在流通领域的滞留，可以用"滞留系数"来表示，笔者经过改良的货币乘数加入了滞留系数（由于公式与这里所要说明的问题无关，故省略）。此外，鉴于主流经济学的货币乘数不包含时间的概念，因而缺乏操作价值，笔者的货币乘数增加了时间周期的考量，并将生产周期、消费周期以及储蓄周期在一个统一的尺度下结合起来，使货币政策的制定更有针对性。

需要补充的是，消费者需求达到餍足点的饱和系数，直接决定了货币增量有多少可以盘活实物存量。用这个公式，我们可以寻找实施货币政策的依据，而且了解货币政策应该如何与产业政策、财政政策和社会福利政策相配合（货币投放的方向和方式），并划定货币政策的边界，即货币投放增加（或减少）的数量。

14.3　都是货币惹的祸？

虽然对于通货膨胀和通货紧缩产生的原因和发生的作用存在各种各样的解释，但经济学家对于通货膨胀和通货紧缩的定义都表现出惊人的一致，即把通货膨胀定义为价格的普遍上涨，把通货紧缩定义为价格的普遍下跌。由弗里德曼为代表的货币主义流派，更是将通货膨胀定义为仅仅是货币现象。在笔者看来，这个定义是把原因和结果混为一谈了。通货膨胀和通货紧缩固然也可以引起价格的上涨和下跌，但它们本身不是一回事。引起价格变动的因素可以有很多，不会仅仅是由于货币数量的变动。

如果我们把货币与商品的关系看成是一种交换关系，就比较容易理解了。货币本身也是一种商品，货币所标明的其他商品的价格变动，实际上是货币与商品之间交换比例的变化，这种变化可以由货币的数量和质量（含金量）引起，也可以由商品生产的数量和质量引起。后一种上涨很可能是在货币供给量没有出现增长的情况下发生的。

同样，价格下跌可能是由于产能过剩所引发的，在产业结构没有调整过来之前，人们对于未来的预期不会乐观，这时即使货币供给数量没有减少，价格也会下跌。所以，价格下跌也不能和货币紧缩等同。需要指出的是，通货膨胀和通货紧缩本来是指金币本位制下银行券的膨胀和收缩过程。金币本位制虽然以金币作为法定流通货币，但黄金受资源瓶颈的制约，无法满足商业活动的需要，银行就以发行银行券作为补充。银行发行的票据之所以可以作为货币流通，是因为银行在发行这些票据时必须承诺，使用者可以随时向银行换回等量的贵金属货币，这是银行券作为货币流通的基础。当经济处于繁荣期时，货币需求量大，银行会发行大量的银行券以应付需求，在货币流通中，表现为通货膨胀；而当经济不景气时，交易当事人的避险情绪上升，大家都拿手中的银行券去银行兑换金币，银行每收回一笔银行券，市面上就少一笔银行券流通，同时，兑换回的金币由于具有保值和避险的功能，会被人们储藏，不再进入市场，这样一来，货币紧缩就出现了。如果说，银行发行银行券是一个货币衍生的过程，那么，向银行兑换银行券的过程就是金本位制下货币湮灭的过程。由于银行兑付的能力有限，在达到银行支付的极限时，就会发生银行倒闭，并由银行倒闭引发经济的衰退。通货膨胀与通货紧缩，最准确的描述应该就是金币本位制下，银行增加银行券的发行和随后的兑付过程，这时流通中的通货确实是随着银行券的增减而膨胀或紧缩。这与纸币时代的情况完全不同，纸币由于没有贮藏功能，当经济处于不景气状态时，市面上流通的纸币并不会减少，只是由于悲观的预期，货币流通速度会降低下来。所以，在纸币时代套用金币本位制下的通货膨胀与通货紧缩的概念，容易造成误解。

将通货膨胀仅仅视为一种货币现象，并且认为货币对经济发展的影响是中性的观念，使美国的经济政策走了一段不短的弯路。20世纪70年代末至80年代初，美国政府进行货币主义的政策实验，企图通过控制货币供应量的方式来控制物价水平和经济发展速度。1979年10月6日，美联储宣布，将直接参照 M_1 的目标来操作货币政策（1980年以后是 M_1-B），并减少其他变量如联邦基金利率的权重，联邦公开市场操作委员会（FOMC）不再决定短期利率水平，改为由市场力量来决定。就在政策宣布的当天上午，联邦基金利率上升了3.75%，股票市场出现了6年来最大幅度的下跌，并且使 M_1 在一年里都停留在目标区的顶部。到1980年第一季度，联邦基金利率攀升到接近20%的高度，但实际经济状况并没有什么变化。在实行货币主义实验的第一个年头，美联储的货币供给增长仅仅超过目标位不到一个百分点，但货币市场上的利率变化和反复无常却是前所未见的。到1981年，沃尔克（Volcker，当时的美联储主席）为抑制通胀，继续推行从紧的货币政策，5月，美联储公开市场操作委员会提高贴现率和附加费用一个百分点，导致利率比1980年升得更高，也更为多变。并且演变成经济的二次衰退，其下行的幅度甚至超过了1975年。M_1 增长率开始反复升高。为使 M_1 下降，美联储采取了一系列措施，以致在年终时，M_1 还略微低于目标值，但却伴随着不可预见和反复无常的高价格。同时美元汇率在国际市场上升了27%。到1982年，紧缩的货币政策使美国陷入衰退，产出下降了1.5%；实际GNP甚至低于3年以前；失业率达到10.8%。这一系列失败的表现，促使美联储公开市场操作委员会在1982年7月宣布放弃将 M_1-B 作为政策目标。[①]1983年以后，美国的经济政策逐步从货币主义的影响中解脱出来，特别是1985年以后，经济政策再度回归实用主义。

---

① Johnson Peter A.The Government of money: monetarism in Germany and the United States. Ithaca, N.Y.: Cornell University Press c1998, pp176-194.

几乎是在同一个时期，英国也开始了货币主义的实验。不过，英国的情况似乎还不如美国。在实行货币主义实验的第一个年头（1980~1981年），英国财政部甚至无法实现他们的广义货币 £M_3 的控制目标。由于不得不以更高的利率借款，出现了更大的财政赤字。从紧的货币政策加重了经济衰退和失业，英国制造业的就业人数从1979年的700万下降到1980年的600万，而通货膨胀率比1979年还翻了一倍，达到22%。货币收紧还带来了英镑在国际市场上的大幅升值，英国在石油上的自给自足，使英国享受不到英镑升值带来的任何好处，反而给英国经济带来更大的困扰。1981年7%~11%的货币控制目标倒是实现了，但名义GNP比上一年下降了0.25个百分点，经济的各个方面都乏善可陈。此后政府的政策开始调整。到1983年以后，货币主义的实验被彻底放弃。[①]

货币主义实验唯一没有出大问题的是德国，但仔细审视德国的实验就会发现，其政策是一个各种政策主张的混合物，只有温和、渐进的货币目标有货币主义的内容，其他方面则根本搭不上关系。[②]

被视为经济政策"插曲"的货币主义实验，恰恰说明物价变动不仅仅是一个货币现象。如果货币供应的增长率不变，经济体内的其他因素会导致利率、汇率和货币流通速度发生不可预见的变化。显然，货币主义从货币流通速度不变的假定出发，制定调节经济活动的政策，与实际情况不符，它的淡然离场也就不可避免了。

至少我们在货币主义的实验中可以看出，引起物价上涨和物价下降的因素可以是完全不同的。明确这一点非常重要，因为它说明把通货膨胀仅仅理解为一种货币现象（就像弗里德曼所反复强调的那样）是多么的不合情理。当出现了一个物价的上涨或下降时，如果仅仅动用货币政策去调解，就可能会出现"南辕北辙"的情况。

所以，我们通常所说的通货膨胀率，其实准确的说法应该是物价变动率，它

[①] Oliver, Michael J. Whatever happened to monetarism? Aldershot, Hants, England; Brookfield, Vt, USA: Ashgate, 1997.pp65-87.

[②] Johnson Peter A. The Government of money: monetarism in Germany and the United States. Ithaca, N.Y.: Cornell University Press c1998, pp104-109.

可能和货币的膨胀与收缩有关，也可能无关。把物价变动率与通货膨胀率等同，很容易引起一种误解，即认为物价变动都是由货币的供给变动造成的，调节物价水平，只要通过调整货币的供给就可以解决了。而事实并非如此，比如由粮食歉收引发的物价上涨，用紧缩银根的方式，根本解决不了，反而会给实体经济造成雪上加霜的负面效果。因为用提高利率、提高存款准备金率等紧缩银根的措施，并不能改变短期内农产品供不应求的状况，反而使企业的经营成本上升、融资困难，甚至使农产品本身的生产性投入也受到制约。要抑制农产品价格上涨，应该采用其他手段。比如政府动用储备（前提是政府要预先建立平准机制），在价格上涨时，抛出存货，以平抑价格；其次是对农产品实行最高限价，不能任由价格暴涨；第三是打击囤积居奇和投机行为，阻断物价上涨的人为因素；第四是建立预警机制，在价格形成趋势之前就进行干预，而不是等价格上涨或下跌很多的时候再出手，能否做到这一点直接关系到调控的效率。

为了避免混乱，笔者建议在信用货币时代，还是用物价变动率来表述物价的变化，用通货膨胀率来表述派生货币（即货币乘数所产生的 M_2、M_3……）的数量变动较为准确。

但要谈到通货变动的规律，在货币发展史上的不同时期，其特征又是非常不同的，需要分别加以讨论。

14.4　以纸代金的悲剧

抛开金本位制的种种缺陷不谈，单就黄金的产量赶不上经济增长的速度这一点来说，金本位制也必然要被纸币本位的货币制度所取代。

在纸张上印上一些花花绿绿的图案就可以当货币使用，这对于发行者来说，真是一件天大的好事。可是在这么做之前，发行者还要完成两件事：一是要拥有足够强大的权力，至少要强大到足以阻止别人也去这么做；二是发行者要建立自我约束机制，不能信马由缰，随意而为。因为在印制纸钞的低成本和获取利益的巨大诱惑之间，如果没有一道门槛的话，很容易印钞票印昏了头，最后闹到不可收拾的地步。中国是世界上最早使用纸币的国家,早在 3000 多年前的西周初期,就使用"里布"作为交易媒介,这是一种以布为材质的货币,上书币名、日期、编号、地址,并盖有发行人印章。后来东周时期的"牛皮币",汉武帝时的"白鹿皮币",到唐代的"飞钱",都已经具备了纸币的雏形。到了宋代,由中央政府正式发行的纸币——"交子",可以说是人类历史上最早发行的纸币。交子的发行权与管理权集中于中央政府,三年一换,并规定发行限额,以 36 万铁钱存库作为发行交子的保证金。宋代的"交子"已经具备了现代纸币制造的主要特征,唯一的区别,就是在宋代,也包括在元代发行的纸币并没有取代金属货币,而是与金属货币(金、银、铜、铁)同时在市面上流通。这样一种制度设计存在着巨大的隐患,一旦政府失信,滥发纸币,金属货币就会从流通中撤出,进一步形成了政府发行纸币的压力。宋、元时期实施的纸币发行逐一沦为统治者敛财的工具,导致物价狂涨,币制败坏,最终都以失败而告终。①

纸币发行的低成本和隐蔽性(相对于税收而言),容易使政府对发行纸币形成路径依赖,尤其在一开始,问题似乎没那么严重,甚至还有一些积极的效果,等到发现局面已经失控时,再回头已经来不及了。我们可以通过历史上的一个著名案例——由约翰·劳实施的法国"纸币改革",来剖析一下纸币发行的前因后果。

历史上著名的"太阳王"路易十四在 1715 年去世时,留给他年仅 7 岁的继承人一个烂摊子,下表是当时法国的财政状况:

国家债务	20 亿利弗尔②
年收入	1.45 亿利弗尔
支付利息前的年支出	1.42 亿利弗尔
支付利息前的盈余	300 万利弗尔③

---

① 郭彦岗:《中国历代货币》,商务印书馆 2007 年版,第 85~122 页。
② 利弗尔(livres)为法国古钱币单位,相当于法国一古斤白银。
③ Lars Trede. Business cycles, History, Theory and investment reality, Chichester, England; Hoboken, NJ: John Wiley & Sons, Ltd. 2006, p7.

20亿的国家债务，按4.5%的利息支付，每年是9000万利弗尔，可是政府支付利息前的盈余只有300万，如果不想宣布国家破产，就得拿出一些切实可行的拯救措施。年轻国王的叔叔杜克控制了法国政府。这位老兄搞女人很有一套，但在经济方面基本上是个白丁。为了不至于闹得不可收拾，他请来了在意大利赌场上认识的朋友——约翰·劳。劳给杜克出的主意是：成立一家银行，由它来管理国家税收，以这个信用保障做基础发行纸币，这些纸币等同于硬通货，可以用贵金属和土地赎回。如果有人要购买该公司的股票，必须支付25%的硬币，剩下的部分用国家债券支付。应该承认，这是个非常聪明的做法。由路易十四发行的这些国家债券，其市场交易价格只及发行价格的21.5%，如果政府以市场价格收回这些债券，并发行新的债券来代替它，那么，20亿利弗尔的债务就变成了4.3亿，按4.5%支付利息，每年支付的利息为1900万，比原来每年9000万的利息要少了很多。约翰·劳的这个办法，可以在不提高债券价格的前提下回收债券。1716年5月5日，银行正式成立，取名就叫"劳公司"。公司成立伊始，劳大张旗鼓地做出了下列举动：第一，公司的纸币要在"注视下"支付，这意味着你可以在任何时候拿着劳公司的纸币兑换回全额的硬币。第二，如果政府再次"剪币"（就像以前经常做的那样），劳公司仍然以原有的金属货币支付。

结果，新纸币被当作硬通货看待，在市场上以101进行交易，即比硬币交易多出1%的佣金。到1717年下半年，劳公司的纸币价格上升到115。

最初的成功促使劳和杜克着手实施一个更大的行动——"密西西比方案"。该方案的中心内容就是成立一家公司，该公司拥有一系列的特权，公司取名为"印度公司"，公司股票要求100%用国家债券支付。公司承诺，公司股东的回报将达到40%，甚至更高。不难想象，股票遭到了疯狂认购。与此同时，杜克将劳公司改名为"皇家银行"，直接置于自己的控制下，既然纸币能带有佣金交易，又带来了繁荣，为什么不多印一些呢？杜克下令，加印10亿利弗尔的纸币。

纸币发行带来了神奇的效果，法国从过去4年深刻的绝望中挣扎出来，再次沉浸在欢乐的气氛中。各种奢侈品的价格都在上涨，失业下降，艺术家的工资上涨了4倍，新房子在各地兴建，每个人都赶在价格上涨前去抢购。印度公司股价的暴涨，造就了许多的百万富翁。在这表面的繁荣背后，隐藏着一个巨大的危险，印度公司并没有资本金的投入，它收入的只是原来的国债，用什么来赢取巨额的回报呢？事情的转折有时起因于很偶然的事件。1720年年初的一天，一个怒气冲冲的人来到皇家银行门口，这个人是孔蒂亲王。他之所以愤怒，是因为他想购买印度公司的新股票，而约翰·劳竟然拒绝了。他现在要把两大袋皇家银行的纸币换成硬币。皇家银行当时履行了承诺。但杜克听到这个消息后十分震惊，直接命令孔蒂亲王将2/3的硬币返还。这件事情在人们的心中埋下了怀疑的种子。如果别人都去兑换怎么办？一些精明的投资者开始撤离，他们卖掉股票，把纸币换成硬币、白银和珠宝，并运往国外，资本开始逃离。杜克发现了这一潮流后，做出了一个十分愚蠢的决定——禁止硬币流通。结果反而加快了资本外逃和硬币收藏的趋势。当时市面上流通26亿利弗尔的纸币，而对应的硬币连一半都不到，而且有很多都藏在法国人的"床垫"底下。杜克做的第二个决定不仅愚蠢，而且几乎等同于自杀，他主持的内阁会议决定：让纸币贬值50%。法国人立刻用暴动和革命作为回应，虽然决议被废除，但纸币的信用彻底给毁了。随后皇家银行停止兑换硬币，纸币的信用更是一落千丈。以后的情况就如所有类似的闹剧收场一样：股价暴跌，纸币一贬再贬，法国经济再次陷入衰退。约翰·劳只身逃到威尼斯，以赌博度过余生，死时极为贫困。①

我们之所以比较详细地介绍了法国纸币改革的案例，是因为在这个案例中，包含了纸币发行中所有失败的要素，非常具有典型意义。首先是政府欠下了巨额的债务，然后是政府以自己的信用做抵押，发行新的金融产品（在这里是纸币，类似的还有国民党时期的金圆券，等等）来冲销债务；由于发行的低成本，当取得最初的成效之后，发行者很容易将该做的事情置诸脑后，即纸币发行的实体经济基础。如果没有真正的经济增长点作为支撑，当纸币的信用受到怀疑时，崩溃随之而来。

滥发纸币的意义是将货币与商品的交换比例扩张到不合理的地步，其直接结

---

① Lars Trede. Business cycles, History, Theory and investment reality, Chichester, England; Hoboken, NJ: John Wiley & Sons, Ltd. 2006, pp3-26.

果就是恶性通货膨胀，物价以 1000%，甚至更高的速度增长。最极端的案例里，物价可以在十几个小时内上涨一倍！恶性通货膨胀所造成的破坏力是非常巨大的，有些甚至直接导致了政权的更迭。既然恶性通货膨胀带来如此恶劣的结果，为什么政府还要滥发纸币，难道他们没有别的选择吗？我们从 20 世纪的三次恶性通货膨胀的浪潮，可以看出一个大致的端倪。第一轮恶性通胀发生在第一次大战后的欧洲 5 国：奥地利、德国、匈牙利、波兰和苏联。第二轮恶性通胀发生在第二次大战后的中国、希腊和匈牙利，并且创下了每月物价上涨 19800% 的历史纪录。第三轮恶性通胀发生于 20 世纪 80 年代的阿根廷、玻利维亚、巴西和秘鲁等拉美国家。

仔细观察我们会发现，所有这些发生恶性通货膨胀的国家，都是由于这样那样的原因，出现了巨额的财政赤字。为弥补财政赤字，政府发行纸币也许是最简单的解决办法。然而，这种看似简单的方式，带来的问题却是复杂的。以发行纸币的方式来冲销财政赤字，相当于政府赖账，在没有重大技术创新使经济进入新的增长周期的前提下，大量发行纸币肯定会引发恶性通货膨胀。而恶性通货膨胀又在两个方面引起了政府财政状况的进一步恶化。一是体现在税收方面，恶性通胀使政府税收的实际价值下降，当政府用税收支付政府开支或偿还债务时，会发现这部分税收的实际价值已经比刚征收上来时贬值了很多；二是在通货膨胀条件下，政府对国债支付的名义利率也在上升。这样一来，高通胀率又会反过来导致政府财政赤字的加大。在财政赤字与纸币发行之间形成的恶性循环中，通货膨胀会愈演愈烈，直到完全失去控制。

发行纸币的政府其实未必不知道这样做的危害。就像中国北宋王朝第一次正式发行纸币——交子时，也严格规定了发行的上限和一定数量的金属货币的准备金，但后来政府向辽和西夏的岁币支出以及中央政府本身的巨大开支，使这些限制形同虚设。

看来比较符合逻辑的解释是，最初中央政府出于对紧迫问题的考虑，制定了一项单边的政策，由于超越了公平的边界，导致事情做过了头，出现了国家财政的危机，解决财政危机的办法固然有很多，但没有哪一个比发行纸币更省事，也更容易见到立竿见影的效果。于是，陷于困境的政府像抓住救命稻草一样抓住发行纸币的方式不放。纸币发行的低成本和发行量的不受制约，一旦收到点儿效果，事情就很可能做过头。国际上公认的标准是，当货币发行用以弥补财政赤字的规模达到 GDP 的 10% 以上时，恶性通货膨胀就会发生。

与恶性通货膨胀相对应的，是纸币时代的另一个极端——流动性陷阱。第一次世界大战后，各国中央政府普遍采用凯恩斯主义的国家干预政策，在经济衰退时，通过公开市场操作、降低利率、降低存款准备金率或者直接向金融机构注资等方式增加货币供应。这样做可以很好地避免金本位制度下的货币紧缩现象，有效地阻止了银行等金融机构因支付困难而出现倒闭的情况。在很多场合，这种政策确实起到了阻止经济下滑的作用。但是，当市场普遍对未来的经济前景存在不乐观的预期时，增加的货币供应即使能够引起利率的降低，也不会引起投资和收入的增加。这时，降低的利率会在实体经济预期资本收益率与投机需求的预期收益率之间形成一个"漏斗效应"，增加的货币投放被投机性需求或货币蕴藏所吸收，出现所谓的流动性陷阱（见图 14-2）。

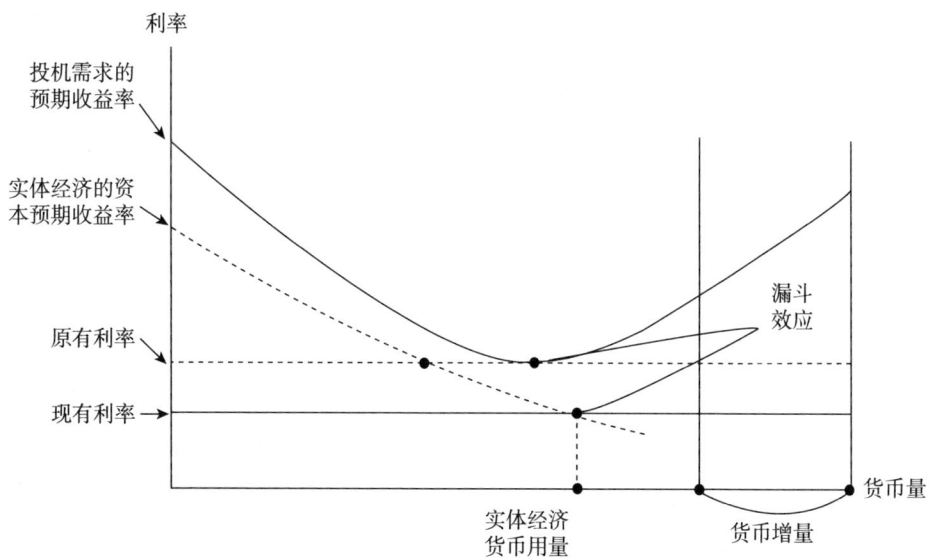

图 14-2

这时，中央政府面临两难的选择：继续加大流动性，有可能突破经济承受的极限而出现恶性通货膨胀；但如果不采取进一步的行动，经济又会陷入流动性陷阱而继续在衰退的状态中徘徊。这种困境说明，货币并不是一切问题的根源，通货膨胀与通货紧缩虽然表面看起来是一个货币现象，但它的背后还有更深层次的原因，仅仅改变货币供给的数量，并不能解决根本问题。

14.5 种瓜得豆的货币政策

一谈到货币政策，人们通常会联想到一系列的概念，如利率调整、存款准备金率、公开市场操作、再贴现率等，其实，这些货币政策的具体措施，本质上都是直接或间接地影响货币供给的数量。这些具体的措施是否有效以及有效的程度，涉及货币供给数量的变化与经济发展之间究竟是一种什么关系。

增加的货币供给可以阻止经济衰退并促进经济增长吗？笔者认为，不能一概而论。经济体通常存在着两种形式的技术创新，其中一种技术创新可以通过开发新的产品和服务，形成新的消费热点；另一种技术创新可以降低现在主流消费品的生产成本并扩大产量。两种技术创新都可以使总商品的数量增加，如果货币供给量和货币流通速度不变，价格会降低，如果货币供给量增加，只要速度不超过总商品增加的比例，就可以保证在没有通货膨胀的情况下实现经济增长。如果经济体内这两种技术创新都不存在，商品总量只能通过重复建设来增加，这会引起资源短缺的问题，这时增加货币投放就会导致价格升高。如果主流消费品还没有达到饱和，增加的货币供给有可能在货币幻觉的作用下，起到短期的促进生产和消费的作用，但长期而言，货币幻觉会被适应性预期所取代。货币供给的增加，只能引起名义价格和名义工资的同步提高，并不能起到促进经济发展的作用。

我们看到，各国实行纸币本位的货币制度后，通货膨胀是一个总的趋势。但是对于那些技术革新非常快的行业来说，如电脑、数码相机、手机等行业，产品的功能在不断提高，但绝对价格在下降。通货膨胀在这些行业好像没有得到体现。究其原因，是因为这些行业的劳动生产率的提高超过了通货膨胀的速度。

按照笔者的理解，增加的货币供应之所以在传递效应上最终演变为价格上涨，是因为名义货币增量超过了技术进步带来的有效供给的数量，在产业链的终端，以资源瓶颈的方式反弹回来，形成物价上涨的推力。资源瓶颈的出现，是由于该领域的技术创新一直进行得比较缓慢，至少比制造业要缓慢得多。以往的技术革新，都是解决人类发展的动力问题，如蒸汽机、电动机、汽油发动机等，没有改变人类对自然资源现状的依赖。体现在经济发展上，技术创新更多地表现为资本节约型和劳动节约型。而新能源、新材料和生物技术的创新，有可能使我们进入到资源节约型的社会。以新能源为例，它不会像石油和煤炭那样越开采越少，且价格越来越贵。相反，随着技术的进步，新能源的成本会越来越低。新能源、新材料和生物科技的革命性创新有可能使人类摆脱资源稀缺的束缚，走向低通胀高增长的平稳发展之路。3D打印技术和定制产业的兴起，可以减少资源错配的概率。强调"使用而不占有"的"共享经济"，则可以提高资源的使用效率。这些新经济业态的兴起，都有减少成本推进型通胀的作用。

政府当局的货币政策，经常以物价水平作为调节的标的。政府有时会提出控制通胀水平的标准，如把通胀率（其实是物价上涨率）控制在3%等，而且对应的措施也都是货币政策的工具。这种做法背后隐藏的信念，依然是通货膨胀仅仅是货币现象。

我们在本章第一节里指出，物价上涨和下跌，货币的供给量仅仅是原因之一，货币流通速度、商品交易量的增加和减少，技术进步的速率等，都会影响到物价水平。如果是非货币因素引起的物价变动，用货币手段来调节，不仅不能奏效，还会产生很大的副作用。当投机风潮兴起时，货币政策很难收到立竿见影的效果，就像2007年，政府不断加息和提高存款准备金率，但大宗商品价格和房地产价格仍然是一路高歌，投机的势头没有抑制住，实体经济却倍受打击，成了被殃及的池鱼。

当经济陷入低谷时，由于定量宽松的货币政策只是针对总量指标，没有解决结构失衡的矛盾，增发的货币更多流向低技术领域，如房地产、资源类产品和产能过剩部门，结果是政府为了遏制衰退，又在吹起下一个泡沫。一开始，由于经济复苏的势头还不明显，政府不敢过分限制，等到泡沫形成，就会有一个惯性的膨胀过程，一定要等到它的能量充分释放才会逆转。在政府忍不住用极端手段去遏制投机风潮时，又有可能成为下一轮衰退的导火索。看起来是政府一会儿在吹泡沫，一会儿又在挤泡沫，忙得不亦乐乎。其实是货币政策的文不对题。企图用货币供给的数量来影响经济发展，可能在一开始就找错了方向。而且，当货币政策用到尽头，比如实行零利率甚至负利率时，只是对大量低效率企业注入流动性，并使债务累积，一旦危机再度爆发，政府已经无牌可打，问题会更加严重。

在笔者看来，经济体的真正问题是服务经济与实物经济的交换比例是否协调，货币政策如果不能在促进两个部门的协调上发挥作用，就没有意义。货币政策对于政府当局最具诱惑力的地方，是它的简单和省力，提高或降低利率或再贴现率，提高或降低存款准备金率，进行公开市场操作等等，也就是动动手指头的事情。政府部门很容易形成对货币政策的偏爱，而不是去做更有针对性，也更烦琐的价格政策和产业政策的调整工作。然而，凡是涉及经济生活的事务，没有一件是简单的，越是怕麻烦就越是容易引起更大的麻烦。在发展的道路上，没有捷径可走。

第 15 章

国际贸易的是与非

当商品交换在国与国之间进行时，与国内贸易相比会有什么不同？按道理说，国际贸易与国内贸易的区别仅仅是在交易者之间多了一道国界，交易规则应该不会有什么实质性的变化。下面我们将会看到，正是这一道国界，将商品交换的规则改变了，这也带来了经济学家在国际贸易问题上的分歧。拥护和反对国际贸易自由化的经济学家各执一词。主流经济学家，不管是斯密的绝对利益学说，还是李嘉图的比较利益学说，还是赫克歇尔-俄林的生产要素禀赋理论，只是论证国际分工和国际贸易带来的种种利益。但他们无法解释，为什么在具体实施过程中有那么多国家实施贸易保护措施。而那些主张实施贸易保护主义的经济学家，如汉密尔顿、李斯特和凯恩斯，也只论证了贸易保护主义的必要性，却没有回答为什么在需要实施贸易保护的国家比较利益不起作用。他们都在各说各的理，却很少有理论上的交集。

15.1 存在比较利益吗？

一国内部的商业分工，服从效率原则，每一个专业的生产部门或个人，应该具有从事该行业的禀赋优势，一个人如果从事两种行业都没有优势，他只能从这两个行业退出，去寻找其他更为擅长的工作。也就是说，在一国之内，从事专业生产的交易当事人所具有的禀赋优势应该具有不可替代性，否则很难在竞争激烈的市场中生存，在这里，并不存在什么比较利益。可是，经济学教科书却告诉我们，在国际贸易中，可不管禀赋优势这一套，存在着所谓的"比较利益"。所谓比较利益理论，是由大卫·李嘉图在1817年提出的，直到今天，经济学教科书在论证国际贸易带来的好处时，都要以比较利益原则作为依据。比较利益是相对于绝对利益而言的，绝对利益是指，A 国生产小麦比 B 国有优势，B 国生产布匹比 A 国有优势，两国进行国际贸易可以使双方都得到好处。这一点不难理解，至少国内贸易都是这样分工的。可是，当 A 国不仅在小麦生产上比 B 国有优势，在布匹生产上也比 B 国有优势时，两国进行国际贸易还能产生互利的结果吗？李嘉图的回答是肯定的，为了不引起误解，让我们直接引用李嘉图本人的论述，看一看比较利益到底是怎么回事。

一、比较利益的假设前提

大卫·李嘉图在他的《政治经济学及赋税原理》一书中，系统地论述了比较利益学说。李嘉图的论述方式以今天的眼光看来，实在没有什么可以赞叹之处。如果直接引用，这篇文章大概没有多少人能够坚持看下去。因此，我们不得不做一些解释性的工作，使他的这一思想可以明晰地呈现给读者。

李嘉图首先假定了两个国家：英国和葡萄牙。其中英国生产罗纱要 100 人劳动一年，酿造葡萄酒需 120 人劳动一年；葡萄牙生产罗纱要耗费 90 人一年的劳动，酿造葡萄酒只需 80 人劳动一年。[①] 也就是说，葡萄牙在两种商品生产上的效率都高于英国。这是比较利益产生的第一个前提，即两个国家不仅在两种商品的劳动生产率上有差距，而且在一国之内，两种商品的劳动生产率也有差别。

比较利益学说的第二个前提是，两国的资本和劳动不能相互流动，因为没有这个前提，就会出现资本和劳动向劳动生产率高的国家转移，从而使生产集中于生产率高的国家，这样一来，比较利益也就无从谈起了。

第三个前提是，劳动是唯一决定商品价值的要素，且商品的价值直接反映到商品的价格上。换句话说，决定商品价格的是生产它所耗费的劳动量。

第四个前提是，汇率的波动不会对两国商品的交换比例产生影响。李嘉图在书中，直接用统一的计价单位英镑来计量两国的商品价格。

在明确了这些前提之后，英国和葡萄牙之间开展贸易时，比较利益由此而产

---

① 大卫·李嘉图著，郭大力、王亚南译：《政治经济学及赋税原理》，译林出版社 2011 年版，第 68 页。

生。前面提到，在英国生产一个单位的罗纱要 100 个人劳动一年，生产一个单位的葡萄酒要 120 人劳动一年。如果英国将生产葡萄酒的劳动全部用来生产罗纱，则可以产生 2.2 个单位的罗纱。葡萄牙生产一个单位的罗纱要耗费 90 个人劳动一年，生产一个单位的葡萄酒仅用 80 个人劳动一年，如果葡萄牙把生产罗纱的劳动全部用来生产葡萄酒，则可以生产 2.12 个单位葡萄酒。这里面有一个问题，葡萄牙生产 2.12 个单位的葡萄酒只用了 170 个人的一年劳动，英国生产 2.2 个单位的罗纱用了 220 个人的一年劳动。李嘉图没有假定的是两国的工资水平以及劳动力的数量。但李嘉图却假定英国 100 个人的一年劳动可以和葡萄牙 80 个人的一年劳动相交换。为了保持公正，我们不妨把两种情况都罗列出来加以分析。

第一种情况，假定英国就有 220 个劳动力，葡萄牙只有 170 个工人。两国分工后，英国可以用 1.1 个单位的罗纱交换葡萄牙的 1.06 个单位的葡萄酒，这样两国都分别多得到了 0.1 个单位的罗纱和 0.06 个单位的葡萄酒。

第二种情况，假定两国的劳动力供给都是无限的。且两国工资完全相等。英国用 220 个人劳动一年生产出了 2.2 个单位的罗纱。葡萄牙也用 220 个人劳动一年生产出 2.75 个单位的葡萄酒。英国用 1.1 个单位的罗纱交换 1.375 个单位的葡萄酒，双方可以多得 0.1 个单位的罗纱和 0.375 个单位的葡萄酒。不管是第一种情况还是第二种情况，双方都从交换中得到了比较利益。

这里面有三个关键点是需要弄清楚的：第一，所谓比较利益是由哪里产生的？从李嘉图的论述来看，并不是产生于两国劳动生产率的差异，而是一国两种商品的劳动生产率差异，如果没有了这个差异，比较利益就根本不存在了。试想一下，如果英国生产罗纱和葡萄酒都用 120 个人的一年劳动；葡萄牙生产两种商品都用 80 个人的一年劳动，那么，不管怎么分工，都不会有比较利益出现。所以，比较利益成立的关键是在一个国家内，两种商品的劳动生产率的差异是否成立。第二，仅仅明确生产一个单位的商品耗费了多少劳动还不够，还要明确两种商品折合成一种货币单位时的价格几何。李嘉图自己也说："罗纱在葡萄牙，若不能卖得较多的金，就不会由英吉利输入葡萄牙；葡萄酒在英吉利，若不能卖得更多量的金，亦不会由葡萄牙输入英吉利。"① 那么，比较利益能否实现，就要看在李嘉图所设计的两国贸易的模式中，价格的水平会不会引导两国的产业产生分工的冲动。如果葡萄牙人无法看到英国的罗纱比葡萄牙更便宜，葡萄牙人会舍弃本国的罗纱而选择英国的罗纱吗？反之，如果英国的罗纱不能在葡萄牙卖出更高的价格，英国商人会有向葡萄牙出口罗纱的冲动吗？所以，比较利益产生的关键是，当两国在两种商品上都存在劳动生产率的差异时，其价格格局是否会出现李嘉图所说的国际分工的倾向。第三，既然两国商品的价格水平不是一个可以忽略的前提，那么价格由什么决定就是另一个无法回避的问题了。在李嘉图看来，商品的价格由它的价值决定，而价值则由生产商品耗费的劳动所产生，所以，在李嘉图的世界里，商品的售价基本上与它所耗费的劳动相一致。消耗的劳动多，商品的售价就高；反之，售价就低。在国际贸易中也是如此。而且，两国劳动的价格应该是相同的。这意味着，花费劳动多的商品会卖更高的价格。下面，我们就对这几个关键点展开分析，看看会发生什么情况。

二、比较利益的矛盾

首先我们要看一看所谓劳动生产率的差异到底是怎么回事。以英国为例，在英国生产一个单位罗纱和一个单位葡萄酒的劳动生产率相差20%，这个"一个单位"指的是多大的单位？读者千万不要以为笔者是吹毛求疵，如果罗纱的单位和葡萄酒的单位不确定，劳动生产率的差异是无从谈起的。如果以1匹罗纱作为一个单位，是和1瓶葡萄酒作比较还是和1桶葡萄酒作比较？假定1匹罗纱耗费了10小时的劳动，1瓶葡萄酒耗费的劳动是2小时，1桶葡萄酒耗费80小时劳动，1匹罗纱与1瓶葡萄酒对比，劳动生产率很低，与1桶葡萄酒对比，劳动生产率又很高。如果两个商品的物理单位不能通约，劳动生产率的差异就失去了判断的标准。其实，两种不同的商品的生产效率并非不能进行比较，但要找到一个共同的测量单位，它不可能是物理单位而只能是价值单位，即同样的销售价格，比如10英镑，可以买到多少罗纱和多少葡萄酒，假如英国10英镑可以买到1匹罗纱

---

① 大卫·李嘉图著，郭大力、王亚南译：《政治经济学及赋税原理》，译林出版社2011年版，第69页。

和 5 瓶葡萄酒，我们就可以比较两者在劳动生产率上的差别了。按照李嘉图给出的数值，生产 1 匹罗纱耗费了 10 个小时的劳动，生产 5 瓶葡萄酒用了 12 个小时的劳动，这意味着什么呢？假定 1 个小时的工资为 0.5 英镑，生产罗纱的 10 个小时的劳动需支付 5 英镑，卖 10 英镑可以获得 100% 的利润回报（假定工资是唯一成本），而生产葡萄酒要支付 6 英镑的工资，只有 40% 的利润回报，接下来的事情会怎样发展？自由竞争的市场理论会告诉你，生产葡萄酒的劳动会转移去生产罗纱。罗纱生产得多了，价格就会下降，而生产葡萄酒的劳动少了，葡萄酒的价格就会上涨，直到两者的利润率大体相同。李嘉图自己也认为一国的利润率会趋同。然而，如果利润率趋同，所谓两个部门的劳动生产率差异还有意义吗？两个生产部门投入的劳动具有大体相同的利润率，两个部门的劳动生产率差异也就无从谈起了。事实上，劳动生产率的差异在同一个部门内的不同企业之间是可以比较的，但在不同部门之间，由于产品没有可以通约的物理单位，所谓生产罗纱和生产葡萄酒的劳动生产率差异其实是个伪命题。

如果两个部门不存在劳动生产率的差异，比较利益就不会发生。只有投入的劳动相同，而生产出来的产品价格不同，或价格相同，而投入的劳动不同，才能谈到劳动生产率的差异，而这种差异是可以通过要素的转移消除的。假定英国的生产者会一直保留利润率的差异直到国际贸易出现才做出调整，这样说等于是自我否定。下面，我们不妨顺着比较利益的思路推演下去，看一看会发生什么。英国和葡萄牙开放国际贸易时，面对的劳动生产率分布如李嘉图所示，假定是第一种情况，英国生产 1 匹罗纱花费 10 小时劳动，5 瓶葡萄酒花费 12 小时劳动，但售价都是 10 英镑。葡萄牙生产 1 匹罗纱用 9 个小时劳动，5 瓶酒用 8 小时劳动，售价都是 9 英镑。这时，英国的消费者会做什么选择呢？他们会只买葡萄牙的葡萄酒，而不买葡萄牙的罗纱吗？因为同是 1 匹布，在葡萄牙卖 9 英镑，在英国要卖 10 英镑。所以李嘉图所假设的比较利益根本不会发生，即不会发生英国只生产罗纱，葡萄牙只生产葡萄酒的国际分工。即使英国的生产厂商降价，情况亦复如此。因为葡萄牙人也会采取这一手段，当双方的价格降到 4.99 英镑 1 匹罗纱和 5 瓶葡萄酒时，英国的生产商已经全面亏损，而葡萄牙人在罗纱和葡萄酒上仍然有利润（罗纱为 4.99-4.5=0.49；葡萄酒为 4.99-4=0.99）。假定按 4.99 英镑的价格进行交易，英国两个行业的生产者只能破产，因为英国生产 1 匹罗纱的成本是 5 英镑，5 瓶葡萄酒的成本是 6 英镑，葡萄牙人会去购买 5 英镑以上的英国罗纱吗？当然不会，葡萄牙的罗纱生产者只要把价格降到 4.99 英镑，这个价格是英国罗纱生产者所不能接受的，但葡萄牙生产者仍然有利润，葡萄牙的消费者仍然会买本国的产品。这里，根本就不存在比较利益。

至于说两个国家会由于分工而彼此得到好处，其前提一定是英国的罗纱生产比葡萄牙有效率，葡萄牙的葡萄酒生产比英国有效率，这样英国的罗纱会比葡萄牙卖得便宜，而葡萄牙的葡萄酒会比英国卖得便宜，这样两国才能形成国际分工。如果一国的生产效率在两个部门都低于另一国，那么是不可能有比较利益存在的。

三、比较利益的症结所在

李嘉图推论的要害在于，他首先假定了在一个国家内存在着两个生产部门的劳动生产率差异，而我们在上面的分析中指出，实际上这个差异是不存在的。如果仅仅以劳动作为唯一的生产成本，且劳动存在同质性，衡量劳动生产率的差异就只能看劳动与利润之比，或者说看两个行业的利润率。李嘉图自己也承认："一百英国人的劳动，不能与八十英国人交换……因为，在同国，资本可随意转移……资本若能自由流入最有利的地方，利润当然不能有差等。商品的真实价格，减去运输所必要的追加劳动量，亦不能有差异。"[①] 所以，在一国内两个部门的劳动生产率差异不存在，而比较利益也就失去了存在的基础。剩下的就只有斯密的绝对利益了。

李嘉图比较利益的第二个症结在于，他把国际贸易中的商品交换变成了劳动交换，好像 1 小时的劳动可以换回 1.1 小时的劳动就是划算的，但劳动生产率的差异决定了同样的劳动带来的产出量是不同的，比如葡萄牙生产 1 匹罗纱用 9 个小时的劳动，英国生产 1 匹罗纱要 10 个小时的劳动，用葡萄牙的 1 匹罗纱去换

---

① 大卫·李嘉图著，郭大力、王亚南译：《政治经济学及赋税原理》，译林出版社 2011 年版，第 68-69 页。

英国的 0.99 匹罗纱，等同于用 9 小时的劳动换 9.9 小时的劳动，但葡萄牙会那么做吗？显然是不会的。

李嘉图之所以会得出用少量劳动换取多量劳动符合比较利益的结论，是出于他对劳动价值论的理解。古典经济学的价值理论认为，商品价值是由劳动投入的多少来决定的，价格又是由价值来决定。这实际上是把逻辑顺序颠倒了。人们是在看到市场价格，或预期到市场价格以后，才来衡量（也才能衡量）投入劳动后是否能够获利。如果在价格既定（或假定价格的未来水平已定）的情况下，商品生产出来所耗费的劳动超过收入，即我们所说的成本超过了价格，人们就不会投入劳动，也就不会有生产活动发生。在除去劳动投入的成本后，仍然有利可图的情况下，人们才会进行生产。至于生产出来以后，是否能按预期的价格卖出去，则涉及劳动是否被市场承认的问题。如果得不到承认，这部分劳动就成为无效劳动，进入沉没成本。如果顺利卖出，则这部分劳动得到市场的承认，构成财富的要素。

所以，劳动付出的多寡并不能决定商品交换的比率，在国际贸易中，就更是如此，否则，还有提高劳动生产率的必要吗？那岂不是劳动生产率越低，生产一件产品耗费的劳动越多，商品的价值就越高，并且可以卖更高的价钱？天底下没有这样的道理。用少量劳动换取更多的劳动并不一定是合算的买卖，因为有的劳动是无效投入或低效投入。

比较利益学说的自相矛盾之处是，它规定两国的生产者会在国际贸易中根据交换的条件来转移生产要素，但在国内贸易中却不会这么做。例如，葡萄牙罗纱生产者以 8 英镑 5 瓶葡萄酒的价格与 1 匹罗纱交换，这实际上是用 8 小时的劳动与 9 小时的劳动交换，用劳动价值论衡量也是不合算的买卖，为什么罗纱的生产者不转移生产要素，而要等到国际贸易时才去转移，而这时转移生产要素得到的劳动量的增加要大大低于国内转移的增加比率。经济学家为了论证有利益背景（英国当时是工业能力最强大的国家，自由贸易符合英国的利益）的观点而牺牲逻辑倒不是什么奇怪的事情，奇怪的是这样的理论能够统治经济学近 200 年的时间，而没有受到广泛的质疑。[1]

---

[1] 保罗·萨缪尔森著，肖琛等译：《经济学》（第 16 版），华夏出版社 2003 年版，第 556 页。

真实的情况应该是，一国首先进行国内生产部门之间的平衡。在英国，假定 10 个小时的劳动可以生产 1 匹罗纱，12 个小时的劳动可以生产 5 瓶葡萄酒，且它们的买卖价格都是 10 英镑。这时，葡萄酒的生产者会减少葡萄酒的生产，转向生产罗纱。罗纱的供给增加，从而价格下降，葡萄酒的供给减少，出现价格上升，最后导致 10 英镑可以买到的罗纱和葡萄酒所消耗的劳动大体相等。比如 10 英镑现在可以买到 1.1 匹布和 4.6 瓶葡萄酒，它们所耗费的劳动都是 11 个小时。以小时工资 0.8 英镑计算，平均利润率在 13.6%。葡萄牙的情况也大体相同，假定在没有调整前，生产 1 匹罗纱和 5 瓶葡萄酒分别耗费 9 小时劳动和 8 小时劳动，小时工资也为 0.8 英镑，假如买卖价格是 8 英镑，葡萄酒生产者有 25% 的利润，而罗纱生产者只有 9% 的利润，这时，罗纱生产者会减少罗纱的供给，转而生产葡萄酒，调整的结果是 8 英镑可以买到 0.94 匹罗纱和 5.25 瓶葡萄酒，它们耗费的劳动都为 8.5 个小时，利润率在 17.6%。

现在两国开始贸易，假定国际贸易价格都以英镑计算，那么，以目前的两国价格水平，会出现李嘉图所说的比较利益吗？即使在葡萄牙的利润率高出英国 4% 的基础上，在葡萄牙 10 英镑可以买到 1.175 匹罗纱和 6.485 瓶葡萄酒，都比在英国便宜。在这种情况下，英国人会买葡萄牙的产品是毫无疑问的，但葡萄牙人会去买英国的罗纱吗？除非他们脑子进水，否则是不会这么做的。英国要想不被葡萄牙挤垮，只有两种方式可以采取：一是降低工资，二是提高劳动生产率。如果两种方式都不采纳，那么，等待英国的命运只有全面破产。可是，降低工资和提高劳动生产率等于抽去了比较利益的前提，也就等于否认了不同生产率的国家可以进行互利交易的可能。

至于赫克歇尔 – 俄林模型，与李嘉图模型的思路有所不同，劳动力不再是唯一的生产要素，同时要素的价格也是可以变化的。在生产率相同的国家，由于各自拥有的要素丰裕程度不同，要素的价格存在差别，这种相对禀赋差异，形成了各国产品的相对优势。比如，有的国家劳动力成本较低，有的国家的资本较为丰裕。劳动力成本低的国家可以发展劳动密集型生产，而资本丰裕的国家则可以发展资本密集型的产业。但是，20 世纪列昂惕夫曾经用投入产出分析方法，验证要素禀赋优势模型，发现在美国这个资本丰裕的国家，出口却集中在劳动密集型产品上，这个反常现象被称为"列昂惕夫悖论"。其实，如今的国际分工现状，并不像经济学家凭空想象的那样，进行资本密集和劳动密集的分工，而是劳动密集型和资本密集型的产业都流向发展中国家，在带来经济发展的同时，也带来了巨大的环境代价。发达国家则出现产业空心化，只掌握核心技术和金融控制权。国与国之间的要素禀赋优势是存在的，但不是像主流经济学的生产函数所描述的那么简单。这种要素禀赋优势存在于各国特定的地理和人文环境中，存在着不可替代性。比如法国的葡萄酒和香水、瑞士的手表、中国的美食、澳大利亚的羊毛，等等。至于发展资本密集型还是劳动密集型的产业，企业家考虑的主要是劳动力成本，土地成本和环境成本在哪里更低，就会在哪里办厂。有了国际间的资本自由流动，在资本和劳动上体现出来的"要素禀赋优势"其实没有什么意义。

比较利益学说和要素禀赋优势学说其实只是想说明，在任何情况下，国际分工带来的都是好处。问题在于，一国从国际分工中得到的仅仅是好处吗？国际分工带来的风险和成本，是否也需要正视呢？

15.2 国际分工的成本

在国与国之间进行商品交换，与国内贸易相比有许多交易成本。主张实行国际自由贸易的经济学家不得不面对这样的疑问：既然国际贸易可以带来如此多的好处，为什么至今很少有政府不采取贸易保护措施的？各国政府实行贸易保护是出于无知还是出于利益的权衡呢？

实际的考察告诉我们，国际分工基础上的自由贸易，在带来效率的同时，也会带来一系列成本的上升。

一、生产要素的转移成本

假定有 A、B 两个国家，并且只有两个生产部门，生产大炮的部门和生产黄油的部门。不管是绝对利益还是比较利益，实施完全的国际分工，要求生产要素可以在国与国之间自由流动，才能形成要素的最优组合。假定 A 国生产大炮，B 国生产黄油。B 国的工程师和工人应该流动到 A 国，A 国的牧民连同奶牛应该移民到 B 国。但在主权国家的范围内，要素的流动是受到限制的。而且有些要素是不能流动的，比如放牛的牧场和用来生产大炮的厂房。即使可以实现这种转移，国与国之间要素转移的成本也是不得不考虑的因素，比如语言的差异、文化习俗的不同、宗教信仰冲突、民族身份的认同，等等。就牧场这一生产要素来说，强行转移只会有两种可能：一是牧场被闲置，因为牧场通常地处偏远，交通不便，运输成本高昂；二是被低效率地使用，比如用来堆放垃圾，盖一些很少被派上用场的厂房。对于 B 国来说，也是如此。生产大炮的矿山和厂房要改为牧场，在到处都是钢筋水泥的地方养牛，是否划得来还真是个问题。

而且，任何一个行业受制于市场规模、产业规模和资源瓶颈，都不可能无限发展。谁也无法否认，美国的芯片制造业和软件制造业具有要素禀赋优势，但这不意味着所有的美国人都应该去生产芯片和计算机软件，一个微软，一个英特尔，各自占据了全世界总销量的 80% 以上，还有多少外部生产要素可进入的空间呢？

二、国家安全成本

国际分工是在不同的主权国家之间进行的，涉及国计民生的产业完全交给别国去生产，一旦两国交恶，或者别国有不良图谋时，是否会受制于他人？这是每一个国家在进行国际贸易时都不得不考虑的问题。我们把由国际分工带来的安全风险折算成一个国家参与国际贸易的安全成本，如果这个成本足够高，就会限制一个国家参与国际分工的程度。

说得极端一点，生产大炮的 A 国会不会威胁 B 国，如果不按它提出的比例交换，就让 B 国尝尝大炮的滋味？反过来说，B 国会不会威胁 A 国，如果不满足它提出的要求，就让 A 国去喝西北风？从主流经济学的自利原则出发，还真不能排除这种可能。

中国满清政府建立北洋水师，军舰绝大部分购自英、德等西方国家，只有"平远"、"操江"、"广丙"等几艘自造舰。从国际分工的角度来说，这样做十分合理，因为中国人自己造舰没有任何优势。用中国有优势的瓷器、茶叶和丝绸去交换军舰，完全符合国际分工原则和禀赋优势原则。可是当中日甲午战争爆发时，中国没有自己造船工业的弊端就暴露无遗了，军舰打掉一只就少一只，再向西方国家购买，军火商趁火打劫，漫天要价，本已财政拮据的满清政府，此时更是捉襟见肘。军舰的来源没有保证，成了北洋水师的一块心病，消极避战的战略，实际是怕输掉老本，因为中国那时已经输不起了。反观日本，情况完全不同。日本虽然也有相当比例的外购军舰，但在甲午海战爆发时，日本已经有"桥立"、"秋津洲"、"高雄"巡洋舰；"爱宕"、"赤诚"炮舰，以及"大和"、"天城"、"武藏"等单帆炮舰为自造。还有19艘购自法国，自行组装的鱼雷艇。甲午战事一开，日本自有造船能力的优势就显露出来，战争中损失的船只可以迅速得到补给，打掉一只可以迅速建造一只。最后的结果是北洋水师全军覆灭，中日签订《马关条约》，中国向日本赔偿2亿两库平银，外加"赎辽费"3000万两。

这场战争失败的原因可以总结出很多，但没有自己独立的造船工业无疑是一个非常重要的原因。两亿三千万两白银！这就是国际分工的安全成本，这个成本是任何一个主权国家都消受不起的。有时出于国家安全的考虑，需要做出另一种平衡。

三、调节机制缺失的成本

即使国际分工可以实现效率的提高，但如何分配效率提高带来的收益，以及维护这种收益不受损害，对于两个平行的主权国家来说，其难度要远远大于在一个主权国家内部发生贸易纠纷的情况。商品经济的维系条件是十分脆弱的，有可能发生贸易当事人的一方不遵守交易规则，提供伪劣产品，在产品品质上偷工减料，弄虚作假；或者没有按期履行合同；或者提出交换比例上的不合理要求。在一个主权国家内部，发生这种情况，政府作为公权力的代表，可以充当仲裁者。政府的公权力凌驾于交易当事人之上，具有强制力和权威性。如果是两个国家进行贸易，发生贸易摩擦，由于法律制度和法规不同，再加上国家利益的冲突，解决起来就很麻烦。这相当于两国运动员在球场上踢球，同时有两个国家的裁判员做仲裁，对于比赛规则各有各的解释和标准，这场游戏玩起来难度要增加不少。如果一国的进口商拖欠另一国出口商的货款，跨国追索，成本就比国内贸易要高得多。中国一家企业应诉美国企业的知识产权案，打了六年的官司，虽然最后胜诉，但是时间成本、金钱成本都是十分巨大的。

四、汇率成本

国内贸易用一种货币计量，不存在汇率问题，每一个贸易合同，交货价定下来后，只要成本控制住，盈利就没有问题。但在国际贸易中就不同了。一份3个月交货的贸易合同，按照当时的合同价，企业还有利润。可过3个月后，企业交货时可能就没有利润，甚至亏损了，这是由于汇率发生了变化。因为各国流行不同的货币，每种货币的交换比率又不是固定不变的，有时变化还非常剧烈。汇率的变化会直接影响参与国际贸易企业的收入。比如一家出口企业的订单为10万欧元，在签订合同时，人民币对欧元的比率为10∶1，即10元人民币兑换1欧元，企业按照这个汇率有5%的利润，但到了交货期，人民币对欧元的比率变成了9.97∶1，相当于人民币兑欧元升值了3%。这时企业用10万欧元换回的人民币就减少了3%，利润也就从原来的5%下降为2%了。也就是说，国际贸易给参与企业带来的也有不同货币比值变化的风险。

说到这里，我们就可以理解，为什么国际分工和国际贸易有那么多好处，但各国政府还要经常实行贸易保护主义的原因。各国政府实际上在国际分工的收益和效率损失之间权衡，如果收益大于成本，就采取保护措施，或者更准确地说，是在那些能给一国带来利益的领域实行对外贸易，而对一国能造成损害的领域采取贸易保护主义。

了解国际分工的种种成本，为我们理解各国政府采取保护贸易的举动提供了依据。

15.3 贸易保护的苦衷

经济学家中也有一些主张政府对国外贸易采取保护措施的。最早提出这种主张的是重商主义经济学家。重商主义盛行的时期，各国普遍实行的是金属货币制度。受其影响，重商主义经济学家将贵金属认定为财富的唯一形式，一国对外贸易的目的，就是尽可能多地获取贵金属。为了达到这个目的，政府就应当鼓励出口，限制进口，以保持贵金属的流入量大于流出量。

应该说，重商主义提出政府干预贸易的理由，主要是出于一种另类的"货币幻觉"，它与人们在通货膨胀条件下，把名义货币和实际货币价值相混淆的"幻觉"不同。这种货币幻觉与货币作为一般等价物有关。由于货币可以作为所有商品的价值尺度，它本身被人们赋予了财富的象征。货币不仅仅是交换的媒介，它同时也是交换的目的。在贵金属本位的货币制度下，这种货币幻觉被进一步强化为追求贵金属收藏的重商主义主张。

但幻觉毕竟不是现实，在实际操作过程中，重商主义的政策主张不具有普遍的意义。如果每一个国家都采取重商主义的对外贸易政策，结果只能是愈演愈烈的贸易战，导致两败俱伤的结局。况且目前各国实施的是纸币本位的货币制度，重商主义的主张已经没有多少现实意义了。

另一种主张国家对外贸易实施保护措施的观点，是出于保护本国幼稚工业的考虑。持这种观点的经济学家有美国的亚历山大·汉米尔顿和德国的弗里德里希·李斯特。他们认为，自由贸易只适合经济发展水平相当的国家，而对于工业化刚刚起步的经济体，工业化程度较低，处于幼稚阶段，无法与其他国家进行竞争，必须由政府给予保护。李斯特在他的《政治经济学的国民体系》中，对此作了明确的阐述："两个同样具有高度文化的国家，要在彼此自由竞争下双双共同有利，只有当两者在工业发展处于大体上相等的地位时，才能实现。如果任何一个国家，不幸在工业、商业上还远远落后于别国，那么它即使具有发展这些事业的精神和物质手段，也必须加强它自己的力量，然后才能使它具备条件与比较先进的各国进行自由竞争。"[①]

由此可见，李斯特并不是一般性地反对国家间的自由贸易，而是主张在经济发展的不同阶段，有选择地对国内企业实施保护政策。保护幼稚工业，是李斯特

---

① 弗里德里希·李斯特著，陈万煦译：《政治经济学的国民体系》，商务印书馆1981年版，第5页。

等人主张贸易保护的唯一重要的理由。

问题在于,幼稚工业能在政府的保护下成熟起来吗?至少从目前来看,我们找不到支持它的证据。中国政府曾经对汽车工业实施了几十年的保护,却并没有使中国的汽车工业获得长足的发展,倒是改革开放之后,引进了国外的竞争,中国的汽车工业才取得了明显的进步。当然,在这个过程中,政府依然对进口汽车实行关税限制,开放是一个逐步的过程,中国汽车工业的成熟也与市场的开放程度保持同步。由于关税壁垒较高,中国的汽车价格普遍高于国际市场,中国的汽车工业不用太努力,也能过得下去,这种状况导致了中国汽车工业直到今天,产业集中度仍然不足,自主品牌发展缓慢,坐拥 14 亿人口的市场,却没有一个世界知名的民族品牌。事实说明,政府的保护,只能助长企业的惰性。没有生存竞争的压力,任何企业都不会走向成熟。

其实,落后国家的工业发展也有它的后发优势。一是要素价格较低,土地和劳动力都比较便宜,发展工业具有成本优势;二是有现成的模式可以模仿,不用自己花本钱去摸索,可以少走弯路。即使没有国家的保护,也未必就会在竞争中落败。倒是政府的保护使本国企业失去了与高手过招的机会,就像一个棋手永远和业余对手下棋,绝不可能成为大师一样,企业也是如此。

而在现实生活中,政府出手干预对外贸易,更多的不是在保护幼稚工业,而是保护那些对当地经济至关重要的产业,比如欧盟对农产品的保护。欧洲共同体从 1961 年开始实施共同农业政策,对农产品实行保护性的干预价格。当市场价格低于干预价格时,由欧盟设在各成员国的干预中心收购农产品;当市场价格高于这个干预价格时,则由干预中心卖出库存以平抑价格。

欧盟对进口农产品设置了较高的税率。进口粮食只有当价格相当于干预价格的 155% 时,才能进入欧盟市场。欧盟对农产品的保护,用维护幼稚工业的理由显然是说不通的。

另一个典型的例子是美国于 2010 年 9 月 11 日由美国总统签署指令,对中国的所有轿车、轻型卡车用轮胎征收为期 3 年的惩罚性关税。这个法令的提议,最初是由美国钢铁工人联合会于 2010 年 4 月提出的,其理由是"中国轮胎抢了美国工人的饭碗"。这中间的是非曲直不是本文的论题，我们只想说明，美国政府批准的轮胎法案所基于的利益考虑。美国的轮胎产业不论怎么评价，都与幼稚无关，至少比相关的中国企业要不幼稚得多，那么，为什么美国政府还要对它实施保护呢？用李斯特的解释是无法自圆其说的。而用我们的要素转移成本来解释，就容易得多了。不管是欧洲、美国还是其他各国政府采取的保护措施，其政策依据都是出于成本与收益的考量。还是美国钢铁工人联合会提供的理由一语道破了背后的玄机："中国工人抢了美国工人的饭碗。"依据自由贸易理论，这种说法不能成立。美国的轮胎工人丢了饭碗，可以在其他具有优势的行业重新找到饭碗，可问题时，丢掉的饭碗不是那么容易找回来的。这种由国际分工带来的要素转移的成本（或者叫要素无法转移的成本）太高，高过了由此带来的收益，这才是政府采取保护措施的真正原因。

李斯特等人的保护幼稚工业的说法，并不能解释各国政府对外贸易的干预行为和干预动机，因此注定它无法成为保护贸易的正统理论。

凯恩斯也是主张保护贸易的，不过他的出发点与李斯特不同。凯恩斯论证国家干预对外贸易的理由，主要是出于实现充分就业的均衡。在他看来，在自由经济状况下，一国财富的增长，会受到对新投资诱导不足的阻碍，由于国内投资取决于利息率，对外投资则取决于外贸顺差的大小。为了实现充分就业的均衡，政府必然要关注国内的利息率和外贸顺差。凯恩斯论证道："政府当局关心外贸顺差是为了一箭双雕的目的，而且也是促进目标实现的唯一可行的手段。在那时，由于政府当局对国内的利息率和其他的国内投资诱导都不能直接加以控制，所以增加外贸顺差是政府能增加对外投资的唯一直接的手段；而与此同时，外贸顺差对贵金属的流入所产生的作用又是政府所具有的唯一间接的手段来减少国内利息率，从而会增加对国内投资的诱导。"①

在凯恩斯看来，增加外贸顺差一方面可以增加对外投资，另一方面可以增加贵金属的流入，以降低利息。从而实现解决有效需求不足和投资不足的问题。而外贸顺差的增加，并不能通过市场自发调节来实现，只能通过政府的鼓励出口、

---

① 约翰·梅纳德·凯恩斯著，高鸿业译：《就业、利息和货币通论》，商务印书馆2009年版，第347页。

限制进口的方式来完成。

在论证政府干预的必要性时，凯恩斯反复强调重商主义的合理性。他的政策主张除了出发点与重商主义不同之外，其他则大体相同。而凯恩斯也犯了和重商主义同样的错误，如果每一个国家都追求贸易顺差，又有哪一个国家去承担贸易逆差呢？如果没有国家出现贸易逆差，其他国家的顺差又从何而来？如果只有政府的干预才能实现贸易顺差，而且贸易顺差又有如此"一箭双雕"的好处，哪个国家会放弃这种干预，让逆差出现呢？当各国政府都为了本国的充分就业均衡，积极干预对外贸易时，结果只能是关税壁垒越筑越高，出口补贴越补越重，贸易战越打越大，最后的结果是，谁也无法实现充分就业下的均衡。

在笔者看来，不管是自由贸易论者还是贸易保护论者，他们都有意无意地回避了这样一个事实，即国际贸易领域奉行的并不是大家都承认的普遍原则，而是利益与成本的比较。其实，用互利经济学的分析范式可以很简洁地说明国际分工和国际贸易的利弊得失，并且可以用量化的方式划定实行自由贸易与实行保护政策的边界（见图 15-1）。

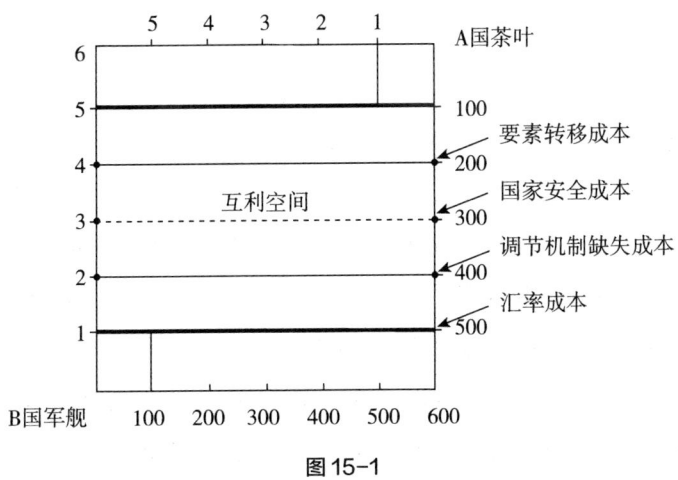

图 15-1

从图 15-1 可以看出，如果一国参与国际分工所得到的效率提高（见图中重置成本中间的互利空间），被要素转移成本、国家安全成本、调节机制缺失成本、汇率成本完全覆盖，则该国参与这种国际分工就是无利可图的，就像清朝用茶叶换英国的军舰，并不是一个成功的案例。中国应该开发本国的军舰制造业，并实施保护政策，用茶叶和丝绸去交换英国的造船技术，而不是船只本身。只有在两国贸易形成的互利空间，在涵盖所有的国际分工的成本之后，还有剩余，两国进行国际贸易才是互利互惠的（见图15-2）。

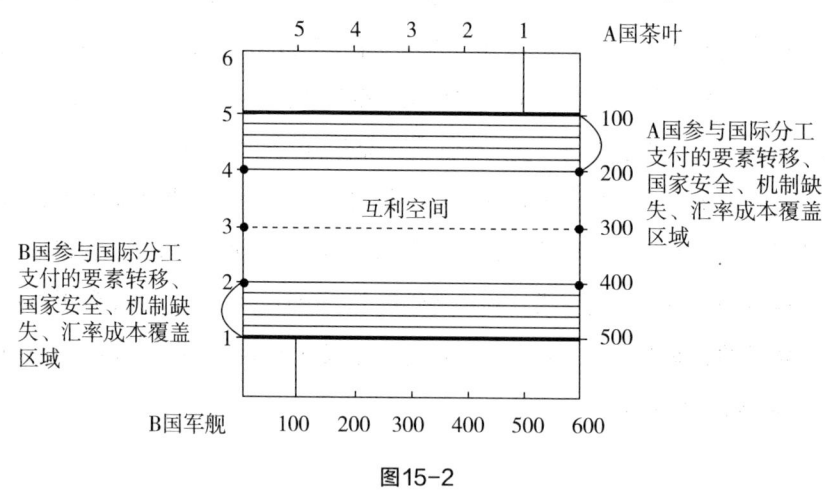

图15-2

如图15-2所示，两国实行国际分工所获得的更高效率，完全可以覆盖各种国际贸易成本且还有剩余，见图中成本覆盖区中间的部分，两国就应该实施自由贸易，并且应该尽可能地降低贸易壁垒。因为这样做对双方都有好处。有时候，国际贸易的互利需要对方在成本收益计算的基础上各自做出一些妥协，即一个国家在一个领域为对方打开方便之门，另一个国家在另一个领域也要做出相对应的开放，这样的互利空间可能会大于原有的交换格局。

国际分工和国际贸易可以带来效率的提高，这是毋庸置疑的，同样毋庸置疑的是它也可以带来一些额外的支出。全部的问题就在于如何权衡两者的轻重，如果国际分工的收益大于损失，就推行自由贸易政策；如果要素转移成本（或转移不了的成本）和国家安全成本过大，超过了国际分工带来的好处，就采取保护措施。至少到目前为止，各国政府都是在这样权衡，也是这样操作的。至于在权衡过程中是不是出现判断失误，那是另外一个问题。总体来看，资源禀赋的不同，为各国参与互利互惠的国际贸易提供了基础和可能。在当今互联互通的世界里，没有任何一个国家可以向世界关闭大门而保持繁荣。只是在具体实施的过程中，需要明确自由贸易的成本底线和保护贸易的边界，避免做出错误的决策。

15.4 汇率的奥秘

各国之间的贸易，如果不是采取物物交换的形式，就必须用货币来结算，而各国货币又是不同的，为了使交换得以进行，必须找到国与国之间货币兑换的比率，这就是汇率。在金币本位制度下，汇率的决定取决于各国货币的黄金含量。只要货币的含金量不变，汇率基本上是固定的，黄金输送点将汇率波动幅度限制在很小的范围之内。在1880~1914年金币本位制运行良好的35年间，主要资本主义国家的货币非常稳定，从未发生过因汇率变动而引起的贸易冲突。

金币本位制是天然的固定汇率制度，汇率稳定是它最大的优点。但金币本位制也有两个致命的缺陷，这两个缺陷都与黄金产量的相对不足有关。在一国经济内部，由于黄金产量通常赶不上经济发展的速度，只能通过商业银行发行银行券的方式来补充流动性的不足。在经济繁荣期，问题还不大，一旦经济进入衰退，金属货币的储藏功能会导致流动性急剧收缩，银行在挤兑潮面前大量倒闭，导致经济衰退更加严重。在国际领域，各国经济发展的不平衡，也会导致各国国际收支状况发生剧烈变化，与之相伴随的是黄金储备的国际间流动。黄金产量的增加也跟不上这种变动的需求，第一次世界大战的爆发以及随后出现的大萧条，将金币本位制的缺陷暴露无遗，它的消失也就在情理之中了。

第二次世界大战后建立起来的布林顿森林体系，是一种以美元为中心的金汇兑货币体系。各国货币与美元挂钩，美元与黄金挂钩。这相当于以美元作为世界货币，美元的功能相当于金币本位制时的银行券，各国可以随时按照固定的比率用美元向美国政府兑换黄金。姑且不论以一个国家的货币作为世界货币是否公平，这个体系建立的前提是美元与黄金的比值必须保持稳定，而美元与黄金保持稳定的前提是美国收支状况要保持顺差，或至少要保持平衡。这样，人们对美元的信心才会得以维持。一旦对美元的信心产生了动摇，纷纷用手中的美元去兑换黄金，美国政府面临的问题，与金币本位制时银行面临的问题是一样的，即手中的黄金储备不足以应付这种信任危机。

恰恰是这个体系的前提——美国的国际收支状况发生了问题，从20世纪60年代开始，美国的经常项目赤字不断扩大，美元对黄金的比值不断降低，以美元过剩为特征的美元危机频频爆发，70年代初石油价格的暴涨，给了摇摇欲坠的布林顿森林体系致命一击。1971年，随着美国政府宣布美元不再与黄金挂钩，布林顿森林体系也就寿终正寝了。

布林顿森林体系虽然垮了，但生意总还要做。各国货币与黄金脱离了关系，进入了信用货币的时代。各国货币的兑换比率，变成了一堆纸和另一堆纸的比率，维系货币价值的唯有国家的信用。但问题在于，我们可以给各国政府的信用估值，并且找出信用之间的比例吗？当各国政府采取不同的货币政策时，国际汇率就很难保持稳定，浮动汇率就成为必然的选择。

我们知道，商品交易的本质是交换。卖出的商品只是完成了交易的一半，这个交易是否合算，还要看交易的另一半，即用货币买回来的商品与卖出去商品的比率。在固定汇率制下，由于各国货币的兑换比率固定，只要商品的本币标价不变，交换比率也就不会变。但在浮动汇率下，一国卖出商品所换回的货币，并不能确定可以换回多少他国的商品，因为两国货币的比率在变化，也会导致交换比率的不同。而且，买卖时间间隔得越长，这种不确定性就越大。所以，在信用货币时代，人们本能地会选择信用相对较好、比值相对稳定的货币作为储备货币，至少在当时的背景下，这个货币只能是美元。

以一国发行的纸币作为国际主要储备货币，就产生了一个问题，由于纸币脱离了与黄金的联系，其制造成本与交换价值存在着巨大的差距。这意味着发行主要贮备货币的国家在世界范围内享有铸币税。这其中隐含了极大的风险和不公。

信用货币制度的前提是信用，而最容易出现问题的地方也是信用。相对于金属货币而言，纸币发行的成本实在是太低了。而发行纸币给发行者带来的好处，又是难以估量的。谁拥有了纸币的发行权，就等于拥有了无限的支付能力，发行者可以用自己印制出来的纸币去购买他想要的任何东西。欠了别人一屁股债，也不用担心偿还的问题，开动印钞机，欠你多少就还你多少。只是还回来的钱还能不能当原来的数目使用，那就另当别论了。纸币发行的另一个好处是它的隐蔽性，同样是增加政府收入，但比起税收来说，更不容易被人察觉，从而也就较少遭到抵制。所以，各国政府实行信用货币制度的最大危险来自于政府本身，纸币收益的巨大诱惑很容易让人乐此不疲，欲罢不能。所以，最初的纸币改革，无论是中国宋元时期的交子和宝钞，还是法国在约翰·劳主持下发行的纸币，还是北美殖民地时期的"大陆币"，无一不是以失败告终。究其原委，都是政府失信于民，滥发无度造成的。

如今，由一个国家印制的纸币在全世界流通，成为事实上的世界货币，又会是一番怎样的情景呢？美元成为世界的主要储备货币，意味着美国可以通过开动印钞机来支付他想购买的一切商品和劳务，而制造纸币显然比制造商品要容易得多，如果印钞机就能解决一切，谁还会去费力搞什么商品生产呢？话虽如此，用美元购买全世界商品的模式，还是会给美国带来巨额的经常项目赤字，在纸币时代，出现经常项目赤字的国家通常会面临本币的贬值。为了使这个游戏能够继续玩下去，美国所做的努力是，扩大美元的使用范围，使美元的交换价值提升，以抵消美元贬值的压力，其主要做法是：第一，坚持国际大宗商品要用美元计价。世界市场上各种大宗商品的交易量是一个天文数字，用美元计价和交割，美元可以大派用场。第二，利用不断开发的金融衍生品，扩大虚拟经济的交易规模。自20世纪70年代以来，股票、债券、期货、期权的虚拟经济交易规模迅速扩大，其发展速度远远高于实体经济的发展速度。20世纪70年代初，虚拟经济与实体经济的比例为1∶1，到现在，已经超过了4∶1的程度，虚拟经济数倍于实体经济，而虚拟经济的很大一部分又是以美元来计价。这意味着美元的使用范围也在随之扩大。第三，以金融自由化的名义，迫使发展中国家放弃金融管制，美元可以自由进出发展中国家，为拥有大量美元资产的对冲基金开辟新的战场，过剩的美元在这个舞台上又有了新的用武之地。

以一国纸币作为世界储备货币还带来一个更为棘手的问题，这就是各国的信用货币都没有统一的度量标准，美元的加息与减息，相当于增加或减少该储备货币的"含金量"，这必然会引起各国纸币之间的汇率变化，推动资本的跨国套利行为，造成世界范围的金融不稳定。国际范围的金融自由化进程，给美元的国际间流动带来了极大的便利，在美元的降息周期，由于借贷成本的降低，有可能带来一些国家的投资过热，随着美元进入加息周期，则会触发避险动机和套利冲动，导致资本从该国抽逃，引发当地经济体的债务链断裂。20世纪80年代的拉美国家金融危机，1997年的亚洲金融危机，以及本世纪初的次贷危机，都伴随着美元与这些国家货币汇率的剧烈波动。抛开阴谋论的视角，以交换的互利原则来考察，这种制度安排存在着重大的缺陷。所谓蒙代尔的"不可能三角"（impossible triangle），即一个国家不可能同时实现资本流动自由、货币政策的独立性和汇率的稳定性，其实是信用货币时代，以一国货币作为世界储备货币所产生的特定状况。在金币本位制或者统一的世界货币制度下，这个"不可能之角"是不成立的。因为在这样的制度下，资本自由流动、货币政策的独立性与汇率的稳定性都不存在相互冲突的问题。

按照国际贸易的互利原则，由联合国设立专门的金融机构以建立超国家主权的国际货币可能是唯一公正的选择。发行货币的政策由各国共同成立的机构做出决策，发行货币的利益由各国分享。欧元已经创立了一个国际货币开发的先例，尽管这个货币是区域性的，但它至少证明，世界货币并不是一个可望而不可即的目标。

在全球一体化的今天，各个国家都不同程度地进入国际经济体系之中，世界成为一个彼此依存的整体，企图通过压制对方而获得单方面的收益，最终导致的是两败俱伤的结局，互利共赢才是世界经济走出困境的唯一出路。那种个体利益最大化的零和博弈方式，不适用于这个互联互通的世界。以邻为壑、转嫁危机、对外掠夺的殖民时代手法只能形成对抗和破坏，我们急需建立一套以互利为主导理念的国际经济新秩序，以及与此相适应的价值体系。

结束语

经过一番并不轻松的努力，我们终于结束了对主流经济学的所有重要假定和基本原理的大致梳理，现在可以做出如下归纳：

第一，主流经济学个体本位的方法论传统，将单独的厂商和个人作为经济学分析的基本单元，这是对商品经济的扭曲。商品经济的本质是交换经济，它至少要涉及两个行为主体、两种商品和两种商品的价格。以商品经济为研究对象的经济学，应当以一个完整交换体系的二元结构作为分析的基本单元。我们称之为交换单元。只考察一个厂商、一种商品和一种商品的供给与需求，不可能得出符合商品经济规律的经济学原理。个体本位的一元结构，是主流经济学所有问题的源头。我们看到，沿着这个源头，主流经济学与经济现实的距离渐行渐远，直到完全背离。

第二，经济学的许多基本假定，如自利原则、理性原则、最大化原则、边际效用递减、完全信息与完全预期等，并不是科学实验的结果，用西尼尔的话说，"这些命题乃是由观察或内省获得的"[1]，L.罗宾斯则把经济学命题看成是一些无须通过受控实验来建立其有效性的"自明的假定"。[2] 问题在于，这些假定从来就没有得到普遍的公认，而且现代心理学实验表明，这些假定还真不是"自明的"，它们完全有必要接受重新的检验。自20世纪50年代开始，特别是80年代以后，

---

[1] R.L.Smith edited, *Essays in economic method*, London, Mcmillan, 1962, p19.
[2] Robbins Lionel, *An essays on the nature and significance of economic science*, London: Macmillan Co. Limited 1948, p104.

心理学家和经济学家分别对经济学的基本假定进行实验室检验,检验结果绝大多数与经济学假定不符。经济学的重新构造已经势在必行。

第三,由于经济学的假定大多没有经过实验的验证,很难保持逻辑上的内洽,将不同的假定放在同一个分析系统内,经常会得出自相矛盾的结果。例如,主流经济学在论证供求关系时,将价格作为自变量,供给与需求作为因变量,其数量随价格的变动而变动;但在论证均衡价格形成时,又将供给与需求的数量作为均衡价格形成的原因。于是,我们在分析一般均衡模型时会看到一个二律背反的推论,一方面是价格决定供需,另一方面又是供需决定均衡价格。像这种自相矛盾的现象在主流经济学教科书中并不少见。

第四,作为经济学核心理论的最大化原则,其短期实现的条件,是假定其他因素不变,只考察一个生产要素的变动对产出的影响。转变为现实的情况,最大化原则就演绎成老板如何决定餐桌与服务生的比例这样可笑的问题。在零和博弈与负和博弈中,最大化原则还会导致悖论,即一个人的最大化收益要以另一个人的收益最小化为前提。也就是说,最大化原则无法作为普遍性原则成立。

第五,主流经济学通过忽略时间的因素或者是通过假定过去与未来时空等价的方式来回避不确定性问题。交易当事人的决策被定义为在既定的环境背景下,寻求收益最优解的过程。但如果未来确定,交易当事人的行为会趋向一致,利率和租金水平这类最大化的前提条件将不复存在。况且,不确定性毕竟是我们生活中的现实,假定厂商可以在未来预期的价格上售出他的全部产品,就等于假定股票投资者知道他买入的股票最高可以涨到多少,彩票买入者知道他会不会中彩票一样。这种天真的假定还是不要为好。

第六,被主流经济学家推崇备至的价格调节机制,其实也没有那么神奇。当价格被投机性需求推高到行业的重置成本之上时,价格对生产要素发出的信号往往是错误的指引。泡沫和危机都是在虚假价格信号的引导下出现的。价格的本性是趋向于震荡而不是趋向于均衡。况且,经济学教科书中对于价格机制的形成,也是因果颠倒的。经济学定义需求与供给是价格的函数。即价格决定需求和供给的数量。但实际情况恰恰相反,是供给与需求的数量对比决定价格。而供给与需求的数量则取决于对价格的预期分布（注意不是价格本身）。

第七，主流经济学忽略技术进步对经济增长的影响。在微观领域，生产函数只有资本和劳动两个要素，在宏观经济的增长模型中，技术仅仅作为常量来处理。技术进步的本质是提高资源转换的效率，它的功能分为资本节约型、劳动节约型和资源节约型，在技术进步迅猛的领域，根本不存在边际收益递减律和边际成本递增律。这些只是大规模标准化生产的概念，3D打印技术就可以实现零边际成本的增长。有些科技产品，如电脑和数码产品，由于技术进步速度快，甚至可以抵消通货膨胀的速度。未来技术进步如果能在新能源、新材料和基因工程方面取得突破，人类有可能突破资源瓶颈，避开增长伴随通胀的怪圈。

第八，在经济学教科书中，需求的增长进而经济的增长都仅仅表现为数量的增长，经济学家没有看到需求是分层级的，经济进步不仅仅表现为需求数量的增加，还表现为需求层级的提高。单纯追求数量增长的经济模型，无法解释需求变化的特点和经济周期性波动的意义。

第九，宏观经济学中总需求与总供给的概念，仍然是一元本位的方法论结构，它没有反映出商品交换的本质。当经济出现衰退时，并不是"总需求"不足，而是部分需求没有得到满足，部分供给过剩，是服务经济与实物经济的内部结构出现了不协调。这时，如果不加区别的刺激"总需求"，很可能是刺激了不该刺激的行业（如房地产），拯救了那些不负责任的企业，而真正需要发展的行业却得不到资源的配置。

第十，政府对经济生活的干预，如果选错了切入点，很可能会形成经济对政府支持的依赖，大量无效投入滞留在传统行业，为了维持就业和经济增长，或者为了维持反向调节刚性的福利增长，政府不得不通过透支未来的方式（大规模举债）使这种结构失衡继续维持。长此以往，经济体的活力越来越低，政府的负担却越来越重，当达到经济增长不足以弥补债务增长时，就会形成"凯恩斯死结"，减少政府开支会引起经济衰退，继续扩大政府开支将面临主权债务危机。

好了，我们就此打住，剩下的内容由读者自己去总结。总之，所有迹象表明，主流经济学已经到了彻底改革的时代。本书中，笔者在提出批评的同时，也提出了替代的分析范式，比如我们的二元结构交换单元、互利的效用函数、新价格函数、新生产函数（微观、宏观）、不确定背景下的决策模型、新乘数模型、新货币供给函数、政府干预模型以及互利原则、适度原则、平衡原则、公平原则、测不准效应、服务经济与实物经济的平衡结构，等等。一些新的概念，如商品交换的公平底线、重置成本、需求餍足点、供给枯竭点、有效供给、投机性需求、生产要素的转移成本、凯恩斯死结以及国际分工的交易成本，等等。笔者相信，这是一个更加符合经济现实的理论框架，在这个理论框架的基础上，我们可以做到：对经济现象提出更通透的解释，对经济问题提供更有效的解法，对当前困境（包括物质与精神的）找到更平和的解脱路径。

改革开放三十多年来，中国取得了令人难以望其项背的经济奇迹，但在理论建设方面却明显滞后，这与中华民族复兴这一宏大背景不相适应。历史证明，没有思想的领先，就不会有话语的权利，更不会有全面的超越。笔者相信，一个有着五千年文明积淀，产生过无数思想巨匠、理论大师的国度，有足够的实力完成这一历史关头的华丽转身，交出一份无愧于时代，也无愧于后人的完美答卷。为此，笔者期盼与更多的经济学同仁鼎力合作，共襄盛举。

参考书目索引

（按著、译者姓名字母排列）

［1］Adam Smith，*The theory of moral sentiments*，London：G.Bell & Sons，1880.

［2］A.Allan Schmid，*Conflict and cooperation institutional：and behavioral economics*，Malden，MA：Blackwell Publishing，2004.

［3］Alan Lewis Edited，*Psychology and economic behavior*，New York：Cambrige 2008.

［4］Archibald G.C.，Discussion，*American Economic Review*，May 1963.

［5］Becher Garry S，Irrational behavior and economic theory？*American Economic Review Volume*，1962.

［6］Blaug Mark，*The methodology of economics：or how economist explain*，Cambridge：Cambridge University Press，1980.

［7］Brockway George P.，*Economics：What went wrong and way and something to be about it*，New York：Harper and Row，1985.

［8］Caldwell Bruce J.，*Economic methodology in the twentieth century*，London：Groerge and Unwin，1982.

［9］Channa Subhatru，*Tradition and rationality in economic behavior*，New Delhi India：Cosmo Publications，1985.

［10］Chrystul K.A.，*Controversies in macroeconomics second edition*，Oxford：P.Allan，1983.

［11］Collard David A., *Altruism and economy*: *A study in non-selfish economics*, Oxford: Martin Robertson, 1978.

［12］Daniel Bell and Irving Kristol, *The crisis in economic theory*, New York: Basic Books, 1981.

［13］David De Cremer and Marcel Zeelenberg, *Social Psychology and Economics*, Mahwah, N.J.: Lawrence Erlbaum Associates Publishers Mahwah, 2006.

［14］Donald Rapp, *Buffles, booms and busts*, New York N.Y.: Copernicus Books, 2009.

［15］Dow Shella C., *Macroeconomic thought a methodological approach*, Oxford, UK: Basil Blackwell, 1985.

［16］Elias L.Khalil, *The New Behavioral Economics Volume I*, Cheltenham, UK; Northampton, MA: Edward Elgar Publishing Limited, 2009.

［17］Enrrica Carbone and Chris Starmer, *New developments in experimental economics Volume I Volume II*, Cheltenham, UK; Northampton, Mass: Edward Elgar Publishing Limited, 2007.

［18］Kurt R. Leube, *The essence of Friedman*, Stanford, Calif.: Hoover Institution Press, 1987.

［19］Gerdor Robert J., *Milton Friedman's monetary framework*, Chicago: The University of Chicago Press, 1974.

［20］Godelier Marice, *Rationality and irrationality in economics*, New York: Monthly Review Press, 1972.

［21］Ghollis Nartia Edward J · Nell, *Rational economic man* London; New York: Cambridge University Press, 1975.

［22］Hahn Frank, *Equilibrium and macroeconomics*, Oxford: Basic Blackwell Pub. Ltd. 1984.

［23］Hahn Frank and Hollis Martin Edited, *Philosophy and economic theory*, London; New York: Oxford University Press, 1979.

[24] Hicks John, *The economics of John Hicks Selected*, Oxford: Basic Blackwell Pub. Ltd., 1984.

[25] Holden K.etc. *Expectations: Theory and evidence*, New York: The Macmillan Press LTD, 1986.

[26] Hutchison T., W., *Positive economics and policy objectives*, London: George Allen and Unwin Ltd, 1964.

[27] Jean Gadrey and Florence Jany-Catrice, *The new indicators of well-being and development*, New York: Palgzave Macmillan, 2006.

[28] Jérôme Ballet Damien Bazin, *Positive ethics in economics New Brunswick*, N.J.: Transaction Publishers, 2006.

[29] Jesper Jesperson, *Macroeconomic methodology*, Northampton, NA: Edward Elgar Publishing Limited, 2009.

[30] John Malcolm Dowling Yap Chin-Fang, *Modern development in behavioral economics*, Hackensack, NJ: World Scientific, 2007.

[31] Johnson Peter A., *The Government of money: monetarism in Germany and the United States*, Ithaca, N.Y.: Cornell University Press, c1998.

[32] Katouzian Homa, *The ideology and method in economics*, London; New York: The Macmillan Press LTD, 1980.

[33] Kipnis Kennelh and Meyers Dinna T, *Economic justice: Private rights and public responsibilities*, Totowa N.J.: Rowman & Allanheld, 1985.

[34] Klaus P.Hofmann, *Psychology of Decision Making in Economics*, New York: Business and Finance Nova Science Publisher, Inc, 2007.

[35] Knight Frank H., *Risk uncertainty and profits*, Boston: Houghton Nifflin Campany, 1921.

[36] Koopmans Tjalling C., *Three essays on the state of economic science*, New York: McGraw-hill Book Company, 1957.

[37] Kristol Irring, Rationalism in economic, *The Crisis in Economic Theory*,

New York: Basic Books, 1981.

[38] Koupp Rey Sherman, Analytic economics and logic of external effects, *American Economic Review*, May 1963.

[39] Lars Trede, *Business cycles, History, Theory and investment reality*, Chichester, England; Hoboken, NJ: John Wiley & Sons, Ltd., 2006.

[40] Machlur Fritz, *Professor Samuelson on theory and realism*, American Economic Review September, 1964.

[41] Marshall Affred, *Principles of economics*, New York: The Macmillan Press LTD, 1948.

[42] Marss Willian L.Edited, *How economists explain*, Lanham, MD: American University Press, 1983.

[43] Mckenzie Richard B., *The limits of economic science*, Boston: Humer-mihoff Publishing, 1983.

[44] Mility Tack, Friedman and Machlup on the significance of testing economic assumptions, *The Journal of Political Economic*, February, 1965.

[45] Mill John Stuart, *Essays on some unsettled questions of political economy*, London: Parker, 1844.

[46] Morishima Michio, *Walras' economics*, Cambridge, Eng.New York: Cambridge University Press, 1977.

[47] Papaudreoy Amderas G., Theory construction and empirical meaning in economics, *American Economic Review*, May, 1963.

[48] Oliver, Michael J., *Whatever happened to monetarism?* Aldershot, Hants, England; Brookfield, Vt, USA: Ashgate, c1997.

[49] Robert and André Lapried, *Economic and finance of risk and of the future*, Chichester, England; Hoboken, NJ: John Wiley Sons Ltd.2006.

[50] Robbins Lionel, *An essays on the nature and significance of economic science*, London: Macmillan Co. Limited, 1948.

[51] Robinson Joan, *An introduction to modern economics*, London: McGrarr-hill Book Co. 1973.

[52] Rotwer Eugene, On the methodology of positive economic, *The Quarterly Journal of Economics*, November, 1959.

[53] Samuels Warren J., *The methodology of economics thought*, New Brunswick, N.J.: Transaction Books, 1980.

[54] Samuelson P.A., "Discussion", *American Economic Review*, May, 1963.

[55] Sarah Maxwell, *The price is wrong*, Hoboken, N.J.: John Wiley & Sons, Inc.2008.

[56] Schumpeter Jeseph A., *Economic doctrine and method*, London: George Allen and Unwin Ltd. 1954.

[57] Simom Herber A., Discussion, *American Economic Review*, May, 1963.

[58] Smith Adam, *The theory of moral sentiments*, London: George Bell and Sons. Ltd. 1880.

[59] Uskall Mäki Edited, *Fact and fiction in economics*, Cambridge; New york: Cambridge University Press, 2002.

[60] Wispe Lauren, *Altruism sympathy and helping*, New York: Academic Press, 1978.

[61] Wong Stanby, The "F-Twist" and the methodology of Paul Samuelson, *American Economic Review*, June, 1973.

[62] 阿瑟·刘易斯著，施炜等译：《二元经济论》，北京经济学院1989年版。

[63] 亚当·斯密著，郭大力等译：《国民财富的性质和原因的研究》（上、下），商务印书馆2009年版。

[64] 亚历山大·J.菲尔德著，赵培等译：《利他主义倾向》，长春出版社2005年版。

[65] 保罗·R.克鲁格曼、茅瑞斯·奥伯斯法尔德著，海闻等译：《国际经济学》（第六版），中国人民大学出版社2008年版。

［66］保罗·萨缪尔森、威廉·诺德豪斯著，萧琛等译：《经济学》（第十六版），华夏出版社 2003 年版。

［67］E. 赫尔普曼著，王世华等译：《经济增长的秘密》，中国人民大学出版社 2007 年版。

［68］弗里德里希·李斯特著，陈万熙译：《政治经济学的国民体系》，商务印书馆 1981 年版。

［69］郭彦岗：《中国历代货币》，商务印书馆 2007 年版。

［70］哈罗德·W. 库恩著，韩松等译：《博弈论经典》，中国人民大学出版社 2005 年版。

［71］哈尔·R. 范里安著，费方域等译：《微观经济学：现代观点》（第六版），上海人民出版社 2006 年版。

［72］加里·S. 贝克尔著，王业宇等译：《人类行为的经济分析》，格致出版社 2010 年版。

［73］劳伦斯·A. 博兰著，王铁生等译：《批判的经济学方法论》，经济科学出版社 2000 年版。

［74］理查德·彼特纳著，覃杨梅等译：《贪婪、欺诈和无知：美国次贷危机真相》，中信出版社 2008 年版。

［75］理查德·H. 泰勒著，陈宇峰等译：《赢者的诅咒：经济生活中的悖论与反常现象》，中国人民大学出版社 2008 年版。

［76］罗伯特·J. 巴罗著，沈志彦等译：《宏观经济学：现代观点》，格致出版社 2009 年版。

［77］罗伯特·J. 希勒著，何正云译：《终结次贷危机》，中信出版社 2008 年版。

［78］罗伯特·J. 希勒著，郭燕等译：《金融新秩序：管理 21 世纪的风险》，中国人民大学出版社 2004 年版。

［79］罗伯特·J. 希勒著，李心丹等译：《非理性繁荣》（第二版），中国人民大学出版社 2008 年版。

［80］迈克尔·波特著，李明轩等译：《国家竞争优势》，华夏出版社 2004 年版。

［81］米尔顿·弗里德曼著，安佳译：《货币的祸害——货币史片断》，商务印书馆 2006 年版。

［82］米尔顿·弗里德曼、罗斯·弗里德曼著，张琦译：《自由选择》，机械工业出版社 2008 年版。

［83］乔治·阿克洛夫、罗伯特·希勒著，黄志强等译：《动物精神》，中信出版社 2009 年版。

［84］盛世豪、郑燕伟：《"浙江现象"：产业集群与区域经济发展》，清华大学出版社 2005 年版。

［85］斯拉恩·埃格特森著，吴经邦等译：《经济行为与制度》，商务印书馆 2004 年版。

［86］斯坦利·L.恩格尔曼、罗伯特·E.高尔曼合著，巫云仙等译：《剑桥美国经济史Ⅰ：殖民地时期》，中国人民大学出版社 2008 年版。

［87］斯坦利·L.恩格尔曼、罗伯特·E.高尔曼著，王珏等译：《剑桥美国经济史Ⅱ：漫长的 19 世纪》，中国人民大学出版社 2008 年版。

［88］斯坦利·L.恩格尔曼、罗伯特·E.高尔曼著，蔡挺等译：《剑桥美国经济史：20 世纪》，中国人民大学出版社 2008 年版。

［89］提勃尔·西托夫斯基著，高永平译：《无快乐的经济学：人类获得满足的心理学》，中国人民出版社 2009 年版。

［90］托马斯·A.博伊兰、巴斯卡尔·F.奥戈尔曼著，夏业良译：《经济学方法论新论》，经济科学出版社 2006 年版。

［91］王宏昌编译：《诺贝尔经济学奖金获得者讲演集》，中国社会科学出版社 1986 年版。

［92］王淑丽著：《政府干预》，人民出版社 2009 年版。

［93］威尔逊·爱德华·奥斯本著，阳河清编译：《新的综合》，四川人民出版社 1985 年版。

〔94〕吴慧著：《中国古代商业》，商务印书馆 2007 年版。

〔95〕约翰·肯尼思·加尔布雷斯著，刘颖等译：《不确定的时代》，江苏人民出版社 2009 年版。

〔96〕约翰·梅纳德·凯恩斯著，高鸿业译：《就业、利息和货币通论》，商务印书馆 2009 年版。

〔97〕约瑟夫·E.斯蒂格里夫、安德鲁·查尔顿合著，沈小寅译：《国际间的权衡交易》，中国人民大学出版社 2008 年版。

〔98〕约瑟夫·熊彼特著，叶华编译：《经济周期循环论》，中国长安出版社 2009 年版。

〔99〕张守军著：《中国古代的赋税与劳役》，商务印书馆 1998 年版。

〔100〕詹姆斯·M.布坎南著，吴良健等译：《自由、市场和国家》，北京经济学院出版社 1989 年版。

〔101〕杰里米·里夫金著，赛迪研究院专家组译：《零边际成本社会：一个物联网、合作共赢的新经济时代》，中信出版社 2014 年版。

〔102〕参见胡迪·利普森 梅尔芭·库曼著，赛迪研究院专家组译：《3D打印——从想象到现实》，中信出版社 2013 年版。

〔103〕克里斯·安德森著，萧潇译：《创客——新工业革命》，中信出版社 2012 年版。

〔104〕雷切尔·博茨曼、路·罗杰斯著，唐朝文译：《共享经济时代》，上海交通大学出版社 2015 年版。

〔105〕肯尼斯·库克耶、维克托·迈尔-舍恩伯格著，周涛译：《大数据时代》，浙江人民出版社 2013 年版。

〔106〕海曼·P.明斯基著，石宝峰、张慧卉译：《稳定不稳定的经济——一种金融不稳定视角》，清华大学出版社 2010 年版。

〔107〕布坎南著，吴良健等译：《自由、市场和国家》，北京经济学院出版社 1989 年版。

后 记

我大学本科学的是国际政治，对经济问题的关心促使我决定在报考研究生时改学经济学。刚接触西方经济理论时，我对这个充满数学公式的学科有发自内心的好感。因为，相对于其他的社科理论，经济学的一般性假设和数学式逻辑推理，似乎是一门在严密性上更接近于自然科学的学科。在学习过程中，即使遇到不可思议之处，也只是怀疑自己理解能力的不足。直到写博士论文时（我的博士论文的主题是经济学的方法论之争）才发现经济学家在许多基本问题上并没有给出逻辑自洽的解释，而这些基本问题的悬而未决，直接关系到经济学能否成为一门科学的问题。当时的研究，已经发现了主流经济学的种种缺陷。但命运的安排使我不得不离开自己心爱的理论研究，去从事那些既无兴趣也非专长的商业活动。20年下来，办过几家公司，也参与过股票和期货的投资，但都没有发自内心的喜爱。唯一的好处，就是对实体经济运作有了切实的感受，深刻领会了经济学基本假设的不合理性以及在此基础上建立经济政策的荒悖之处。重新审视经济学的念头开始萦绕于心，并始终挥之不去。为此，我重新进入国家图书馆，捡起有些生疏的英语，开始做案头的准备工作，只是羁绊于种种稻粱谋的琐事，迟迟未能提笔。

由美国次贷危机引发的全球金融风暴和紧随其后的主权债务危机，促使我下定决心，放下手头的所有事情，专心去写一本关于主流经济学的批判性论著，并提出一套自己选择的替代办法。我于2011年出版了本书的第一版：《互利：经济的逻辑》。经过几年时间的观察和反思，包括与一些读者交流，笔者对替代方法又有了一些新的构思，这在第二版的各个章节中都有体现。新版更强调了新范式的系统性和应用性。作为一种创新性的工作，需要在未来的时间里不断得到检验、修正和补充。本人真诚希望与有志于经济学创新的朋友相互交流，共同促进中国本土经济学派的发展与繁荣。

  本书的写作过程中，得到我妻子的全力支持，在此对她表示由衷的感谢。如果本书还有一些价值，其中也有她的一份功劳。

陶永谊

2016 年 2 月